民航运输类专业"十三五"规划教材
基于民航行业标准系列教材

民航运输基础知识

慕 琦 主编

国防工业出版社
·北京·

内容简介

本书依据民航相关国家职业技能标准，汇总出民航行业标准、民航业务基础、民航业务关联三大部分的知识和要求，并用全新视角和最新知识展现相关教学内容。本教材共分十二个学习单元，在公开出版教材中第一次完全对照最新国家职业标准要求，系统全面地梳理出民航运输各岗位工作人员所需要掌握和了解的专业基础知识，力争给读者呈现出"以就业为导向、以精业为目标"的全新专业基础书籍编排方式。本书另一大特色是紧跟行业最新发展趋势，务求阐述最权威、最系统、最全面的民航民航运输基础知识。

本书可作为各层次民航院校民航运输、空中乘务、市场营销、电子商务等专业相关课程教材，也可作为航空公司、民航机场、销售代理、电商营销等民航相关单位的培训教材。

图书在版编目(CIP)数据

民航运输基础知识／綦琦主编．—北京：国防工业出版社，2017.3(2024.6重印)
民航运输类专业"十三五"规划教材
ISBN 978-7-118-10067-9

Ⅰ.①民⋯ Ⅱ.①綦⋯ Ⅲ.①民航运输–教材
Ⅳ.①F56

中国版本图书馆 CIP 数据核字(2017)第 092876 号

※

*国防工业出版社*出版发行
（北京市海淀区紫竹院南路 23 号　邮政编码 100048）
北京凌奇印刷有限责任公司印刷
新华书店经售

*

开本 787×1092　1/16　印张 20¾　字数 410 千字
2024 年 6 月第 1 版第 3 次印刷　印数 6000—6500 册　定价 49.00 元

(本书如有印装错误，我社负责调换)

国防书店：(010)88540777　　　发行邮购：(010)88540776
发行传真：(010)88540755　　　发行业务：(010)88540717

《民航运输基础知识》编委会

主　编　慕　琦

副主编　李　冰　李婷婷

参　编　许夏鑫　郭珍梅　林晓山

主　审　黄　伟

前言

伴随着我国国民经济平稳较快发展以及在全球经济活动中地位的提高，我国民航发展迎来了千载难逢的战略机遇期，全行业也必将面临更大的人才短缺挑战。"以就业为导向、以精业为目标"，基于行业标准培养高技能人才是民航教育发展趋势和改革方向。民航运输基础知识是勇于探索民航教育工作者基于上述研判和全新教育理念做出的开创性实践。该课程将有效整合民航运输专业基础课程，为接下来的各门民航运输专业课程打下坚实基础。民航运输基础知识课程是民航运输专业的核心专业基础课程，也是航空物流、航空乘务、航空会展、民航电子商务等专业的必修课程。为了能编写出一本反映工作岗位要求、符合学生认知规律、适用开展教学培训的优秀教材，本书编委会广泛听取了民航企业业务部门的意见，并组织相应领域的资深专家提供素材、指导编写工作。

本教材共分十二个学习单元，主要内容包括：民航行业标准解析、民用航空概况、民航运输地理知识、民航运输知识简介、民航服务心理学知识、世界三大宗教知识、国内外风俗习惯、民航礼仪基础知识、民航运输专业英语、民航安全知识、民航相关法律法规知识、民航运输基础知识综合训练，全面涵盖了民航运输相关国家职业技能标准对基础知识的要求。

本教材是为民航运输基础知识课程教学所编写的最新的公开出版教材，同时也是基于民航运输行业标准系列的第三部民航业务课程教材，它的出版延续了基于行业标准培养高技能人才的新型教学理念。本书主编作为参与民航客运员国家职业标准制定的一员，深知基础知识对于工作人员熟练掌握民航专业技能的重要作用，本教材也可以作为备考民航客运员、民航货运员、民航售票员国家职业技能鉴定考试的辅助性材料。

本教材由广州民航职业技术学院綦琦任主编，负责全书的统稿和整理；黄伟任主审；李冰为广东万事通航空地勤服务有限公司董事长，带领企业从事民航客运、货运、销售等领域的运输服务业务多年任第一副主编,教材是校企合作、产教融合的优秀成果。其中,綦琦负责编写编写第一、二、十、十二学习单元;李婷婷负责编写第六、九学习单元和第七学习单元的部分内容;郭珍梅负责编写第八、十一学习单元和第七学习单元的部分内容。李冰、许夏鑫、林晓山作为行业企业专家,对本教材的资料提供、内容选取、修订审稿做出了大量工作。

本教材在编写过程中参考了众多相关内部资料,并得到中国民航局、国际航空运输协会、中国航空运输协会、中国南方航空公司、中国国际航空公司等有关部门领导、专家和广州民航职业技术学院民航经营管理学院领导、同事的大力支持,以及三亚航空旅游职业学院、北京城市学院、衡水职业技术学院的大力支持,在此一并致谢!最后,还要感谢我的妻子和女儿给予我编书工作的理解和鼓励。

綦 琦

目 录

学习单元一 民航行业标准解析 ··· 1
　第一节　民航客运员国家职业标准概述 ··· 1
　　一、民航客运员职业概况及基本要求 ··· 1
　　二、民航客运员工作要求 ··· 3
　第二节　民航货运员国家职业标准概述 ··· 8
　　一、民航货运员职业概况及基本要求 ··· 8
　　二、民航货运员工作要求 ··· 10
　第三节　民航售票员国家职业标准概述 ··· 15
　　一、民航售票员职业概况及基本要求 ··· 15
　　二、民航售票员工作要求 ··· 17

学习单元二 民用航空概况 ··· 23
　第一节　民用航空及国内机构概况 ··· 23
　　一、民航运输概况 ··· 23
　　二、中国民用航空局介绍 ··· 32
　　三、中国航空运输协会介绍 ··· 33
　第二节　我国主要航空公司及保障公司概况 ··· 34
　　一、航空运输企业 ··· 34
　　二、航空运输企业的组织和运营 ··· 35
　　三、我国主要航空公司概况 ··· 36
　　四、我国三大航空保障集团概况 ··· 42
　第三节　国际民用航空运输管理机构概况 ··· 45
　　一、国际民用航空组织 ··· 45
　　二、国际航空运输协会 ··· 47
　第四节　国际民用航空发展历史概况 ··· 49

学习单元三 民航运输地理知识 ... 52

第一节 中国地理知识简介 ... 52
一、中国自然地理环境简介 ... 52
二、中国经济地理环境简介 ... 53
三、中国人文地理环境简介 ... 54
四、中国航空区划介绍 ... 55
五、中国三大核心城市简介 ... 56

第二节 世界地理知识简介 ... 59
一、世界自然地理环境简介 ... 59
二、世界人文地理环境 ... 66

第三节 世界主要国家及其核心城市简介 ... 67
一、美国及其核心城市简介 ... 67
二、巴西及其核心城市简介 ... 68
三、日本及核心城市简介 ... 69
四、韩国及其核心城市简介 ... 70
五、新加坡及其核心城市简介 ... 71
六、印度及其核心城市简介 ... 72
七、俄罗斯及其核心城市简介 ... 72
八、英国及其核心城市简介 ... 73
九、法国及其核心城市简介 ... 74
十、德国及其核心城市简介 ... 75
十一、意大利及其核心城市简介 ... 76
十二、南非及其核心城市简介 ... 77
十三、澳大利亚及其核心城市简介 ... 78

第四节 影响飞行的地理知识 ... 79
一、地球运动的知识 ... 79
二、大气层及飞行环境 ... 80
三、影响飞行的天气 ... 81
四、时差知识 ... 84

学习单元四 民航运输知识简介 ... 87

第一节 民航运输综合知识 ... 88
一、航班运行 ... 88
二、航空联盟 ... 90
三、代码共享 ... 99

　　　　四、民航飞机类型 …………………………………………………… 100
　　第二节　民航旅客运输知识 ……………………………………………… 106
　　　　一、值机业务 ………………………………………………………… 106
　　　　二、行李运输 ………………………………………………………… 110
　　第三节　民航货物运输知识 ……………………………………………… 112
　　　　一、普通货物运输 …………………………………………………… 112
　　　　二、特种货物运输 …………………………………………………… 114
　　　　三、危险货物运输 …………………………………………………… 117
　　第四节　民航客票销售知识 ……………………………………………… 123
　　　　一、民航客票基础 …………………………………………………… 123
　　　　二、客票销售渠道 …………………………………………………… 125

学习单元五　民航服务心理学知识 …………………………………………… 131

　　第一节　民航服务心理学概述 …………………………………………… 131
　　　　一、概念及研究对象 ………………………………………………… 131
　　　　二、研究内容及任务 ………………………………………………… 132
　　　　三、研究原则及方法 ………………………………………………… 133
　　第二节　民航运输工作所需的心理学常识 ……………………………… 134
　　　　一、民航服务意识 …………………………………………………… 134
　　　　二、民航服务人员的基本要求 ……………………………………… 135
　　　　三、民航旅客需要与需求层次理论 ………………………………… 136
　　　　四、民航服务人员的个性特点 ……………………………………… 139

学习单元六　世界三大宗教知识 ……………………………………………… 141

　　第一节　佛教的礼俗与禁忌 ……………………………………………… 141
　　　　一、佛教戒规 ………………………………………………………… 141
　　　　二、出家教徒的称谓 ………………………………………………… 142
　　　　三、与佛教徒的交际礼仪 …………………………………………… 143
　　第二节　基督教的礼俗与禁忌 …………………………………………… 145
　　　　一、基督教的礼俗 …………………………………………………… 145
　　　　二、基督教的禁忌 …………………………………………………… 147
　　　　三、基督教的主要节日 ……………………………………………… 148
　　第三节　伊斯兰教的礼俗与禁忌 ………………………………………… 153
　　　　一、伊斯兰教的礼俗 ………………………………………………… 154
　　　　二、伊斯兰教的禁忌 ………………………………………………… 154
　　　　三、伊斯兰教的主要节日 …………………………………………… 155

学习单元七　国内外风俗习惯 ··· 157

第一节　中国部分少数民族的风俗习惯 ······································ 157
一、壮族主要风俗习惯 ··· 158
二、满族主要风俗习惯 ··· 158
三、回族主要风俗习惯 ··· 159
四、苗族主要风俗习惯 ··· 160
五、维吾尔族主要风俗习惯 ·· 160
六、土家族主要风俗习惯 ··· 161
七、彝族主要风俗习惯 ··· 162
八、蒙古族主要风俗习惯 ··· 162
九、藏族主要风俗习惯 ··· 163
十、布依族主要风俗习惯 ··· 163
十一、侗族主要风俗习惯 ··· 164
十二、瑶族主要风俗习惯 ··· 164
十三、朝鲜族主要风俗习惯 ·· 165
十四、白族主要风俗习惯 ··· 166
十五、哈尼族主要风俗习惯 ·· 166
十六、哈萨克族主要风俗习惯 ·· 166
十七、黎族主要风俗习惯 ··· 167
十八、傣族主要风俗习惯 ··· 167
十九、高山族主要风俗习惯 ·· 167

第二节　部分国家的风俗习惯 ··· 168
一、美国的风俗习惯 ·· 168
二、俄罗斯的风俗习惯 ·· 169
三、英国的风俗习惯 ·· 169
四、法国的风俗习惯 ·· 170
五、德国的风俗习惯 ·· 171
六、澳大利亚的风俗习惯 ·· 172
七、日本的风俗习惯 ·· 173
八、韩国的风俗习惯 ·· 174
九、泰国的风俗习惯 ·· 175
十、新加坡的风俗习惯 ·· 176
十一、印度的风俗习惯 ·· 176
十二、埃及的风俗习惯 ·· 177
十三、坦桑尼亚的风俗习惯 ··· 178

第三节　部分国家的饮食习惯 ····· 179
一、美国人的饮食习惯 ····· 179
二、俄罗斯人的饮食习惯 ····· 179
三、英国人的饮食习惯 ····· 179
四、法国人的饮食习惯 ····· 180
五、德国人的饮食习惯 ····· 180
六、澳大利亚人的饮食习惯 ····· 180
七、日本人的饮食习惯 ····· 180
八、韩国人的饮食习惯 ····· 180
九、泰国人的饮食习惯 ····· 181
十、新加坡人的饮食习惯 ····· 181
十一、印度人的饮食习惯 ····· 181
十二、埃及人的饮食习惯 ····· 181
十三、坦桑尼亚的饮食习惯 ····· 181

第四节　部分国家的重要节日 ····· 181
一、美国的重要节日 ····· 182
二、俄罗斯的重要节日 ····· 182
三、英国的重要节日 ····· 182
四、法国的重要节日 ····· 183
五、德国的重要节日 ····· 183
六、澳大利亚的重要节日 ····· 183
七、日本的重要节日 ····· 183
八、韩国的重要节日 ····· 184
九、泰国的重要节日 ····· 184
十、印度的重要节日 ····· 184
十一、埃及的重要节日 ····· 185

学习单元八　民航礼仪基础知识 ····· 186

第一节　行为举止 ····· 186
一、民航运输工作人员的仪表要求 ····· 186
二、民航运输工作人员的仪容要求 ····· 188
三、民航运输工作人员的仪态要求 ····· 189
四、民航运输工作人员的举止要求 ····· 192

第二节　礼仪服务 ····· 193
一、礼仪服务的基本常识 ····· 193
二、交换名片的礼仪 ····· 194

三、乘坐电梯的礼仪 ……………………………………………… 194
　　　四、电话沟通礼仪 ………………………………………………… 195
　　　五、行礼示意的礼节 ……………………………………………… 196
　第三节　服务文明用语 ………………………………………………… 197
　　　一、服务语言的基本要求 ………………………………………… 197
　　　二、称呼的文明用语 ……………………………………………… 198
　　　三、问候的文明用语 ……………………………………………… 199
　　　四、应答时的礼仪要求 …………………………………………… 200
　　　五、服务用语要求细则 …………………………………………… 201
　　　六、工作中应戒用的服务忌语 …………………………………… 202
　第四节　服务谈话技巧 ………………………………………………… 204
　　　一、谈话时应注意的五个要素 …………………………………… 204
　　　二、谈话中听的技巧 ……………………………………………… 204
　　　三、掌握基本的语言技巧 ………………………………………… 205
　　　四、谈话是注意避免的九个禁忌 ………………………………… 206
　　　五、谈话时应持有正确的态度 …………………………………… 206

学习单元九　民航运输专业英语 …………………………………… 208

　第一节　民航运输专业常用词汇中英文对照 ………………………… 208
　第二节　民航运输业务英语阅读 ……………………………………… 221
　　　一、民航机场概况阅读材料 ……………………………………… 221
　　　二、客票销售概况阅读材料 ……………………………………… 230
　　　三、民航电话服务阅读材料 ……………………………………… 240
　　　四、民航行业概况阅读材料 ……………………………………… 246
　　　五、民航货运概况阅读材料 ……………………………………… 250

学习单元十　民航安全知识 …………………………………………… 257

　第一节　航空安全知识 ………………………………………………… 257
　　　一、航空安全的定义及特征 ……………………………………… 257
　　　二、航空安全的分类 ……………………………………………… 258
　　　三、航空安全管理 ………………………………………………… 260
　第二节　生产安全知识 ………………………………………………… 261

学习单元十一　民航相关法律法规知识 …………………………… 263

　第一节　《中华人民共和国民用航空法》相关知识 ………………… 263
　　　一、《中华人民共和国民用航空法》目录 ……………………… 263

二、民航运输领域相关章节 ·· 264

第二节　《中华人民共和国安全生产法》相关知识 274
　　一、《中华人民共和国安全生产法》目录 ································ 274
　　二、民航运输领域相关章节 ·· 275

第三节　《中华人民共和国消费者权益保护法》相关知识 ············ 277
　　一、《中华人民共和国消费者权益保护法》目录 ···················· 277
　　二、民航运输领域相关章节 ·· 277

第四节　《中华人民共和国民用航空安全保卫条例》相关知识 ····· 279
　　一、《中华人民共和国民用航空安全保卫条例》目录 ············· 280
　　二、民航运输领域相关章节 ·· 280

第五节　《民用机场管理条例》相关知识 ····································· 284
　　一、《民用机场管理条例》目录 ·· 284
　　二、民航运输领域相关章节 ·· 284

学习单元十二　民航运输基础知识综合训练 ································ 294

第一节　民用航空概况综合训练 ·· 294
　　一、民航客运员国家职业标准概述练习题 ······························ 294
　　二、民航货运员国家职业标准概述练习题 ······························ 295
　　三、民航售票员国家职业标准概述练习题 ······························ 296

第二节　民航航空概况综合训练 ·· 297
　　一、民航运输概况练习题 ··· 297
　　二、我国主要航空公司及保障公司概况练习题 ······················· 298
　　三、国际民用航空运输管理机构概况及民航发展史练习题 ······ 299

第三节　民航运输地理知识综合训练 ··· 300
　　一、中国地理知识简介练习题 ·· 300
　　二、世界地理知识简介练习题 ·· 300
　　三、影响飞行的地理知识练习题 ··· 301

第四节　民航运输知识简介综合训练 ··· 302
　　一、民航运输综合知识练习题 ·· 302
　　二、民航旅客运输知识练习题 ·· 303
　　三、民航货物运输知识练习题 ·· 303
　　四、民航客票销售知识练习题 ·· 304

第五节　民航服务心理学知识综合训练 ·· 305
　　一、民航服务心理学概述练习题 ··· 305
　　二、民航运输工作所需的心理学常识练习题 ·························· 305

第六节　世界三大宗教知识综合训练 ··· 306

一、佛教知识介绍练习题 ………………………………………… 306
　　二、基督教知识介绍练习题 ……………………………………… 306
　　三、伊斯兰教知识介绍练习题 …………………………………… 306
　第七节　民航礼仪基础知识综合训练 ………………………………… 307
　　一、行为举止练习题 ……………………………………………… 307
　　二、礼仪服务练习题 ……………………………………………… 307
　　三、服务文明用语和服务谈话技巧练习题 ……………………… 308
　第八节　民航安全知识综合训练 ……………………………………… 308

附表一　常见民航飞机信息汇总表 ……………………………………… 309

附表二　国内主要城市/机场三字代码 ………………………………… 312

参考文献 …………………………………………………………………… 317

学习单元一
民航行业标准解析

学习目标

(1) 了解民航客运员职业概况。
(2) 了解《民航客运员国家职业技能标准》中的工作内容和技能要求。
(3) 了解民航货运员职业概况。
(4) 了解《民航货运员国家职业技能标准》中的工作内容和技能要求。
(5) 了解民航售票员职业概况。
(6) 了解《民航售票员国家职业技能标准》中的工作内容和技能要求。

三个目标

学习内容

(1) 民航客运员职业概况。
(2) 《民航客运员国家职业技能标准》中的工作内容和技能要求。
(3) 民航货运员职业概况。
(4) 《民航货运员国家职业技能标准》中的工作内容和技能要求。
(5) 民航售票员职业概况。
(6) 《民航售票员国家职业技能标准》中的工作内容和技能要求。

第一节　民航客运员国家职业标准概述

民航客运员职业标准

一、民航客运员职业概况及基本要求

（一）民航客运员职业概况

在人力资源和社会保障部批准并于 2010 年 4 月 19 日起实施的《民航客运员国家职业技能标准》（以下简称：客运员国家标准）中，民航客运员职业定义是："从事乘机登记、旅客服务、航班配载、行李服务等工作的人员。"定义中提及的四项职业功能是民航客运员这一工种所涵盖的基本职业要求。民航客运员职业环境条件是："室内、常温。"他们通常在机场航站楼内工作，个别岗位（如远机位接送引导、递送配载平

1

衡图等工作)会短时间在室外停机坪上完成。民航客运员职业能力特征是:"具有学习、计算能力;具有事物观察能力、分析和判断能力;具有语言表达、沟通能力;身体无残疾,无重听,无口吃,无色盲、色弱。"这也是客运员岗位对从业人员素质的最低要求。

民航客运员是从事民航旅客运输业务的最主要的工种,他们直接和旅客接触,为旅客提供各种服务。民航客运员岗位工作的好坏直接影响到我国民航旅客运输服务质量的水平高低。

(二)民航客运员基本要求

按照国家职业技能鉴定工作规定,民航客运员基本要求包括职业道德和基础知识两个部分。其中,职业道德是指从事本职业工作应具备的基本观念、意识、品质和行为的要求,一般包括职业道德知识、职业态度、行为规范;基础知识是指本职业各等级从业人员都必须掌握的通用基础知识,主要是与本职业密切相关并贯穿于整个职业的基本理论知识、有关法律知识和安全卫生、环境保护知识。客运员国家标准具体规定如下:

1. 民航客运员基本要求——职业道德

民航客运员应遵循的基本职业道德知识。这是对民航客运员职业操守的要求和规范。

民航客运员的职业守则是:保证安全、优质服务,遵纪守法、诚实守信,爱岗敬业、忠于职守,钻研业务、提高技能,团结友爱、协作配合。

2. 民航客运员基本要求——基础知识

民航客运员工作不仅仅要求现场工作的专业知识,还需要为了使工作能顺利开展而要求广泛的、宏观的需掌握有助于服务工作开展的相关基础知识。按照客运员国家标准应了解和掌握以下知识。

(1)民用航空概况。包括:中国民用航空概况、中国主要航空公司概况、国际民航组织概况、国际航空运输概况。

(2)地理知识。包括:中国地理知识,中国各省、自治区、直辖市、特别行政区简介,世界地理知识,世界部分国家、城市简介,航空地理知识。

(3)航空运输知识。包括:旅客运输的知识,客票知识,行李运输知识,航班运行知识,航空联盟知识,代码共享知识。

(4)民航服务心理学知识。包括:旅客心理学知识,客运员心理学知识。

(5)世界三大宗教知识。包括:基督教知识,佛教知识,伊斯兰教知识。

(6)各地礼俗。包括:中国少数民族的风俗习惯,部分国家和地区的风俗习惯,部分国家和地区的饮食习惯、重要节日。

(7)礼仪知识。包括:仪容、仪表、仪态,礼貌、礼节,文明用语及行为语言,着装要求。

(8)民航客运专业英语。包括:民航客运专业常用词汇中英文对照、民航商务英语会话。

(9) 安全知识。包括：航空安全知识,生产安全知识。

(10) 相关法律、法规知识。包括：《中华人民共和国民用航空法》相关知识,《中华人民共和国安全生产法》相关知识,《中华人民共和国劳动法》相关知识,《中华人民共和国劳动合同法》相关知识,《中华人民共和国治安管理处罚法》相关知识,《中华人民共和国消费者权益保护法》相关知识,《航空安全保卫条例》相关知识,《中国民航旅客、行李国内运输规则》相关知识,《中国民航旅客、行李国际运输规则》相关知识,《中国民航残疾人运输办法(试行)》相关知识,《民航机场管理条例》相关知识。

由以上列明的基本要求内容可见：民航客运员需要具备高素质的职业操守和广博的文化知识作为其从业的必备条件。本书旨在全面讲解民航客运员所需要掌握的基础知识,引导读者按照职业道德和基本要求丰富自己的相关知识,从而达到民航客运员国家职业标准的要求。

二、民航客运员工作要求

以客运员国家标准的职业功能为划分维度,将民航客运员各职业功能模块下的工作内容和技能要求罗列如下。

(一) 乘机登记工作内容及技能要求

1. 乘机登记准备

(1) 能准备登机牌、行李牌等各类标识牌等用品。

(2) 能进入离港系统。

(3) 能检查磅秤、转盘等设备运行状况是否正常。

(4) 能掌握机型、订座人数等航班信息。

(5) 能说出航班经停点及预计起飞时间等航班信息。

(6) 能查看座位利用情况。

(7) 能查看轮椅、无成人陪伴儿童、特殊餐食等特殊服务项目。

(8) 能在离港系统中初始化航班。

(9) 能为轮椅、无成人陪伴儿童等特殊旅客预留座位。

(10) 能对超售航班选择处理预案。

(11) 能在离港系统中建立、维护、变更航班离港控制静态信息。

(12) 能在离港系统建立工作号。

2. 接收旅客及托运行李

(1) 能查验身份证、户口簿等旅行证件的有效性。

(2) 能查验国内航班客票的有效性。

(3) 能使用离港系统为旅客分配座位并打印登机牌。

(4) 能使用离港系统为旅客办理行李托运手续。

(5) 能识别登机牌及托运行李识别联上的信息。

（6）能对候机楼出发区遗留物品进行安全处理。

（7）能查验护照、签证等旅行证件的有效性。

（8）能查验国际航班客票的有效性。

（9）能通过询问旅客判断其行李是否符合航空安全标准。

（10）能接收候补旅客。

（11）能为申请特殊餐食的旅客办理乘机登记手续。

（12）能为旅客办理逾重行李托运手续。

（13）能为轮椅、无成人陪伴儿童等特殊旅客办理乘机登记手续。

（14）能手工录入旅客信息预报（API、APP等）。

（15）能为高端、遣返、担架等特殊旅客办理乘机登记手续。

（16）能为国际联程旅客办理乘机登记手续。

（17）能接收国际联程行李。

（18）能接收速运行李。

（19）能接收、填开飞行中断舱单（FIM）。

（20）能手工办理乘机登记手续。

（21）能判断客票可否签转。

（22）能查询航班最短衔接时间（MCT）。

（23）能接收旅费证（MCO）。

（24）能查询《旅行信息手册》（TIM）。

（25）能为旅客办理升、降舱等手续。

（26）能制定航班超售预案。

（27）能处理航班合并、备降、补班等问题。

（28）能处理离港系统与订座系统信息不符的问题。

（29）能处理旅客中转衔接错失的情况。

（30）能接收活体动物、占座行李等特殊行李。

（31）能接收担架旅客。

（32）能填开旅费证（MCO）。

（33）能为旅客办理行李声明价值手续。

（34）能分配工作人员在航班延误故障原因引起出发区域不安全征候的处置演练的角色。

3. 截止乘机登记

（1）能清点、检查所接收的纸质票证。

（2）能复核所接收旅客人数与系统是否相符。

（3）能查看航班开启、关闭等状态。

（4）能修改航班开启、关闭等状态。

（5）能处理旅客误机的情况。

(6) 能处理旅客漏乘、错乘的情况。
(7) 能处理旅客遗失客票的情况。
(8) 能制作总申报单、旅客名单等客运随机文件。
(9) 能使用离港系统手工拍发旅客名单报、占座报等业务电报。
(10) 能手工拍发过站报、特殊旅客服务等业务电报。

4. 实施安全演练

能完成离港系统故障原因引起出发区域不安全征候的处置过程角色的演练。

（二）旅客服务工作内容及技能要求

1. 候机服务

(1) 能使用登机航显、广播等系统通知旅客登机。
(2) 能准备过站牌、手工行李牌等登机服务用品。
(3) 能区分高端、轮椅等特殊旅客。
(4) 能向旅客发布不正常航班信息。
(5) 能查看航班预计登机人数。
(6) 能为高端旅客提供候机服务。
(7) 能处理停机位变更、旅客登机牌丢失等特殊情况。
(8) 能为轮椅、无成人陪伴儿童等特殊旅客提供服务。
(9) 能处理候机楼无人认领物品。
(10) 能回答旅客提出关于航班延误、取消等不正常情况的问询。
(11) 能根据实际情况，对长时间延误的国内航班提出旅客后续安排方案。
(12) 能对国内取消航班提出旅客后续安排方案。
(13) 能根据实际情况，对长时间延误的国际航班提出旅客后续安排方案。
(14) 能对国际取消航班提出旅客后续安排方案。

2. 登机服务

(1) 能使用离港系统为旅客办理登机手续。
(2) 能识别登机口超大行李。
(3) 能清点登机人数与登机牌。
(4) 能查看飞机停靠位置、动态。
(5) 能为高端旅客提供登机服务。
(6) 能处理登机口超大行李。
(7) 能用离港系统查找出未登机旅客信息。
(8) 能填写登机业务文件。
(9) 能为轮椅、无成人陪伴儿童等特殊旅客提供登机服务。
(10) 能为行李占座旅客提供登机服务。
(11) 能准备出港随机业务文件并与机组交接。
(12) 能为机组办理出境手续。

(13）能为担架、遣返等特殊旅客提供登机服务。
(14）能分配工作人员在更改登机口、航空器故障等原因引起隔离区域不安全征候的处置演练的角色。

3. 进港服务

(1）能获取到达旅客信息。
(2）能指示、引导旅客前往到达区。
(3）能获取中转旅客信息。
(4）能分流、引导过站旅客。
(5）能查询进港航班信息。
(6）能为中转旅客办理中转手续。
(7）能接收、安置备降到本站的国内航班。
(8）能为担架旅客提供进港服务。
(9）能为轮椅、无成人陪伴儿童等特殊旅客提供进港服务。
(10）能为遣返旅客提供进港服务。
(11）能为中转旅客提供进港服务。
(12）能为机组办理入境手续。
(13）能接收进港随机业务文件。
(14）能处理实际过站旅客人数与旅客舱单人数不符的情况。
(15）能处理旅客中断飞行的情况。

4. 实施安全演练

能完成在更改登机口、航空器故障等原因引起隔离区域不安全征候的处置过程角色的演练。

（三）行李服务工作内容及技能要求

1. 行李交付

(1）能将国内行李交付旅客。
(2）能将团队行李交付旅客。
(3）能将国际航班行李交付旅客。
(4）能将高端、中转、遣返等特殊旅客的行李交付。
(5）能将超重、超长等特殊行李交付旅客。

2. 不正常行李处理

(1）能对国内航班不正常行李进行登记。
(2）能对国内航班不正常行李进行查询。
(3）能对国内到达区遗留物品进行安全处理。
(4）能对国际航班不正常行李进行登记。
(5）能对国际航班不正常行李进行查询。
(6）能拍发不正常行李 SITA 电报。

(7) 能对国际到达区遗留物品进行安全处理。

3. 特殊情况的行李交付及安全演练

（1）能处理国际备降航班行李交付。

（2）能完成托运行李延误到达（分拣系统、传输系统等故障）的应急操作。

4. 行李赔偿与分摊

（1）能对到达航班不正常行李进行理赔。

（2）能完成本站航班不正常行李赔偿费用的分摊。

5. 安全演练

能在发生旅客托运行李延误到达（例如：行李分拣系统故障、离港系统数据传输故障等情况）时完成应急操作的员工工作分配。

6. 行李赔偿审核

能审核本航站不正常行李赔偿的分摊。

（四）航班配载工作内容及技能要求

1. 航班预配数据采集

（1）能安排行李使用的箱板数量。

（2）能修正机组数据。

（3）能修正飞机的基本重量和基本重量指数。

（4）能接收油量数据。

（5）能计算可利用业载。

（6）能准备载重表与载重电报、平衡图、装机指导单等业务文件。

（7）能安排旅客座位发放区域。

（8）能识读载重报、箱板报、占座报等业务电报。

2. 航班预配

（1）能为货舱的业载安排位置。

（2）能识读装、卸机指导单。

（3）能制作装、卸机指导单。

（4）能计算航班预计无油重量。

（5）能报送预计无油重量数据。

（6）能在离港系统中释放过站航班业载。

（7）能处理过站业载变化。

（8）能识别货邮中的危险品。

（9）能识别货邮中的活体动物、鲜活易腐等特殊物品。

（10）能为枪支弹药、活体动物等特殊行李安排装载位置。

（11）能处理航班业载、无油重量、起飞重量等限制情况。

（12）能根据过站装载情况，制定本站装载计划。

（13）能处理过站实际装载与载重平衡舱单不符等特殊情况。

（14）能为危险品安排装载位置。

3. 航班监控

（1）能监控航班实际重心变动情况。

（2）能监控航班实际业载变动情况。

（3）能监控航班无油重量变动情况。

（4）能调整航班装载计划。

（5）能处理航班超载。

（6）能分析波音、空客等常用机型重心特点。

（7）能判断航班实际重心变化趋势。

4. 航班配载结算

（1）能确认航班实际重心在限定范围内。

（2）能确认实际业载小于航班最大允许业载。

（3）能确认航班实际无油重量与预计无油重量的差值在允许范围内。

（4）能复核载重平衡舱单数据。

（5）能在已形成的载重平衡舱单上进行最后一分钟修正。

（6）能使用离港系统制作电子载重平衡舱单。

（7）能手工填制载重表，绘制载重平衡图。

（8）能对比备降、补班航班业载变化情况。

（9）能使用离港系统拍发载重报、箱板位置分布报等配载业务电报。

（10）能使用飞机地空交流寻址及报告系统（ACARS）传递舱单、旅客名单等业务文件。

（11）能手工拍发载重报、箱板位置分布报等业务电报。

以上关于民航客运员的工作要求摘录自客运员国家标准，在这里具体展示的目的是使读者对民航客运员这个岗位有一个完整认识，更加明确民航基础知识的应用指向。

第二节 民航货运员国家职业标准概述

一、民航货运员职业概况及基本要求

（一）民航货运员职业概况

在人力资源和社会保障部批准并于2010年4月19日起实施的《民航货运员国家职业技能标准》（以下简称：货运员国家标准）中，民航货运员职业定义是："从事民用航空货物运输的操作及管理人员。"定义中提及的两项职业功能是民航货运员这一工种所涵盖的基本职业要求。民航货运员职业环境条件是："室内、外，常温，噪声"。他们通常在航空公司货站、机场停机坪等地点工作。随着客票形式电子化、销售渠道

多样化、航空产品复杂化等新趋势的日益显著,涉及民航货运员工作内容的岗位不断增加,如航空物流、航空快递、多式联运、危险品空运、航空冷链运输等。民航货运员职业能力特征是:"具有一定的学习、计算能力和表达能力;具有一定的空间感和形体知觉;手指、手臂灵活,动作协调。"这也是货运员岗位对从业人员素质的最低要求。

民航货运员是从事民航货物运输业务的最主要的工种,他们直接和货物接触,为货主提供各种服务。民航货运员岗位工作的好坏直接影响到我国民航货物运输服务质量的水平高低。

(二)民航货运员基本要求

按照国家职业技能鉴定工作规定,民航货运员基本要求包括职业道德和基础知识两个部分。其中,职业道德是指从事本职业工作应具备的基本观念、意识、品质和行为的要求,一般包括职业道德知识和职业守则;基础知识是指本职业各等级从业人员都必须掌握的通用基础知识,主要是与本职业密切相关并贯穿于整个职业的基本理论知识、有关法律知识和安全卫生、环境保护知识。货运员国家标准具体规定如下:

1. 民航货运员基本要求——职业道德

民航货运员应遵循的基本职业道德知识。这是对民航货运员职业操守的要求和规范。

民航货运员的职业守则是:遵纪守法、诚实守信,爱岗敬业、忠于职守,保证安全、优质服务,钻研业务、提高技能,团结友爱、协作配合。

2. 民航货运员基本要求——基础知识

民航货运员工作不仅仅要求现场工作的专业知识,还需要为了使工作能顺利开展而要求广泛的、宏观的、有助于服务工作开展的相关基础知识。按照货运员国家标准应了解和掌握以下知识。

(1)航空运输代码。包括:国内主要机场、城市代码,国内主要航空公司代码,国外主要机场、城市代码,国外主要航空公司代码。

(2)航空货物运输常识。包括:航空货物运输基本概念,常用集装器编号、分类,机型分类,航空地理基本知识。

(3)货运流程。包括:货物收运流程、货物出港流程、货物进港流程。

(4)航空货物运输专业英语。包括:货运常用专业术语、货运常用电报简语。

(5)相关法律、法规知识。包括:《中华人民共和国劳动法》的相关知识,《中华人民共和国劳动合同法》的相关知识,《中华人民共和国民用航空法》"公共航空运输"部分的相关知识,《中国民用航空货物国内运输规则》的相关知识,《中国民用航空货物国际运输规则》的相关知识,《中国民用航空安全检查条例》的相关知识,《中国民用航空危险品运输管理规定》的相关知识,《华沙公约》的相关知识。

由以上列明的基本要求内容可见:民航货运员需要具备高素质的职业操守和丰富的通用知识作为其从业的必备条件。本书旨在全面讲解民航货运员所需要掌握的基础知识，引导读者按照职业道德和基本要求丰富自己的相关知识，从而达到民航货运员国家职业标准的要求。

二、民航货运员工作要求

以货运员国家标准的职业功能为划分维度，将民航货运员各职业功能模块下的工作内容和技能要求罗列如下。

（一）货物收运工作内容及技能要求

1. 普通货物收运

（1）能检查托运人的有效身份证件。

（2）能检查国内托运书填制是否准确、完整。

（3）能根据货物重量判断是否可以接收。

（4）能根据货物尺寸判断货物是否超过货舱舱门尺寸。

（5）能使用散货舱装载尺寸表判断货物是否适合散货舱运输。

（6）能检查货物包装是否符合要求。

（7）能检查国内货物包装上的标记、标签是否符合要求。

（8）能填制国内货运单。

（9）能根据货物重量判断适合运输的机型。

（10）能判断货物重量是否满足货舱地板承受力要求。

（11）能判断超重货物是否需要加垫板。

（12）能计算货物需要加垫板的面积和厚度。

（13）能检查国际托运书填制是否准确、完整。

（14）能检查国际货运单填制是否准确、完整。

（15）能检查国际货物包装上的标记、标签是否符合要求。

2. 特种货物接收

（1）能判断国内货物是否属于航空禁运物品。

（2）能检查菌种、毒种、生物制品、植物和植物产品、麻醉药品、烟草等特种货物的运输文件、包装、标记、标签是否符合要求。

（3）能根据货物品名识别隐含危险品。

（4）能识别危险品、活体动物、鲜活易腐货物的标记、标签。

（5）能检查鲜活易腐货物（国内）、贵重物品、灵柩、骨灰、押运货物、枪械、外交信袋等特种货物运输的文件、包装、标记、标签是否符合要求。

（6）能根据《危险品规则》检查危险品托运书和货运单填写是否正确。

（7）能检查例外数量危险品、航空邮件内的危险品、运营人资产中的危险品和限制数量危险品是否符合规定。

3. 国内货物运费计算

（1）能计算国内货物航空运费。

(2) 能计算国内货物声明价值附加费。
(3) 能计算国内货物地面运费、燃油附加费等其他费用。
(4) 能编制国内货物销售日报。

4. 邮件收运
(1) 能根据邮件路单接收国内、国际邮件。
(2) 能根据邮件路单填写国内航空邮运结算单。

5. 国际货物运费计算
(1) 能根据国际货物公布直达运价计算从中国始发的航空运费。
(2) 能计算国际货物声明价值附加费及其他费用。
(3) 能编制国际销售日报。

6. 活体动物接收
(1) 能检查活体动物的运输文件是否符合要求。
(2) 能检查活体动物的包装是否符合要求。
(3) 能检查活体动物包装件上的标记、标签是否符合要求。

7. 鲜活易腐货物接收
(1) 能检查鲜活易腐货物的运输文件是否符合要求。
(2) 能检查鲜活易腐货物的包装是否符合要求。
(3) 能检查鲜活易腐货物包装件上的标记、标签是否符合要求。

8. 危险品接收
(1) 能检查除放射性、感染性物质以外的危险品的运输文件是否符合要求。
(2) 能检查除放射性、感染性物质以外的危险品的包装是否符合要求。
(3) 能检查除放射性、感染性物质以外的危险品包装件上的标记、标签是否符合要求。
(4) 能检查放射性物质的运输文件、包装、标记标签是否符合要求。
(5) 能检查感染性物质的运输文件、包装、标记标签是否符合要求。
(6) 能检查含有放射性物质的合成包装件的运输文件、包装、标记标签是否符合要求。
(7) 能检查不同核素放射性物质装载同一包装件内的危险品的运输文件、包装、标记标签是否符合要求。

9. 货物运费计算
(1) 能根据国际货物公布直达运价计算目的站为中国境内的航空运费。
(2) 能计算国际混运货物运费。
(3) 能根据比例运价计算从中国始发的航空运费。
(4) 能根据比例运价计算目的站为中国的航空运费。
(5) 能根据不同承运人的特殊要求计算航空运费。
(6) 能根据货物运费结算规则进行比例分摊计算。

(7）能根据分段相加运价计算航空运费。

（二）货物出港工作内容及技能要求

1. 舱位管理

（1）能确定货物发运顺序。

（2）能根据飞机货舱数据配装货物。

（3）能对菌种、毒种、生物制品、植物和植物产品、冷冻和冷藏物品进行配载。

（4）能拟发舱位预定申请电报。

（5）能拟发舱位预定回复电报。

（6）能计算客机航班最大可用业载。

（7）能根据飞机货舱数据进行舱位控制管理。

（8）能安排运输路线,并计算运输时间。

（9）能计算货机航班最大可用业载。

（10）能根据货物重量和尺寸确定适用的机型。

（11）能根据危险品的隔离要求进行配载。

（12）能根据活体动物的隔离要求进行配置。

（13）能根据鲜活易腐货物的隔离要求进行配载。

2. 文件处理

（1）能制作货邮舱单。

（2）能分发货邮舱单。

（3）能分发货运单。

（4）能填写国内货物代运单。

（5）能填写货物出库文件。

3. 邮件出港

（1）能对国内邮件进行出港操作。

（2）能对国际邮件进行出港操作。

（3）能对出港邮件的不正常运输进行处理。

4. 出港文件处理

（1）能拟发航班装载电报、特种货物装载电报及货邮舱单、航空货运单电报。

（2）能接收、填写、分发货物中转舱单。

（3）能填写国际分批货物货运单。

（4）能拟发出港不正常运输货物查询电报。

（5）能填制货物运费更改通知单。

（6）能对货物运费变更通知单进行分发。

（7）能填制特种货物机长通知单。

5. 出港货物处理

（1）能检查中转货物不正常运输。

（2）能办理临时加货、拉货。

（3）能办理鲜活易腐货物、贵重物品、灵柩、骨灰、押运货物、枪械、外交信袋等特种货物的出港操作。

（4）能办理货物分批运输。

（5）能办理危险品的仓储和装载。

（6）能制定超重货物在集装器上捆绑固定的方案。

（7）能提出超大、超重货物垫板的尺寸计算与铺设方案。

（8）能对活体动物进行装载。

（9）能对鲜活易腐货物进行装载。

（10）能对危险品进行装载。

（11）能检查集装设备是否符合使用要求。

（12）能根据规定组装集装货物。

6. 不正常航班处理

（1）能对航班在始发站延误后货邮进行处理。

（2）能对航班在经停站延误后货邮进行处理。

（3）能对航班在始发站取消后货邮进行处理。

（4）能对航班在经停站取消后货邮进行处理。

（5）能对航班备降后货邮进行处理。

7. 货物运输变更处理

（1）能确认托运人自愿变更的要求是否符合规定的条件。

（2）能处理托运人的自愿变更要求。

（3）能进行非自愿变更运输的处理。

（4）能填制、分发货物运费更改通知单。

8. 集装设备管理

（1）能对集装器进行进港和出港管理。

（2）能对集装器进行存储管理。

（3）能对集装器进行租借管理。

（4）能拟发集装器管理电报。

9. 货机配载

（1）能运用 B747-400F、B777-200F 等货机货舱门尺寸数据和装载限重确定可运输货物的最大尺寸和重量。

（2）能根据宽体飞机货舱集装器限动卡子缺损限重确定集装器的最大载重并设计捆绑限动方案。

10. 货机载重平衡作业

（1）能填制平衡图。

（2）能填制装载表。

（3）能拍发货机载重电报。

11. 货物中央装载

（1）能运用飞机的结构载荷限制确定 B747-400F、B777-200F、B747-400COMBI 型飞机中央装载的最大限重并选择合适的集装器。

（2）能编制超大、超重货物中央装载时的飞机货舱内的捆绑限动方案。

12. 超大、超重货物运输及全货运飞机作业

（1）能判断超大、超重货物是否适合主货舱侧边位或中央装载。

（2）能根据货物重量选择超大超重货物中央装载的位置。

（3）能设计单件货物重量超过集装板限重的组装方案。

（4）能设计在无尾撑杆和地锚状态下 B747-400F 装卸作业程序。

（三）货物进港工作内容及技能要求

1. 文件处理

（1）能接收并核对进港文件。

（2）能对进港文件进行分拣。

（3）能填写进港货物不正常运输记录。

（4）能拟发进港不正常运输货物查询电报。

（5）能处理进港不正常运输货物的文件。

2. 货物处理

（1）能核对并分拣货物。

（2）能根据菌种、毒种、生物制品、植物和植物产品、麻醉药品、烟草等货物性质确定存储方式。

（3）能判断进港不正常货物运输种类。

（4）能根据鲜活易腐货物、贵重物品、灵柩、骨灰、押运货物、枪械、外交信袋等货物性质确定存储方式。

（5）能对进港不正常运输货物进行处理。

3. 货物交付

（1）能发送到达货物通知。

（2）能检查收货人的有效身份证件。

（3）能计算货物保管费。

（4）能办理货物交付手续。

（5）能计算到付运费和到付运费手续费。

（6）能处理品名不符、重量不符的货物。

（7）能填写货物交付状态记录。

（8）能判断并处理无法交付货物。

（9）能填写无法交付货物通知单，并拟发无法交付货物通知电报。

4. 邮件进港

（1）能对国内进港邮件进行到达操作。

（2）能对国际进港邮件进行到达操作。

（3）能对进港邮件的不正常运输进行处理。

（四）货物赔偿处理工作内容及技能要求

1. 索赔的接受

（1）能确定索赔的有效性。

（2）能收集索赔所需的相关资料。

2. 索赔的审核

（1）能确认索赔人的资格。

（2）能确认索赔人提交的索赔文件。

民航售票员
职业标准

3. 赔偿责任确定

（1）能对货物赔偿所需文件的有效性进行审核。

（2）能确定承运人的赔偿责任。

4. 赔偿手续办理

（1）能制定赔偿处理方案。

（2）能填写货物赔偿处理报告单。

（五）货物运输应急处置工作内容及技能要求

1. 危险品运输应急处置

（1）能处置危险品破损事件。

（2）能处置危险品泄漏事件。

（3）能处置危险品着火事件。

2. 活体动物运输应急处置

（1）能处置活体动物逃逸事件。

（2）能处置活体动物造成人员伤害事件。

以上关于民航货运员的工作要求摘录自货运员国家标准，在这里具体展示的目的是使读者对民航货运员这个岗位有一个完整认识，更加明确民航基础知识的应用指向。

第三节 民航售票员国家职业标准概述

一、民航售票员职业概况及基本要求

（一）民航售票员职业概况

在人力资源和社会保障部批准并于2010年4月19日起实施的《民航售票员国家职业技能标准》（以下简称：售票员国家标准）中，民航售票员职业定义是："专门从事民航客票销售、座位管理和市场营销的人员。"定义中提及的三项职业功能是民航

15

售票员这一工种所涵盖的基本职业要求。民航售票员职业环境条件是:"室内、常温。"他们通常在航空公司售票处、机场售票柜台、电话客服中心等部门工作。随着客票形式电子化、销售渠道多样化、航空产品复杂化等新趋势的日益显著,涉及民航售票员工作内容的岗位不断增加,如传统机票销售代理公司、传统旅行社、在线旅游销售公司、客票销售平台等非航空公司的客票销售岗位。民航售票员职业能力特征是:"具有一定的学习、计算和市场营销能力;具有较强的语言表达能力、事物观察能力、分析和判断能力;手指、手臂灵活,动作协调。"这也是售票员岗位对从业人员素质的最低要求。

民航售票员是从事民航旅客运输工作流程前端航班座位销售业务的最主要的工种,他们直接或间接与旅客接触,为旅客提供各种关于购买航空运输服务产品的信息咨询、销售实现、客票变更等全方位的销售服务。民航售票员岗位工作的好坏直接影响到我国民航旅客运输服务质量的水平高低。

(二)民航售票员基本要求

按照国家职业技能鉴定工作规定,民航售票员基本要求包括职业道德和基础知识两个部分。其中,职业道德是指从事本职业工作应具备的基本观念、意识、品质和行为的要求,一般包括职业道德知识、职业态度、行为规范;基础知识是指本职业各等级从业人员都必须掌握的通用基础知识,主要是与本职业密切相关并贯穿于整个职业的基本理论知识、有关法律知识和安全卫生、环境保护知识。售票员国家标准具体规定如下。

1. 民航售票员基本要求——职业道德

民航售票员应遵循的基本职业道德知识。这是对民航售票员职业操守的要求和规范。

民航售票员的职业守则是:安全运营、优质服务,遵纪守法、诚实守信,爱岗敬业、忠于职守,钻研业务、提高技能,团结友爱、协作配合。

2. 民航售票员基本要求——基础知识

民航售票员工作不仅仅要求现场工作的专业知识,还需要为了使工作能顺利开展而要求广泛的、宏观的、有助于服务工作开展的相关基础知识。按照售票员国家标准应了解和掌握以下知识。

(1)航空运输常识。包括:航空运输的定义、运输业的性质和航空运输业的特性、国际民航组织概况、中国民用航空概况、国际航空法、航空运输业务分工、航空运输的飞行形式、国际航协业务分区、世界时区的划分。

(2)客运销售基础知识。包括:民用机场的定义和分类标准,航线的定义、分类及构成形式,中国的国内、国际航线网络,航班、航段、班次的定义,中国主要航空公司名称、两字代码和客票代号,国际主要航空公司名称、两字代码,国内城市、机场及国际主要通航城市的三字代码,民航机型概况,国内、国际航班号的编排知识,中国、世界地理知识,行李运输的一般规定,航空联盟知识,残疾人运输办法。

(3) 民航旅客服务心理学知识。包括：民航工作人员的心理调节，民航旅客心理状态认知。

(4) 民航旅客运输英语知识。包括：专业词汇，销售服务对话。

(5) 世界三大宗教知识。包括：基督教知识，佛教知识，伊斯兰教知识。

(6) 礼仪知识。包括：仪容、仪表、仪态，礼貌、礼节、礼俗，文明用语及行为语言，着装要求。

(7) 相关法律、法规知识包括：《中华人民共和国民用航空法》相关知识，《中华人民共和国安全生产法》相关知识，《中华人民共和国劳动法》相关知识，《中华人民共和国劳动合同法》相关知识，《中华人民共和国治安管理处罚法》相关知识，《中华人民共和国消费者权益保护法》相关知识，《中华人民共和国民用航空安全保卫条例》相关知识，《中国民航旅客、行李国内运输规则》相关知识，《中国民航旅客、行李国际运输规则》相关知识。

由以上列明的基本要求内容可见：民航售票员需要具备高素质的职业操守和广博的文化知识作为其从业的必备条件。本书旨在全面讲解民航售票员所需要掌握的基础知识，引导读者按照职业道德和基本要求丰富自己的相关知识，从而达到民航售票员国家职业标准的要求。

二、民航售票员工作要求

以售票员国家标准的职业功能为划分维度，将民航售票员各职业功能模块下的工作内容和技能要求罗列如下。

(一) 客票销售工作内容及技能要求

1. 客票销售准备

(1) 能准备纸质客票、电子客票行程单、国内变更单、旅客购票单、业务用章等用品。

(2) 能进入售票系统。

(3) 能建立票证打印机控制。

(4) 能测试售票系统、票证打印系统运行状况是否正常。

(5) 能准备国际客票、国际退款单、旅费证等国际客票销售相关票证。

(6) 能测试国际电子客票行程单打印系统。

2. 旅客订座记录建立

(1) 能查询国内航空座位可利用情况，建立航段组。

(2) 能建立国内航班订座旅客姓名组。

(3) 能建立航班订座旅客联系组。

(4) 能建立航班订座出票组。

(5) 能修改、分离、取消旅客订座记录。

(6) 能指导旅客填写旅客购票单。

(7) 能查询国际航班座位可利用情况，建立航段组。

（8）能建立国际航班订座旅客姓名组。
（9）能检查国际联程航班订座回电。
（10）能拟写并翻译旅客订座记录中的特殊信息。

3. 客票填开
（1）能审核旅客购票单。
（2）能查验国内航班旅客乘机有效证件。
（3）能建立国内航班旅客证件信息组。
（4）能确定国内航程运价。
（5）能在旅客订座记录内录入国内航程运价组。
（6）能在旅客订座记录内录入旅客购票付款方式组。
（7）能在旅客订座记录内录入客票使用签注信息组。
（8）能填开国内航班客票。
（9）能查验国际航班旅客有效证件。
（10）能建立国际航班旅客证件信息组。
（11）能通过产品价格手册确定国际航程运价。
（12）能通过国际运价系统确定国际航程运价。
（13）能通过国际运价系统确定国际航程税费。
（14）能在旅客订座记录内录入国际航程运价组。
（15）能在旅客订座记录内录入国际航班旅客购票付款方式组。
（16）能在旅客订座记录内录入国际航班客票使用签注信息组。
（17）能填开国际及地区航线航班客票。
（18）能使用航空旅客运价查询系统查询国际运价。
（19）能使用《航空旅客运价规则卷》查阅国际旅客运输规定。
（20）能手工计算单程、来回程、缺口程、环程国际运价。
（21）能手工进行国际运价计算过程中涉及的各种最低限额检查。
（22）能手工填开国际客票。
（23）能手工计算环球程运价。
（24）能手工计算比例运价。
（25）能手工计算混合等级运价。
（26）能手工计算非直达航程运价。

4. 客票交付
（1）能打印电子客票行程单。
（2）能告知旅客国内航班不同舱位等级的免费行李额。
（3）能计算国内航班逾重行李费用。
（4）能告知旅客国内航班乘机注意事项。
（5）能告知旅客国内航班人身意外赔偿额。

(6) 能告知旅客国际客票使用有效期。
(7) 能告知旅客国际客票不同舱位等级的免费行李额。
(8) 能告知旅客国际联程运输各航段免费行李额。
(9) 能打印国际电子客票行程单。
(10) 能计算国际客票计重制行李逾重费用。
(11) 能计算国际客票计件制行李逾重费用。
(12) 能告知旅客国际联程航班的最短衔接时间。
(13) 能告知旅客国际航班人身意外赔偿额。
(14) 能使用《旅游信息手册》查阅世界各国对旅客护照、签证的规定。
(15) 能使用《旅游信息手册》查阅世界各国对旅客携带物品的规定。
(16) 能使用航班时刻表查阅世界各航空公司航班时刻信息。
(17) 能使用航班时刻表查阅世界主要空港最短航班衔接时间的规定。

（二）特殊服务工作内容及技能要求

1. 服务准备
(1) 能识别重要旅客、无成人陪伴儿童、孕妇身份。
(2) 能查验重要旅客及办理人有效证件、无成人陪伴儿童及办理人有效证件、孕妇有效证件及适宜乘机医院证明。
(3) 能准备《无成人陪伴儿童申请书》。
(4) 能准备《特殊旅客（孕妇）乘机申请书》。
(5) 能准备《特殊旅客（轮椅）乘机申请书》。
(6) 能查验轮椅旅客乘机有效证件。
(7) 能查验手术后或因病申请轮椅服务旅客适宜乘机医院证明。
(8) 能准备《小动物托运预定申请书》。
(9) 能确定小动物运输机型要求。
(10) 能准备《特殊旅客（担架）乘机申请书》。
(11) 能查验担架旅客及随行人员有效证件及担架旅客适宜乘机医院证明。
(12) 能准备《导盲犬运输申请书》。
(13) 能检验申请携导盲犬及盲人旅客有效证件。
(14) 能准备《旅客机上用氧申请书》。
(15) 能查验申请机上用氧旅客有效证件。
(16) 能准备《特殊旅客（婴儿摇篮）乘机申请书》。

2. 旅客订座记录建立
(1) 能指导旅客填写《无成人陪伴儿童申请书》。
(2) 能指导旅客填写《特殊旅客（孕妇）乘机申请书》。
(3) 能建立航班重要旅客姓名组。
(4) 能指导旅客填写《特殊旅客（轮椅）乘机申请书》。

（5）能指导旅客填写《小动物托运预订申请书》。
（6）能建立轮椅旅客姓名组。
（7）能建立外交信袋、额外占座行李、舒适占座旅客姓名组。
（8）能指导旅客填写《特殊旅客（担架）乘机申请书》。
（9）能建立航班担架旅客订座记录。
（10）能指导旅客填写《特殊旅客（盲人）乘机申请书》。
（11）能建立航班盲人旅客订座记录。
（12）能指导旅客填写《旅客机上用氧申请书》。
（13）能建立机上用氧旅客订座记录。
（14）能指导旅客填写《特殊旅客（婴儿摇篮）乘机申请书》。
（15）能建立需要婴儿摇篮旅客订座记录。

3. 特殊服务信息申报

（1）能输入重要旅客乘机特殊服务组。
（2）能传递重要旅客服务信息。
（3）能输入无成人陪伴儿童乘机特殊服务组。
（4）能传递无成人陪伴儿童服务信息。
（5）能输入特殊餐食服务信息组。
（6）能传递特殊餐食服务信息。
（7）能输入轮椅旅客特殊服务信息组。
（8）能传递轮椅旅客特殊服务信息。
（9）能输入小动物运输特殊服务信息组。
（10）能传递小动物运输特殊服务信息。
（11）能传递额外占座旅客的信息。
（12）能输入担架旅客乘机特殊服务组。
（13）能传递担架旅客运输服务信息。
（14）能输入盲人旅客乘机特殊服务组。
（15）能传递盲人旅客运输服务信息。
（16）能输入旅客机上用氧特殊服务组。

4. 客票填开

（1）能审核重要旅客购票单。
（2）能审核《无成人陪伴儿童申请书》和《特殊旅客（孕妇）乘机申请书》。
（3）能确定无成人陪伴儿童乘机国内航程运价并填开客票。
（4）能计算无成人陪伴儿童乘机国内航程服务费。
（5）能使用国内变更单收取无成人陪伴儿童服务费。
（6）能审核《特殊旅客（轮椅）乘机申请书》和《小动物托运预订申请书》。
（7）能确定轮椅旅客的运价并填开客票。

（8）能确定航班外交信袋、额外占座行李、旅客舒适占座航程运价并填开客票。

（9）能确定无成人陪伴儿童乘机国际航程运价并填开客票。

（10）能确定无成人陪伴儿童乘机国际航程服务费。

（11）能使用旅费证收取无成人陪伴儿童服务费。

（12）能审核《特殊旅客（担架）乘机申请书》《特殊旅客（婴儿摇篮）乘机申请书》《导盲犬运输申请书》《旅客机上用氧申请书》。

（13）能确定担架旅客乘机航程运价并填开客票。

（14）能填开盲人旅客客票。

（15）能计算旅客机上用氧服务费并填开客票。

（16）能使用旅费证收取旅客机上用氧服务费。

5. 客票交付

（1）能告知重要旅客、无成人陪伴儿童服务申请人、孕妇乘机注意事项。

（2）能归类存档重要旅客、无成人陪伴儿童乘机办理信息。

（3）能告知轮椅旅客、小动物运输申请人乘机注意事项。

（4）能告知外交信袋、额外占座行李、旅客舒适占座的乘机注意事项。

（5）能告知无成人陪伴儿童乘机注意事项。

（6）能归类存档轮椅旅客乘机和小动物、无成人陪伴儿童运输办理信息。

（7）能告知担架旅客、盲人旅客、机上用氧旅客、需要婴儿摇篮旅客乘机注意事项。

（8）能归类存档担架旅客、盲人旅客、机上用氧旅客、需要婴儿摇篮旅客申请、办理信息。

6. 预付票款通知处理

（1）能拟写并翻译出发预付票款通知电报。

（2）能拟写并翻译到达预付票款通知确认电报。

（3）能拟写并翻译预付票款退款申请/授权电报。

（4）能填写预付票款通知。

（5）能使用预付票款通知为旅客出票。

（6）能为预付票款通知填开旅费证。

7. 客票遗失处理

（1）能拟写并翻译客票遗失电报。

（2）能拟写并翻译客票遗失补票申请电报。

（3）能拟写并翻译客票遗失补票授权电报。

（4）能办理遗失客票的补开。

（5）能办理遗失客票的退款。

（三）客票售后服务工作内容及技能要求

1. 客票自愿变更

（1）能计算国内客票自愿升舱、子舱位变更费用。

（2）能计算国内客票自愿改期费用。
（3）能计算国内客票自愿退票费用。
（4）能使用国内收费单收取国内客票自愿变更、退票费用。
（5）能确定国内客票自愿签转资格。
（6）能通过换开客票办理国内客票自愿变更。
（7）能计算国际客票自愿升舱、子舱位变更费用。
（8）能计算国际客票自愿改期费用。
（9）能计算国际客票自愿退票费用。
（10）能使用旅费证收取国际客票自愿变更费用。
（11）能计算国际客票自愿延期费用。
（12）能计算国际客票自愿变更航程费用。
（13）能通过换开客票办理国际客票自愿变更。

2. 客票非自愿变更

（1）能确定国内航班旅客非自愿变更事实。
（2）能办理国内航班旅客非自愿变更。
（3）能确定国际航班旅客非自愿变更事实。
（4）能办理国际航班旅客非自愿变更。

3. 旅费证使用

（1）能按"指定换取服务联价值法"填开旅费证。
（2）能按"价值递减法"填开旅费证。
（3）能按"指定换取服务联价值法"接收旅费证。
（4）能按"价值递减法"接收旅费证。

4. 飞行中断舱单使用

（1）能填开飞行中断舱单(FIM)。
（2）能接收飞行中断舱单(FIM)。

以上关于民航售票员的工作要求摘录自售票员国家标准，在这里具体展示的目的是使读者对民航售票员岗位有一个完整认识，更加明确民航基础知识的应用指向。

自我检测

（1）简要描述民航客运员职业概况和基本要求。
（2）简要描述接收旅客及托运行李的工作要求。
（3）简要描述民航货运员职业概况和基本要求。
（4）简要描述特种货物接收的工作要求。
（5）简要描述民航售票员职业概况和基本要求。
（6）简要描述特殊服务信息申报的工作要求。

学习单元二
民用航空概况

学习目标

(1) 掌握交通运输的基本特征。
(2) 掌握五种交通运输方式及其各自的特点。
(3) 了解中国民用航空局和中国航空运输协会的基本职能。
(4) 掌握航空运输企业经营的基本特征。
(5) 了解我国主要航空公司。
(6) 了解我国三大航空保障集团公司。
(7) 了解国际民用航空组织和国际航空运输协会。
(8) 掌握国际民用航空发展的标志性事件。

三个目标

学习内容

(1) 交通运输的基本特征。
(2) 五种交通运输方式及其各自的特点。
(3) 中国民用航空局和中国航空运输协会的基本职能。
(4) 航空运输企业经营的基本特征。
(5) 我国主要航空公司概况。
(6) 我国三大航空保障集团公司概况。
(7) 国际民用航空组织和国际航空运输协会简介。
(8) 国际民用航空发展历史概况。

第一节 民用航空及国内机构概况

一、民航运输概况

(一) 交通运输业的性质及其在国民经济中的作用

交通运输是人类社会的基本活动之一,是每个人生活的重要组成部分,同时也是现代社会经济活动中不可缺少的重要环节。人类社会的发展历史就是一部由散乱走向有序、由落后迈向文明的篇章，交通运输在人类文明发展的过程中发挥了不可估量的关键作用。纵观人类社会发展过程中的每一个标志性进程或里程碑事件，几乎都与交通运输领域的创新、发展、演进相伴。例如：古埃及的强大与尼罗河息息相关，世界奇观金字塔的修建，离开了运输是不可想象的。中国古老灿烂的文化与黄河、长江密切相连，丝绸之路是古老的中国走向世界的一条漫漫长路，促进了中国与世界文化的交流，促进了经济发展，却也映衬了原始运输方式的艰辛与落后。机械运输工具的出现，给经济发展和社会进步带来了全新发展机遇，使得人类社会以空前的高速发展成为可能。蒸汽轮船的采用提高了海上的运输速度、载运能力与行驶距离，使得必须跨越茫茫大洋的洲际运输成为现实；铁路及公路的发展与普及，使得人类能在陆地上克服空间阻隔的能力大大提高，这是为加强各内陆区域间的经济联系程度创造了机会；航空运输的发展更是导致交通运输在速度方面产生了质的飞跃，这使得空间距离不再成为阻隔人类彼此间联系的瓶颈。"地球村"的说法使原本广阔无比的地球变为"村落"，这恰恰是通过发达的现代交通运输体系实现的。如今，交通运输已经完全渗透到人类社会生活的方方面面，并发展成为备受关注的社会经济活动之一。

交通运输是人和物借助交通工具的载运，产生有目的的空间位移，它是经济发展的基本需要和先决条件，现代社会的生存基础和文明标志，社会经济的基础设施和重要纽带，现代工业的先驱和国民经济的先行部门，资源配置和宏观调控的重要工具，国土开发、城市和经济布局形成的重要因素，对促进社会分工、大工业发展和规模经济的形成，巩固国家的政治统一和加强国防建设，扩大国际经贸合作和人员往来发挥重要作用。交通运输具有以下明显的特征。

（1）交通运输是一个不生产新的实物形态产品的物质生产部门。其产品是运输对象的空间位移，用旅客人公里或货物吨公里计量。交通运输的劳动对象既可以是物，又可以是人，且劳动对象不必为运输业所有。交通运输参与社会总产品的生产和国民收入的创造，但却不增加社会产品实物总量。

（2）交通运输的劳动对象是旅客和货物，运输业不改变劳动对象的属性或形态，只改变它的空间位置。交通运输提供的是一种运输服务，它对劳动对象只有生产权（运输权），不具有所有权。

（3）交通运输是社会生产过程在流通领域内的继续。产品在完成了生产过程后，必然要从生产领域进入到消费领域，这就需要运输。产品只有完成这个运动过程，才能变成消费品，运输与流通是紧密相连的，是社会生产过程在流通领域内的继续。

（4）交通运输的生产和消费同时进行。运输的产品不能储存，不能调配，生产出来的产品如果不及时消费就会被浪费。运输产品的效用是和运输生产过程密不可分的，生产过程开始，消费过程也就开始；生产过程结束，消费过程也就结束。这一特点要求运输业一方面应留有足够的运输能力储备，以避免由于能力不足而影响消费者需求,另一方面应对运输过程进行周密的规划和管理,因为运输过程中出现的任何差错都无法通过对运输产品的"修复"而使消费者免受侵害或影响。

(5) 交通运输具有网络型特征。交通运输的生产具有网状特征,它的场所遍及广阔空间。交通运输的网络性生产特征决定了其内部各个环节以及各种运输方式相互间密切协调的重要性。

(6) 交通运输的资本结构有其特殊性。交通运输的固定资本投入多、比重大,其流动资本比重小,资本的周转速度相对较慢。

(二) 交通运输方式及现代综合交通运输系统

根据交通运输的工具不同,可将现代交通运输划分为铁路运输、公路运输、水路运输、航空运输和管道运输。这五大交通运输方式彼此互联、有机互通,组成一张支撑社会经济发展的现代综合交通运输网络。下面分别介绍这五种运输方式。

(1) 铁路是供火车等交通工具行驶的轨道。铁路运输是一种陆上运输方式,以机车牵引列车在两条平行的铁轨上行走。但广义的铁路运输还包括磁悬浮列车、缆车、索道等非钢轮行进的方式,或称轨道运输。铁轨能提供极光滑及坚硬的媒介让列车车轮在上面以最小的摩擦力滚动,使这上面的人感到更舒适,而且它还能节省能量。如果配置得当,铁路运输可以比路面运输运载同一重量物时节省五至七成能量。而且,铁轨能平均分散列车的重量,令列车的载重力大大提高。特别是在我国,铁路是国民经济的大动脉,是交通运输系统的骨干,具有速度快、运量大、可靠性强、投资大、运营成本高、可达性差、大批量、长距离、较低运费、低风险的客货运的特点,是大宗物资和中长途客货运输的主力。更值得一提的是,我国高速铁路迅猛发展(参见图 2-1),这一始于 1999 年兴建的秦沈客运专线的宏伟系列项目,经过近 25 年的高速铁路建设和对既有铁路的高速化改造,我国目前已经拥有全世界最大规模以及最高运营速度的高速铁路网。截至 2023 年年底,我国铁路通车总里程达到 15.9 万公里,其中高铁通车总里程达到 4.5 万公里。预计到 2030 年的通车总里程将达到 20 万公里以上。高速铁路网将基本连接省会城市和其他 50 万人口以上城市,实现相邻大中城市间 1~4 小时交通圈,铁路网将更加密集,覆盖人口更广。

图 2-1 中国高铁列车

(2) 公路是连接城市之间、乡村之间、城市与乡村之间以及工矿基地之间的按照国家技术标准修建的,由公路主管部门验收认可,主要供汽车行驶并具备一定技术标准和设施的道路。公路运输具有速度快、机动性强、投资少、运量小、运营成本高、可靠性一般、环境污染大、多批次、中短距离、灵活机动的特点,能实现门对门的运输,是客货中短途运输中的主力,它可以深入到边远山区、穷乡僻壤,是运输脉络中的微血管。公路运输特别是我国高速公路网络(参见图2-2)的打造对国内经济发展的贡献居功至伟。公路运输网络的建成直接带动了房地产、汽车制造及旅游业的迅猛发展,同时促进区域经济的活跃度。

图2-2 我国高速公路网络

(3)水路运输是使用船舶运送客货的一种运输方式,包括内河(沿海)运输和远洋运输(参见图2-3)。水路运输主要承担大运量、长距离的运输,是在干线运输中起主力作用的运输形式。在内河及沿海,水路运输也常作为小型运输工具使用,担任补充及衔接大批量干线运输的任务。水路运输具有运量大、投资少、运营成本低、速度慢、可靠性较差、可达性差的特点,其中:内河(沿海)运输具有满足各种距离、最低运费、定期客货运的优势,远洋运输具有长或超长距离、最低运费、定期货物运输的优势,适宜于中长途大宗散货的运输。在我国能源和矿产品运输中占有重要地位,在对外贸易中有明显优势。我国作为全球能源消耗大国和制造业大国,水路运输特别是远洋运输是将石油、铁矿石等资源输入到我国,将大量工业制成品输出到全球各地的重要方式,确保水路运输安全对我国经济持续发展具有重要战略意义。

图2-3 远洋运输油轮

(4)航空运输是用飞机或其他航空器作为载体的一种运输方式。航空运输主要服务于旅客的长距离空间移动,同时也承担部分对时间要求比较紧急的货物运输(参见图2-4)。航空运输具有速度快、机动性强、通达性强、投资大、运营成本高、可靠性一般、可达性差、环境污染、小批量、超长距离、时效性强、高运费的特点,在长途客运和精密仪器、鲜活易腐货物运输中具有明显的优势。随着对外贸易的迅速增长,旅游业的发展和国际交流的不断加强,民用航空事业将有更大的发展。

图2-4 航空货运运输

(5)管道是用于输送气体、液体或带固体颗粒的流体的装置(参见图2-5)。通常流体经鼓风机、压缩机、泵和锅炉等增压后,从管道的高压处流向低压处,也可利用流体自身的压力或重力输送。管道的用途很广泛,主要用在给水、排水、供热、供煤气、长距离输送石油和天然气、农业灌溉、水利工程和各种工业装置中。管道运输具有连续性强、通达性强、可靠性强、不占土地资源、运营成本低、投资高、适应性差、固定货种、固定路线、持续性好的特点。随着我国经济发展需要更多的石油、天然气等资源,管道运输有着极大的发展潜力。

图2-5 石油管道运输

交通运输是一项社会性生产行为,与其他社会生产行为相互依赖、相互制约和相互促进,彼此之间形成一个紧密联系的社会经济机体。国家社会经济的发展,要求交通运输系统在社会生产过程中具有先行性,科学地确定各种运输方式在现有交通运输系统中的地位和作用,建立一个经济协调、合理发展的综合运输系统。

我国幅员辽阔,各地区的自然条件不同,资源和生产力分布极不平衡,各地自然条件与经济发展水平差异很大,各种交通运输方式对自然条件的适应程度也不一样,这就要求我们在规划国民经济与交通运输协调发展时，必须充分考虑各种运输方式的优劣和适用条件，结合国土综合开发规划和生产力布局，实行合理分工与协同，在线路建设的布局上，要因地制宜，宜水则水、宜陆则陆，根据各地自然经济特点，各有侧重，科学、合理、高效地构建现代综合交通运输系统，更好地发挥交通运输系统的整体功能和综合经济效益。

（三）航空运输的特点

航空运输的迅速发展是和其本身具有的经济特性分不开的，它的主要特点可以概括为如下。

（1）速度快。速度快是航空运输最大的优势和主要的特点。涡轮螺旋桨和喷气式民用飞机的时速一般为 500 千米至 1000 千米，比海轮快 20 倍～30 倍、比火车快 5 倍～10 倍。与地面运输相比，航空运输的运输距离越长，所能节约的时间就越多，快速的特点就越显著。同时，航班正点率、办理旅客出发以及到达手续的速度、机场与市区之间的交通运输方式的便利、是否有经停点等多方面的因素都直接或间接地影响航空运输的速度。利用航空运输节省的时间、所创造的机会和经济价值是难以估量的。

（2）机动灵活。航空运输是由飞机在空中完成的运输服务，在两地之间只要有机场和必备的通信导航设施就可以开辟航线。与其他交通运输方式相比较，航空运输不受地面条件的限制，运输距离也比其他运输方式短。飞机可以按班期飞行，也可以在非固定航线飞行。而且还可以根据客货流量的大小和流向的变化及时调整航线和机型。民用航空可以在短时间内完成政治、军事、经济上的紧急任务，例如抢险救灾、医疗急救、近海油田的后勤支援工作等。

（3）安全舒适。喷气式民航运输飞机的飞行高度一般为 1 万米左右，不受低空气流的影响，飞行平稳、舒适。宽体飞机的客舱宽敞，噪声小，机内设有餐饮娱乐设施，舒适程度又大有提高。由于航空技术的发展，航空运输的安全性高于铁路、海运，更高于公路运输。根据国际民航组织统计，世界民航定期航班飞机失事，已由 20 世纪 40 年代每亿客公里旅客死亡率平均为 3 人，50 年代降到 0.9 人，60 年代降到 0.4 人，70 年代降到 0.15 人，90 年代降到 0.04 人。另据 80 年代美国运输部公布的资料，1982 年美国私用和公用汽车运输旅客周转量占总运输周转量的 84%，而死亡人数却占死亡总数的 95.5%；航空运输旅客周转量居第二位，占 14.5%，但死亡人数仅占 0.043%；铁路旅客运输周转量占 0.7%，死亡人数占 0.67%。可见民用航空已成为最为安全的运输方式。

（4）准军事性。由于航空运输所具有的快速性和机动性，以及民航所拥有的机场和空勤人员对军事交通运输的潜在作用，各国政府都视民航为准军事部门。一旦发生战争或紧急事件，军事部门可依据有关条例征用民航设施和人员。

（5）国际性。航空运输从一开始就具有国际性的特点。随着世界航空运输相互依赖和合作关系的发展以及多国航空公司的建立，航空运输国际化的特点更明显了。

国际化的目的是要任何一位旅客、一吨货物或邮件，能够随时从世界上任何一个地方，快捷、方便、安全、经济、可靠地被运送到另一地，这是航空运输对国际交往和人类文明做出的巨大贡献。

（6）运营成本高。飞机的商务业载小，即使大型宽体飞机的业载也仅有100吨左右。而航空运输又属资金和技术密集型行业，投资大，飞行成本高。由于航空运输运营成本高，与其他运输方式相比较，航空客货运价高。目前，航空运输只适用于人员往来和时间性较强的货物和邮件等的运输。

（四）我国民航的发展现状及2015年度统计数据

依据中国民用航空局2024年5月发布的《2023年民航行业发展统计公报》中披露的信息可知2023年，民航全行业按照"三新一高"部署要求，坚持稳中求进，统筹安全运行、恢复发展和疫情防控，民航高质量发展迈出坚实步伐。

2023年，全行业完成运输总周转量1188.34亿吨公里，比上年增长98.3%（见图2-6）。国内航线完成运输总周转量867.33亿吨公里，比上年增长123.6%，其中，港澳台航线完成10.00亿吨公里，比上年增长334.2%；国际航线完成运输总周转量321.01亿吨公里，比上年增长51.8%。

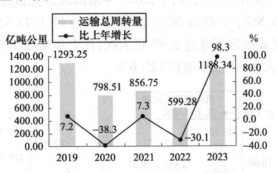

图2-6 2019—2023年民航运输总周转量

2023年，全行业完成旅客周转量10308.98亿人公里，比上年增长163.4%（见图2-7）。国内航线完成旅客周转量9079.46亿人公里，比上年增长138.6%，其中，港澳台航线完成93.55亿人公里，比上年增长1336.2%；国际航线完成旅客周转量1229.52亿人公里，比上年增长1029.4%。

图2-7 2019—2023年民航旅客周转量

2023年,全行业完成货邮周转量283.62亿吨公里,比上年增长11.6%(见图2-8)。国内航线完成货邮周转量70.47亿吨公里,比上年增长34.7%,其中,港澳台航线完成1.84亿吨公里,比上年增长6.4%;国际航线完成货邮周转量213.15亿吨公里,比上年增长5.6%。

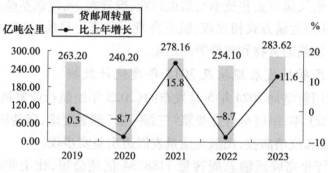

图2-8 2019—2023年民航货邮周转量

在机场业务量方面,2023年,全国民航运输机场完成旅客吞吐量12.60亿人次,比上年增长142.2%(见图2-9)。其中,2023年东部地区完成旅客吞吐量6.38亿人次,比上年增长156.8%;中部地区完成旅客吞吐量1.43亿人次,比上年增长128.8%;西部地区完成旅客吞吐量3.99亿人次,比上年增长129.6%;东北地区完成旅客吞吐量0.81亿人次,比上年增长125.6%。

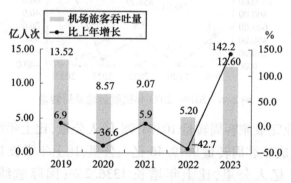

图2-9 2023年民航运输机场旅客吞吐量

2023年,全行业运输航空公司完成运输起飞架次492.19万架次,比上年增长91.8%。国内航线完成运输起飞架次467.67万架次,比上年增长89.5%,其中,港澳台航线完成5.18万架次,比上年增长410.6%;国际航线完成运输起飞架次24.52万架次,比上年增长149.6%。2023年,全行业运输航空公司完成非生产飞行小时3.69万小时,其中,训练飞行1.24万小时;完成非生产起飞架次5.31万架次。

在运输机队方面,截至2023年底,民航全行业运输飞机期末在册架数4270架,比上年底增加105架。

在运输机场数量方面,截至2023年底,我国境内运输机场(不含香港、澳门和台湾地区)259个,比上年底净增5个。2023年新增机场有:湖南湘西边城机场、河南安阳红旗渠机场、四川阆中古城机场、山西朔州滋润机场、西藏阿里普兰机场。2023年,济宁曲阜机场迁至济宁大安机场。颁证运输机场按飞行区指标分类:4F级机场15个、4E级机场39个、4D级机场37个、4C级机场163个、3C级机场4个、3C级以下机场1个。2023年,全行业新增跑道6条,停机位193个,航站楼面积59万平米。截至2023年底,全行业运输机场共有跑道289条,停机位7508个,航站楼面积1857.9万平米。

在航线网络方面,2023年,我国共有定期航班航线5206条,国内航线4583条,其中,港澳台航线65条,国际航线623条。按重复距离计算的航线里程为1227.81万公里,按不重复距离计算的航线里程为875.96万公里。

2023年,定期航班国内通航城市(或地区)255个(不含香港、澳门和台湾地区)。我国航空公司国际定期航班通航57个国家的127个城市,内地航空公司定期航班从41个内地城市通航香港,从19个内地城市通航澳门,大陆航空公司从21个大陆城市通航台湾地区。

在运输航空(集团)公司生产方面,2023年,中航集团完成飞行小时260.45万小时,比上年增长106.3%;完成运输总周转量255.15亿吨公里,比上年增长94.8%;完成旅客运输量12642.85万人次,比上年增长167.0%;完成货邮运输量146.59万吨,比上年增长16.0%。

2023年,东航集团完成飞行小时234.79万小时,比上年增长108.7%;完成运输总周转量228.42亿吨公里,比上年增长104.6%;完成旅客运输量11561.53万人次,比上年增长172.0%;完成货邮运输量144.48万吨,比上年增长26.4%。

2023年,南航集团完成飞行小时284.16万小时,比上年增长82.6%;完成运输总周转量297.92亿吨公里,比上年增长81.9%;完成旅客运输量14220.14万人次,比上年增长127.0%;完成货邮运输量158.50万吨,比上年增长19.5%。

2023年各航空(集团)公司运输总周转量所占比重如图2-10所示。

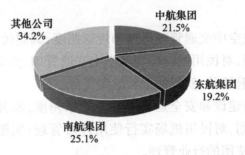

图2-10 2023年各航空(集团)公司运输总周转量比重

2023年,其他航空公司共完成飞行小时441.49万小时,比上年增长89.3%;完成运输总周转量406.85亿吨公里,比上年增长111.0%;完成旅客运输量23533.12万人次,比上年增长137.2%;完成货邮运输量285.82万吨,比上年增长22.0%。

二、中国民用航空局介绍

中国民用航空局是政府管理和协调中国民用航空运输业务的职能部门，对我国民用航空事业实施行业管理，其标识参见图 2-11，其网站地址为：www.caac.gov.cn。

图 2-11 中国民用航空局标识

（一）中国民用航空局的职能

1980 年中国民用航空局进行了重大的体制改革，不直接经营航空业务，主要行使政府职能，进行行政宏观管理调控。2002 年民航进行了一次大规模重组，组建六大集团并划归由国资委统一管理。中国民用航空局确立了以下新的职责：

（1）研究并提出民航事业发展的方针、政策和战略；拟定民航法律、法规草案，经批准后监督执行；推进和指导民航行业体制改革和企业改革工作。

（2）编制民航行业中长期发展规划；对行业实施宏观管理；负责全行业综合统计和信息化工作。

（3）制定保障民用航空安全的方针政策和规章制度，监督管理民航行业的飞行安全和地面安全；制定航空器飞行事故和事故征候标准，按规定调查处理航空器飞行事故。

（4）制定民用航空飞行标准及管理规章制度，对民用航空器运营人实施运行合格审定和持续监督检查，负责民用航空飞行人员、飞行签派人员的资格管理；审批机场飞行程序和运行最低标准；管理民用航空卫生工作。

（5）制定民用航空器适航管理标准和规章制度，负责民用航空器型号合格审定、生产许可审定、适航审查、国籍登记、维修许可审定和维修人员资格管理并持续监督检查。

（6）制定民用航空空中交通管理标准和规章制度，编制民用航空空域规划，负责民航航路的建设和管理，对民用航空器实施空中交通管理，负责空中交通管制人员的资格管理；管理民航导航通信、航行情报和航空气象工作。

（7）制定民用机场建设和安全运行标准及规章制度，监督管理机场建设和安全运行；审批机场总体规划，对民用机场实行使用许可管理；实施对民用机场飞行区适用性、环境保护和土地使用的行业管理。

（8）制定民航安全保卫管理标准和规章，管理民航空防安全；监督检查防范和处置劫机、炸机预案，指导和处理非法干扰民航安全的重大事件；管理和指导机场安检、治安及消防救援工作。

（9）制定航空运输、通用航空政策和规章制度，管理航空运输和通用航空市场；

对民航企业实行经营许可管理;组织协调重要运输任务。

(10)研究并提出民航行业价格政策及经济调节办法,监测民航企业经济效益,管理有关预算资金;审核、报批企业购买和租赁民用飞机的申请;研究并提出民航行业劳动工资政策,管理和指导直属单位劳动工资工作。

(11)领导民航地区、自治区、直辖市管理局和管理民航直属院校等事业单位;按规定范围管理干部;组织和指导培训教育工作。

(12)代表国家处理涉外民航事务,负责对外航空谈判、签约并监督实施,维护国家航空权益;参加国际民航组织活动及涉民航事务的政府间国际组织和多边活动;处理涉香港特别行政区及澳门、台湾地区民航事务。

(13)负责民航党群工作和思想政治工作。

(14)承办国务院交办的其他事项。

(二)中国民用航空局管理机构

中国民用航空局现内设机构有:综合司、航空安全办公室、政策法规司、发展计划司、财务司、人事科教司、国际司、运输司、飞行标准司、航空器适航审定司、机场司、公安局、直属机关党委、党组纪检组、全国民航工会、离退休干部局。民航局下设七个地区管理局,即:民航华北地区管理局、民航华东地区管理局、民航中南地区管理局、民航东北地区管理局、民航西北地区管理局、民航西南地区管理局、民航新疆地区管理局。每个地区管理局所辖范围又设立民航安全监察局,并向其所辖省(市、自治区)派出民航安全监督管理机构。

三、中国航空运输协会介绍

中国航空运输协会,简称中航协,其英文全称:CHINA AIR TRANSPORT ASSOCIATION,英文缩写:CATA,其标识参见图2-12,其网站地址为:www.cata.org.cn。

图2-12 中国航空运输协会标识

中航协是依据我国有关法律规定,以民用航空公司为主体,由企、事业法人和社团法人自愿参加结成的、行业性的、不以盈利为目的,经中华人民共和国民政部核准登记注册的全国性社团法人,其成立于2005年9月26日。中航协是民航协会体制改革后成立的第一个民间社会团体,是依据民航总局党委《关于民航协会改革指导意见》于2004年8月24日开始筹备的,由中国航空集团公司牵头,中国东方航空集团公司、中国南方航空集团公司、海南航空股份公司、上海航空股份公司、中国民用航空学院、厦门航空有限公司、深圳航空有限责任公司、四川航空股份公司等九家单位发起设立。其主要职能为:

（1）宣传、贯彻党和国家关于民航业的路线方针政策、法律法规、标准制度及有关文件精神。

（2）研究国际国内民航市场发展形势、经济形势和世界动向，探讨航空运输企业建设、改革和发展中的理论与实践问题，在改革开放、发展战略、产业政策、科技进步、市场开拓、技术标准、行业立法等方面，为政府提供信息，并及时向政府有关部门反映会员单位的意见和建议。通过政策性建议，争取政府有关部门的指导和支持，为航空运输企业提供管理咨询等。

（3）根据民航总局的授权、政府部门的委托及会员单位的要求，组织对有关专业人员进行培训和资质、资格认证。

（4）传播国际国内航空运输企业先进文化，组织举办航展、会展。

（5）编辑出版协会刊物，为会员单位及航空理论专家、学者、业内人士提供知识、经验、学术交流平台。

（6）组织国内外培训考察活动，开展会员单位间的业务交流与合作，促进航空运输企业核心竞争力的提高和持续发展。

（7）协调会员单位之间各方面的关系，建立起公平竞争、共同发展的经济关系。

（8）为了祖国的统一，早日实现与台湾直航，积极协助政府主管部门，加强海峡两岸民航界的联系。

（9）督导做好航空销售代理人的自律工作，监督并约束会员单位业务代理的行为规范，反对不正当竞争，维护航空运输企业的合法权益。

（10）在飞机引进、市场准入、基地设置等资源配置方面，为业务主管单位和航空运输企业提供评估报告，作为其决策依据之一。

（11）中国民用航空局委托承办的其他业务。

除此之外，中航协的基本宗旨是"遵守宪法、法律法规和国家的方针政策。按照社会主义市场经济体制要求，努力为航空运输企业服务，为会员单位服务，为旅客和货主服务，维护行业和航空运输企业的合法权益，促进中国民航事业健康、快速、持续地发展"。"围绕国家改革发展大局，围绕企业经营的热点、难点，围绕维护会员单位合法权益，积极推进各项工作，坚定地走自立、自主、自律、自我发展的道路，以服务为本，把协会建设成中国航空运输企业之家、会员之家，以创新为源，把协会办成高效率、有信誉，具有国际影响的先进社团组织"，是中航协的任务目标。

第二节　我国主要航空公司及保障公司概况

一、航空运输企业

航空运输企业是指利用民用航空器为主要手段从事以盈利为目的的生产运输，为社会机构和公众提供服务并获取收入的企业，又称为航空公司。根据其主营业务的不同，航空公司可以划分为客运航空公司、货运航空公司、通用航空公司等三类。航空运输企业的经营特征主要包括：

（1）航空运输企业是一种资本集中、技术集中的企业，市场准入的技术标准要求高。航空运输企业的主要生产工具——飞机是高技术、高价值的产品，没有足够的资本是无法进入航空运输市场的。由于安全的要求，政府对运载工具和人员的技术水平都有着严格的要求，使得航空运输企业的资本集中程度和技术要求要远高于其他运输企业。

（2）航空运输企业要求一定的规模经济。由于航空运输企业的高投资，就需要达到一定的产量才能降低成本，取得高回报，同时高技术的专业人员需要一定的生产规模才能充分发挥作用。再加上航空运输严格的时间要求，必须有一定量的运载能力才能保证运输的持续、顺利周转。通常只有在具备10架以上的同一级别的运输飞机时，航空运输企业才能在市场竞争中生存。

（3）航空运输企业之间有较紧密的依存关系。航空运输企业之间开展联运或者相互代理会使双方的市场得到拓展并且降低经营的成本。同时在市场竞争中如果航空市场份额达到了一定的平衡状态，通常是依靠服务或广告竞争，而不依靠价格竞争，因为价格竞争的最终结果只会降低总体利润，两败俱伤。

（4）航空运输企业通过合并来扩大规模。由于航空运输企业的高投资、高成本和高技术，以及它的规模效益，只靠扩大投资来扩大规模往往是不成功的。从航空运输业的发展上看，大多数的小公司是通过合并形成了大的集团才能在航空运输业中站稳脚跟，或是大的企业吞并小企业使它的规模迅速扩大。

二、航空运输企业的组织和运营

任何航空公司的基本业务职能及相对应的基本组织结构都包括飞行与航务、机务维修、市场营运和行政管理四个部分。

1. 飞行与航务

飞行与航务机构主要负责处理整个公司有关飞行和空中服务的事务，一般分为：

（1）飞行人员的管理机构。该机构针对本公司使用的机型及现有飞行人员状况进行科学有效的日常管理，制定符合公司正常运营所要求的飞行人员工作计划。

（2）空中乘务人员的管理机构。该机构对公司的乘务人员进行日常管理，并根据公司不同机型对乘务人员的配备要求进行培训，保证公司正常运营对乘务人员的数量和技能水平要求。

（3）空中交通和安全部门。该部门负责飞行安全的检查、保障导航设备的完好和无线电通信的通畅，以保证公司飞机飞行的安全。

（4）飞行程序和训练部门。该部门制定程序与标准、安排模拟器训练及管理人员训练。

（5）飞行签派机构。该机构组织安排公司内航空器的放行和整个运行，必须与民航各级空中交通服务部门密切协作才能使整个空中交通有序进行。

2. 机务维修

机务维修机构主要负责保持航空公司飞机处于"适航"和"完好"状态,并保证航空器能够安全运行。"适航"意味着航空器符合民航当局的有关适航的标准和规定;"完好"表示航空器保持美观和舒适的内外形象和装修。

3. 运输营销

运输营销机构管理着航空公司整个运输的销售、集散和服务环节,航空公司的收入主要依靠这些环节来完成,一般分为:

(1)广告和市场部。该部门负责各类媒体上的广告策划和显示、研究及预测市场情况,制订航班计划和确定实际运价。

(2)销售部。该部门负责客运和货运的销售,并协调代理客货运公司、其他航空公司之间的业务。

(3)运输服务部门。该部门负责飞机客舱内的乘务服务、物品的配发和机场及地面的各项服务。

(4)饮食服务部门。该部门主要负责航班的配餐服务。

(5)各地区的办事处及营业部。该部门作为二级机构负责处理当地的上述各项业务。

4. 行政管理

行政管理机构是航空公司的核心管理部门,负责整个航空公司的管理和运行,包括财务管理、人事管理、计划管理、公共关系、信息服务、法律事务以及卫生等部门。

三、我国主要航空公司概况

(一)中国国际航空股份有限公司简介

中国国际航空股份有限公司简称"国航",英文名称为"Air China Limited",简称"Air China",CA 为其国际标准两字代码,999 为其标准结算代号,其标识参见图 2-13,其网站地址为:www.airchina.com.cn。

图 2-13 中国国际航空股份有限公司标识

国航的前身中国国际航空公司成立于 1988 年。根据国务院批准通过的《民航体制改革方案》,2002 年 10 月,中国国际航空公司联合中国航空总公司和中国西南航空公司,成立了中国航空集团公司,并以联合三方的航空运输资源为基础,组建新的中国国际航空公司。2004 年 9 月 30 日,经国务院国有资产监督管理委员会批准,作为中国航空集团控股的航空运输主业公司,国航股份在北京正式成立。2004 年 12 月

15日,中国国际航空股份有限公司在香港(股票代码0753)和伦敦(交易代码AIRC)成功上市。

国航的企业标识由一只艺术化的凤凰和中国改革开放的总设计师邓小平同志书写的"中国国际航空公司"以及英文"AIR CHINA"构成。国航标志是凤凰,同时又是英文"VIP"(尊贵客人)的艺术变形,颜色为中国传统的大红,具有吉祥、圆满、祥和、幸福的寓意,寄寓着国航人服务社会的真挚情怀和对安全事业的永恒追求。国航愿景和定位是"具有国际知名度的航空公司",其内涵是实现"竞争实力世界前列、发展能力持续增强、客户体验美好独特、相关利益稳步提升"的四大战略目标;企业精神强调"爱心服务世界、创新导航未来",企业使命是"满足顾客需求,创造共有价值";企业价值观是"服务至高境界、公众普遍认同";服务理念是"放心、顺心、舒心、动心"。

国航是中国唯一载国旗飞行的民用航空公司以及星空联盟成员、2008年北京奥运会航空客运合作伙伴,具有国内航空公司第一的品牌价值(世界品牌实验室2013年评测为765.68亿元),在航空客运、货运及相关服务诸方面,均处于国内领先地位。

国航承担着中国国家领导人出国访问的专机任务,也承担许多外国元首和政府首脑在国内的专包机任务,这是国航独有的国家载旗航的尊贵地位。国航总部设在北京,辖有西南、浙江、重庆、内蒙古、天津、上海、湖北和贵州、西藏分公司,华南基地以及工程技术分公司等。国航主要控股子公司有中国国际货运航空有限公司、澳门航空有限公司、深圳航空有限责任公司、大连航空有限责任公司、北京航空有限责任公司等,合营公司主要有北京飞机维修工程有限公司。此外,国航还参股香港国泰航空、山东航空等公司,是山东航空集团有限公司的最大股东。

截至2024年8月底,国航(含控股公司)共拥有各型飞机921架和均衡丰富的航线网络。借助星空联盟,国航航线网络可通达全球180多个国家(地区)的1150多个目的地。

国航致力于为旅客提供放心、顺心、舒心、动心的"四心服务",拥有中国历史最长的常旅客计划——"国航知音",又通过整合控股、参股公司多品牌常旅客会员,统一纳入"凤凰知音"品牌,国航的"凤凰知音"常旅客计划,以其非凡的开创性和卓越的发展历程,在中国民航业中独树一帜。自1994年扬帆起航,历经三十载砥砺奋进,它不仅见证了中国民航业的蓬勃发展,更以持续创新的精神书写了辉煌篇章。截至2024年11月底,凤凰知音会员人数已经超过9300万人。国航在中国民航业内首家推出了以"平躺式座椅"和"全流程尊贵服务"为核心内容的中远程国际航线两舱服务,为旅客提供尊贵、舒适、便捷的出行空间和全程服务。国航坚持以客户导向来创新服务,陆续推出"飞行管家""国航无限"等系列新产品。国航具有很强的国内国际联程运输能力和销售网络,拥有广泛的高品质客户群体,已经成为众多中国政府机构及公司商务客户首选的航空公司。

国航拥有一支业务技术精湛、作风严谨、服务良好的飞行员和乘务员队伍,曾获得"国际民航组织荣誉奖章""全国安全生产先进集体""安全飞行标兵单位"等诸多荣誉,创造了堪称世界一流的安全飞行纪录,成功进行极地飞行,在飞行难度举世公认、曾经被国际民航界视为"空中禁区"的成都—拉萨航线上创造了安全飞行45年(1965年开始)的奇迹,2008年又成功实现夜航。空中乘务队伍显示了国际化水准,日籍、韩籍、德籍乘务员陆续加盟,具有良好的职业素质和敬业精神,是旅客在蓝天上最好的朋友。他们持续推进让旅客"放心、顺心、舒心、动心"的"四心服务"工程,服务品质一直受到广大旅客的赞赏。

国航的飞机拥有专业化、规范化的技术保障。国航下设工程技术分公司,总部设在北京,下辖成都、重庆、杭州、天津、呼和浩特、上海、贵阳、武汉、广州9个维修基地和4家关联企业,拥有100个国内维修站点和54个国际维修站点,形成了辐射国内外的维修网络。其中,我国民航合资最早、规模最大的航空器维修企业——北京飞机维修工程有限公司于1989年5月2日成立,为维修能力的提升注入了活力。国航机务系统持有中国民航局、美国联邦航空局及欧洲航空安全局以及其他18个国家颁发的维修许可证,拥有10座大型机库和先进的设施设备,具备强大的维修能力,赢得了全球80多家航空公司的选择和信赖。从80年代末至今,国航机务共取得了近20项国内维修项目的突破,获得了国家及省部委授予的50多项科技进步奖项。

国航推行一体化运营,具有强大的运行控制能力。遍布全球的国航航班皆在运行组织指挥和协调中枢的控制之下,计算机飞行计划系统从飞机性能数据库、全球导航数据库、全球机场数据库和高空气象数据库中提取信息,优选航路,制定飞行计划,把握飞机性能,确认飞行资格,严格把关放行。国航自行研制开发了运行管理系统,集成了卫星电话系统、空地数据通信系统和短波无线电系统等,成为国内第一家具有超远程监控能力的航空公司。

国航在北京首都机场为国内外航空公司提供包括旅客进出港、中转服务,特殊旅客服务,要客、"两舱"旅客服务,旅客行李服务,航班载重平衡服务,航班离港系统服务,站坪装卸服务,客舱清洁服务,特种设备维修等方面的地面服务业务,同时是国内首家使用旅客自助办理乘机手续、旅客自助办理托运行李手续及自主分配航站楼部分机位的航空公司。现已在国内100个航站开通了国航中心配载业务,使国航成为国内第一家采用中心配载工作模式的航空公司。

国航高度重视人才培训,拥有的飞行训练中心具有世界一流的训练设备、训练能力和训练规模,师资力量雄厚,教学经验丰富。基地设在天津滨海国际机场的飞行训练大队采用当前中国民航最先进的实机训练模式,一架B737-300飞机专用于实施本场训练,承担国航新聘飞机驾驶员的培养和管理工作。国航拥有的乘务训练中心是中国首家培训空中乘务员的大型多功能训练基地,中心教员具备高级乘务员职称,具有国际航协教学资格,以及国际航协CRM训练认可的教员资格,已为国内外近40家航空公司培训学员8万多人次,还为慕名而来的其他行业提供培训服务。目前,国航大学正在建设中,未来将成为具有学历教育的大型现代化高级专业技术人才培养基地。

国航管理水平明显提升,实现2001年至2007年连续七年盈利,在国内民航业居于领先地位,品牌价值不断扩大。2007年至2013年国航连续七年入选世界品牌500强,成为中国民航业唯一一家进入"世界品牌500强"的企业。2013年6月,国航被世界品牌实验室评为中国500最具价值品牌第24名,位列国内航空服务业第一名;2004年至2008年国航连续五年在"旅客话民航"活动中分别获得"用户满意优质奖""用户满意优质服务金奖"等;国航品牌曾被英国《金融时报》和美国麦肯锡管理咨询公司联合评定为"中国十大世界级品牌";在品牌中国总评榜系列评选活动中,荣膺"品牌中国华谱奖——中国年度25大典范品牌"称号;2013年12月,国航同时连续八年获得了"中国品牌年度大奖NO.1(航空)";国航在各类社会评选中多次获得"最佳中国航空公司""年度最佳航空公司奖""极度开拓奖""最佳企业"等殊荣。

总之,国航将以客户为中心,以市场为导向,坚持"安全第一、顾客至上"的理念,继续推进让旅客"放心、顺心、舒心、动心"的"四心服务"工程,以网络和信息化技术为依托,进一步完善运输枢纽网络,打造服务品牌,为广大国内外顾客提供安全、迅速、准确、方便、满意的航空旅客运输和货物运输服务,架起中国和世界联通的空中之桥。

（二）中国南方航空股份有限公司简介

中国南方航空股份有限公司简称"南航",英文名称为"China Southern Airlines",CZ为其国际标准两字代码,784为其标准结算代号,其标识参见图2-14,其网站地址为:www.csair.com。

图2-14 中国南方航空股份有限公司标识

南方航空以蓝色垂直尾翼镶红色木棉花为公司标志,以"让更多人乐享美好飞行"为企业使命,秉持"安全第一客户为本"的核心价值观,大力弘扬"勤奋、务实、包容、创新"的南航精神,致力建设具有全球竞争力的世界一流航空运输企业。

南方航空直接或间接控股厦门航空有限公司、重庆航空有限责任公司、中国南方航空河南航空有限公司、贵州航空有限公司、珠海航空有限公司、汕头航空有限公司、河北航空有限公司、江西航空有限公司、中国南方航空货运有限公司9家客、货运输航空公司,参股四川航空股份有限公司;拥有新疆、北方、北京、深圳、上海等20家分公司及南阳、佛山2家基地;设有广州、青岛、南京等21家境内营业部,洛杉矶、伦敦、巴黎等52家境外营业部。

南方航空旗下各运输航空公司运营包括波音787、777、737系列,空客A350、A330、A320系列,中国商飞ARJ-21、C919等型号客货运输飞机。南方航空安全管理水平处于国际领先地位。实现连续安全飞行3000万小时,2023年率先在全行业获得中国民航"飞行安全钻石三星奖"。2021年被国际独立航空评级网站 AirlineRatings.com 授予最高等级"七星安全评级"。截至2024年6月,拥有客机、货机907架,连续保证296个月的飞行安全和361个月的空防安全。

南方航空致力建设广州、北京两大综合性国际航空枢纽。在广州,持续稳步建设"广州之路"(Canton Route),推动广州成为中国大陆至大洋洲、东南亚的第一门户,服务粤港澳大湾区和"一带一路"。在北京,作为北京大兴国际机场主基地航空公司运营。

南方航空不断强化运行管控能力,建设了成熟、先进、高效的运行体系支撑,率先联合开发的运行控制系统,改变了中国民航对运行控制的认知,极大提高了运行管理水平,航班正常率自2016年起连续8年在国内主要航空公司中名列前茅。

南方航空着力打造以人性化、数字化、精细化、个性化、便捷化为特征的"五化"服务,为旅客提供"亲和精细"的一流服务。重点打造"南航e行""客户尊享""行李优享""中转畅享""空中服务360""食尚南航"6张服务名片。拥有"南航明珠俱乐部"常旅客奖励计划的会员超过1亿人。荣获SKYTRAX 2022年"中国最佳航司"奖;世界品牌实验室2023年航空公司"五星钻石奖";连续14年获评中国品牌力研究航空服务业第一品牌;连续7年获评民航资源网民航旅客服务测评年度最佳航空公司奖。

南方航空积极履行央企社会责任,致力于创造经济、环境、社会综合价值,携手各方"飞向美好未来":升级"绿色飞行"责任品牌,在业内率先推出"绿色全旅程"服务,连续两年获评中国民航"年度环保航空公司",2023年度获评"可持续贡献品牌",获首届"金钥匙——面向SDG的中国行动"冠军奖。南航定点帮扶新疆和田地区墨玉县和皮山县,为打赢脱贫攻坚战作出了积极贡献;积极参与保障重要物资、人员的运送,获评中国民航2023年度"企业社会责任品牌"。

(三)中国东方航空股份有限公司简介

中国东方航空股份有限公司(以下简称"东航")总部位于上海。东航于2002年10月11日在原中国东方航空集团的基础上,兼并中国西北航空公司,联合云南航空公司重组而成,MU为其国际标准两字代码,781为其标准结算代号,其标识参见图2-15,其网站地址为:www.ceair.com。

东航60年宣传片

图2-15 中国东方航空股份有限公司标识

东航总部位于上海，是中国三大国有骨干航空公司之一，前身可追溯到1957年1月原民航上海管理处成立的第一支飞行中队。在上海、香港挂牌上市。

东航运营超800架飞机组成的现代化机队，是全球最年轻的机队之一，拥有中国规模最大、商业和技术模式领先的互联网宽体机队，在保持先发优势的同时，率先开启空中Wi-Fi技术升级，取消3000米限制，旅客可享受"全程在线"的上网体验。作为国产大飞机全球启动用户，东航成功实现C919飞机商业运营。

目前，东航在国内拥有京沪"两市四场"双核心枢纽和西安、昆明等区域枢纽，业务范围实现省会城市及千万级以上机场全覆盖。近年来东航积极开拓中东、北非地区国际远程航线，立足上海，连接世界，致力于打造航空运输超级承运人。借助天合联盟，东航的航线网络通达全球166个国家和地区的1050个目的地，并在全球设有100余个海内外分支机构。"东方万里行"常旅客可享受联盟多家航空公司的会员权益及全球超过750间机场贵宾室。每年能为1.5亿人次提供航空出行服务，位居全球前十。

长期以来，东航积极履行社会责任，执行一系列应急救灾和海外公民接运任务，新冠肺炎疫情期间，承担中国民航1/3以上的抗疫运输任务。全面推动"节能减碳、绿色飞行"打赢"蓝天保卫战"，在"十三五"期间实现减碳200万吨，成功推出中国首个全生命周期碳中和航班。

东航高度关注高品质航空出行服务，致力于加快建设世界一流企业。公司连续多年获评全球品牌传播集团WPP旗下"BrandZ最具价值中国品牌100强"及"Brand Finance全球航空公司品牌价值50强"等多项荣誉，在运营品质、服务体验、社会责任等领域屡获国际国内奖项。

（四）海南航空股份有限公司简介

海南航空股份有限公司（以下简称"海航"）于1993年1月成立，起步于中国最大的经济特区海南省，致力于为旅客提供全方位无缝隙的航空服务。HU为其国际标准两字代码，880为其标准结算代号，其标识参见图2-16，其网站地址为：www.hnair.com。

图2-16 海南航空股份有限公司标识

作为以中国最大的经济特区和自由贸易港——海南省为主要基地的航空公司，海南航空长期致力于为旅客提供全方位无缝隙的航空服务，打造安全舒适的旅行体验。

2024年上半年海南航空及旗下控股子公司共运营国内外航线逾1,400条，其中国内航线近1,300条，覆盖内陆所有省、自治区、直辖市，国际及地区航线逾100条，包括定期客运、旅客包机和客改货等航班，航线覆盖亚洲、欧洲、非洲、北美洲和大洋洲，通航境外39个城市。海南航空积极响应国家倡议，融入"一带一路"建设，专注打造国际国内高效互动的、品质型、规模化的卓越型世界级航空网络。积极落实"民航强国"发展战略，在海口、北京、广州、深圳等22个城市建立航空营运基地/分公司。

1993年至今，海南航空安全运营31年，一直保持良好的运行记录。2024年2月，海南航空已实现连续安全飞行1,000万小时，被中国民用航空局授予"飞行安全钻石一星奖"。

海南航空作为中国内地第一家也是唯一一家SKYTRAX五星航空公司，以高品质的服务及优质的产品获得"SKYTRAX五星航空"称号，这是海南航空自2011年起第十三次蝉联该荣誉。该荣誉是对海南航空杰出服务的最高水平认可，也代表了广大旅客对海南航空优质服务品质的褒奖。

四、我国三大航空保障集团概况

（一）中国民航信息集团公司简介

中国民航信息集团公司（以下简称"中航信"）正式组建于2002年10月，属国资委管理的中央企业。中国民航信息网络股份有限公司是在2000年10月，由中国民航计算机信息中心联合当时所有国内航空公司发起成立的，2001年2月在香港联交所主板挂牌上市交易，股票代码为0696.HK。2008年7月，中航信以中国民航信息网络股份有限公司为主体，完成主营业务和资产重组并在香港成功整体上市。公司实收资本19.5亿元人民币，资产总额105亿元人民币。现有员工4300多人，总部设在北京，其标识参见图2-17。

图2-17 中国民航信息集团公司标识

中航信从最初几十人组成的民航机关单位，到事业单位、企业单位，再到上市公司，并最终实现目前的集团公司的发展历程，实现了自身的发展壮大。目前，中航信下属15家分公司、24家附属公司（包括香港、日本、新加坡、韩国、欧洲、美国公司）、9家联营公司，服务的客户包括近30家国内航空公司以及近200家地区及海外航空公司，国内169家机场以及近7000家机票代理人，服务范围覆盖到300个国内城市、80个国际城市，并通过互联网进入社会公众服务领域。

中航信的主营业务是面向航空公司、机场、机票销售代理、旅游企业及民航相关机构和国际组织,全方位提供航空客运业务处理、航空旅游电子分销、机场旅客处理、航空货运数据处理、互联网旅游平台、国际国内客货运收入管理系统应用和代理结算清算等服务,是目前航空旅游行业领先的信息技术及商务服务提供商。经过近三十年的不断开发和完善,形成了相对完整的、丰富的、功能强大的信息服务产品线和面向不同对象的多级系统服务产品体系,极大地提高了行业参与者的生产效率。

中航信将始终秉承"把安全放在首位,用服务赢得客户,让信息创造价值"的企业理念,以整体上市为契机,按照三年夯实基础,五年稳步提高,十年发展壮大的步骤,加快实施"做强做大走出去"的发展战略,致力成为具有国际竞争能力的一流公司。

（二）中国航空器材集团公司简介

中国航空器材集团公司（以下简称"中航材"）是国务院国有资产监督管理委员会监管的中央企业。公司的前身是中国航空器材公司,1980年10月经国家进出口管理委员会批准成立,是中国民航系统成立的第一家公司。2002年10月,民航运输及服务保障企业联合重组,中国航空器材进出口集团公司作为六大航空及保障集团公司之一,经国务院批复正式组建。2007年12月更名为中国航空器材集团公司,总部设在北京,其标识参见图2-18。

图2-18 中国航空器材集团公司标识

中航材是国内最大的、中立的、第三方航材保障综合服务提供商,在国际航空市场具有较高的知名度和良好的市场品牌形象,与国内各航空公司及波音、空客等国外飞机制造厂商保持着密切的合作;具有遍布全国的航材分销网络,致力于优化行业航材资源配置、打造全行业的航材共享平台。

目前,中航材作为中国民航行业内规模最大、专业能力最强、国际化程度最高的飞机经营性租赁企业,飞机经营性租赁业务保持着迅猛发展的势头,在国内外航空租赁市场形成了一定的品牌效应,为打破境外飞机租赁公司对飞机租赁业务的长期垄断,为国内航空运输企业提供更加丰富的选择,调解国内和国际航空运输市场的运力发挥着积极的作用。同是,中航材在飞机机轮的刹车维修、机场地面设备的招标采购等市场细分领域,具有较强的市场竞争能力,部分子企业在行业细分市场领域一直保持着领先的地位。

中航材为了做强做优、打造具有国际竞争力的世界一流企业,确立了"成为航空业界不可替代的、以航空器材保障为主业的特殊性综合服务提供商"的愿景目标,以及"四强两精"的总体发展思路:努力做大做强飞机批量采购业务、飞机租赁业务、航材分销与共享业务、通用航空业务;努力做精做优维修与制造、地面设备与工程两个领域中的细分业务。

中航材始终秉承"诚信、进取、创新、共赢"的企业精神,加快重点业务平台建设,全面推进做强做优,努力打造价值航材,为实现国有资产保值增值、成功建设民航强国做出更大的贡献。

（三）中国航空油料集团公司简介

中国航空油料集团公司(以下简称"中航油")成立于2002年10月11日,是以原中国航空油料总公司为基础组建的国有大型航空运输服务保障企业,是国内最大的集航空油品采购、运输、储存、检测、销售、加注为一体的航油供应商。中航油也是国务院授权的投资机构和国家控股公司试点企业,是国务院国资委管理的中央企业。2019年,中国航油以2018年营业收入423.709亿美元荣登《财富》世界500强第283位。中国航油2011年首次入榜,连续9年榜上有名,历年排名为431,318,277,314,321,484,439,371和283。中航油总部设在北京,其标识参见图2-19。

图2-19 中国航空油料集团公司标识

中航油主营业务包括:在国内外从事航空油料及其他成品油的批发、储存和零售业务;航空油料、各种航油供应设备及与航油供应有关的特种车辆等进出口经营业务;工程设计、承包,供油系统工程及其他配套项目建设的监理业务;上述经营范围的技术咨询、技术服务、培训业务;经有关部门批准,从事国内外投融资业务;经营国家批准或允许的其他业务等。中国航油控股、参股20多个海内外企业,构建了遍布全国的航油、成品油销售网络和完备的油品物流配送体系,在全球280多个机场为460多家航空客户提供航油加注服务,在23个省、市、自治区为民航及社会车辆提供汽柴油及石化产品的批发、零售、仓储及配送服务,在长三角、珠三角、环渤海湾和西南地区建有大型成品油及石化产品的物流储运基地。集团公司已制定并开始实施"12345"发展战略,核心内容是紧紧围绕中航油的核心油品经营专长,积极开展相关多元化经营,在稳固国内市场的基础上,大力开展跨国经营,使国内业务与海外业务协同发展,通过资本运作、资源整合、品牌经营和集团化运作,实现快速增长,用5年~10年时间建设成为具有国际竞争力的跨国航油集团。

第三节 国际民用航空运输管理机构概况

一、国际民用航空组织

国际民用航空运输管理机构的主要职责是负责制定国际民用航空运输活动的行为规范,协调各国间国际民用航空运输的业务关系,最终保障并实现国际民用航空运输的航行安全和有序发展。国际民用航空管理机构的协调与管理,使得世界各国政府民航事务管理部门和民航运输企业在国际民用航空活动中采用统一的技术标准、航行标准、操作规程成为可能,引导他们共同执行统一的运价体系和运输凭证,遵循统一的国际法规准则,公正地处理国际航空事务等。以下具体介绍国际民用航空组织和国际航空运输协会,它们是目前全球公认的最具影响力的国际民用航空运输管理机构。

国际民用航空组织的英文全称:International Civil Aviation Organization,英文简称:ICAO。它是依据《国际民用航空公约》的要求设立的,是为了协调各国有关民航经济和法律义务关系,并为此制定各种民航技术标准和航行规则的政府间国际组织。

第二次世界大战结束后,为解决民用航空发展中的国际航空运输业务权等国际性问题,1944年11月1日至12月7日,由美国发起,有52个国家参加,在芝加哥召开了第一届国际民用航空会议,与会各方最终达成共识,共同签署了《国际民用航空公约》,简称芝加哥公约。根据国际民用航空临时协定安排,成立了临时的国际民用航空组织。1947年4月4日,国际民用航空公约正式生效,同时国际民用航空组织诞生。同年5月,其被联合国正式认可成为旗下的一个专门机构。国际民用航空组织总部设在加拿大的蒙特利尔,其标识参见图2-20。

图2-20 国际民用航空组织标识

(一)国际民用航空组织的机构框架

国际民用航空组织由大会、理事会和秘书处三级框架组成。

大会是国际民用航空组织的最高权力机构。大会由理事会在适当的时间和地点举办,每三年至少召开一次。如遇有特别情况时,经理事会召集或经五分之一以上的缔约国向秘书长提出要求,可以随时举行大会特别会议。

理事会是向大会负责的常设机构,由大会选出的33个理事国组成,在每届大会上选举产生。理事国分为三类:第一类是在航空运输领域居特别重要地位的成员国,第二类是对提供国际航行设施做出突出贡献的成员国,第三类是区域代表成员国。理事会下设航空运输委员会、航行委员会、财务委员会、防止非法干扰委员会、联营导航委员会和法律委员会。

秘书处是国际民用航空组织的常设行政机构,由秘书长负责保证国际民用航空组织各项工作的顺利进行,秘书长由理事会任命。秘书处下设航行局、航空运输局、法律局、技术合作局、行政局以及财务处、外事处。此外,秘书处有一个地区事务处和七个地区办事处,分设在曼谷、开罗、达喀尔、利马、墨西哥城、内罗毕和巴黎。地区办事处直接由秘书长领导,主要任务是建立和帮助缔约各国实行国际民航组织制定的国际标准和建设措施以及地区规划。

(二)国际民用航空组织的宗旨和目的

国际民用航空组织的宗旨和目的是促进国际民用航空飞行的规则制定和技术发展,以实现国际民用航空运输的规划和发展目标。具体内容包括:

(1)保证全世界国际民用航空安全和有秩序地发展;

(2)鼓励为和平用途的航空器的设计和操作技术;

(3)鼓励发展国际民用航空应用的航路、机场和航行设施;

(4)满足世界人民对安全、正常、有效和经济的航空运输的需要;

(5)防止因不合理的竞争而造成经济上的浪费;

(6)保证缔约各国的权利充分受到尊重,每一缔约国均有经营国际空运企业的公平的机会;

(7)避免缔约各国之间的差别待遇;

(8)促进国际航行的飞行安全;

(9)普遍促进国际民用航空在各方面的发展。

以上九条共涉及国际航行和国际航空运输两个方面问题。前者为技术问题,主要是安全;后者为经济和法律问题,主要是公平合理,尊重主权。两者的共同目的是保证国际民航安全、正常、有效和有序地发展。

(三)国际民用航空组织的主要活动

国际民用航空组织的主要活动包括:

(1)通过制定《国际民用航空公约》的18个技术业务附件和多种技术文件以及召开各种技术会议,逐步统一国际民航的技术业务标准和管理国际航路的工作制度。

(2)通过双边通航协定的登记,运力运价等方针政策的研讨,机场联检手续的简化,统计的汇编等方法以促进国际航空运输的发展。

(3)通过派遣专家、顾问,建立训练中心,举办训练班及其他形式,以执行联合国开发计划署向缔约国提供的技术援助。

(4) 管理公海上的联营导航设备。

(5) 研究国际航空法,组织拟订和修改涉及国际民航活动的各种公约。

(6) 根据缔约国的建议和议事规则,通过大会、理事会、地区会议以及特别会议讨论和决定涉及国际航空安全和发展的各种重要问题。

我国是国际民用航空组织的创始成员国之一。当时的中国国民政府于 1944 年签署了《国际民用航空公约》并于 1946 年正式成为会员国。1971 年国际民用航空组织通过决议承认中华人民共和国为中国唯一合法代表。1974 年我国承认《国际民用航空公约》并参加国际民用航空组织的活动。中国从 1974 年起连续八次当选为二类理事国,2004 年 10 月 2 日,在国际民用航空组织第 35 届大会上,中国以高票首次当选该组织一类理事国,并在蒙特利尔设立中国驻国际民航组织理事代表处。

二、国际航空运输协会

国际航空运输协会的英文全称:International Air Transport Association,英文简称:IATA。它是全球航空公司自愿联合发起成立的非政府性国际组织,其宗旨是"为了世界人民的利益,促进安全、正常而经济的航空运输""对于直接或间接从事国际航空运输工作的各航空公司提供合作的途径""与国际民用航空组织以及其他国际组织通力合作"。国际民用航空组织成员国的任一经营定期航班的航空公司,经其政府许可都可成为该协会的会员。经营国际航班的航空公司为正式会员,只经营国内航班的航空公司为准会员。国际航空运输协会从组织形式上是一个航空公司的行业联盟,属非官方性质组织,但是由于世界上的大多数国家的航空公司是国家所有,即使非国有的航空公司也受到所属国政府的强力参与或控制,因此国际航空运输协会实际上是一个半官方组织。它制定运价的活动,也必须在各国政府授权下进行,它的清算所对全球联运票价的结算是一项有助于世界空运发展的公益事业,因而发挥了通过航空运输企业来协调和沟通政府间政策,解决实际运作困难的重要作用。国际航空运输协会总部设在加拿大的蒙特利尔,其标识参见图 2-21。

图 2-21　国际航空运输协会标识

(一) 国际航空运输协会的机构框架

国际航空运输协会由全体会议、执行委员会、专门委员会和分支机构四级框架组成。

全体会议是国际航空运输协会的最高权力机构,每年举行一次会议,经执行委员会召集,也可随时召开特别会议。所有正式会员在决议中都拥有平等的一票表决权,如果不能参加,也可授权另一个正式会员代表其出席会议并表决。全体会议的决定以多数票通过。在全体会议上,审议的问题只限于涉及国际航空运输协会本身的重大问题,如选举协会的主席和执行委员会委员、成立有关的委员会以及审议本组织的财政问题等。

执行委员会是全会的代表机构,对外全权代表国际航空运输协会。执委会成员必须是正式会员的代表,任期分别为一年、二年和三年。执委会的职责,包括管理协会的财产、设置分支机构、制定协会的政策等。执委会的理事长是协会的最高行政和执行官员,在执委会的监督和授权下行使职责并对执委会负责。在一般情况下,执委会应在年会即全体会议之前召开,其他会议时间由执委会规定。执委会下设秘书长、专门委员会和内部办事机构,维持协会的日常工作。目前执委会有30名成员。

专门委员会是专业智囊组织。国际航空运输协会分为运输、财务、法律和技术委员会。各委员会由专家、区域代表及其他人员组成并报执委会和大会批准。目前运输委员会有30名成员,财务委员会有25名成员,技术委员会有30名成员,法律委员会有30名成员。

分支机构是区域性职能组织。国际航空运输协会总部设在加拿大蒙特利尔,其主要机构设在日内瓦、伦敦和新加坡。国际航空运输协会设有7个地区办事处作为其分支机构,分别是:北美地区办事处,位于美国华盛顿;南美地区办事处,位于智利圣地亚哥;欧洲地区办事处,位于比利时布鲁塞尔;非洲地区办事处,位于瑞士日内瓦;中东地区办事处,位于约旦安曼;亚太地区办事处,位于新加坡;北亚地区办事处,位于中国北京。

(二)国际航空运输协会的职能及主要活动

国际航空运输协会的基本职能包括:国际航空运输规则的统一、业务代理、航空公司间的财务结算、技术上合作、参与机场活动、协调国际航空客货运价、航空法律工作、帮助发展中国家航空公司培训高级专业人员等。

国际航空运输协会为实现其职能,主要开展如下三种活动:

(1)同业活动。协会代表会员进行会外活动,向具有权威的国际组织和国家当局申述意见,以维护会员的利益。

(2)协调活动。协会监督各大全球分销系统提供商,建立经营标准和程序,协调国际航空运价。

(3)行业服务活动。协会承办出版物、财务金融、市场调研、会议、培训等服务项目。

通过上述活动,统一国际航空运输的规则和承运条件,办理业务代理及航空公司之间的财务结算，协调运价和班期时刻，促进技术合作，参与机场活动，进行人员培训等。

第四节　国际民用航空发展历史概况

　　1903年12月17日，美国人威尔伯·莱特和奥维尔·莱特在海边小镇基蒂霍克成功地驾驶自己的飞机进行了人类历史上第一次重于空气的动力飞行。这架装有螺旋桨发动机的双翼飞机，持续飞行了12秒，飞行距离约120英尺。这次飞行是世界上公认的第一架能操纵有动力推进的飞机，它翻开了人类航空史的首页。

　　20世纪20年代，由于当时航空技术水平落后，飞机制造材料多为木材，飞机尚不能飞越浩瀚的大洋和险峻的山脉，所有的航空活动都只能局限在某一地区内。随后在两次世界大战中，各参战国为了确立在战场的武器优势，纷纷加大在飞机制造领域的投入，在一定程度上极大地促进了飞机在高度、速度、操控等性能上的大幅提升。

　　到了20世纪50年代，随着科学技术的进步和消化在战时已经形成的飞机制造产能，航空制造业开始向研制民航客机领域转型，英国的"彗星"号飞机和美国的B707飞机就是这一时期的产品。下面简要介绍民航业发展的历史。

　　首次飞机货运飞行于1910年11月7日实现。美国飞行员受莫尔豪斯貂皮公司的委托，驾驶莱特B型双翼机，将一批丝织品，从代顿运往哥伦布作促销活动。这可以算做第一次飞机货运。

　　首次飞机邮政飞行于1911年2月22日实现。英国皇家海军中校温德姆请法国飞行员亨利驾机，把一批信件，从印度的阿拉哈巴德市带往奈尼。每封信附加航空邮费约合2.5便士。

　　首次飞机航班飞行于1914年1月1日实现。美国著名长途飞行员托尼驾驶"伯努瓦"号水上飞机，载1名乘客，完成了第一次航班飞行，航线全长31千米，航行时间约20分钟。

　　在第一次世界大战以前，欧洲已经进行了一些民用航空飞行的尝试。1914年第一次世界大战爆发，大部分民用航空飞行都被迫停下来，各国的航空技术力量都集中起来为战争服务，战争使得大量的人力和物力集中到航空领域，短短的四年时间，航空技术有了突飞猛进的发展。在战前，飞机可以说尚处在实验阶段，但当战争结束时，飞机已成为现代战争中不可缺少的武器，它的运载能力、飞行速度有了很大提高。飞机生产能力也大大增长，从战前的每年几十架达到战后的数千架甚至上万架。第一次世界大战结束后，新生的航空工业遇到了第一次打击。一方面是战时遗留下来的大量的军用飞机；另一方面是战时形成的大量的过剩的生产能力。过剩危机使欧洲航空事业陷入了困境，正是在这个时候，欧洲和美国的航空企业和飞行员开始了民用航线的开辟工作。经过几年的努力，遍布欧美的空中航线网已基本建成。欧洲各强国政府极力支持民用航空的发展，在1919年的巴黎和会上，法国政府就建议草拟一个航空公约作为巴黎合约的一部分,后来有38个国家签署这一条约,被称为"巴黎公约",这是世界上第一部国家间的航空法。

1919年初,德国首先开始了国内的民航运输。同年8月,英法开通了定期的空中客运航线,民用航空的历史正式揭开了。随后欧洲的几家航空公司组建了国际航空运输协会,这个协会的目的是促进国际航空的发展和使乘客感到方便,不久就在欧洲建立起联系各国的航空网,1919年是民用航空正式开始的一年。

20世纪20年代初,欧洲各国纷纷创办航空公司。英国开辟了4条航线,而法国同类航空公司已有5家之多。1921年,苏联开始了不定期航班飞行。从1919年到1939年这二十年间是民用航空运输初创并发展的年代,民用航空迅速从欧洲发展到北美,然后普及到亚非、拉美各洲,迅速扩展到全球各地,中国也在1921年开辟了第一条航线。

民航运输行业的方兴未艾同时也促进了民用飞机制造技术的发展。最初民用航线使用的飞机大多是由军用飞机改装而成的。第一次世界大战结束时,德国是唯一拥有专门设计的民用飞机的国家。他们生产的容克斯F13型飞机是世界上第一种全金属结构的民航飞机,装有1台185马力的BMW型发动机,可以乘载4名乘客,飞行速度140千米/小时。1930年美国波音公司已经开始研制全金属客机,这就是航空史上著名的波音247型客机。波音247是第一架真正现代意义的客机,它具有全金属结构和流线形外形,起落架可以收放,采用下单翼结构,机上装有两台功率为410千瓦的发动机,巡航速度248千米/小时,航程766千米,载客10人,并可装载181千克邮件。机上座位舒适,设有洗手间,还有一名空中小姐。波音247于1933年首次试飞成功。由于机上乘坐条件大大改善,所以很受航空公司欢迎,共售出70架。1933年7月开始,美国道格拉斯公司研制的DC1型飞机进行了为期6个月的试飞,各项指标均达到了要求,取得了巨大的成功,特别是其单发起飞、飞行和降落在当时是罕见的,极大提升了民用飞机的安全性。这足以证明DC1是一架好飞机。1935年底,美国道格拉斯公司生产了拥有21个座位的DC3客机。DC3装有两台功率为895千瓦的发动机,巡航速度达到331千米/小时,航程为3400千米。载客量根据不同飞行距离和舒适程度可按21人~28人布置,最多时可达32人。DC3大大降低了按每座公里计算的航空公司运行成本,一举扭转了航空公司经营客运亏损的局面,使民用航空客运业务可以不需补贴就能独立发展。这是民用航空确立自己在商业上地位的关键一步。正如美洲航空公司总裁所说:"DC3是第一架使客运也能赚钱的飞机。"1938年后,DC3成为美国航空公司干线运输的主力机种。道格拉斯公司飞机占领了美国客机市场的80%以上。客运成本的降低,刺激了美国航空客运的发展。航空客运量自1937年起呈直线上升态势,1939年达到300万人次,1940年达到400万人次。

第二次世界大战的结束给民用航空运输创造了更大的发展机遇。1946年,全球空运旅客达1800万人次,其中2/3是美国国内航空公司运送的。大战时期遍布世界各地的大型机场为战后民航迅速发展创造了条件,特别是喷气发动机的出现和应用,为民用飞机喷气化奠定了基础。喷气飞机早在 1939 年便诞生了。第二次世界大战末期和战后不久,英、美、苏等国就将喷气战斗机和喷气轰炸机推向了实用化。英国德·哈维兰公司研制的"彗星"号喷气客机表明,喷气发动机不仅可以用于客机,而且还能带来革命性的变化。飞行速度更快、飞行高度更高、乘坐更加舒适,航程更远、载客量更大。喷气式民用飞机的投入使用是民航飞机制造技术的一次飞跃,不仅使飞机的速度提高了一倍,而且使飞行高度提高到 11 千米左右的平流层,增加了安全性和舒适性。苏联制造成功的第一架喷气式客机是著名的图波列夫设计局研制的图 104 客机。1955 年 6 月 17 日第一次试飞成功,1956 年 9 月投入航线使用,成为 20 世纪 50 年代末 60 年代初苏联民航的主力干线客机。使喷气式客机真正得到全世界的承认,公认的在商业上最为成功的干线喷气式客机是美国波音公司的波音 707 客机,由于它在每个技术细节上都做得相当成功,从而形成了综合的优势。

喷气式飞机在民航运输领域的广泛应用,使得整个民航系统发生了根本的变化,民用喷气时代是民航发展的一个新的阶段,它标志着民航进入了全球大众化运输的新时代。以飞机为运输手段,通过实现旅客、货物、行李、邮件发生空间位移而盈利,以此模式建立起来的航空运输已经成为社会政治经济活动和人类生活的重要组成部分。喷气式飞机的出现,使得远程、大众化和廉价的航空运输成为可能,在巨大的需求和利润驱使下,航空公司积极地开拓市场,参加国际竞争。在发达国家出现了大量航空公司,并最后形成了数十个大型的航空公司。发展中国家也把参与国际航空市场作为国家尊严和地位的象征,全力支持国家航空公司的发展,航空运输市场一片繁荣。而航空运输市场的快速增长又刺激了航空工业的发展,载客量越来越大、技术越来越先进的飞机不断投入市场。同时航空公司不断采用新的市场营销策略,改进管理手段,提高服务质量。

自我检测

(1) 简要描述交通运输的基本特征。
(2) 简要描述现代交通运输的五种方式及其各自特征。
(3) 简要描述中国民用航空局的基本职责。
(4) 简要描述航空运输企业运营的基本特征。
(5) 简要描述我国三大国有航空集团公司的各自特点。
(6) 简要描述国际航空运输协会的基本职能。
(7) 简要描述国际民用航空的发展历程。

学习单元三
民航运输地理知识

学习目标

(1) 了解我国自然、经济、人文地理知识及对民航运输的影响。
(2) 熟练掌握我国航空区域划分。
(3) 了解北京、上海、广州基本情况及对民航运输的影响。
(4) 了解世界自然、人文地理知识及对民航运输的影响。
(5) 了解美国、巴西等国家及核心城市知识。
(6) 掌握地球运动与飞行的关系。
(7) 熟练掌握大气层及飞行环境知识。
(8) 熟练掌握影响飞行的天气知识。
(9) 熟练掌握航空运输中的时差计算。

三个目标

学习内容

(1) 我国自然、经济、人文地理知识。
(2) 我国航空区域划分。
(3) 北京、上海、广州基本情况。
(4) 世界自然、人文地理知识。
(5) 美国、巴西等国家及核心城市知识。
(6) 地球运动与飞行的关系知识。
(7) 大气层及飞行环境知识。
(8) 影响飞行的天气知识。
(9) 时差及其航空运输中的时差计算。

第一节 中国地理知识简介

一、中国自然地理环境简介

"地大物博"是对中国自然地理环境最贴切的描绘。中国国土面积960万平方千米,为亚洲领土面积最大的国家。西起亚欧大陆中部的帕米尔高原,东至浩瀚的太平洋,从东五区到东九区,地跨五个时区;北起西伯利亚高原,南至南海诸岛,从亚寒带到热带基本跨越了整个北半球。如此辽阔的地域所对应的领空为中国航空运输业的发展提供了一座广阔的舞台,为打造一个巨大的航空运输市场从客观上提供了可能。

"西高东低,地貌类型多样"是中国地势的总体特点(参见图3-1)。西南有"世界屋脊"之称的青藏高原,屹立着海拔8844.43米的世界最高峰珠穆朗玛峰;东部从北到南依次是东北平原、华北平原、长江中下游平原、珠江三角洲,既是我国主要的农作物产区,又是我国经济的发达地区。人口密集、经济贸易活动频繁、旅游资源丰富,无疑为中国航空运输业的快速发展提供了充足的客货源。

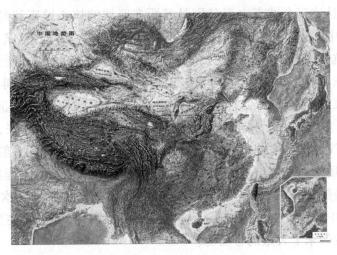

图3-1 中国地势示意图

由于中国南北纬度跨越大、地形丰富,这使得中国气候类型复杂多样,亚寒带气候、温热带气候、亚热带气候、山地气候、高原气候都能在中国找到极为典型的特征区域。丰富的地貌造就了我国拥有众多风景独特的自然旅游资源,吸引中外宾客纷至沓来一饱眼福。旅游业的繁荣发展影响和带动了区域内的以航空旅游为目的的民航旅客运输业务量的迅猛增长。

总之,中国的自然环境为中国航空运输业的发展提供了巨大而又充满潜力的发展空间。如何系统、科学、有效地利用现有自然环境资源优势,充分发挥出其内在的潜力和优势,将是中国民航业界有待进一步深入思考和解决的问题。

二、中国经济地理环境简介

经济区域分布是影响航空运输资源布局的关键性外部因素。从全球航空运输资源的分布情况来看,区域经济的繁荣程度和航空运输的发达程度存在显著的正相关性已是不争的事实。从国际航线的分布特点来看,北美、欧洲、东亚是航线最密集的区域。从经济发达程度来看,它们也是世界经济的中心。

经济高度发展必定要求运输业能提供方便、及时的人员和物资流动问题的解决方案,要求建立现代化的运输网络。航空运输以其速度快的优势成为现代化立体、高效运输网络的重要一环,可以满足与区域内的经济高速发展相匹配的区域内或区域间的人员和物资流动的需要。全球最繁忙的北大西洋航线充分说明了航空运输和经济发展的关系,因为它连接了世界上两大经济实体——美国和欧盟,大西洋两岸的这种经济贸易交往的密切造就了这片世界上最繁忙的天空。全球增长最快的区域是东南亚,这也印证了全球经济的活跃中心是以中国为代表的东南亚航空区划。

中国航空运输布局和发展趋势也同样遵循着与经济发展相适应的轨迹。北京、上海、广州是三大最繁忙航空港,它们在航空网络中关键地位的形成也都是因为它们分别依托于其所处的京津冀经济区、长江三角洲经济区、珠江三角洲经济区的区域经济强势发展,而且这三个城市也都分别是其所在区域的核心城市和经济中心。改革开放以来,由于中国东部沿海地区经济增长显著,中国的航线分布、航空运力投放、航线网络建设等航空运输资源多集中投放在东部经济发达地区,中国航空运输资源的分布明显出现东西不平衡的局面。但是随着中国西部大开发、振兴东北老工业基地等经济战略政策的相继出台,加之原有产业结构的大调整和相关企业的战略性向西部迁移,中国的航空运输网络也正随之逐步向西、向东北等区域扩张,东部的大中城市通往西安、武汉、成都、沈阳、乌鲁木齐等地的国内航线都成为各大航空公司增加运力投放、抢占市场份额的重点。随着中国在全球经济活动中的重要程度显著增强,各大跨国公司纷纷进军我国、投资设厂,同时与中国企业开展各种层次的合作不断增多,这无疑促使中国和世界各国的经济贸易往来更加密切,人员交往更加频繁,这给中国的国际航线带来了大量的客货源。

三、中国人文地理环境简介

中国是世界四大文明古国之一,有近五千年的悠久文化历史,同时造就了为世人所骄傲和称奇的历史遗址和古迹。万里长城、秦始皇兵马俑、敦煌莫高窟、北京故宫等都是中华民族聪明智慧和精湛工艺的结晶,是全人类的文化瑰宝。随着 2014 年大运河(参见图 3-2)和丝绸之路被正式列入世界文化遗产名录,中国已有 32 处古迹被列入世界文化遗产名录。中国丰富的人文旅游资源吸引了无数国内外游客纷至沓来,航空运输是游客的最佳选择。在中国现有的国际国内航班上,游客占据着相当大的比例,旅游因素现已成为直接影响航空公司新航线开辟和运力投放增加的重要依据,这一点尤其在中国中西部航空运输资源的分布上表现得更为显著。

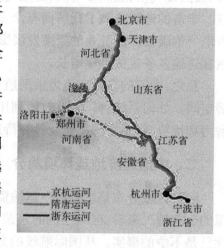

图 3-2 大运河路线示意图

四、中国航空区划介绍

设置航空区划的目的是为了能因地制宜地安排运力、合理规划机场布局、最大限度地协调国内国际航空的发展,充分发挥航空资源对区域发展的支持作用,以获得最佳的经济和社会效益。1949年新中国成立后,中国民航由于基础薄弱,不得不沿袭国民政府时期的北京、沈阳、广州、成都、兰州、上海六大航空管制区,成立了民航六大地区管理局。1982年西北地区管理局由兰州迁往西安。随后,民航局考虑到新疆地广人稀,同时为了促进新疆民航业快速发展,在1985年成立民航第七个航空管制区,即乌鲁木齐管理局。

目前,中国民航局下设七大地区管理局分别负责履行相应航空区划内的行政管理职能,具体介绍如下。

(1) 民航华北地区管理局设在北京,其管辖两市两省一区,分别是北京市、天津市、河北省、山西省、内蒙古自治区。该区域地貌以丘陵、平原、山地为主,属于暖温带大陆季风性气候,是我国煤炭、石油、天然气的主产区。区域主要城市包括:北京、天津、秦皇岛、石家庄、邯郸、太原、呼和浩特、包头。

(2) 民航华东地区管理局设在上海,其管辖一市六省,分别是上海市、山东省、江苏省、安徽省、浙江省、江西省、福建省。该区域地貌以丘陵、平原、盆地为主,属于亚热带湿润性季风气候。华东是我国经济发达地区,综合技术水平较高,区域内农业、工业、服务业与区外联系紧密。区域主要城市包括:上海、南京、杭州、宁波、温州、合肥、厦门、福州、南昌、济南、青岛。

(3) 民航西南地区管理局设在成都,其管辖一市三省一区,分别是重庆市、四川省、贵州省、云南省、西藏自治区。该区域地貌以山地、丘陵、盆地为主,属于亚热带山地高原气候。由于地处我国内陆,经济相对落后,但是随着我国西部大开发战略的落实,区域发展潜力正不断释放。区域主要城市包括:重庆、成都、绵阳、昆明、贵阳、拉萨。

(4) 民航西北地区管理局设在西安,其管辖三省一区,分别是陕西省、甘肃省、青海省、宁夏回族自治区。该区域身居内陆,位于大兴安岭以西,昆仑山—阿尔金山—祁连山以北,地广人稀,多为少数民族聚居。区域地形多变,气候干旱,工农业都相对落后,但是随着建设丝绸之路经济带的国家战略稳步实现,该区域经济发展速度不断提高。区域主要城市包括:西安、延安、西宁、银川、兰州、敦煌。

(5) 民航中南地区管理局设在广州,其管辖五省一区,分别是:广东省、湖北省、湖南省、河南省、海南省、广西壮族自治区。该区域南北较长、地形复杂、海岸绵长、江河湖泊众多,地跨中原地区、长江中游、珠三角等我国工农业核心区域。区域主要城市包括:郑州、洛阳、武汉、长沙、广州、珠海、深圳、南宁、桂林、海口、三亚。

(6) 民航东北地区管理局设在沈阳,其管辖三省,分别是辽宁省、黑龙江省、吉林省。该区域山水环绕、自然资源丰富,形成了相对独立的区域经济单元,在我国经济中占有重要地位。区域内的装备制造业、石油化工业、冶金工业、船舶制造业、汽车制造业、高新技术产业、农产品加工业发展水平处于全国领先水平。区域主要城市包括：哈尔滨、长春、沈阳、大连。

（7）民航乌鲁木齐管理局设在乌鲁木齐，其管辖新疆维吾尔自治区。该区域地处亚欧大陆核心地带，是我国通往中亚的重要门户，具有极为重要的战略意义。随着我国对新疆扶植力度的空前加大，区域内经济正呈现加速活跃态势。

五、中国三大核心城市简介

航空运输是一个受制于区域经济、旅游、政治、文化等诸多因素发展的行业。北京、上海、广州是中国最大的三个城市，分别是全国性的政治文化、科技金融、对外贸易中心，同时也是所在区域经济中心。它们的经济地位同时也成就了其作为我国航空门户的角色，是中国航空旅客和货物运输的集散地。作为从事民航客货售业务的人员，需要全面了解航空热点城市的信息，本教材仅以北京、上海、广州为例加以介绍。

（一）北京概况

北京市是中华人民共和国首都，简称京，是世界著名的历史文化名城、东方古都，为我国七大古都之一，距今已有3000多年历史，其中建都历史已经有800余年。春秋战国时期为燕国都城，辽代定北京为陪都，金、元、明、清均定都于此，金称中都，元称大都，明清称京师。自新中国成立以来，首都北京逐渐发展成为我国的政治、文化、信息和对外交往的中心。北京是古老的，但同时又是一座焕发美丽青春的古城（参见图3-3），它正以一个雄伟、绮丽、新鲜、现代的姿态出现在世界的东方。

图3-3　北京紫禁城鸟瞰

诚如古人所言："幽州之地，左环沧海，右拥太行，北枕居庸，南襟河济，诚天府之国"。北京地处华北平原，北为燕山山麓，西为太行山系，东南则为平原。总体上西高东低，平均海拔40米左右。北京自古就发挥着连接东北、西北和中原地区的纽带作用，现在已经发展成为我国公路、铁路、航空运输的重要枢纽之一。北京地区属温带半湿润大陆性季风气候,四季分明,年平均气温11.6℃,年均降水638毫米且大多集中于7月、8月间。

北京的经济发展经历了两个重要的发展阶段:建国之初,将北京规划为我国的重要工业基地之一,是环渤海重工业经济区的重要核心城市。在这个思路的指导下,北京建成了囊括冶金、石化、机械、煤炭、汽车、纺织、电子、建材等门类齐全的重工业城市。由于北京人口十分密集、生活必需品市场广阔,促进了城郊农副产品基地的建设和发展。虽然工业发展水平上去了,但是北京也为此付出了沉重的代价,重度环境污染与这个中国首都的称谓是无论如何也不相称的。为了达到重塑新北京、新首都的目标,北京整体城市定位有所改变,"国家首都、国际城市、文化名城、宜居城市"是北京新的总体发展目标。原有的高污染、高能耗的工业部门纷纷被政策性地迁出北京城区,取而代之的是金融、IT、旅游、展览等科技性、服务性强的行业。其结果是在经济高速发展的同时北京的水净了、天蓝了、街道整洁了,北京的整体环境得到了很大改善。能够成功举办2008年奥运会是国际社会对北京整体城市转型工作给予的高度肯定和赞扬。

(二) 上海概况

上海市是我国经济、文化中心城市,简称沪。古时上海为长江入海口处的小渔村,春秋时属吴国范围,战国时期为楚国春申君的封地,因此上海别名申。从宋朝开始在此建城设镇,始称上海。1291年8月19日,当时的元朝批准在上海建县,后来这一天被定为上海建城纪念日,1927年设市。"大上海"是这座大都市在近代历史中的最好写照,它是那个时期中国现代文明的代表。中华人民共和国成立后,上海成为中国首批三个直辖市之一,现代的上海人正用自己的辛勤努力,续写着这座世界级大都市的辉煌(参见图3-4)。

图3-4 上海浦江两岸鸟瞰

上海位于北纬31°、东经121°左右,处在南北跨度约为120千米、东西跨度约为140千米的区域内。这里是长江三角洲冲积平原最前端,长江入海口东南岸,中国海岸线的中心点。上海东濒东海、南临杭州湾、西达昆山嘉兴、北界长江天堑,优越的区位条件使上海自古就成为中国对外经济交往的门户。

上海属亚热带季风气候,春夏秋冬四季分明,日照充足,雨量适中。年平均气温16℃左右,年平均降水量1200毫米左右。上海总面积为6340.5平方千米,流经市区的黄浦江天然地将上海分为浦东和浦西两大区域,其中浦西是老上海缩影,浦东则为中国经济高速发展的龙头之一。现上海行政区划共分成18区1县,黄浦区为市政府所在地。

上海是全国最大的集制造业、服务业、金融业于一体的综合性国际大都市。它是全国最大的商业中心和外贸集散地,是全国最大的科学、文化教育中心城市之一。同时,上海作为一个国际化大都市,每年举行各种各样的国际会议,其中,有商业的、政治的、文化的、艺术的,上海已经成为中国了解世界、世界了解中国的一个窗口。2013年8月22日经国务院正式批准,上海自由贸易试验区设立,上海继孕育成功以浦东为范本的经济技术开发区模式后,再次承担起自由贸易区这一我国新经济发展模式"孵化器"的重任。试验区成立时,以上海外高桥保税区为核心,辅之以机场保税区和洋山港临港新城,成为我国经济新的试验田,实行政府职能转变、金融制度、贸易服务、外商投资和税收政策等多项改革措施,并将大力推动上海市转口、离岸业务的发展。2013年9月29日,上海自由贸易区正式挂牌成立。上海自贸区范围涵盖上海市外高桥保税区、外高桥保税物流园区、洋山保税港区和上海浦东机场综合保税区等4个海关特殊监管区域,总面积为28.78平方千米,是"四区三港"的自贸区格局。

（三）广州简介

广州市是华南地区主要中心城市和历史文化名城,简称穗,别名羊城。广州从公元前214年(秦始皇33年)秦王朝任命器为南海尉并建城(俗称"任嚣城")开始,至今已有2200多年的建城历史,三国时期吴国孙权于公元226年在交州东部设广州,广州之名由此而来。自秦汉以来逐渐成为岭南政治、经济、文化中心,魏晋南北朝时期一直作为我国对外贸易和友好往来的重要口岸,是中国海上丝绸之路的起点。隋唐时期城市有了大规模的扩建,明代为广州布政使司和广州府治,清代为广东省和广州府治。广州是中国近现代革命策源地,既有三元里人民英勇抗击英军侵略,又有孙中山、黄兴领导的黄花岗起义。中华人民共和国成立后广州一直走在全国经济发展和改革开放的最前列,带动整个珠江三角洲地区的全面发展。

广州是广东省省会,广东省政治、经济、科技、教育和文化中心,也是华南区域性中心城市。位于珠江三角洲北部的广州市,倚珠江、面南海、毗邻香港和澳门,中国第三大河流珠江穿城而过,地理位置十分优越,素有中国"南大门"之称(参见图3-5)。

广州地处南亚热带,北回归线穿越北部,属南亚热带典型的海洋季风气候。夏无酷暑,冬无严寒,雨量充沛,四季如春,繁花似锦。全年平均气温21.8℃,年均降水1983毫米。由于气候温和、土壤湿润,阳光充沛,广州一年四季树木常绿、鲜花常开,自古就以"花城"著称。在国内城市中,这一别称和美誉也是广州独有的。

广州自然条件优越,物产资源丰富,有许多驰名中外的农副土特产品。广州是中国著名的"水果之乡"。土地、气候等自然条件适宜多种热带、亚热带果树的生长,一

图 3-5　广州珠江两岸夜景

年四季都有水果上市,其中荔枝、香蕉、木瓜和菠萝享有"岭南四大佳果"美誉,其他如杨桃、龙眼、黄皮、柑、橙等也久负盛名。广州自古以来就是全国著名的商埠,它拥有上千年的对外开放贸易历史。改革开放以来,广州经济更是焕发出新的生机,取得了令世人瞩目的成就。从 1992 年开始,广州综合经济实力跃居全国 10 大城市的第 3 位。广州经济发展最突出的特点是包括商业、旅游业、餐饮业和信息、金融、房地产、服务业等在内的第三产业十分发达,占全市国民生产总值的比重高达 56%,达到中等发达国家水平。广州经济发展的另一突出特点是,对外开放程度比较高,对外经济贸易发达。

第二节　世界地理知识简介

一、世界自然地理环境简介

地球的表面积约有 5.1 亿平方千米,陆地面积约 1.49 亿平方千米,约占地球总面积的百分之三十。地球由七大洲、四大洋组成,七大洲分别是:北美洲、南美洲、亚洲、欧洲、非洲、大洋洲、南极洲;四大洋分别是:太平洋、大西洋、印度洋、北冰洋,其中亚洲、非洲、欧洲和大洋洲主要在东半球,北美洲和南美洲在西半球,南极洲绝大部分在南极圈内,被太平洋、大西洋和印度洋所环绕,大洋洲介于亚洲、南美洲、北美洲和南极洲之间,为太平洋和印度洋所环绕。

(一) 北美洲自然风貌

北美洲的范围是西起太平洋,东到大西洋,北起北冰洋,向南延伸到南美洲的哥伦比亚,百慕大、格陵兰岛、加勒比海群岛是其周边的主要岛屿,其中格陵兰岛是世界上最大的岛屿。通常人类将大片的陆地称之为大洲,较小的陆地称之为岛屿,那么格陵兰岛就是大洲和岛屿的分界线,面积超过它的就是大洲,小于它的就是岛屿。参见图 3-6。

图 3-6 北美洲行政区划示意图

北美洲的自然风貌基本可以分为四大自然地域：

（1）西部横亘着雄奇的洛基山脉形成山区，这里有美国著名的大峡谷和黄石国家公园。

（2）中部是一望无际的平原，这是全球著名的粮食产地，世界第四大河密西西比河在此川流不息。

（3）东部的高原和大西洋沿岸是美国和加拿大人口稠密区和经济中心，很多超级大城市坐落于此。

北美洲最北部是靠近北极圈的极地群岛，这里终年冰雪覆盖，北极熊是这里真正的主人。北美洲的南部地区由墨西哥、地峡国家和加勒比群岛组成，大草帽、仙人掌是墨西哥的标志，东西两岸的迷人风光是墨西哥之福，这里的海岸有悬崖林立，气势磅礴，墨西哥的玛雅金字塔记录着一段辉煌文明的历史。地峡国家是指在北美洲南部狭长地带的国家，巴拿马、危地马拉等国家拥有着火山和火山湖，地热资源极其丰富，其中巴拿马运河是连接大西洋和太平洋的重要人工水道。加勒比群岛是由大陆向大洋延伸的陆地和众多珊瑚岛组成，这里以迷人的热带海岛风光闻名于世，其中最大岛国古巴以出产哈瓦那雪茄和蓝山咖啡举世闻名。

（二）南美洲自然风貌

南美洲的范围是西起太平洋，向东延伸至大西洋，北起巴拿马，向南延伸至南极圈参见图3-7。南美洲也同样拥有四大自然地域，分别是：

（1）狭长的太平洋海岸地区，涵盖了哥伦比亚、秘鲁和智利。

（2）雄伟的安第斯山脉地区，玻利维亚就是一个山区的国家，著名的的的喀喀湖就位于此。

（3）中央平原地区，拥有面积最大的原始热带雨林，亚马逊河从其间穿过，因这里人迹罕至,有一些不被外界发现的古老部落在此世代繁衍。

(4) 巴西高原,这里是世界上最大的畜牧业产区之一。

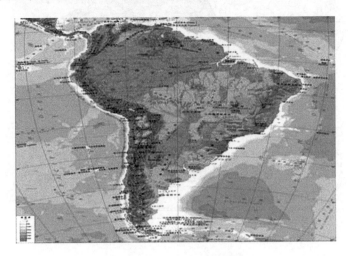

图 3-7　南美洲地势示意图

提及南美的旅游资源,这里有令人神往的里约热内卢海滩,被誉为世界最具诱惑力的海滩之一。巴西人的桑巴和阿根廷人的探戈都热力四射,给游者置身其中的冲动。我们也许对"嘉年华"这一词汇并不陌生,它源自英文单词 CARNIVAL 的中文音译,原意是狂欢节,说到狂欢节全世界当属巴西的狂欢节派对游行最为著名。当然,最后我们还不应忘记这里的原住民族——印第安人,这个最古老的民族给人类留下了许多值得追寻的悠久文明。

(三) 亚洲自然风貌

亚洲的范围是东起太平洋向西延伸到俄罗斯的乌拉尔山、土耳其的博斯普鲁斯海峡和埃及的苏伊士运河,南起赤道附近的太平洋群岛北至西伯利亚乃至北极圈,参见图 3-8。亚洲气候类型迥异,大体上可以划分为六个自然地区,具体包括:

(1) 北部的西伯利亚和中亚西部低地,这里终年寒冷,被广袤的森林和荒漠覆盖。

(2) 中部是高地和山脉。

(3) 伊朗以西属于中东地区,这里以沙漠为主,盛产石油。

(4) 南亚次大陆包括印度、巴基斯坦、孟加拉国等国家。

(5) 东南亚以热带海滨气候为主。

(6) 中国、蒙古、日本、韩国、朝鲜共同构成了东亚。

亚洲的旅游业资源相当丰富,印度的泰姬陵、中国的长城、东南亚的热带风情都是中外游客向往的旅游目的地。亚洲历史文化悠久,它是世界三大宗教的诞生地,中东地区的耶路撒冷是基督教的圣城;沙特的麦加是伊斯兰教的圣城;印度是佛教的发祥地,每年有数以百万的宗教信徒前往圣城朝圣。

图 3-8 亚洲地势分布示意图

(四) 欧洲自然风貌

欧洲的范围是西起大西洋向东延伸到位于黑海出海口的土耳其的博斯普鲁斯海峡,沿着海峡向北到俄罗斯的乌拉尔山一带,这也是亚洲和欧洲的分界线;南北向从地中海向北延伸到北冰洋,其附近岛屿包括:大不列颠、爱尔兰、冰岛和马耳他等大大小小的岛屿,参见图 3-9。

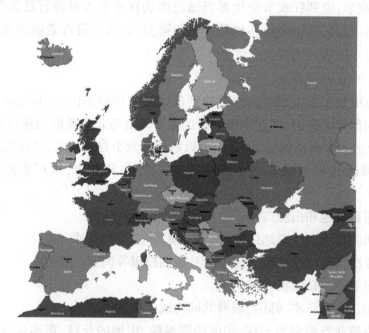

图 3-9 欧洲行政区划示意图

欧洲的特点是地域小,国家多,人口多。这里是全世界人口密度最大的区域之一。欧洲经济发达,历史悠久。欧洲按照地域特点可以划分为四个自然区域,分别是：

（1）英国和爱尔兰，我们熟知的英国由四个部分组成，即英格兰、苏格兰、威尔士和北爱尔兰。英国历史文化悠久，曾经是世界最发达的国家，受到北上的大西洋暖流影响，这里比同纬度的地区要更加温暖，多雨多雾，英国首都伦敦又有雾都之称。英国人相对古板和保守，一成不变的红色双层巴士和黑色英伦出租车是最好的印证。

（2）斯堪的纳维亚半岛，又称为北欧四国，由挪威、瑞典、丹麦、芬兰组成，这里靠近极地，夏季很短冬季漫长。北欧是采用高福利体系，是世界上生活质量满意度最高的区域。

（3）欧洲平原地区，这是欧洲的核心，以法国、德国、比利时、荷兰、瑞士等国为主构成了欧洲大陆，大部分的欧洲人生活在这里。这里经济发达，交通便利，是世界著名的旅游目的地。

（4）地中海国家，其中包括西班牙、意大利、希腊等国家。美丽的地中海风格向来是欧洲人度假的首选，这里也孕育了古罗马和古希腊文明，有很多世界奇迹。

欧洲旅游资源丰富。例如：法国作为浪漫的国度是众多游客向往的地方，法国已连续多年蝉联了接待国际游客最多的国家殊荣，埃菲尔铁塔、卢浮宫、香榭丽舍大街等都是必去的地方，在这里能尽情体会法国人特有的浪漫情怀。意大利有很多古老并且著名的城市，古罗马的建筑和众多文艺复兴时期的珍品艺术作品值得游客流连，品尝地道的地中海特色美食，也是旅游者所钟情的。东欧的奥地利、匈牙利也日渐成为新的旅游热点，美丽的阿尔卑斯山脉峰峦叠嶂，历史悠久的哥特式建筑独成一格，这里也是著名音乐家莫扎特的故乡。总之，欧洲的美景不胜枚举，只有你置身其中才能体会到它带给你的震撼之感。

（五）非洲自然风貌

非洲的范围是西起大西洋，向东延伸到印度洋，北起地中海南岸，南至大西洋，东北部有红海与中东地区相隔，位于埃及西奈半岛上的苏伊士运河是连接亚洲和欧洲的重要水道，它的建成终结了亚欧远洋航线需要绕道好望角的历史。参见图3-10。非洲在地理上分为三大自然区域：

（1）撒哈拉地区，这里有一望无际的沙漠，骆驼是这里最有效的地面交通工具，人们的活动主要集中在撒哈拉以北的地中海沿岸地区，这里有四大文明古国之一的埃及，胡夫金字塔、狮身人面像都记载着这里曾经的辉煌。

（2）赤道地区，这里多被广袤的热带雨林覆盖，地区的东部是高原，非洲最高山峰乞力马扎罗山就位于此。

（3）非洲东部和南部高原，这里有举世闻名的东非大裂谷，其间分布着众多火山，南部高原有着典型的热带季风气候，随着旱季和雨季的更迭，万兽奔腾迁徙的景象令人震撼，这幅壮美图景构成了狂野非洲迷人的野性。

非洲是极富色彩的大陆，能歌善舞的非洲人是天生的艺术家，他们传统而极富

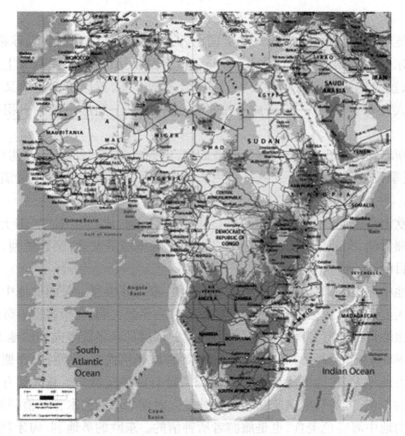

图 3-10 非洲地势示意图

动感的表演会令所有观赏者驻足。非洲原始部落的舞蹈、击鼓、面具和魔术彰显了大陆的神奇。除此之外，尼罗河流域的科考研究之旅，南非和东非美丽的沙滩海滨之旅，肯尼亚广袤的热带草原之旅，都是非洲所独有的风光，吸引着成千上万的游客前来。

（六）大洋洲自然风貌

大洋洲更像是一个大型岛屿，它被大洋包围，西起印度洋，东到太平洋，北连接着东南亚，南到茫茫的大洋。参见图 3-11。大洋洲有四个自然地域：

（1）西部是辽阔的高原，蕴藏着丰富的矿产资源。

（2）中部是低地，这里有广阔的草原，是世界上优质的天然牧场。澳大利亚以出产牛羊及相关畜牧产品著称。

（3）东部是高地，这里集中了澳大利亚大部分的人口。

（4）再向东延伸至太平洋群岛，这里拥有众多的珊瑚礁，岛屿以珊瑚岛和火山岛居多。

大洋洲的澳大利亚和新西兰均是全球知名的优秀旅游目的地，这里是著名热带海岛游胜地，潜水及冲浪等水上运动受游客追捧。除了迷人的自然风光外，澳大利亚还有考拉和袋鼠等特有的动物，新西兰的原住民毛利人的特有土著文化也吸引游客。

图 3-11　大洋洲行政区划示意图

（七）南极洲自然风貌

南极洲是世界平均海拔最高的大洲，大部分大陆终年被极地冰川覆盖，这是一片尚未进行大规模旅游开发的处女地。参见图 3-12。因为自然环境恶劣的原因，极地游产品还没有全方位启动，但是南极拥有着丰富的旅游资源，当前人类首先要解决的是南极洲的环境保护和旅游开发的平衡问题。南极洲的极地企鹅、南极光、钻石沙、幻日等极地特有的物种和种种奇特的自然景观吸引着来自全球广大探险和旅游爱好者的目光。预计在不久的将来，人们将纷纷踏上这片充满着魅力的大陆，去感受它的神奇与美丽。

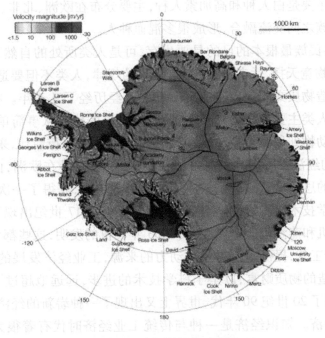

图 3-12　南极洲地势示意图

二、世界人文地理环境

人文地理学是研究人类文化在日常活动方面表现出来的现象。人类的文化活动千头万绪，错综复杂。简单地说，人类的文化活动，大致可分为语言文字、宗教信仰、物质文明、社会组织和生活方式。以上的各种文化活动，性质不同，演进的方式也不一样。语言文字的传播和学习并不十分困难，欧洲不少国家的人们会讲几种语言，也会用两三种文字。宗教信仰，也可更改变换。人们的衣食住行，更是日新月异。其中最不易改变的，要算是社会组织和生活方式了，这也是地球表面上最显著的地域差异性。

由于地域的差异性，使得地球上各区域人口分布不均衡。世界人口已经于2011年10月30日突破70亿，预计2054年，世界人口将会突破90亿，世界人口的不断增长，给发展中国家带来了沉重的经济和社会负担。由于穷国与富国发展程度不同，它们之间生活水平包括健康和教育等在内的人口素质的差距不断扩大，对全球经济和社会的平衡发展极为不利。截至2013年底，世界上目前人口排名前五位的国家依次是：中国、印度、美国、印度尼西亚、巴西。在全世界约有2000多个民族，人口超过2500万的民族约有30个，合计约占世界总人口的2/3。世界上大多数国家是多民族国家，如中国、俄罗斯等。有些国家则为单一的民族国家，如蒙古、朝鲜等。世界上的人口、民族众多，但是世界人种只有三种，分别是蒙古利亚人种、尼格罗人种和欧罗巴人种。其中蒙古利亚人种是指黄种人和亚美人种，主要分布在东亚、东南亚、北美（印第安人）和北极（因纽特人）地区；尼格罗人种主要是黑人种，主要分布在非洲中南部；欧罗巴人种主要是白人种和高加索人种，主要分布在欧洲、北非、西亚和南亚。另外，世界上各种族之间交流融合，形成很多混血种人。

世界上众多民族最根本的目的是要生存，可是人类所处的自然环境并不是理想完善的。所谓"物竞天择，适者生存"是自然界的规律，人类不但要适应环境，同时也要利用环境，创造物质文明。人类的文明发展已经历经了几千年。在最初数千年的农业经济时代，人类主要依靠阳光、水、土地，以自己的体力从事简单的劳动，从依靠自然界的植物、动物到种植狩猎，最后到驯养家禽家畜来繁衍后代，来发展自然经济。300年前，人类的经济发展进入了工业经济的时代，特别是在欧洲，由于文艺复兴运动的兴起，人们的思想从黑暗的宗教束缚之下解放出来，获得了一次新的解放，文化艺术发展了，科学技术突飞猛进。到了16世纪后半叶、17世纪出现了许多重要的发明，如珍妮纺纱机和蒸汽机的出现，以及1903年飞机的发明，这些都为工业发展提供了机械化的生产工具，提供了超越人类动力的来源，工业经济发展的阶段，在生产力发展的程度，创造的物质财富，以至于科学技术的进步，远远地超过了五六千年农业经济的时代。到了20世纪90年代，世界上又出现了一种崭新的经济形态和观念，就是所谓的知识经济。知识经济是一种与传统工业经济时代有着很大不同的经济形态，它当然是建立在人类文明尤其是建立在工业经济时代所创造的科学技术基础之上的,是建立在20世纪80年代以后信息经济基础之上的。主要依靠知识的创新、知识的创造性运用、知识的广泛传播而发展生长的一种崭新的经济形态。在知识经济时代,工业经济时代的传统产业已经不是数量的增加和规模的扩大,而是主要转移到依靠科学科技、管理、信息来取得品质的提高和效益的提高。知识经济的到来,给我们带来新的机会也使人类毫无疑问地面临着新的更加严峻的挑战。

第三节　世界主要国家及其核心城市简介

一、美国及其核心城市简介

(一) 国家概况

美国最初是自哥伦布1492年到达美洲以后,由西班牙、英国和法国等欧洲国家陆续向美洲移民并建立的殖民地国家。18世纪30年代,英国人在北美东海岸建立起13个殖民地。1775年,波士顿首先爆发独立战争,各殖民地开始联合反英。1776年7月4日,在费城召开了第二次大陆会议,组成由乔治·华盛顿任总司令的"大陆军"并通过《独立宣言》,宣布正式脱离英国建立美利坚合众国,此举标志着美国诞生。1783年独立战争结束,1787年通过美国第一部宪法并一直沿用至今。1789年华盛顿当选为第一任总统。19世纪中叶,美国北部的工业化发展迅速,而南部则发展以奴隶劳动为主的棉花种植业,南北之间矛盾不断加深。1861年4月12日,南北战争爆发,这场战争持续4年并以北方的胜利而告终,统一的联邦共和国继续维持。战争期间,林肯于1862年9月颁布了《解放黑奴宣言》。南北战争结束后,统一的美国工业化发展突飞猛进,同时大批移民涌入美国。从20世纪初起,美国已成为世界上最大的经济强国之一。

1917年,美国参加第一次世界大战。1941年12月自日本舰队偷袭美军太平洋舰队基地的"珍珠港事件"以后,美国从中立转为正式参加第二次世界大战。通过两次大战,美国军事、经济力量急剧膨胀,第二次世界大战后正式成为世界霸主,并且直至今日。

(二) 地理概况

美国位于北美洲中部,北与加拿大交界,东临大西洋,西濒太平洋,阿拉斯加州与美国大陆相隔加拿大,夏威夷州则位于太平洋中部,离美国本土3200千米。美国是一个幅员辽阔的国家,有森林、沙漠、山脉、高原和平地。东部的阿巴拉契亚山脉和西部的洛基山脉之间是绵延数百千米的中部肥沃田野、美加之间的五大湖区和中西部辽阔的草原及崎岖不平的牧场。洛基山脉以西是富饶的加利福尼亚盆地。美国的国土总面积是9363123平方千米,其中森林占28.93%,牧场占29%,耕地占19%,城市、荒地或其他占22%。海岸线长19921千米,陆界线长11998千米。美国首都华盛顿位于哥伦比亚特区(英文全称:Washington D. C.),是全国的政治文化中心。美国共分5个时区,分别为大西洋区、东区、中区、山区和太平洋区。东区时间比格林尼治时间晚5小时,比北京时间晚13小时。太平洋区时间比格林尼治时间晚8小时,比北京时间晚16小时。

（三）核心城市概况

华盛顿是美国的首都,也是政治和文化中心。纽约是美国的最大城市,也是美国乃至世界的经济、金融中心。芝加哥位于美国五大湖区,是美国工业和农产品交易中心。旧金山和洛杉矶位于美国西海岸,是美国高科技产业和电影业的中心。檀香山位于太平洋上,是美国乃至世界的重要热带旅游城市。

二、巴西及其核心城市简介

（一）国家概况

1500年4月22日,葡萄牙航海家佩德罗·卡布拉尔到达巴西。16世纪30年代,葡萄牙派远征军在巴西建立殖民地,并于1549年任命总督。1808年拿破仑入侵葡萄牙,葡萄牙王室迁往巴西,待战争结束后又迁回里斯本,但将王子佩德罗留在巴西任摄政王。1822年9月7日,佩德罗王子宣布独立,建立巴西帝国。1889年11月15日,丰塞卡将军发动政变,推翻帝制,成立巴西合众国。1964年3月31日,军人政变上台,实行独裁统治,1967年改国名为巴西联邦共和国。1985年1月,军人还政于民。经过近20年的发展,巴西的民主政治体制基本稳固。民主运动党、自由阵线党、社会民主党组成的中右政党联盟长期执政。20世纪90年代末期以来,中右政党联盟内部逐渐分化,左翼政治力量不断成熟壮大。2002年10月26日,最大的左翼政党劳工党人卢拉赢得大选,并于2003年1月1日宣誓就任巴西第四十任总统。这是巴西历史上首位民选左派总统。

（二）地理概况

巴西位于南美洲东南部。北邻法属圭亚那、苏里南、委内瑞拉和哥伦比亚,西临秘鲁、玻利维亚,南接巴拉圭、阿根廷和乌拉圭,东濒大西洋。海岸线长约7400千米,领海宽度为12海里,领海外专属经济区188海里。国土面积851.49万平方千米,约占南美洲总面积的46%,仅次于俄罗斯、加拿大、中国和美国,为世界第五大国家。巴西全境地形分为亚马逊平原、巴拉圭盆地、巴西高原和圭亚那高原,其中亚马逊平原约占全国面积的1/3。有亚马逊、巴拉那和圣弗朗西斯科三大水系,亚马逊河全长6751千米,横贯巴西西北部,在巴西流域面积达390万平方千米。巴拉那河系包括巴拉那河和巴拉圭河,流经西南部,多激流和瀑布,有丰富的水利资源。圣弗朗西斯科河系全长2900千米,流经干旱的东北部,是该地区主要的灌溉水源。巴西首都巴西利亚,城市融汇了世界古今建筑艺术的精华,有"世界建筑博览会"之称。巴西利亚地方时间比格林尼治时间晚3小时,比北京时间晚11小时。

（三）核心城市概况

巴西是一个多民族、多姿多彩的国家,并以节日众多闻名于世。春秋之季是巴西最好的旅游时间。在这块神奇的土地上,好玩的东西很多。除了足球、桑巴舞、各种各样的节目,巴西三大名城——巴西利亚、圣保罗、里约热内卢都是感受巴西人文风情的好去处。对于喜欢大自然的朋友来说,亚马逊森林、伊瓜苏瀑布、亚马逊海潮是不可不去领略一番的胜景。

历史上,巴西曾先后在萨尔瓦多和里约热内卢两个海滨城市建都。为开发内地,1956 年库比契克总统决定迁都内地。1957 年,在巴西高原上启动建都工程。1960 年,在历时三年零七个月时间后,一座现代化的都市——巴西利亚在巴西高原上建成。同年 4 月 21 日,巴西首都从里约热内卢迁至巴西利亚。巴西利亚以其独特的建筑闻名于世,其总体建设计划由建筑大师卢西奥·科斯塔完成。在灯火通明的夜晚从空中俯视,巴西利亚宛如一架驶向东方的巨型飞机。整座城市沿垂直的两轴铺开,向机翼南北延伸的公路轴和沿机身东西延伸的纪念碑轴。机头是三权广场,机身是政府机构所在地,机翼则是现代化的立体公路。三权广场左侧是总统府,右侧是联邦最高法院。广场对面是国会参众两院,两院会议大厅建筑外观如同两只大碗,众议院的碗口朝上,象征"民主""广开言路",参议院的碗口朝下,象征"集中民意"。国会的两座 28 层大楼之间有通道相连,呈"H"形,为葡语"人"的首字母。三权广场上的议会大厦、联邦最高法院、总统府和外交部水晶宫等是巴西利亚的标志性建筑。1987 年 12 月 7 日,联合国教科文组织宣布巴西利亚为"人类文化遗产"。

三、日本及核心城市简介

(一) 国家概况

日本这个词的意思是朝阳升起的地方。日语中日本有多种写法,"にっぽん"(英文全称:Nippon)这个名字用于邮票或者是国际性体育赛事,而"にほん"(英文全称:Nihon)则多出现在日常用语中。"やまと"(英文全称:Yamato,汉字写法为大和)是日语中对"日本"两字的发音,一般经常用在短语"やまとだましい"(英文全称:Yamato Tamashi,汉字写法为大和魂,即"大和精神")。日本被誉为极富自然之美的国度,是亚洲大陆东部北太平洋上的一个岛国。

日本是世界著名的旅游大国之一,除了大批的日本人喜欢去国外旅游外,日本国内也有许多吸引人的地方。东京的繁华、奈良的古老、北海道的神秘色彩都给游客留下了深刻的印象。而三月的樱花和遍布山间的温泉则更使人流连忘返。日本首都东京(英文全称:Tokyo)是全国的政治、经济和文化中心,也是全世界人口密度最大的城市之一。东京时间比格林尼治时间提前 9 小时,比北京时间提前 1 小时。

(二) 地理概况

日本位于亚洲东部的太平洋上,由 4 个大岛(分别是北海道、本州、四国、九州)以及约 4000 个小的岛屿组成,面积 37.78 万平方千米,全国 73% 的地域是山区。日本最高的山是著名的富士山,海拔 3776 米。由于平原较少,在日本很多山上都种植农作物。日本位于太平洋的火山带,全国都时常会发生火山活动。严重的地震则每一个世纪都会发生几次,因此也被称为"火山地震国"。日本的温泉很多,并且已经发展成为旅游景点。由于日本的岛屿几乎垂直地从北部拉伸到南部,当地的气候变化较大。北部的岛屿夏天温暖,冬天则十分漫长、寒冷,还时常有大量降雪。而中西部地区则冬天比较干燥,很少下雪,夏天潮湿。

(三) 核心城市概况

东京是日本的首都,它位于本州关东平原南端,东南濒临东京湾,通连太平洋,面积2187平方千米,人口3530万,是全国的政治、经济、文化中心。东京创建于1457年,古称江户。1868年明治维新后,明治天皇从京都迁都江户,改称东京。东京是日本最大的工业城市,全国主要的公司都集中于此,工业产值居全国第一位。东京与横滨、千叶构成日本著名的京滨工业区。东京也是日本的商业、金融中心。银座是东京的一条繁华街道,从京桥到新桥一千米长的路段上集中了许多高级商店、饭店、酒吧和夜总会。除此以外,新宿、池袋、涩谷也是东京的繁华地区。周恩来、鲁迅、郭沫若的青年时代都曾在东京求过学。1979年3月14日,东京和北京结为友好城市。

大阪古称浪速,又叫难波,19世纪开始称大阪。它是日本的第二大城市,位于本州西南部,市内多河流,水域面积占大阪总面积的10%以上,故有"水都"之称,全市有1400座桥。自古以来这里就是古都奈良和京都的门户,几代天皇均在此建都。大阪的名胜古迹主要有奈良时代的古皇宫难波宫遗址、平安时代的大会佛寺、江户时代的丹珠庵和明治时代造币局的泉布观等。东区有丰臣秀吉修建的大阪城。南区是被称为"吃穷"的饮食文化中心区,特别是道顿堀和心斋桥附近为大阪的代表性商业街。

四、韩国及其核心城市简介

(一) 国家概况

韩国的国土面积仅为9.93万平方千米,约占中国面积的百分之一,人口只有4800万,约为中国的1/28。韩国经济规模的总量,已居世界第10位,其人均国民生产总值已近15000美元。从废墟上昂首迈入世界发达工业国家行列的韩国,其成就被形象地称为"汉江奇迹"。除了经济领域外,近十多年来,韩国在政治、文化、电影、电视、大众娱乐、体育等各个领域,都取得了长足的进步。韩国首都首尔是全国的政治、经济、文化中心,亦是朝鲜半岛最大的城市。首尔时间比格林尼治时间提前9小时,比北京时间提前1小时。

(二) 地理概况

韩国全称"大韩民国",位于朝鲜半岛南部,隔"三八线"与朝鲜民主主义人民共和国相邻,面积9.93万平方千米,南北长约500千米,东西宽约250千米,东濒日本海,西临黄海,东南与日本隔海相望。除与大陆相连的半岛之外,韩国还拥有3000个大小岛屿。

朝鲜半岛有许多风景优美的山川,因此韩国人往往将其称作"锦绣江山"。最高的山峰是位于朝鲜与中国接壤的白头山(中国称为长白山),海拔2744米。白头山是一座死火山,山口形成了一个名叫"天池"的巨大火山湖。白头山是韩国民族精神特别重要的象征,被写入韩国国歌之中。韩国拥有相当多的河流,这些河流在形成韩国人的生活方式和韩国实现工业化方面都起到了重要作用。

(三) 核心城市概况

首尔是韩国的首都,位于汉江之滨,是一座有着1100多万人口的大都会。在城市化和工业化的过程中,首尔迅速扩大。在维持其现有规模和对其进行改造的同时,首尔不断地成长为韩国繁荣昌盛的政治、经济、文化和教育中心。首尔是世界第十大城市,在这座城市里古与今以奇妙的方式并存。历史悠久的宫殿、寺院、花园和博物馆里无价的艺术藏品,证明了这座城市辉煌的历史,而闪闪发光、高耸入云的摩天大楼、熙熙攘攘的街道,则代表了她生机勃勃的今天。

釜山位于朝鲜半岛的最东南端,是韩国第二大城市兼第一大贸易港口。作为国际化的现代化都市,釜山不仅是连接亚洲、欧洲和北美的东北亚中心,也同隔海相望的日本进行着活跃的贸易文化交流。因此,釜山逐渐发展成为一个多种文化共存的国际性都市。釜山先后承办了2002年第14届亚运会和韩日世界杯比赛,而且自1995年起,每年都举办的釜山世界电影节吸引着世界各地爱好电影的人士前来参加。随季节变幻,釜山也呈现出不同的面貌。夏天,各海水浴场举办形式多样的庆祝活动。秋天,刀鱼市场会举办刀鱼文化观光节。冬天,洛东江下游的候鸟栖息地又成为游客瞩目的焦点。近来,因电影《朋友》的知名度,龙头山公园和刀鱼市场一跃成为新的观光景点。釜山的东莱葱饼和生鱼片也很有名。此外,釜山的海洋自然史博物馆、福泉博物馆、釜山市立美术馆和福山博物馆等文化场所也吸引了众多的旅游者。

五、新加坡及其核心城市简介

(一) 国家概况

新加坡是一个小的岛国,面积虽然很小,但是名气却很大。它虽然地处东南亚,但是没有苍郁的热带气息,反倒散发出一股清爽的快感。新加坡不光以美丽而闻名于世,它还有很多好听的名字,诸如:"狮子之城""花园之城""海峡""星岛""星洲"等。据说,在公元1150年,苏门答腊岛的一位王子与其侍从驾船来到了这个岛上,这位王子看到岛上有种非常漂亮的动物,便问侍从,侍从告诉他这种动物叫狮子,随后,这位王子便给这个岛起名为"新加坡拉",在马来语中翻译为"狮子之城",后来这个名字一直沿用至今。新加坡首都是新加坡城。新加坡时间比格林尼治时间提前8小时,与北京时间一致。

(二) 地理概况

新加坡位于东南亚,地处太平洋和印度洋的转运要道,是一个城市岛国,也是亚洲面积最小的国家之一,由占总面积91.6%的新加坡岛及其附近若干小岛组成。北隔柔佛海峡与马来西亚西端为邻,海峡上有长堤相连,南隔马六甲海峡与印度尼西亚的苏门答腊岛相望。

六、印度及其核心城市简介

(一) 国家概况

印度梵文的意思是月亮,中文名称是唐代高僧玄奘所著《大唐西域记》中的译法,在此以前称为天竺。印度是世界四大文明古国之一,公元前 2000 年前后就已经创造了灿烂的印度河文明,具有绚丽的多样性和丰富的文化遗产和旅游资源。几千年的文明积淀使印度成为一个充满神秘色彩、十分迷人的国度,去印度旅游将是一次神秘之旅。印度北部雄伟的喜马拉雅山倚天而立,佛教圣河恒河蜿蜒流转,世界七大奇迹之一的泰姬陵优雅妩媚,莫卧尔王朝的阿格拉古堡庄严壮观。印度首都新德里位于印度北部地区,是印度重要的政治、经济和文化中心。印度时间比格林尼治时间提前 5 小时 30 分,比北京时间晚 2 小时 30 分。

(二) 地理概况

印度位于南亚次大陆,与巴基斯坦、中国、尼泊尔、不丹、缅甸和孟加拉国为邻,濒临孟加拉湾和阿拉伯海,印度政府称其领土面积为 328.78 万平方千米(因为印度与巴基斯坦、中国存在领土争端)。印度全境分为德干高原和中央高原、平原、喜马拉雅山区等三个自然地理区。属热带季风气候,气温因海拔高度不同而异。

(三) 核心城市概况

首都新德里位于印度北部,东依亚穆纳河,东北紧连德里旧城(印度语为沙贾汉纳巴德)。新德里始建于 1911 年,并于 1929 年完成,自 1931 年起印度正式迁都于此,1947 年印度独立战争后,也确定新德里为首都。城市以姆拉斯广场为中心,城市街道成辐射状、蛛网式地伸向四面八方。市中心耸立着宏伟的建筑群,如:国会大厦、总统府、印度门等。城东部亚穆纳河畔,有黑色大理石砌成的甘地冢。城南有始建于 1930 年的尼赫鲁纪念博物馆和图书馆,因庭院前有 3 个手持长矛的古代武士铜像而又称"三偶像公馆"。在国会大街的琴佗孟佗公园内,有建于 1710 年的古天文台,这座天文台共有 14 组奇形怪状的建筑,分别用来测量日月星辰。在新德里,寺院神庙随处可见,最有名的一座神庙是比拉财团出资修建的拉克希米——纳拉因庙。西端的康瑙特市场建筑新巧,呈圆盘形,是新德里的最大商业中心。

七、俄罗斯及其核心城市简介

(一) 国家概况

俄罗斯又称俄罗斯联邦。1991 年 12 月 26 日苏联解体,俄罗斯联邦成为完全独立的国家并成为苏联的唯一继承国。1993 年 12 月 12 日,经过全民投票通过了俄罗斯独立后的第一部宪法,规定国家名称为"俄罗斯联邦",与"俄罗斯"意义相同。

(二) 地理概况

俄罗斯横跨欧亚大陆,东西最长 9000 千米,南北最宽 4000 千米。邻国西北面有挪威、芬兰,西面有爱沙尼亚、拉脱维亚、立陶宛、波兰、白俄罗斯,西南面是乌克兰,南面有格鲁吉亚、阿塞拜疆、哈萨克斯坦,东南面有中国、蒙古和朝鲜。东面与日本和美国隔海相望。海岸线长 33807 千米。面积 1707.54 万平方千米,居世界第一位。

俄罗斯联邦现由 89 个联邦主体组成,包括 21 个共和国、6 个边疆区、49 个州、2 个联邦直辖市、1 个自治州、10 个民族自治区。俄罗斯自然资源十分丰富,种类多,储量大,自给程度高。森林覆盖面积 8.67 亿公顷,占国土面积 50.7%,居世界第一位。木材蓄积量 807 亿立方米。天然气已探明储量为 48 万亿立方米,占世界探明储量的 1/3 强,居世界第一位。石油已探明储量 65 亿吨,占世界探明储量的约 13%。煤已探明储量 2000 亿吨,居世界第二位。铁已探明储量居世界第一位。铝土已探明储量居世界第二位。水力资源 4270 立方千米/年,居世界第二位。铀矿已探明储量居世界第七位。黄金已探明储量居世界第四至第五位。俄罗斯首都莫斯科时间比格林尼治时间提前 3 小时,比北京时间晚 5 小时。

(三) 核心城市概况

莫斯科是一座古老的城市,城市始建至今已有八百多年的历史。八百多年间,莫斯科作为俄罗斯的中心城市,与国家一起经历了一场场兴衰荣辱。作为古都的莫斯科注定就会有文化底蕴深厚的一面,如闻名世界的红场、克里姆林宫、瓦西里大教堂,代表俄罗斯文化风情的新老阿尔巴特街、国家大剧院、特列季亚科夫画廊等。

没到过圣彼得堡就不算真正去过俄罗斯,作为俄罗斯第二大城市的圣彼得堡是一个神奇壮丽的地方,素有俄罗斯最富吸引力的"北方威尼斯"之称,古代建筑为迷人的自然风光提供了辉煌的舞台布景。这座由彼得大帝于 1703 年始建的城堡,位于波罗的海芬兰湾东岸、涅瓦河口,并于 1914 年正式命名为圣彼得堡。

八、英国及其核心城市简介

(一) 国家概况

英国全称为大不列颠及北爱尔兰联合王国。公元 1 至 5 世纪,大不列颠岛东南部受罗马帝国统治。之后,盎格鲁人、撒克逊人、朱特人相继入侵。公元 7 世纪开始逐渐形成封建制度。829 年英格兰统一,史称"盎格鲁-撒克逊时代"。1066 年诺曼底公爵威廉渡海征服英格兰,建立诺曼底王朝。

18 世纪 60 年代至 19 世纪 30 年代,英国成为世界上第一个完成工业革命的国家。1914 年占有的殖民地是其本土的 112 倍,是当时第一殖民大国,自称"日不落帝国"。1921 年爱尔兰南部 26 郡成立"自由邦",北部 6 郡仍归英国。第一次世界大战后,英国开始步入衰落的道路,其世界霸权地位逐渐被美国取代。两次世界大战严重削弱了英国的经济实力。随着 1947 年印度和巴基斯坦相继独立,英殖民体系开始瓦解。目前,英国在海外仍有 13 块领地。

(二) 地理概况

英国是位于欧洲西部的岛国,由大不列颠岛(包括英格兰、苏格兰、威尔士)、爱尔兰岛东北部和一些小岛组成,隔北海、多佛尔海峡、英吉利海峡与欧洲大陆相望。英国面积24.36万平方千米,其中英格兰地区13.04万平方千米,苏格兰7.88万平方千米,威尔士2.08万平方千米,北爱尔兰1.36万平方千米。英国的行政区划分为英格兰、威尔士、苏格兰和北爱尔兰四部分。英格兰划分为43个郡,苏格兰下设32个区并包括3个特别管辖区,威尔士下设22个区,北爱尔兰下设26个区。英国首都伦敦,又称"大伦敦",下设独立的32个城区和1个"金融城"。英国时间和格林尼治时间相同,比北京时间晚8小时。

（三）核心城市概况

英国首都伦敦位于英格兰东南部,是坐落于泰晤士河下游两岸的城市,距河口88千米,面积达1800多平方千米,人口约700万,是英国政治、经济、文化、交通中心和最大的进出口港,市区由1万多条街道构成。伦敦由三部分组成,分别是伦敦城、内伦敦和外伦敦,合称大伦敦市。伦敦是欧洲的一座古老城市,有近2000年的历史。伦敦始建于公元43年,早在公元1世纪时,罗马军队渡海入侵,曾在这里驻军筑城,成为当时的主要兵站,称为"伦甸涅海"。据考证,此名称来源于凯尔特语,意为"山丘之要塞"。11世纪时,伦敦已发展成为英国乃至整个欧洲的商业和政治中心。历史上,伦敦曾是世界上数一数二的大城市,虽然后来退居到第七位,但仍是欧洲的大城市,世界著名的港口。伦敦是英国历代王朝建都的地方,市内文物古迹、历史名胜很多。伦敦也是英国文化艺术名城,市内有许多博物馆、美术馆和剧院。

九、法国及其核心城市简介

（一）国家概况

法国是欧洲的代表,因为它充满着浪漫,它的风土人情、人文风光处处体现着欧洲人的热情。法国是香水之都,时装之国,这是法国让人们熟知的一面。但不太熟知的是,它还是全球第四大工业国,科技十分发达。科技投入方面也是仅次于美国和日本,居世界第三位。大家熟知的空中客车、世界上第一款超声速民航客机"协和"号等都是由法国参与或者是主导参与研制并生产的。

法国历史悠久,早在公元5世纪法兰克人移居到这里,公元843年法国成为独立国家。17至18世纪路易十四统治时期达到封建社会鼎盛时代。1789年7月14日法国爆发资产阶级大革命,起义者攻占了巴士底狱。此后,曾先后建立过五次共和国和两次帝国。1871年3月巴黎人民武装起义,成立巴黎公社,当年5月被镇压。1958年戴高乐将军领导法国建立第五共和国,之后戴高乐、蓬皮杜、德斯坦、密特朗、希拉克、萨科齐、奥朗德先后出任法国总统。

（二）地理概况

法国位于欧洲西部,与比利时、卢森堡、德国、瑞士、意大利、西班牙、安道尔、摩纳哥接壤,西北隔英吉利海峡与英国相望。法国地势以平原为主,占总面积的三分之二,山脉主要有阿尔卑斯山脉、比利牛斯山脉、汝拉山脉等。法国濒临四大海域,分别是北海、英吉利海峡、大西洋和地中海。边境线总长度为5695千米,其中海岸线为

2700千米,陆地线为2800千米,内河线为195千米。全国行政区划分为大区、省和市镇,本土划为22个大区、96个省、4个海外省、4个海外领地、2个具有特殊地位的地方行政区。全国共有36565个市镇,其中人口不足3500人的有3.4万个,人口超过3万人的市有231个,人口超过10万的市有37个。

(三)核心城市概况

法国首都巴黎是欧洲大陆上最大的城市,也是世界上最繁华的都市之一。地处法国北部,塞纳河西岸,距河口约375千米。巴黎也是法国最大的工商业城市,北部诸郊区主要为制造业区。最发达的制造业项目有汽车、电器、化工、医药、食品等。奢华品生产居次,并主要集中在市中心各区,其中产品囊括有贵重金属器具、皮革制品、瓷器、服装等。外围城区专门从事生产家具、鞋、精密工具、光学仪器等。

巴黎是世界文化艺术的中心,市区拥有50个剧场,200个电影院,15个音乐厅。巴黎歌剧院是世界上面积最大的歌剧院,位于市中心的奥斯曼大街,占地11万平方米,整个建筑兼有哥特式和罗马式的风格。法国国家音乐学院和舞蹈学校也设在这里。巴黎是一座世界历史名城,名胜古迹比比皆是,埃菲尔铁塔、凯旋门、爱丽舍宫、凡尔赛宫、卢浮宫、协和广场、巴黎圣母院、乔治·蓬皮杜全国文化艺术中心等,是国内外游客流连忘返的地方。美丽的塞纳河两岸,公园、绿地星罗棋布,32座大桥横跨河上,使河上风光更加妩媚多姿。河中心的城岛是巴黎的摇篮和发源地。

十、德国及其核心城市简介

(一)国家概况

德国特殊的地理位置、传统的文化氛围,造就了德国风格各异的自然风光和独特的人文景致。宛如童话仙境般的中世纪古堡和各种建筑风格的老城、教堂以及古老的民族风情令人流连忘返。在这个环保意识深得人心、环保科技高度发达的国家,森林密布,层峦叠翠,河流穿梭,湛蓝的天,洁白的云,交织成一幅犹如世外桃源般的田园风光。

(二)地理概况

德国位于欧洲中部。东邻波兰、捷克,南毗奥地利、瑞士,西界荷兰、比利时、卢森堡、法国,北接丹麦,濒临北海和波罗的海,海岸线长1333千米,面积约357020平方千米。德国行政区划分为联邦、州、地区三级,共有16个州,14808个地区。各州的名称是:巴登-符腾堡、巴伐利亚、柏林、勃兰登堡、不来梅、汉堡、黑森、梅克伦堡-前波莫瑞、下萨克森、北莱茵-威斯特法伦、莱茵兰-法耳茨、萨尔、萨克森、萨克森-安哈特、石勒苏益格-荷尔斯泰因和图林根。其中柏林、不来梅和汉堡是市州。在德国居住的主要是德意志人,有少数丹麦人和索布族人,通用德语,首都柏林是全国的政治、经济和文化中心。德国时间比格林尼治时间提前1小时,比北京时间晚7小时。

(三)核心城市概况

法兰克福虽然不是德国的首都,但它是德国的最大城市和经济中心。法兰克福的建城历史可以上溯到公元元年前后,那时莱茵河和多瑙河是罗马帝国的北方边界,但两河并不相连,更是无险可守,因此罗马人修筑了连接两河的长城。这座长城固然不能与中国的万里长城同日而语,但也连绵数百里,从法兰克福附近经过。法兰克福一直是一个繁荣的商业城市,德国统一后,这里工业迅速发展,化学工业尤为突出。德国三大化学工业公司之一的赫希斯特公司就是在法兰克福起家的。1914年法兰克福又创办了约翰·沃尔夫冈·歌德大学。在第二次世界大战中,历经33次大轰炸的法兰克福,城内80%的建筑都被炸毁,留下1700万吨垃圾。千年古城,变为一片废墟。战后法兰克福迅速重建,其发展惊人,令世界咋舌。今天的法兰克福除化学、电子、机械工业外,第三产业如交通、金融、展会等更是蓬勃发展,市区一改旧观,高楼林立,法兰克福一跃成为国际知名的大都市。法兰克福有许多世界著名的旅游景点,如罗马广场,古城区的罗马广场就在缅因河的北边;罗马广场旁有个罗马厅,实际上就是旧的市政厅,里面的皇帝殿是许多罗马皇帝进行加冕的地方。罗马广场西侧的三个山形墙的建筑物,可以说是法兰克福的象征。虽然遭遇数百年战火的摧残,但整修后仍保存完好。

十一、意大利及其核心城市简介

(一) 国家概况

意大利是欧洲的一个文明古国。公元前2世纪至公元2世纪为古罗马帝国的全盛时期。公元14至16世纪的欧洲文艺复兴运动开始于意大利。意大利在长期分裂后,于1870年实现统一。1922年墨索里尼上台,建立了法西斯统治政权,并于1940年向英、法宣战,1943年9月战败投降。1946年6月2日意大利举行公民投票,正式宣告废除王国,成立意大利共和国。意大利是著名的旅游国家,它有独特的城市风貌和优美的自然风光,也有可资炫耀的历史和文化,一直以来就是全世界最热门的旅游目的地之一。

(二) 地理概况

意大利共和国位于欧洲南部。它北连欧洲大陆,东临亚得里亚海,西濒利古里亚海和第勒尼安海,南接奥尼亚海。意大利西同法国接壤,北与瑞士、奥地利相连,东邻南斯拉夫和阿尔巴尼亚,南部则与阿尔及利亚、突尼斯、利比亚和马耳他等北非诸国隔海相望。意大利全国领土面积301277平方千米,海岸线总长约8600千米。意大利是一个多山国家,山区面积为106102平方千米,丘陵面积125421平方千米,平原面积仅为69753平方千米。山地与丘陵占全国面积的76.8%,平原仅占23.2%。意大利时间比格林尼治时间提前1小时,比北京时间晚7小时。

(三) 核心城市概况

罗马位于台伯河下游的丘陵平原上,建城至今已有2500余年历史。它是一座艺术宝库、文化名城。罗马是意大利的首都,也是罗马天主教廷所在地。它是意大利占地面积最广、人口最多的城市。罗马是意大利政治、历史和文化的中心,同时也是世界灿烂文化的发祥地。古城居北,新城在南。罗马新城于20年代世纪20至50年代建成,是拥有摩天大楼的现代化模范城市。罗马教廷所在地——梵蒂冈位于古城区西北角。罗马古城酷似一座巨型的露天历史博物馆。在罗马古都遗址上,矗立着帝国元老院、凯旋门、纪功柱、万神殿和大竞技场等世界闻名的古迹。同时这里还有文艺复兴时期的许多精美建筑和艺术精品。广场是罗马人生活的中心,也是游览的中心,广场上的喷泉伴着各式别出心裁的大理石雕像,英雄美人、神仙水怪,无一不是艺术杰作。此外,市政厅前台阶旁自古以来就安放在那里的兽笼,罗马城徽上的母狼形象,以及这座城市名称的由来等,令人浮想联翩。

威尼斯素有"亚得里亚海明珠"之称,它既是旅游胜地,又是意大利的重要港口。威尼斯城四周环海,包括了一百多座大大小小的岛屿,只有西北角有一条4千米长的长堤,与大陆相通。威尼斯被称为水城,其房屋建造独特,地基都淹没在水中,像从水中钻出似的。威尼斯水道是城市的马路,市内没有汽车和自行车,也没有交通指挥灯,船是市内唯一的交通工具。

十二、南非及其核心城市简介

(一) 国家概况

在南非最早的土著居民是桑人、科伊人及后来南迁的班图人。17世纪开始,荷兰人、英国人相继入侵并不断将殖民地向非洲内部推进。时至19世纪中叶,白人统治者建立起四个政治实体,分别是两个英国殖民地即开普、纳塔尔殖民地,两个布尔人共和国即德兰士瓦南非共和国和奥兰治自由邦。在1899年—1902年的英布战争中,以英国人艰难取胜告终。1910年四个政权合并为"南非联邦",成为英国的自治领地。1961年5月31日,南非宣布退出英联邦,成立南非共和国。南非当局长期在国内以立法和行政手段推行种族歧视和种族隔离政策。1948年国民党执政后,全面推行种族隔离制度,镇压南非人民的反抗斗争,遭到国际社会的谴责和制裁。1989年,德克勒克出任国民党领袖和总统后,推行政治改革,取消对黑人解放组织的禁令并释放曼德拉等人。1991年,非国大、南非政府、国民党等19方就政治解决南非问题举行多党谈判,并于1993年就政治过渡安排达成协议。1994年4月至5月,南非举行首次不分种族大选,以非国大为首的非国大、南非共产党、南非工会大会三方联盟以62.65%的多数获胜,曼德拉出任南非首任黑人总统,非国大、国民党、因卡塔自由党组成民族团结政府。

(二) 地理概况

南非位于非洲大陆最南端,北邻纳米比亚、博茨瓦纳、津巴布韦、莫桑比克和斯威士兰,东、南、西三面毗邻印度洋和大西洋。南非海岸线长达3000千米,国土面积1219090平方千米。南非共和国首都有三个,比勒陀利亚为行政首都,人口220万;开普敦为立法首都,人口300万;布隆方丹为司法首都,人口50万。南非时间比格林尼治时间提前2小时,比北京时间晚6小时。

(三) 核心城市概况

约翰内斯堡是南非第一大城市和仅次于开罗的非洲第二大城市,豪登省省会,素有"黄金城"之称。城市平均海拔1760米,人口400万。始建于1886年的约翰内斯堡是南非最重要的工矿业中心,附近方圆240千米有60多处金矿,其工业产值举足轻重,有大型矿山机械、钻石切割、化学、医药、纺织、电机、汽车装配、橡胶等工业。金融、商业发达,南非证券交易所、各大公司和银行总部均设于此,是南部非洲金融中心。其中的杉腾地区发展最快,成为新的金融和商业区。同时约翰内斯堡也是南非铁路和公路枢纽,有30余个国家在此设有总领馆、领馆或名誉领事。

十三、澳大利亚及其核心城市简介

(一) 国家概况

澳大利亚即"南方大陆",这是因为欧洲人在17世纪初叶发现这块大陆时,误以为到达了一块可以直通南极的陆地,故取名澳大利亚,是由拉丁文terraaustralis(中文意思:南方的土地)变化而来。澳大利亚地大物博,自然风光无限,兼有大都会的繁华,同时也是目前地球上仍然保有原始状态荒野的少数地区之一。澳大利亚的原著居民为土著人。自1770年英国航海家詹姆斯·库克的船队抵达澳大利亚东海岸后,随即宣布英国占有这片土地。1788年1月26日,英国流放到澳大利亚的第一批犯人抵达悉尼湾,英国开始在澳大利亚建立殖民地,后来这一天被定为澳国庆日。1900年7月,英国议会通过了"澳大利亚联邦宪法"和"不列颠自治领条例"。1901年1月1日,澳大利亚各殖民区改为州,成立澳大利亚联邦。1931年澳大利亚正式成为英联邦内的独立国家。1986年,英议会通过"与澳大利亚关系法",澳大利亚获得完全立法权和司法终审权。

(二) 地理概况

澳大利亚位于南太平洋和印度洋之间,由澳大利亚大陆和塔斯马尼亚等岛屿组成,澳大利亚不仅是世界上最大的岛屿,同时也是最小的洲。澳大利亚四面临海,东南隔塔斯曼海与新西兰为邻,北部隔帝汶海和托雷斯海峡与东帝汶、印度尼西亚和巴布亚新几内亚相望。面积769.2万平方千米,海岸线长3675千米。澳大利亚的首都堪培拉是全国的政治、文化中心。堪培拉时间提前格林尼治时间10小时,比北京时间早2小时。

(三) 核心城市概况

悉尼是新南威尔士州的首府,也是澳大利亚第一大城市,面积为2400平方千米,位于围绕杰克逊湾的低缓丘陵之上,是以当时英国内务大臣悉尼子爵的名字命名的。200多年前,这里是一片荒原,经过两个世纪的艰辛开拓与经营,它已成为澳大利亚最繁华的现代化、国际化城市,有"南半球纽约"之称。

首都堪培拉位于澳大利亚首都直辖区东北部、澳大利亚阿尔卑斯山脉的山麓平原上,跨莫朗格洛河两岸。1824年年初英国人在此建居民点,称坎伯里,1836年更名堪培拉。1899年成立联邦区后划归首都直辖区。1913年开始大规模兴建,1927年澳大利亚正式迁都于此,联邦议会也由墨尔本正式迁往堪培拉。如今堪培拉已是澳大利亚拥有众多现代化建筑、发展最快的城市。和其他大的城市用许多公园点缀相反,堪培拉被描绘成一个建在花园里的城市。这个澳大利亚最大的内陆城市的中央是一个11千米长的人工湖,它看上去好像是天然形成的一样,整座城市掩映在一片绿色之中,绿地占市区面积一半以上,重要公共建筑绕湖而建,这里还拥有第一流的购物、餐饮、体育和娱乐设施。

第四节 影响飞行的地理知识

一、地球运动的知识

（一）地球的旋转及对飞行的影响

地球时刻在宇宙中做着两种重要的运动:自转和公转。地球的自转是指地球绕着地轴自西向东不停地旋转。地球自转一周所用的时间是23时56分4秒,约24小时,也就是俗称的一天。地球上被太阳照亮的一侧为白昼,未被照亮的另一侧是黑夜,自转形成了地球上昼夜更替的现象,而且总是地球的东方迎来曙光,西方送走晚霞。地球的自转还会使得地球上运动的物体受到地转偏向力的影响,除赤道外各地物体在水平运动方向均产生偏转,这种偏转影响飞机的飞行,使之飞行方向发生偏离。地球的公转是指地球以太阳为中心,围绕其自西向东不停地旋转。地球在公转时,地轴是倾斜的,而且它的空间指向保持不变。地球在公转轨道的不同位置,受太阳照射的情况也就不完全相同,形成了春、夏、秋、冬四季的交替。北半球与南半球的季节正好相反,地球上也因此出现热带、南温带、北温带、南寒带、北寒带这五带的不同区域。

由于地球运动的影响,在民航飞行中旅客有时会经过一个漫长的黑夜,有时会经过一个漫长的白天,有时机上的昼夜会十分短暂。当飞机向东飞行时,它以当地的自转线速度与航行速度之和穿过地球的亮区和暗区,这样,机上一昼夜的时间要小于24小时;当飞机向西飞行时,它以当地的自转线速度与航行速度之差穿过地球的亮区和暗区,因此,机上一昼夜的时间要超过24小时。例如:在中美航线上,如果飞机向东飞行,从北京飞往旧金山的航程中,要经过一个较长的黑夜;而返程航线上,飞机向西飞行,则要经过一个漫长的白天。在东西分布的远程航线上,这些现象比较突出。

（二）地球的经线和纬线

人们为了精确描述物体在地球上的位置,人为地用刻度线来标记,即经纬度坐标（参见图3-13）。通过地球两极的大圆圈叫经线圈,两极把经线圈分成两半,每一半叫做一条经线（或子午线）。地球上有无数条经线,地面上任一点都有一条经线通过。如果不确定一个起点,就无法计算经度,因此在1884年的国际子午线会议上,各国共同商定,以通过英国伦敦市东南郊格林尼治天文台的经线作为计算经度的起点,定为零度经线(或本初子午线)。同时还确定:在零度经线以东的180°范围,统称为东经;在零度经线以西的180°范围,统称为西经。例如:北京的经度是东经116°28′。与赤道平行的圆圈叫纬线圈。纬线圈由赤道向两极逐渐缩小。赤道的纬度是0°,南北两极都是90°。为了区别南北两个半球的纬度,将赤道以北的纬度统称为北纬,赤道以南的纬度统称为南纬。北京的纬度是北纬39°48′。

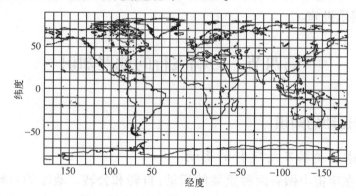

图3-13 地球经纬度示意图

经线是南北方向,纬线是东西方向。经线和纬线相互垂直,经度和纬度的标号组成地理坐标。一般情况下,世界上相同纬度的城市具有十分接近的气候特征。通过纬度的比较,即使不熟悉出行城市的情况,也可大致了解其天气状况。

二、大气层及飞行环境

人类生活的地球被一层空气包围着,地球周围的这层气态物质叫做大气,它的底界是地面,顶界则是没有明显自然边界的散逸层顶端,一般认为大气的顶界约为2000千米~3000千米。受地球引力作用,大气密度随着高度升高而降低。根据不同的气象条件和气温的垂直变化等特征,大气层可分为五层:对流层、平流层、中间层、暖层和散逸层(参见图3-14)。大气层中的各种现象和空气动力对航空器的飞行活动有着重要影响。

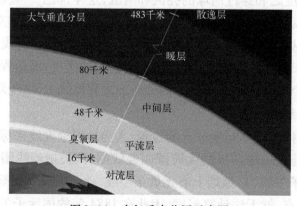

图3-14 大气垂直分层示意图

（1）对流层。对流层是最接近地球表面的一层大气，在不同的地区对流层顶界的高度也不同。在赤道附近，对流层的高度可达到17千米，而在两极附近，对流层的高度仅有7~8千米。同大气总厚度相比，对流层是很薄的，但这里集中了整个大气75%以上的质量和95%以上的水汽。大气中各种天气现象和天气变化大都发生在这一层中，它是对人类的生产、生活以及飞行活动影响最大的圈层。

（2）平流层。平流层也称同温层，因没有垂直方向的空气对流，只有水平方向的大气运动而得名。平流层距地表高度较高，受地面地形地貌影响较小，而水平方向的大气环流是由地球自转而产生的。在平流层内，空气流动比较平稳，有利于飞机作稳定飞行。

（3）中间层。从平流层顶到约85千米高度的大气层称为中间层，其显著特点是气温随高度升高而迅速降低，每上升1千米大约下降3.5℃，到中间层顶部可降至-83℃以下，成为地球大气温度最低的圈层。这种温度垂直分布造成了大气的对流运动，垂直混合流动明显，故有高空对流层之称。

（4）暖层。从中间层到暖层顶的大气层称为暖层，也称电离层。该层气温随高度的增加迅速升高，白天可达1700℃，夜间约为200℃。在强烈紫外线辐射和宇宙射线的作用下，暖层处于高度电离状态，暖层具有反射无线电波的能力，对无线电通信有着重要作用。

（5）散逸层。暖层顶以上的大气层，统称为散逸层，也称外逸层。散逸层大气极其稀薄，几乎完全处于电离状态，温度很高，气体粒子运动很快，受到的地球引力又小，以致某些高速运动的气体粒子，能克服地球引力散逸到星际空间去。散逸层是地球大气和星际空间的过渡层。

民航飞机主要活动于对流层和平流层中，从地面算起到约18000米高度之内。没有增压的飞机和小型的喷气飞机在7000米以下的对流层中飞行。大型和高速的喷气客机装有座舱环境控制系统，在7000米到13000米的对流层顶部和平流层中飞行。在这个高度，几乎没有垂直方向的气流，飞机飞得平稳，而且由于空气稀薄，飞行阻力相对对流层要小得多。飞机在该层以较高的速度飞行，节约燃油，经济性能好。通常称对流层的上部和平流层的下部为飞机航行层。

三、影响飞行的天气

飞机在大气中飞行，大气总是在不停地运动，特别是在对流层的中下部，各种天气现象频繁出现。它们往往对飞行和起降产生不利影响，轻则延误航班，重则造成事故。气象人员要及时、准确地提供航空天气实况、航站预报、航线预报和区域预报，以供航行管制、飞行人员参考，同时，还需要民航地面工作人员的密切配合和协调。因此，民航国内客票销售从业者应对影响飞行的天气有所了解，可有利于在出现因天气原因带来的航班不正常的情况下，从科学、专业、系统的角度为受影响旅客做好必要的解释工作。

（一）影响起降的特殊天气

从飞行事故的统计和调查表明，约80%的事故是在飞机进行起降时发生的。起降事故中，除少数因机械故障和操纵失误外，大多数与天气条件有关。严重影响飞行的恶劣天气包括：地面大风、低空风切变、低能见度等。下面加以简要介绍。

（1）地面大风。气象上，一般把地面风速大于12米/秒的风称为大风。航空上，对地面大风的概念更为严格精确。机型不同，其所能承受的最大风速允许值也不同。风为矢量，它与跑道的夹角变化时，最大风速允许值也随之变化。有地面大风时，往往产生乱流涡旋，从而影响飞行的稳定性能，加大飞机的操纵难度。尤其是侧风起降时，飞机起飞和着陆的操纵变得相当复杂。当侧风很大时，飞机难以保持平衡，大风使机身倾斜，有时使翼尖擦地，造成事故。风速强劲时，甚至对停放的飞机也造成很大的破坏。在一定条件下，地面大风可伴有风沙、吹雪、浮尘等发生，致使近地面的能见度降低，从而影响起降。

（2）低空风切变。低空风切变是指600米以下的空中，风向或风速的明显变化（参见图3-15）。低空风切变对飞行安全威胁很大，是构成飞机起飞、着陆的危险因素之一，尤其是飞机在进近着陆过程中，它对飞行安全的威胁尤为严重。这种变化可分为三种基本情况，即水平风的垂直切变、水平风的水平切变及垂直风的水平切变。水平风的垂直切变指水平风在垂直方向上风速或风向的改变；水平风的水平切变指水平风在水平方向上风向或风速的改变；垂直风的水平切变指垂直风在水平方向上的改变。由于风切变的存在，当飞机遇到它时，空速将发生改变，从而使升力发生变化。力的平衡遭到破坏，会发生改变航迹和飞机姿态的现象。这种变化如在高空发生，则可通过适当的操纵使飞机恢复到平衡状态，但在低空则来不及进行操纵调整，有可能造成飞机坠毁事故。影响起降的低空风切变主要表现为水平风切变和垂直风切变。水平风切变主要因风速的变化影响升力，从而改变正常的起降航迹和飞机姿

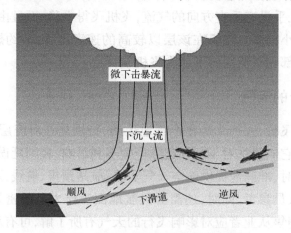

图3-15　低空风切变对飞行影响示意图

态。垂直风切变是指飞机从无明显的升降气流进入强烈的升降气流区域的情形。特别是强烈的下降气流,往往具有明显的猝发性,强度很强,会使飞机突然下沉,危害很大。

（3）低能见度。能见度是指具有正常视力的人,在当时的天气条件下,能够看清目标轮廓的最大距离。能见度的好坏直接影响飞机的起降。低云、降水、雾、风沙、吹雪、浮尘、烟、霾等天气对机场产生视程障碍现象。在日常飞行活动中的"机场关闭""机场开放",能见度是其中气象条件之一。

（二）影响航行的特殊天气和现象

飞机在航行中常常遇到颠簸、积冰、雷暴、大风等特殊天气和现象。它们常给飞行带来困难,甚至危及安全。常见的特殊天气和现象包括：

（1）雷暴。雷暴是一种强烈的对流性天气。雷暴出现时,多伴有雷电、暴雨、冰雹和大风。在雷暴中飞行时,云中强烈的乱流使飞机发生严重颠簸,甚至使飞机处于无法控制的状态；云中大量的过冷却水滴会使飞机发生积冰；闪电能严重干扰无线电通信,甚至烧坏仪器；冰雹可能击穿飞机蒙皮,等等。在一般情况下,应避免在雷暴区飞行。但夏季雷暴多,完全避开是不容易做到的。在云中飞行,遇到天气复杂多变,不仅要根据机载雷达来判断情况,同时要请求地面气象雷达进行协助配合。

（2）飞机颠簸。飞机颠簸是飞机进入扰动空气层后发生的左右摇晃、前后冲击、上下抛掷及机身震颤等现象。飞机颠簸使飞机各部承受的载荷发生变化,可能造成部件损害。颠簸发生时,常使仪表指示失常,难以靠仪表飞行。同时,飞机的颠簸会增大飞行阻力,增加燃料消耗,影响航程,并使机组人员与旅客困乏疲惫。飞机颠簸为扰动气流所致,扰动气流在不同的高度层都有可能发生。

（3）积冰。航行时,大气中的过冷水滴在飞机表面冻结成冰层的现象称为飞机积冰。飞机积冰多发生在飞机突出的迎风部位。积冰后,飞机的空气动力性能变坏,影响稳定性和操纵性。天线积冰将妨碍通信联系。座舱盖积冰使目视飞行发生困难。现代化大型客机均装有防冰设备,除少数恶劣情况下仍有积冰现象外,一般不会发生很大危险。

（4）高空急流。高空急流指高空中风速超过 30 米/秒的强、窄气流。高空急流的分布比较有规律。某些急流随季节的变化而南北移动。例如：我国的北支西风急流和南支西风急流,它们夏季北移,冬季南移。在我国南海地区上空还存在一条东风急流。在急流中风的水平切变和垂直切变明显,容易使气流产生扰动,从而造成飞机颠簸。逆急流飞行时,速度降低,燃料消耗大。横穿急流时,将产生很大的偏流,对领航计算和保持航线不利。另外,如果掌握了高空急流的分布及其特点,则可利用急流,顺其飞行,增大速度,节省燃料、缩短航行时间。

（5）山地气流。气流过山时,因受阻被迫绕山和抬升,造成气流升降,越山后,往往又在背风坡产生乱流。由于山区地形和气候的复杂变化,还会产生动力乱流和热力乱流。飞机飞越山地时,在迎风坡,飞机受上升气流的抬举而自动升高,在背风坡则受下降气流影响自动下降。比较而言,背风坡对飞行更具有危害。在山区,飞机被迫下降时可能造成撞山事故,也可能被下降气流带入背风坡的涡旋中,使飞机难以操纵。此外,山地乱流也会对飞行造成较大影响。因此,在山地飞行时应尽量保持在安全高度之上。

四、时差知识

地球是一个既不发光也不透明的球体,同一时间内,太阳只能照亮地球表面的一半。由于地球不停地由西向东自转,地球上经度不同的地区时刻不同。当飞行跨越各经度时,就产生时刻上的不统一。正确掌握时差换算,对于民航运输特别是民航国际运输有着重要意义。

(一) 理论时区和区时

1884年在华盛顿举行的国际经度会议上,确定了以太阳运动为基础的标准时刻度。这种标准时刻度规定,按经度线把全球划分为24个标准时区。每个时区跨15°经度,以 $\lambda = 15° \times n (n = 0、1、2、3、\cdots 11、12)$ 的经线为该时区的中央经线,它是所在时区的标准经线。中央经线的地方平太阳时,就是该时区的标准时间,也称为区时。本初子午线所在的时区,叫做零时区,也叫做中央时区,简称中时区。中时区的区时被称为世界标准时或格林尼治标准时。分别向西和向东每15°经线划分一个时区,全球共划分东西十二个时区。全球使用的不同时间,减少到24个。国际标准时间的确立是时间计量领域上的一大飞跃,它给现代社会生产、科学研究和国际间大范围的频繁交往带来了方便。

(二) 法定时区和法定时

法定时区是各国根据本国具体情况自行规定的适用于本国的标准时区。法定时区的界限一般不是依据经线,而是依据实际的政治疆界和社会经济发展状况来确定的。根据法定时区的标准时,称为法定时。为了充分利用太阳光照,世界各国法定时区的标准经度,往往不是其适中经度,而是普遍向东偏离。从世界范围看,法定时区系统几乎比理论上的时区系统偏离一个时区。例如:法国和西班牙都位于中时区,它们所使用的法定时区却是东1区的标准时。

(三) 法定时间和标准时间的换算

法定时间是目前世界各国实际使用的标准时,也称地方时。国际民航运输使用的航班时刻表,均以地方时显示时间。其中在《OAG》航班指南中,公布了国际时间换算表来准确换算地方时和标准时。地方时和标准时的关系在换算表中用标准时加或减的数字表示。如:地方时表示为GMT+1,表示地方时比标准时快1小时;地方时表示为GMT-1,表示地方时比标准时慢1小时。另外,除《OAG》中的国际时间换算表公布的信息外,以0°经线和180°经线为中央经线划出的中时区和东西十二时区,也能查出各地的地方时与标准时的关系。例如:北京所在的位置是东八区,即北京的地方时为 GMT+8;纽约所在的位置是西五区,即纽约的地方时为 GMT-5。

由于航空旅行的快速性,特别是国际运输的旅客,其起止机场的当地时间相差很大,常常使得他们产生有时差难题。自然时间可以轻易改变,可是人们的内在生理时间则需要一定的时间来适应。

(四)国际日期变更线

国际日期变更线也称日界线。跨越国际日期变更线的飞行,会在日期上产生一些混乱,形成让人们觉得时间多了一天或少了一天的有趣现象。其实,时间既不会多,也不会少,而是人们对日期数字的错觉。人们规定国际日期变更线的西侧最先进入新的一天,东侧的地方要等地球转了快一周后,才开始新的一天。因此,飞行从东向西飞越国际日期变更线,原来的周二即变成周三;如果飞行从西向东,原来周二即变成周一。但是,值得注意的是,跨越国际日期变更线的飞行,虽然改变了日期,但是不会对当日时刻问题产生影响。也就是说,如果飞行由东向西,是周二 12:00 飞越国际日期变更线,那么,飞越后的瞬间即是周三的 12:00。简单地说,飞行中跨越国际日期变更线,日期变化,但时刻不变。国际日期变更线的两侧,同一时间内有两个日期。为了减少这一现象对人们工作和生活的影响,国际日期变更线划在太平洋上,并且有几个弯折,以避开不同的行政区划。

(五)飞行时间的计算

在国际民航运输中,常常需要计算飞行时间,以方便安排旅客的旅行时间。虽然,在民航计算机分销系统中,可以通过指令查询,但是学习手工计算飞行时间是每个民航从业人员的基本功。航班飞行小时的计算,大致可分为三个步骤,具体步骤参考以下例题。

例如:AF36 航班,11 月 21 日 10:30 从法国巴黎出发,将于同日 11:55 到达加拿大蒙特利尔,请计算航班的飞行时间。

步骤一:找出始发地、目的地的地方时和标准时的关系。

巴黎:Paris:Standard Clock Time = GMT+1

蒙特利尔(采用加拿大东部时区):Montreal:Standard Clock Time = GMT-5

步骤二:将始发时间和到达时间换算成标准时间。

巴黎始发时间:GMT = 10:30 - 01:00 = 09:30

蒙特利尔到达时间:GMT = 11:55 + 05:00 = 16:55

步骤三:求算到达时间和始发时间之间的差额,即飞行时间。

AF36 巴黎 - 蒙特利尔飞行小时:16:55 - 09:30 = 7hours 25minutes

有的航班飞行跨越国际日期变更线,会出现日期上的前一天到达或后一天到达,甚至后几天到达的有趣现象。这类航班在计算飞行时间时,需要用一天 24 小时的换算去调整。

自我检测

(1) 简要描述中国自然地理环境的基本特征。
(2) 说出五个被列入世界文化遗产名录的中国景点。
(3) 说出中国民航局下设的七大地区管理局及其管辖省份。
(4) 简要描述北美洲的四大自然风貌。
(5) 简要描述巴西的国家地理概况。
(6) 简要描述大气层的五个分层及其各自的基本特征。
(7) 简要描述三种影响航行的特殊天气并说明其如何影响。

学习单元四
民航运输知识简介

学习目标

(1) 全面了解航班运行基础知识。
(2) 了解航空联盟相关知识。
(3) 掌握代码共享基础知识。
(4) 掌握常见民航飞机的型号并能识别各种机型。
(5) 熟练掌握民航值机业务基础知识。
(6) 熟练掌握民航行李运输业务基础知识。
(7) 熟练掌握民航普通货运运输基础知识。
(8) 全面了解民航特种货物运输基础知识。
(9) 全面了解民航危险货物运输基础知识。
(10) 熟练掌握民航客票销售基础知识。
(11) 全面了解民航客票销售渠道。

三个目标

学习内容

(1) 航班运行基础知识。
(2) 航空联盟及代码共享基础知识。
(3) 常见民航飞机的型号。
(4) 民航值机业务基础知识。
(5) 民航行李运输业务基础知识。
(6) 民航普通货运运输基础知识。
(7) 民航特种货物运输基础知识。
(8) 民航危险货物运输基础知识。
(9) 民航客票销售基础知识。
(10) 民航客票销售渠道介绍。

第一节 民航运输综合知识

中国民航运输发展历程

一、航班运行

（一）航班的定义及分类

航班是指按照民航当局批准的民航运输航班时刻表、使用指定的航空器、沿着规定的航线在指定的始发站、经停站、目的站停靠的客货行邮的经营性运输飞行。

航班按照不同的性质有不同的分类方法：

（1）按经营区域可以分为国际航班、国内航班和地区航班。始发站、经停站或目的站有一站以上在一国国境以外的航班称为国际航班；始发站、经停站或目的站全部在同一国境内的航班称为国内航班；始发站、经停站或目的站中有一站在同一国内有特殊安排的地区中的航班称为地区航班，这些地区如我国的港澳台地区。

（2）按经营的时间分为定期航班和不定期航班。定期航班是指列入航班时刻表有固定时间运行的航班。定期航班是民航运输的主要运输形式，是航空公司赖以生存的主要生产方式。因此在衡量航空公司的生产水平时，总是以定期航班的运输周转量为主要生产指标。不定期航班是指航空公司根据临时性任务需要，没有固定时刻的运输飞行，如包机和某些加班飞行。这类航班没有固定的航班时刻表，没有固定的飞行航线，通常是根据运输需要和合同要求，安排机型、飞行时刻、飞行路线和运价。不定期航班是航空公司的辅助生产方式。

（3）按照运输飞行的方向分为去程航班和回程航班。去程航班指从航空公司飞机基地出发的飞行航班；回程航班指返回飞机基地的飞行航班。

（二）航班的组织及安排

航班时刻表是航空运输企业生产活动整个流程的安排次序。对内它是运输企业每天生产活动的安排和组织的依据，企业围绕它来调配运力、安排人员、进行协调和管理，对外则是向用户提供服务信息和销售竞争的手段。旅客根据航班时刻表提供的航班时刻、机型、服务内容来选择他要乘坐飞机的航空公司、机型和时间。航班时刻表根据季节和市场需求进行调整和修正，我国有关业务部门每年修订两次航班时刻表，每年大约4月至10月使用夏秋时刻表，11月至次年的3月使用冬春时刻表。

航班的组织是指组织一个航班并保证它的正点飞行，需要航空公司的多个部门相互配合。维修部门要对飞机进行维修和检查，决定飞机是否能飞行；航务部门收集气象情报，安排机组和制定飞行计划，把这个计划通知航管部门；销售部门销售机票，办理货物托运；机坪保障部门供应机上用水，配餐，加油；旅客服务部门为旅客办理手续，旅客通过安检，登机；货运部门把货物和行李装入机舱，计算载重和平衡，由货邮舱单、旅客名单和平衡图组成的随机文件交付机长。经放行后，飞机才可以起飞。飞机到站后,又重复这个过程,飞往下一站或飞回目的地。整个流程形成一个工作链,一环紧扣一环。任何一个环节脱节都会影响到航班正常运行,如果有任何的改动,也会影响到各个不同部门的工作。各个部门协调配合得好,就会缩短时间,提高飞机的利用率,使整个公司的效益增加。

（三）航班座位管理

中国民航于 1986 年建立计算机订座系统（简称 CRS 系统），该系统分为两大部分:订座操作和座位管理。订座操作由柜台售票人员完成,座位管理则由座位控制人员完成。座位控制人员使用计算机订座系统对航班的座位进行优选法地控制和管理,并可通过该系统了解航班座位利用情况,进行预留或收回座位配额,锁定座位,限制座位销售,限制代理人销售,超订座位,实行多等级舱位管理,清理航班座位等工作,能最大限度地减少人为的虚耗,提高座位的利用率。因此,计算机订座系统已成为航空公司管理航班座位的主要手段。各地售票处、销售代理人根据订座规定或订座协议,通过计算机订座系统进行自由销售。

1. 航班座位管理的方法

目前,航空公司实施航班座位管理的方法主要有:

（1）航班输入。根据航班计划输入对外公布的可供销售的航班号、起降时间、可供销售的座位数和等级舱位布局。

（2）航班变更。根据航班信息电报,将有关部门航班取消、合并、起飞时间提前或推后以及机型更改等信息输入计算机订座系统,当大机型改小机型时必须调整座位布局的变化,对头等舱或公务舱座位以及超售的座位作相应的处理,并将调整后的情况通知有关部门;小机型改大机型时,应及时开放座位;航班取消、合并,起飞时间提前或推后,也应及时通知旅客。

（3）输入运价。输入适用的城市对、各种票价及票价有效期,调整舱位座位数。根据实时座位销售情况调整各种舱位可供销售的座位数,以实现整个航班的收益最大化。

（4）锁留座位。航班座位开放前或开放后,锁留适当的座位数供散客订座使用。如果部分销售舱位座位出现超售情况,需要锁留部分座位供紧急旅客、VIP 旅客使用。

（5）核对航班。每天一次与生产调度室核对第二、第三天始发航班号、起飞时间和机型,以防工作差错。

（6）电报处理。收集整理各种来往电报,摘录有关部门航班变动信息电报,检查航班变动信息、电报的处理情况等。

2. 座位控制的工作内容

目前,航空公司座位控制的主要工作内容包括:

（1）检查销售。在航班起飞前 17 天、7 天、3 天、2 天、1 天,检查航班座位销售情况,检查 PCF 表的座位开放情况,确定超售座位或锁定座位情况。

民航运输基础知识

（2）清理航班。每一航班的座位清理工作分别在该航班起飞7天前、2天前和1天前，共清理3次，将重复订座、假"RR"、不按时限出票的旅客、团体订座和未按规定时限办理座位再证实手续的联程、回程座位取消。

（3）座位跟踪。航班起飞前30天、15天、7天、4天、2天，调整团体旅客订座申请，并予以答复，对每一个团体旅客订座情况进行跟踪。在规定的时间内索取团体代号和旅客名单，核实旅客运输，检查出票情况，处理退团体座位工作。

（4）做团体旅客座位再确认工作。

（5）候补团体旅客补订座位工作。

（6）航班起飞前10天，检查和核对团体旅客订座情况，重点检查不同团名而航班相同的团体旅客订座。

（7）团体订座取消要根据取消订座单位的书面通知，经多次复核，方可处理。对CRS中未按时出票的团体订座，在取消前应调整CRS系统的订座记录与ISC系统是否一致。团体订座取消需做好详细记录。

（8）重要旅客。航班起飞前1天复查重要旅客订座情况，并按照规定时间通知有关部门。

（9）检查特殊服务和特殊餐食。每天检查特殊服务和特殊餐食情况，并按照规定时间拍发电报，通知有关部门。

（10）处理Q信息。Q（QUEUE）的功能是为座位控制部门之间以及控制部门与售票处、代理人之间业务联系而建立的，Q是一个总称，可根据各部门的工作范围，分成几个或几十个不同类型的Q。

二、航空联盟

航空联盟指两家或多家航空公司在独自运营的前提下，通过相互参股、合作、支援等多种方式结合联合体，相互协调行动以追求航空运输资源的有效配置，扩大市场占有率，获得最佳经济效益。计算机订座系统的实现和全球互联网络的建立是国际航空联盟化的技术基础，代码共享是国际航空联盟化的操作手段。

目前，国际航空联盟的主要形式包括如下五种：

（1）代码共享方式。

（2）交叉结盟，某些航空公司可能以代码共享协议结盟，也可能以合并航线、常客计划等更紧密形式结盟。

（3）巨型航空公司以出售特许专营权的方式进行结盟。

（4）航空公司与当地机场结盟。

（5）两家或多家航空公司间的"全球性结盟"，并称"超级联盟"。

寰宇一家联盟（参见图4-1）、天合联盟（参见图4-2）、星空联盟（参见图4-3）是全球极具影响力的三大国际航空联盟。以下详细介绍寰宇一家联盟和天合联盟的标志及其成员信息。

图 4-1　寰宇一家联盟标志及其主要成员

图 4-2　天合联盟标志及其主要成员

图 4-3　星空联盟标志及其主要成员

（一）寰宇一家联盟概况及其成员简介

寰宇一家联盟包括许多全球领先航空公司和 20 家附属运营商。这些航空公司每天运营近 10000 架次航班，飞往全球 800 多个目的地。它是全球首个在成员航空公司之间引入联营票务的全球性航空联盟，这即意味着旅客可在整个网络中享受到顺畅的转机程序，并具有更大的灵活性。此外，作为"寰宇一家"的合作伙伴航空公司的常旅客会员,还可以通过乘坐具有资质的"寰宇一家"航班获得或兑换积分,并将奖励及特惠扩展到整个联盟。

寰宇一家联盟于1998年由联盟创始成员美国航空公司、英国航空公司、国泰航空公司和澳洲航空公司共同创建。此后该联盟不断发展壮大,加入了许多新的航空公司,包括:芬兰航空公司和西班牙国家航空公司、智利国家航空公司、日本航空公司和皇家约旦航空公司以及S7航空公司。

2012年3月,柏林航空公司及其奥地利分公司NIKI加入了寰宇一家联盟,从而为联盟增加了近70个目的地,其中包括德国境内的18个目的地。对寰宇一家联盟而言,柏林航空公司的加入使德国成为联盟的主要市场之一,每年为往返德国或在这个欧洲最大经济体内部旅行的两亿名乘客提供航班服务。联盟成员概况介绍如下。

(1) 柏林航空公司。德国第二大航空公司柏林航空公司于2012年3月加入寰宇一家联盟。目前它的服务遍及40个国家的160多个目的地。该航空公司的航空枢纽港为柏林、杜塞尔多夫、帕尔玛和维也纳。

(2) 美国航空公司。美国航空公司是寰宇一家联盟的创始成员之一,其主要的航空枢纽遍布美国各地,包括达拉斯/沃斯堡机场、芝加哥奥黑尔机场、洛杉矶、迈阿密、纽约肯尼迪机场和拉瓜迪亚机场,为旅客提供飞往众多国内和国际目的地的航班。

(3) 英国航空公司。英国航空公司是全球首屈一指的航空公司,也是寰宇一家联盟的创始成员。该公司及其附属公司的服务范围遍布欧洲、北美、南美、亚洲、非洲和澳大利亚近80个国家的170多个目的地,主要枢纽为伦敦希思罗机场。

(4) 国泰航空公司。国泰航空公司成立于1946年,是中国香港最主要的航空公司,也是寰宇一家联盟的创始成员。该航空公司服务范围遍布亚洲、太平洋地区、欧洲、北美、中东和非洲30多个国家的约80个目的地。

(5) 芬兰航空公司。芬兰航空公司成立于1923年,是芬兰的国家航空公司。它于1999年加入寰宇一家联盟。其位于赫尔辛基的枢纽由于地理位置优越,因而成为了连接远东和欧洲的门户。该航空公司提供飞往全球30个国家65个目的地的航班,其中往返亚洲的长途国际航班正在不断增加。

(6) 西班牙国家航空公司。西班牙国家航空公司是西班牙的国有航空公司,也是欧洲与拉美之间主要的航空公司。该航空公司于1999年加入寰宇一家联盟,其航空枢纽位于马德里,近120个航班目的地遍及欧洲、非洲、中东和美洲的45个国家。

(7) 日本航空公司。日本航空公司成立于1951年,是全球首屈一指的承运商之一。它于2007年加入寰宇一家联盟。该航空公司的主要枢纽设在东京、大阪、名古屋和冲绳,每天提供近900架次航班,飞往20个国家的超过70个目的地。

(8) 智利国家航空公司。智利国家航空公司是拉丁美洲规模最大、最受好评的航空公司之一。它于2000年加入寰宇一家联盟。该航空公司的服务范围遍及南美、北美、欧洲和太平洋地区20个国家的70多个目的地。

（9）澳洲航空公司。澳洲航空公司是世界上首屈一指的航空公司之一，也是寰宇一家联盟的创始公司之一，其服务网络覆盖20个国家的近80个目的地。作为唯一一家加入国际性航空联盟的澳大利亚航空公司，澳航拥有庞大的国内运输网络，同时面向亚洲、南太平洋、欧洲、北美、南美和非洲提供航线服务。

（10）皇家约旦航空公司。皇家约旦航空公司是约旦王国的国家航空公司，于2007年加入寰宇一家联盟，其提供的航班可前往中东40个国家约60个目的地，航空网络遍及五大洲。

（11）S7航空公司。S7航空公司是俄罗斯规模最大的国内承运商。它于2010年加入寰宇一家联盟。该航空公司以莫斯科多莫杰多沃机场为基地，提供飞往欧洲、中东和亚洲20个国家80多个目的地（包括俄罗斯境内的45个目的地）的航班。

（二）天合联盟概况及其成员简介

天合联盟创立于2000年6月22日，现每日航班15000架次，航线目的地达993个，通达186个国家或地区。天合联盟的会员包括18家航空公司，为旅客在世界各地的旅行提供无限便利。无论是个人旅行还是出国公差，旅客都可以尽享天合联盟公司提供的更多便利与灵活，众多航线任旅客选择。天合联盟将齐心协力，把工作重点放在为旅客提供更优质的服务上。联盟成员概况介绍如下。

（1）俄罗斯国际航空公司。俄罗斯国际航空公司是俄罗斯主要的国家级承运商，也是其国内最大的航空公司。公司于1923年2月9日由俄罗斯政府成立，是世界上历史最悠久的航空公司之一，也是俄罗斯最知名的品牌之一。该公司是俄罗斯第一家加入国际航空运输协会的航空公司，加入时间为1989年。如今俄罗斯国际航空公司拥有出色的安全飞行记录和运营可靠性，并以一流的客户服务而著称。公司的枢纽机场是莫斯科谢诺梅杰沃机场，目前开通了飞往50多个国家或地区120多个目的地的航线。俄罗斯国际航空公司机队是欧洲最现代化、最年轻且增长最快的机队之一，共有120余架飞机，主要机型包括现代化的空客A320、A330和波音B767客机。

俄罗斯国际航空公司的事实与数据。枢纽机场：莫斯科谢诺梅杰沃国际机场；定期航线目的地数：122个；每日出发航班：220班；每年乘客数：1420万；飞机数量：120架；飞机机型：空客A320和A330系列，波音B767，伊柳辛IL96；员工人数：15000人；加入天合联盟时间：2006年4月。

（2）阿根廷航空公司。阿根廷航空公司成立于1950年，是南美洲领先的承运商之一。阿根廷航空公司的航班从其国内基地布宜诺斯艾利斯Aeroparque Jorge Newbery机场和埃塞萨国际机场出发，飞往美洲、欧洲和南太平洋地区的18个国际目的地。通过与奥斯特拉航空公司合作，阿根廷航空公司运营到达阿根廷国内35个目的地的航班，航班网络覆盖的阿根廷城市超过其他任何航空公司。阿根廷航空公司通过其重新启用的枢纽 Aeroparque Jorge Newbery 机场,将阿根廷和其他区域动态连接起来。阿根廷航空公司集团正在实施一项雄心勃勃的机队更新计划。

阿根廷航空公司的事实与数据。枢纽机场:布宜诺斯艾利斯和科尔多瓦;定期航线目的地数:53个;每日出发航班:230班;每年乘客数:610万;飞机数量:37+(20)架;飞机机型:空客 A340-300,波音 B737-700、B737-800,Embraer190;员工人数:近11000人;加入天合联盟时间:2012年8月。

(3) 墨西哥航空公司。墨西哥航空公司是墨西哥最大的洲际航空公司,开设有飞往墨西哥国内70多个目的地的航线,并开通了至美国、加拿大、中美洲和南美洲及欧洲主要城市的航班,还是南美洲唯一一家提供亚洲定期航班和直通航班的航空公司。墨西哥航空公司是天合联盟创始会员之一,在大部分航班上提供 Class Premier®(商务舱和头等舱服务),为乘客提供一流的服务和轻松的氛围,享受最舒适的旅程。公司的主要枢纽是墨西哥城国际机场2号航站楼,这里每日起降的航班超过450架次。公司以其独特的体贴、个性化 Coach Premier 和 Class Premier® 乘机服务(免费设施、餐饮包括鸡尾酒)风格而著称。公司在特定航线上提供很棒的娱乐节目,包括电影和音乐频道或视频游戏。

墨西哥航空公司的事实与数据。枢纽机场:墨西哥城、瓜达拉哈拉、埃莫西约和蒙特雷;定期航线目的地数:72个;每日出发航班:565班;每年乘客数:1430万;飞机数量:55+(50)架;飞机机型:B777、B767、B737-700、B737-800,Embraer145&190;员工人数:近13000人。

(4) 西班牙欧洲航空公司。西班牙欧洲航空公司成立于1986年,是格罗巴利亚集团最现代化的航空公司之一。公司的航线覆盖西班牙大部分地区,并开通了飞往欧洲、北非和美洲的航线。2010年,公司运送乘客人次达到900万,在西班牙国内航空公司中位列第二。公司秉承环保承诺并采用最先进的技术,拥有最高的服务质量和安全标准。

西班牙欧洲航空公司的事实与数据。枢纽机场:马德里巴拉哈斯;定期航线目的地数:43个;每日出发航班:180班;每年乘客数:870万;飞机数量:43架;飞机机型:A330-200、Embraer E195,B737-800、B767-300;员工人数:2800人;加入天合联盟时间:2007年。

(5) 法国航空公司。法国航空公司每日在法国、欧洲和全球运营1500架次航班。自2004年起,法航和荷航合并,成为欧洲领先的航空运输集团之一。这两家航空公司的枢纽机场分别位于巴黎戴高乐机场和阿姆斯特丹史基浦机场,目前客运网络覆盖113个国家/地区的230个目的地。法航、荷航及其合作伙伴达美航空和意大利航空公司组成了最大的跨大西洋航空联盟,每日起降跨大西洋航班超过250架次。在激烈的竞争环境中,法航的主要优势有:以欧洲最具影响力的巴黎戴高乐机场为中心辐射的均衡运输网络、配置现代化机队、创新的产品服务,以及以客户作为其战略"让蓝天成为地球上最舒适的地方"的中心。

法国航空公司的事实与数据。枢纽机场：巴黎戴高乐机场、里昂机场；定期航线目的地数：165个；每日出发航班：1500班；每年乘客数：5100万；飞机数量：249+(125)架；飞机机型：A318、A319、A320、A321、A330-200、A340-300、A380、B777-200ER/300ER/货运、B747-400/货运、AVRO RJ85、Embraer E135/E145/E170/E190、Canadair Jet 900/1000；员工人数：70000人；天合联盟创始会员。

(6) 意大利航空公司。意大利航空公司在收购了 Alitalia-Linee Aeree Italiane 公司和 Air One 公司的资产后，于2009年1月开始运营。如今，作为国内航空界的佼佼者，意大利航空公司每年乘客人数已逾2500万，每周航班超过4500架次，通达意大利和全球各地的93个目的地。公司运输网络设有多个基地，包括7个机场：罗马、米兰利纳特、米兰马尔彭萨、都灵、威尼斯、那不勒斯和卡塔尼亚。其机队拥有147架飞机，目前是欧洲最现代化的机队之一，平均机龄为8.6年。

意大利航空公司与法航-荷航、达美航空一起组成了最大的跨太平洋航空联盟。2010年，公司将 Air One 定位为低票价但服务质量高的承运商，运营基地设在米兰马尔彭萨机场。凭借其丰富的产品和优质服务、公司员工的高素质和热情温馨的服务，意大利航空公司力求成为意大利在全世界的形象大使。

意大利航空公司的事实与数据。枢纽机场：罗马费米齐诺机场；定期航线目的地数：93个；每日出发航班：703班；每年乘客数：2500万；飞机数量：117+(30)架；飞机机型：B777-200ER、B767-300ER、A330/A321/A320/A319、MD80、MD82、Embraer170LR、175、190、CRJ 900；员工人数：近14000人；加入天合联盟时间：2009年。

(7) 中国台湾中华航空公司。自1959年创建以来，中国台湾中华航空公司一直是中国台湾最大的航空公司及亚洲领先的承运商之一。中华航空公司总部位于中国台湾桃园国际机场，该区域是被称为"科技之岛"的经济龙头区。华航拥有世界上最先进的飞机机队，服务于全球100多个目的地，连接亚洲、欧洲、北美洲和大洋洲，提供卓越、舒适和安全的服务。华航的核心价值观包括环境保护和可持续发展。作为台湾环保服务的一流品牌，华航倡导革新移动和电子服务。除客货运输外，华航还提供诸如旅行预订、餐饮、洗衣和货运快递等综合性服务，同时还分别在夏威夷和中国台湾经营着两家精品酒店。缩短了中国大陆与中国台湾之间的地理距离。加入天合联盟后，华航将连接世界更多地方的更多旅客，继续发挥其重要作用。

中国台湾中华航空公司的事实与数据。枢纽机场：台北桃源机场；定期航线目的地数：89个；每日出发航班：191班；每年乘客数：1310万；飞机数量：71+(8)架；飞机机型：B747-400、B747-400F、B737-800、A340-300、A300-600、A330-300；员工人数：超过11000人。

(8) 中国东方航空公司。中国东方航空公司是中国三大航空公司之一，现已开设50个海外办事处和11家国内分公司。此外，它还拥有24家控股子公司。中国东方航空公司总部位于上海，与子公司上海航空公司共同运营一支平均机龄不到7年的现代化机组。其航空网络覆盖中国、日本、韩国、东南亚、欧洲、美洲和大洋洲。中国东方航空公司致力于为乘客及承运人提供优质的服务。

中国东方航空公司的事实与数据。枢纽机场：上海、西安、云南；定期航线目的地数：180个；每日出发航班：1600班；每年乘客数：6870万；飞机数量：199+(177)架；飞机机型：A320、A319、A333、A346、B737-300、B767；员工人数：近60000人；加入天合联盟时间：2011年6月。

(9)捷克航空公司。捷克航空公司是捷克共和国的旗舰航运公司，提供从布拉格飞往(或从布拉格中转)欧洲、中亚、高加索和中东目的地的航班。捷克航空公司是欧洲历史最悠久的五大航空公司之一。经过多年的运营，捷克航空公司已发展成为一家现代化的航空公司，荣获多项优质服务奖。捷克航空公司通过了ISO14001标准认证，证明公司对环保的承诺，并获得了国际航空运输协会运营安全审核(IOSA)认证，这是航空运输领域最高级别的安全标准。捷克航空公司是捷克航空控股集团的子公司，该集团运营航空运输和相关的地面服务。集团旗下其他子公司还包括布拉格机场(布拉格鲁济涅国际机场运营商)、HOLIDAYS Czech Airlines(包机空运和旅行代理服务)、Czech Airlines Technics(提供飞机技术维修服务)、Czech Airlines Handling(提供乘客和飞机地面服务)和CSA Services(主要提供个人服务)。

捷克航空公司的事实与数据。枢纽机场：布拉格；定期航线目的地数：47个；每日出发航班：139班；每年乘客数：420万；飞机数量：31架；飞机机型：A319、A320、A321、B737-500、ATR42、ATR72；员工人数：超过1200人；加入天合联盟时间：2001年。

(10)美国达美航空公司。达美航空公司年运送乘客超过1亿6千万人次。达美航空公司曾被《旅游周报》(Travel Weekly)杂志读者评为美国"年度航空公司"，凭借其科技创新被PCWorld杂志评为"最佳人本科技美国籍航空公司"，并在"年度航空公司商务旅游调查"中获选。凭借无可匹敌的全球网络，达美航空公司及其旗下Delta Connection航空公司提供飞往六大洲65个国家和地区的近350个目的地的航空服务。公司总部位于亚特兰大，全球员工人数达80000名，主线机队拥有飞机超过700架。达美航空公司是天合联盟的创始会员，与法航-荷航集团和意大利航空公司共同加入了业界领先的跨大西洋航空联盟。达美航空公司与其全球联盟合作伙伴合作，每日提供逾13000架次航班。

美国达美航空公司的事实与数据。枢纽机场：亚特兰大、辛辛那提、底特律、孟菲斯、明尼阿波利斯-圣保罗、纽约肯尼迪、盐湖城、巴黎戴高乐、东京成田等；定期航线目的地数：343个；每日出发航班：5766班；每年乘客数：16000万；飞机数量：717+(603)架；飞机机型：B777-200LR/ER、B767-400ER/300ER/300、B757-300/200 ETOPS/200、B747-400、B737-800/700、A330-300/200、A320/319、MD90、MD88、DC9-50、E175LR、ERJ145、CRJ900/700/200、萨伯340B；员工人数：80000人；天合联盟创始会员。

(11)肯尼亚航空公司。肯尼亚航空公司是非洲领先的航空公司，航线覆盖的非洲目的地多于其他任何航空公司。此外，令其引以为豪的是，肯尼亚航空公司通过枢纽机场——内罗毕乔莫肯雅塔国际机场提供往返非洲和全球各地的航班方面处于领先、核心地位。1995年，肯尼亚航空与荷兰承运商荷航组成了联盟，荷航拥有肯尼亚航空26.73%的所有权。肯尼亚航空不断发展的机队包括一系列波音飞机和Embraer喷气机，并计划根据其十年发展战略壮大其机队，截至2012年将机队阵容扩大到约120架飞机并将其航线网络覆盖范围扩大到超过115个目的地。2005年，肯尼亚航空成为撒哈拉以南非洲地区第一家通过IOSA（国际航空运输协会运营安全审核，一项严格的安全标准）的航空公司。2010年，肯尼亚航空再次成为非洲地区第一家通过国际航空运输协会地勤服务安全审核（ISAGO）的航空公司。肯尼亚航空公司的机上服务享有盛名，宽体客机Premier World商务舱的平躺式座椅一贯被公认为在全球排名前十。肯尼亚航空公司始终保持着非洲最佳航空公司的地位。

肯尼亚航空公司事实与数据。枢纽机场：内罗毕乔莫肯雅塔；定期航线目的地数：53个；每日出发航班：134班；每年乘客数：364万；飞机数量：35+(10)架；飞机机型：E190、E170，B737-300/700/800、B767-300ER、B777-200ER；员工人数：超过4800人；加入天合联盟时间：2007年。

（12）荷兰航空公司。荷兰航空公司成立于1919年，是世界上运营时间最久的航空公司，而且还以其最初的名字运营。2004年，法航与荷航合并，成立了法荷集团。这次合并以两大品牌和枢纽机场（阿姆斯特丹史基浦机场和巴黎戴高乐机场）为基础，造就了欧洲竞争力最强的航空集团。两家航空公司在三个核心领域（客运、货运和飞机维修保养）开展协作，同时仍保持各自的品牌独立性。在荷兰，荷航是荷兰皇家航空的核心，集团还包括KLM Cityhopper、transavia.com和马丁航空（Martinair）。荷航是航空业界的佼佼者，凭借倡导热情和持续革新的政策提供可靠的运营和客户导向型产品服务。荷航与法航、达美航空和意大利航空公司一起，组成了行业领先的跨太平洋航空联盟。法荷集团、意大利航空公司与达美航空组成的航空联盟每日起降约250架次跨太平洋航班，机队规模约150架，为客户提供众多航线选择、更多的跨太平洋航班、有竞争力的票价和舒适的乘机服务。

荷兰航空公司的事实与数据。枢纽机场：阿姆斯特丹史基浦机场；定期航线目的地数：133个；每日出发航班：659班；每年乘客数：2520万；飞机数量：166+(38)架；飞机机型：福克70/100，E190，B737-300/400、B737-700/800/900、B747-400/ER、B777-200ER/300ER，A330-200，MD-11；员工人数：超过33700人；加入天合联盟时间：2005年。

（13）大韩航空公司。大韩航空公司作为天合联盟的创始会员之一，位居世界20大航空公司之列，每日起降航班超过400架次，目的地覆盖41个国家和地区的121个城市。自从1969年实行私有化以来，公司无论在服务质量还是运力方面都有大幅增长。凭借其先进的管理系统和创新的客户满意度政策，大韩航空取得了卓越的业绩。大韩航空是通航美洲最大的亚洲航空公司，从美洲飞往亚洲的航线数超过其他任何航空公司。公司还是世界上最成功的机上产品零售商。根据国际航空运输协会发布的统计数据,大韩航空自2004年起成为全球最大的商业航空货运运营商之一。

大韩航空公司事实与数据。枢纽机场:首尔仁川国际机场;定期航线目的地数:121个;每日出发航班:415架;每年乘客数:2330万;飞机数量:148+(8)架;飞机机型:B747-400、B777-200ER/300/300ER、B737-800/900/900ER,A330-200/300、A300-600,A380;员工人数:近21000人;天合联盟创始会员。

(14) 中东航空公司。黎巴嫩中东航空公司是黎巴嫩的国有航空公司,也是中东地区领先的承运商之一。总部位于贝鲁特的拉菲克·哈里里国际机场的黎巴嫩中东航空公司提供从该机场飞往欧洲、中东和西非30个国际目的地的航班。无论是在地面还是飞机上,MEA均向乘客提供极为奢华的服务,体现了黎巴嫩的民族文化和待客之道。

中东航空公司的事实与数据。枢纽机场:贝鲁特;定期航线目的地数:30个;每日出发航班:57班;每年乘客数:205万;飞机数量:17架;飞机机型:A330、A321、A320;员工人数:超过1940人;加入天合联盟时间:2012年。

(15) 沙特阿拉伯航空公司。自1945年成立以来,沙特阿拉伯航空公司如今已可为乘客提供26个国内目的地至52个国际目的地之间的航班服务。过去五年内,沙特阿拉伯航空公司依据战略发展计划开展了一系列发展活动,其中包括对行政、技术和财务部门技术基础设施的现代化改造措施。与此同时,该公司还利用现代化技术提升客户服务。因此,公司的电话中心服务和自动化服务(例如:通过机场和销售处的设备发放机票和登机牌等)取得了质的突破。公司还升级了互联网服务,可提供预订、购票、座位选择和签发登机牌等服务。沙特阿拉伯航空公司不断更新机队,已购买了88架新飞机,其中包括35架A320、15架A321、8架A330、12架B777,以及8架B787。

沙特阿拉伯航空公司的事实与数据。枢纽机场:吉达、达曼和利雅得;定期航线目的地数:78个;每日出发航班:379班;每年乘客数:2100万;飞机数量:100架;员工人数:14000人;加入天合联盟时间:2012年。

(16) 罗马尼亚航空公司。罗马尼亚航空公司创立于1954年,经过多年的发展,现已成为一流的航空承运商,网络覆盖欧洲大部分国家及其他地区。其国内基地位于布加勒斯特,开设了通往欧洲、北非和中东49个目的地的航线。作为罗马尼亚的旗舰航空承运商,公司目前拥有的机队由B737、A310/318和ATR42/72机型组成,是全欧洲最年轻的机队之一。罗马尼亚航空公司是一家以未来为导向的现代化航空公司,公司关注环保问题,通过实施革新性措施降低二氧化碳排放量。成立半个多世纪以来,服务质量和专业水平一直是公司的导向标。

罗马尼亚航空公司的事实与数据。枢纽机场:布加勒斯特亨利康达国际机场;定期航线目的地数:37个;每日出发航班:98班;每年乘客数:210万;飞机数量:23架;飞机机型:B737-800/700/300,A318、A310,ATR42-500、ATR72-500;员工人数:超过2100人;加入天合联盟时间:2010年。

（17）越南航空公司。让越南航空公司引以为豪的是,公司拥有一支年轻的现代化机队,可将您的空中旅行体验提升到一个新的水平。作为越南传统文化精华的窗口,公司提供新颖的客户服务,连通亚太地区、欧洲和美国约50个目的地。鉴于便利的重要性,越南航空公司通过广泛的跨中转网络提供服务,该网络将此地区的所有联合国教科文组织世界遗产城市连通在一起。作为越南的国家级旗舰航空承运商加入天合航空联盟,成为东南亚地区第一家合作伙伴。预计到2015年,公司机队规模将达到115架,希望借助其雄伟的发展计划,成为该地区领先的航空公司之一,进而通过天合联盟为其所有客户提供无缝服务做出贡献。

越南航空公司的事实与数据。枢纽机场:河内、胡志明市;定期航线目的地数:47个;每日出发航班:286班;每年乘客数:1350万;飞机数量:73架;飞机机型:B777-200,A330/321/320,福克70,ATR72-500;员工人数:超过11000人;加入天合联盟时间:2010年。

三、代码共享

代码共享是国内外航空公司进行市场战略开拓和跨国联合的一种行之有效的方式。最早提出代码共享方法的是美国,在1994年8月美国运输部定义:"代码共享是某一航空公司的指定航班号码被用于另一航空公司所运营的航班上的做法。"通俗地讲,代码共享就是不同的航空公司在同一个航班上使用各自航班代号的一种跨国公司联合协作的航空市场开拓方法。其实质是,参与代码共享的航空公司通过在伙伴航空公司的航班上使用自己的代码,在不实际增加航班和相应开支的情况下,扩展自己的航线网络,提供运营效率,从而增强参与航空公司的竞争力,可以有效地规避政府间的双边航空运输协定的束缚和第六航权的限制,拓展国际市场。代码共享协议至少需要两家航空公司参与,其中在某一具体航班中实际投入运力并负责运送旅客的公司称为运营共享航班公司,只提供航班号和本公司机票而不实际执行航班的公司称为非运营共享航班公司。

代码共享是航空业内竞争加剧的产物。美国最早推行"天空开放"政策,由于放松了美国国内航空运输市场的管制,各家航空公司如同雨后春笋般成立,经历了最初的自由竞争时期,通过优胜劣汰、公司间的兼并重组,逐步形成了较高管理水平的大型航空公司参与的垄断竞争市场。通过惨烈的竞争,让美国航空运输业意识到,联合、合作也是竞争的一种形式,而且是付出代价较小又收获颇丰的一种共赢型竞争形式。于是,代码共享等一系列竞争合作形式应运而生,这是航空业发展的模式创新,代码共享从产生到在世界范围内的广泛采用,其发展速度是惊人的。代码共享作为一种新的、有效的竞争手段,既是航空运输市场激烈竞争的产物,同时又加剧了新兴的竞争模式;既是航空公司战略联盟的有力工具,最终又加快了航空运输的全球化进程。在全球各大航空公司的实践中,每一个代码共享在签订协议时可能直接目的不同,客观上所起到的作用也不可能是单一的。尤其是拥有复杂航线网络结构的大型跨国航空公司签订的共享协议往往是出于几种目的的综合考虑。但是,无论实行共享的战术目的如何,其根本宗旨都可以归纳为:开拓市场,强化竞争力,提高公司运营效率。

代码共享对航空运输业的影响可以归纳为:

(1) 共享伙伴经济效益改善。代码共享对参与航空公司经济效益的最直接好处就是共享伙伴航空公司经营效益的改善,而且这部分效益的增长不需要其支付成本。

(2) 非共享航空公司利益受损。代码共享的结果是航空客运市场的重新划分。尽管代码共享的航空公司客运量增加,但往往这部分增加都是来自非共享航空公司的客源流失。

(3) 代码共享对竞争的影响。代码共享会影响到竞争的程度,它可以通过增加或改善服务而加强竞争,它也带来由于市场份额越发集中到少数大航空公司手中,而阻碍竞争。

四、民航飞机类型

(一) 波音系列飞机

1. 波音公司介绍

波音公司(参见图4-4)成立于1916年7月1日,由威廉·爱德华·波音创建,建立初期以生产军用飞机为主,并将部分资源投入到民用运输机制造领域。其中,P-26驱逐机以及B247型民用客机比较著名。1938年研制开发的B307型是第一种带增压客舱的民用客机,极大提升了民用客机的旅行舒适性。二十世纪60年代以后,由于军机订单竞争的激烈,波音公司战略性转移将主要业务发展中心由军用飞机转向商用飞机。1957年在KC-135空中加油机的基础上研制成功的B707是其首架喷气式民用客机,一举奠定了其现今在民用飞机生产领域翘楚地位,B707共获得上千架订货。从此在喷气式商用飞机领域内便一发不可收,先后设计并生产了B727、B737、B747、B757、B767、B777、B787等一系列型号,逐步确立了全球主要的商用飞机制造商的地位。其中,B737是在全世界被广泛使用的中短程窄体民航客机,B747一经问世就长期占据了世界最大的远程宽体民航客机的头把交椅。

图4-4 波音公司标志

2. B737系列飞机介绍

B737系列飞机(参见图4-5)是波音公司生产的一种中短程双发窄体喷气式客机,自投产以来40余年销路长久不衰,成为民航历史上最成功的窄体民航客机系列之一,至今已发展出9个子型号。B737主要针对中短程航线的需要,具有简捷以及运营和维护成本可靠、经济的特点。根据项目启动时间和技术先进程度分为传统型B737和新一代B737,其中传统型B737包括:B737-100/200/300/400/500;新一代B737包括:B737-600/700/800/900。

图4-5　奥凯航空B737-900飞机

波音737MAX是由美国波音公司旗下波音737装配新发动机的改进的喷气式窄体客机,首架飞机于2015年亮相,是波音737家族的第四代成员。波音737MAX是建立在新一代737优势基础之上,波音737MAX飞机配备最新的LEAP-1B发动机,2016年1月29日完成首飞。包括波音737MAX8和波音737MAX9机型。波音737MAX每架飞机配备波音天空内饰,采用了现代造型的侧壁和舷窗框,增强开阔感的LED照明设备,以及转轴式头顶行李舱。其中波音737MAX8是波音史上销售最快的型号。

3. B747系列飞机介绍

B747系列飞机(参见图4-6)是波音公司生产的一种大型远程四发宽体喷气式客机。B747的基本型B747-100于1969年2月9日首飞,是世界上第一款宽体民用飞机,自1970年投入服务后,到空客A380投入服务之前,B747保持全世界载客量最高飞机的纪录长达37年。B747是民航历史上最成功的宽体民航客机系列,极大改善了跨洋航空飞行服务的舒适程度。B747主要针对远距离的跨洋航程的需要,截至2013年3月,B747共生产了1464架,另外还有64架订单尚未交付。B747的衍生型号众多,具体包括:B747-100/200/300/400,B747LCF,B747-800。其中为了应对竞争对手空中客车公司推出的A380机型对大型宽体机市场的冲击,波音公司启动最新型号B747-800项目,该机型已于2011年正式交付客户。

图4-6　波音公司B747-800原型飞机

4. B777 系列飞机介绍

B777 系列飞机(参见图 4-7)是波音公司生产的长程双发宽体喷气式客机,也是目前全球最大的双引擎广体客机,其三级舱布置的载客量达 283 人至 368 人,航程达 9695 千米至 17500 千米。B777 采用圆形机身设计,起落架共有 12 个机轮,其规格上介于 B767-300 和 B747-400 之间。B777 项目于 1990 年 10 月 29 日正式启动研制计划,1994 年 6 月 12 日第 1 架 B777 首次试飞,1995 年 5 月 17 日首架交付用户——美国联合航空公司。B777 同时具有座舱布局灵活、航程范围大和不同型号能满足不断变化的市场需求的特点,并由此衍生出很多子型号,具体包括:B777-200/200ER/200LR/300/300ER,B777F,KC-777,B777X。

图 4-7 国航 B777-300ER 飞机

5. B787 系列飞机介绍

B787 系列飞机(参见图 4-8)又称为"梦幻客机",是波音公司生产的双发宽体超远程中型运输机,也是波音公司 1990 年启动 B777 计划后时隔 14 年来推出的首款全新机型。B787 项目于 2004 年 4 月正式启动,经多次延期后,最终在 2009 年 12 月 15 日成功试飞,标志着 B787 项目进入交付使用前最后一个阶段。2011 年 9 月 27 日第一架 B787"梦幻客机"交付其第一个用户——日本全日空航空公司。B787 系列属于 200 座至 300 座级客机,其航程视具体型号不同可覆盖 6500 千米至 16000 千米。B787 的特点是革命性地大量采用了复合材料,从根本上实现了低燃料消耗、较低的污染排放、高效益及舒适的客舱环境的客户需求,可实现更多的点对点不经停直飞航线,同时兼具较低噪声、较高可靠度、较低维修成本的优势。B787 系列飞机是航空史上首架超长程中型客机,打破以往一般大型客机与长程客机挂钩的定律。B787 市场

图 4-8 海南航空 B787-800

销售价格在1.3亿至1.8亿美元的区间。正是因为B787在技术和设计上的突破，使中型尺寸的B787具有在同座级的飞机中，无与伦比的航程能力与千米成本经济性。倘若乘客偏爱不经停直飞服务及更高航班频率，那么B787就是开辟这种新航线的完美机型，尤其是不适合大型飞机的客源少的远程航线，B787将更加凸显其优势。

（二）空客系列飞机

1. 空客公司介绍

空客公司（参见图4-9）创建于1970年，是一家集法国、德国以及后来加盟的西班牙与英国公司为一体的大型欧洲集团，其创建的初衷是使欧洲飞机制造商能够集中有限资源，联合起来共同与当时强大的波音公司和麦道公司开展有效竞争。空客公司有效地通过克服国家间的分歧，分担研发成本以及合作开发更大的市场份额。空客公司的出现，改变了全球民用飞机制造商美国一家独大的市场竞争格局，并且为航空公司、旅客和机组带来了真正竞争的效益。公司以客户为中心的理念、商业知识、技术领先地位和制造效率使其跻身行业前沿。2010年，空客公司的营业额将近300亿欧元，目前已牢固地掌握了全球约一半的民用飞机订单。

图4-9　空客公司标志

空客公司总部设在法国图卢兹，由欧洲宇航防务集团拥有。空客公司是一家全球性企业，全球员工约54000人，在美国、中国、日本和中东设有全资子公司，在汉堡、法兰克福、华盛顿、北京和新加坡设有零备件中心，在图卢兹、迈阿密、汉堡和北京设有培训中心，在全球各地还设有150多个驻场服务办事处。空客公司还与全球各大公司建立了行业协作和合作关系，在30个国家拥有约1500名供货商网络。

空客公司的现代化综合生产线由非常成功的多系列机型组成，具体包括：中短程窄体机A320系列（A318、A319、A320、A321）；中短程宽体机A300系列和A310系列（已经停产）；远程宽体机A330系列和A340系列；全新远程宽体中等运力的A350系列和超远程全双层宽体A380系列。截至2013年底，空客公司已经售出了9800多架飞机，全球拥有超过300家客户和运营商，自从1974年首次投入运营以来，已经交付了6700多架各型号飞机。

2. A320系列飞机介绍

A320系列飞机（参见图4-10）是空客公司研制生产的窄体双发中短程150座级客机，是全球第一款使用数字电传操纵飞行控制系统的商用客机，也是第一款应用当时先进的放宽静稳定度设计的民航客机。该系列飞机在设计上提高了客舱适应性和舒适性，在原型机A320的基础上，针对不同细分市场的需求推出更具特点的衍生型号，具体包括：A318、A319和A321。

图 4-10　春秋航空 A320-200 飞机

A320 系列飞机的设计理念是旨在满足航空公司低成本运营中短程航线的需求，为其运营商提供了 100 至 220 座级飞机中最大的共通性和经济性。也正是关注市场需求的设计理念，使得 A320 系列飞机自 1988 年 4 月首次投入运营以来，迅速在中短程航线上重新定义了舒适性和经济性的行业标准。A320 系列飞机的成功同时帮助空客公司奠定了其在全球民航客机市场中的地位，打破了美国垄断客机市场的局面，占据了近半壁江山，大有成为全球第一大民用飞机制造商的趋势。更值得一提的是，2006 年 6 月 8 日经中国国家发展和改革委员会宣布，选址在天津滨海新区建立一条 A320 客机总装线。2006 年 10 月 26 日，空客公司与由天津保税区、中国航空工业第一集团公司和中国航空工业第二集团公司组成的中方联合体签署在中国共同建设 A320 系列飞机总装生产线的框架协议，共同成立空中客车（天津）总装有限公司。2008 年 9 月 28 日，A320 系列飞机天津总装线 28 日正式投产，中国天津成为欧洲大陆以外第一个向客户交付空客飞机的城市，这也是空客继法国、德国之外的第三条总装生产线。

3. A330 系列飞机介绍

A330 系列飞机（参见图 4-11）是空客公司研制生产的宽体双发远程高载客量客机，用于取代其早期生产的 A300 和 A310。A330 系列飞机的基础型 A330-300 于 1987 年 11 月 2 日首飞，1993 年年底投入运营，A330-300 机身设计是在 A300-600 的基础上加长，使用了新款机翼、稳定装置及新的电传飞行控制系统。在典型的两级客舱布局下可载客 335 人，三级客舱布局时可载客 295 人，全经济舱最高载客量可达 440 人，设计航程达 10500 千米，具有适应多种航线飞行的灵活性。至 2014 年 1 月，空客公司共售出 1342 架 A330，当中有 1088 架已经交付给客户，目前全球共有 97 家客户使用 1075 架 A330 飞机执行航班任务。

图 4-11　四川航空 A330-200 飞机

4. A380系列飞机介绍

A380系列飞机(参见图4-12)是空客公司研制生产的宽体四发550座级超大型远程宽体客机。A380投产时是载客量最大的客机,有"空中巨无霸"之称。空客公司于20世纪90年代早期开始超大型客机的研发计划,除为了完善机型,填补其在超大型客机市场的空白外,还希望打破其竞争对手波音公司B747在超大型客机市场的垄断地位。1994年6月,空客公司正式对外宣布了其超大型运输机计划,最初该计划被称为"A3XX"。A380于2001年初正式定型,第一架A380出厂时计划的开发成本已升至110亿欧元。2005年4月27日A380飞机首航成功,2007年10月25日,第一架A380飞机交付给新加坡航空公司,并实现该机型的第一次商业飞行。2011年10月17日,中国南方航空公司接收第一架A380飞机,并正式执行中国大陆第一个载客飞行任务,首飞北京到广州航线。A380在单机旅客载运能力方面优势相当明显,在典型的三舱布局下可承载525名乘客。A380飞机被空客公司视为其21世纪的旗舰产品。A380采用了更多的复合材料,改进了气动性能,使用新一代的发动机、先进的机翼、起落架。该机减轻了飞机的质量,减少了油耗和排放,座公里油耗及二氧化碳排放量更低,降低了单座的营运成本。A380飞机机舱内的环境更接近自然,客机起飞时的噪声比当前噪声控制标准规定的数值要低得多。A380是首架每座/百公里油耗不到3升的远程飞机。

图4-12　南方航空A380飞机

5. A350系列飞机介绍

A350系列飞机(见图4-13)是空客公司研制生产的双发远程宽体客机,是空客的新世代中大型中至超长程用宽体客机系列。A350是在空客A330的基础上进行改进的,主要是为了增加航程和降低运营成本,同时也是为了与全新设计的波音787进行竞争。A350集中了空客全部优势,利用其先进技术和对最新技术创新的持续投资,对飞机的维修性和运营效率做了显著改进,以确保新机型客户能够获得有价值的技术优势。A350有60%的结构采用多种先进的、经过技术验证的轻质混合材料制造,使得全新的A350复合材料机翼具备了非比寻常的高、低速效率。A350是空客电传操纵系列飞机的成员,航司将继续受益于由空客的独特的操纵通用系统所带来的成本效益和灵活性,包括混合机队运营和机组交叉驾驶资格。

除以上详细介绍的常见民航飞机型号外,还有很多其他型号,具体信息参见附表一。

图 4-13　空客 A350-1000 原型机

第二节　民航旅客运输知识

一、值机业务

旅客漏乘谁之过

（一）值机业务基本概念和意义

值机是中国民航运输长期工作实践形成的特有专业术语，可以解读为"值班飞机"或"值日飞机"等，其内涵是民航旅客地面运输环节中办理旅客乘机手续、接收旅客托运行李、特殊旅客服务等旅客运输工作的总称。它是民航旅客地面服务的重要组成部分，是直接影响民航运输生产质量和旅客出行体验的关键性环节。值机业务具体工作内容主要包括：核查旅客乘机证件、核查旅客乘机信息、办理旅客登机牌、办理行李托运、告知重要信息并回答相关问讯、特殊旅客保障服务、高端旅客服务、拍发业务电报等。具体内容在民航客运员乘机登记和旅客服务的工作内容及技能要求有详细说明。

值机业务属于民航旅客运输的核心业务环节，它直接影响着旅客对民航运输服务的体验，对中国民航整体服务水平的提升有着重大的现实意义。业内通常以航空旅客运输产品生产的流程为主线，将民航旅客运输业务工作划分为如下六个过程：民航票务、地面服务、机上服务、行李运输、民航安检、衍生服务。民航票务主要涵盖了航空公司的区域市场开拓、航线航班规划、销售渠道管理、座位收益管理、区域市场营销等工作。地面服务主要涵盖了航空公司和民航机场为旅客便利出行所提供的必需服务，进出机场的交通、出发大厅服务、候机大厅服务、特殊旅客保障服务等工作。机上服务主要涵盖了航空公司为旅客提供的安全、优质、愉悦的客舱服务等工作。行李运输主要涵盖了航空公司和民航机场为确保旅客行李的安全运输、及时送达、方便查询等工作。民航安检主要涵盖了旅客人身检查、行李检查、机坪护卫、登机口控制等工作。衍生服务主要涵盖了常旅客服务、旅客投诉管理、民航重要信息发表、重大事故处理等工作。值机业务是其中地面服务的重要组成部分，它是民航服务环境由地面转变为空中的重要节点,是民航旅客运输业务流程的核心组成部分,是确保民航旅客运输整体服务质量的关键。

(二)值机工作的性质及重要性

民航旅客运输产品是指通过民用航空器把旅客自其购买机票上列明的始发地运往目的地的运输。值机作为民航旅客运输的一个重要业务门类,为生产旅客位移服务产品提供关键辅助性支持,值机业务的性质显然具备以上民航旅客运输的三大特点。除此之外,值机相对于航班配载、运行控制、座位管理等部门又是直接面对旅客提供服务的岗位,具有窗口性的特征。热情周到为旅客服务,快速高效为旅客办理乘机登记,最大可能满足旅客各方面需求是值机业务内在要求。学会值机业务知识只是开始,掌握值机业务技能是基础,运用知识并在服务中展现是要求,在值机过程中使旅客产生愉悦体验才是最高标准。

值机业务在民航旅客运输中的地位必然决定着其重要性。值机的重要性主要表现在以下三个方面:

(1)值机从业人员的素质影响旅客对航空公司服务的感知。值机从业人员自身的精神面貌、仪态仪表、业务水平、服务态度等直接影响航空公司的公众形象和商业信誉,影响旅客对航空公司服务的感知。由于电子客票的普及使用,旅客在民航票务环节中很难接触到民航服务主体的直接服务,值机是旅客第一次接触到航空公司、民航机场等民航服务主体的直接服务。从业人员整洁大方的仪表、热情周到的服务态度会使旅客有如沐春风的感觉,对航空企业产生良好的第一印象。从业人员丰富的专业知识、娴熟的业务技能往往能增强旅客的信心,使得其增加航空出行的安全感。在市场竞争日趋激烈的现代民航运输业,航空公司之间的竞争归根结底是服务的竞争,通过提供优质服务增加旅客愉悦体验来赢得更多的市场份额,旅客对航空公司的感知和评价影响旅客对航空公司的忠诚度,进而直接影响航空公司的市场竞争能力。

(2)值机服务的质量影响航空运输的快速性。快速性是航空运输区别于其他运输方式的最大优势之一。航空运输的快速性除了要凭借飞机制造技术的不断提高外,还要依靠航班准点起飞、及时中转、按期到达来保证,特别是航班的正点率,业已成为旅客是否选择航空出行方式的重要影响因素,而这一切都将依赖于优质的值机服务。如果值机环节发生差错,航班的正点率就要受到影响,航空运输的快速性就不能保证。例如:值机员在办理乘机登记时没有仔细检查旅客的客票,有可能导致旅客错乘,更严重者会导致飞机延误或返航;值机员错发登机牌或漏撕掉登机牌的登机联,也可能会造成航班延误。因此,优质值机服务是发挥航空运输快速性的前提条件之一。

(3)值机服务的质量影响飞行安全。值机服务的好坏将会从两个方面影响飞行安全。一是值机报载的准确性影响配载的准确性,进而影响飞行安全。柜台值机员在结束航班乘机登记工作后,需要向配载部门报载。如果值机员对旅客的人数、行李的件数、重量统计不准确,就有可能造成航班配平时出现隐载,进而导致航班配载后的重心偏前或偏后,这样会对飞机的起降造成危险,升空以后影响飞机的操纵。如果航班超载,情况更是不堪设想。二是对乘机人员、行李把关不严影响航班安全。柜台值机是乘机人员和行李检查的第一道关口,在办理乘机手续时,应认真检查旅客的身份证件,防止假冒旅客特别是公安部门通缉的罪犯登机。

除此之外,还要注意观察旅客的言行举止,防止精神病患者、醉酒乘客登机。对于旅客的托运行李,值机员一方面应注意检查行李的包装是否符合要求,另一方面要配合安检人员对行李内物进行检查,防止旅客夹带危险品过关,进而危及飞行安全。

(三)值机业务发展的趋势

随着国际民航业竞争的加剧,航空公司开始在确保飞行安全的前提下将服务重心转向改善旅客出行体验。为了实现降低航空公司成本、方便旅客出行、提高航空服务自动化和准确、快速传输数据等目标,2004年6月国际航空运输协会全球航空公司年会一致通过实施简化商务计划,它包括:电子客票、通用自助值机、网上自助值机、条形码登机牌、无线电频率行李识别码、电子货运。可见,其中的通用自助值机、网上自助值机、条形码登机牌是对值机业务发展趋势的指引。在我国随着电子客票技术进入普及阶段以及由此引发的值机业务的新模式不断涌现。开放式值机、城市值机、机场自助值机、网上自助值机、手机自助值机等业务的新模式引发业内更多关注,现简要介绍如下。

1. 开放式值机

开放式值机是相对于专属值机柜台而言,它是不需要旅客等到飞机起飞前90分钟再到指定柜台办乘机登记,可以随到随办。旅客到达候机厅后也不需要寻找所乘航班的特定柜台,可以在客票列明航空公司或机场代理柜台区域内任何一个柜台(参见图4-14)办理手续。现在开放式值机已经在国内各大中型机场广泛采用,增加了旅客办理乘机登记的灵活性,减少了旅客的等候时间。国内首家推行开放式值机业务的是中国国际航空公司,早在2001年国航就已经开始试行开放式值机。在实行全开放柜台值机服务以前,每天在首都机场因未及时赶到机场办理乘机手续最终误航班的旅客仅国航一家就有100多人次,实行全开放柜台值机服务后,国航每天晚到旅客人数已降到3人至5人。

图4-14 开放式值机柜台

2. 城市值机

城市值机又称为异地候机，是指无须在机场候机厅内办理乘机登记和行李托运手续，而是通过民航机场在市区或没有机场的城市开设的异地候机楼的值机柜台办理乘机登记手续和行李托运的业务模式。城市值机模式拓展了民航机场的服务半径，打破了原有机场的空间界限，将值机业务前移到客源地，在方便非空港城市旅客出行的同时拓展了机场的业务范围。东莞城市候机楼于2005年9月6日正式对外开放，它开创了国内异地城市候机楼模式的先河，其内设国际最先进的航班查询系统、终端安全系统，与航空公司、民航机场实时相连实现全方位的信息共享，专为客人提供办理乘机登记、实时查询航班、现场购买机票、候补购票、一站式巴士往返广州或深圳机场接送、各大航空公司的增值服务及航空货运等航空服务。

3. 机场自助值机

机场自助值机是国际航协"简化商务"计划的重要组成部分，旅客无须到机场出发大厅的人工值机柜台排队办理乘机登记，而是到航空公司专属或民航机场通用的ATM机（参见图4-15）上自行办理选择机上座位、打印登机牌、常旅客积分录入等服务。机场自助值机为无托运行李的旅客提供了便捷选择，避免了其在人工柜台排队的烦恼。电子客票的普及使得机场自助值机成为可能，目前国内各大中型机场均设置了机场自助值机设备。早在2005年中国南方航空公司在广州白云机场首次推出机场自助值机，航空公司对机场自助值机的一般规定是：航班起飞前120分钟开始办理乘机手续，航班起飞前30分钟停止办理。仅限无托运行李的旅客，重要旅客、有托运行李的旅客和特殊旅客需到人工柜台办理。

图4-15　机场自助值机设备

4. 网上自助值机

网上自助值机是指购买了电子客票的旅客，可以登录航空公司的官方网站进入自助值机页面，自行在线办理选择机上座位（参见图4-16）、常旅客积分录入等服务。

如果旅客电脑连有打印机,可自行打印纸质登机牌。目前,以国航、南航、东航为代表的国内航空公司均在自己的官方网站上开设了其基地始发航班的网上自助值机服务。航空公司对网上自助值机的一般规定是:航班起飞前1小时～12小时登录航空公司网站办理乘机手续;网上不办理行李托运手续,旅客若有行李托运,必须提前1小时到机场人工值机柜台办理托运;没有行李托运的旅客需在飞机起飞前30分钟到达登机口。

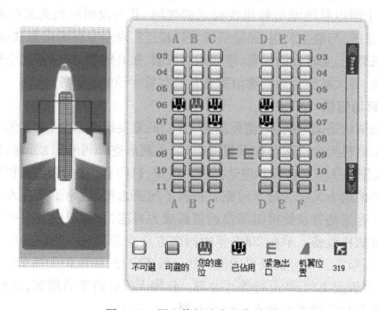

图4-16 网上值机选定座位界面

5. 手机自助值机

手机自助值机(参见图4-17)是指购买了电子客票同时又是航空公司常旅客俱乐部会员且有手机号码登记的旅客,在航班起飞前可以根据航空公司发来的手机自助值机信息完成模糊选择飞机座位等服务,系统会自动将手机登机牌以短信的形式发到旅客手机上,旅客到机场可以在ATM机上自行打印相对应的纸质登机牌或者直接凭借手机登机牌和有效身份证件到设置有手机登机牌识别设备的专属安检通道通过安全检查,由安检环节打印简易登机牌并盖安检章,最后凭此在登机口接收并登机。手机自助值机为无托运行李的旅客提供了最为便捷的出行体验,随着智能手机的日益普及和自助行李托运系统的应用,手机自助值机模式将成为旅客出行的首选方式。

二、行李运输

(一)行李的定义及分类

1. 行李的定义

在民航运输中,行李是旅客在航空旅行中为了穿着、使用、舒适或方便而携带的

图 4-17　手机值机界面及使用方法

物品和其他个人财物。目前各航空公司在业务实践中对旅客行李的定义把握尺度相对宽泛,通常以是否影响航空飞行安全和其他旅客出行体验为标准来区别行李的可运性。

2. 行李的分类

不同国家、不同航空公司、不同航线对行李的分类标准都有所区别,行李根据运输责任分为托运行李和非托运行李。

(1) 托运行李,其英文全称:CHECKED BAGGAGE,是旅客交由承运人负责照管和运输并填开行李票的行李。承运人在收运行李时,必须在客票的行李栏内填写行李的件数及重量,并发给旅客作为认领行李用的行李识别联。托运行李需满足如下规定:承运人负责照管,装在飞机货舱,不与旅客在一起;承运人对托运行李的包装和内物有严格的规定;重量限制:50 千克/件(各航空公司要求存在差异);体积限制:不得超过 40×60×100 厘米/件,不得小于 5×15×20 厘米/件;超过上述规定的行李,须事先征得承运人同意才能托运;超过免费行李额的部分要向承运人缴纳一定数额的逾重行李费;在到达站由旅客凭行李牌识别联自行认领。

(2) 非托运行李,其英文全称:UNCHECHED BAGGAGE,是指经承运人同意,在不妨碍客舱服务和旅客活动的前提下,由旅客自行照管并带入客舱的行李。非托运行李需与旅客同行,旅客的现金、珠宝、贵重金属、电脑、个人电子设备、可转让票据、有价证券和其他贵重物品、个人需定时服用的处方药、商业文件、护照和其他身份证件或者样品等,应作为非托运行李携带。重量限制:每位旅客的非托运行李不能超过5千克;体积限制:不得超过20×40×55厘米;件数限制:持有头等舱客票的旅客可以携带两件,持有公务舱和经济舱的旅客可以携带一件;超过以上限制的非托运行李,应作为托运行李运输。

(二)行李运输业务的重要性

行李运输是旅客运输工作的组成部分,它是随着旅客运输的产生而产生的。行李运输在旅客运输中占据非常重要的地位,旅客出行体验是否完满,往往还取决于旅客所携带的行李物品(如资料、合同、样品等)运输的完好性和准时性。这是因为行李不仅本身有价值,而且更重要的是它还体现旅客旅行的目的,关系到旅客旅行任务的完成和生活的需要。

行李运输工作的好坏直接影响到飞行安全、航班正常和服务质量。行李运输差错事故所引起的赔偿会给航空公司带来经济损失,也有损于航空公司的声誉,甚至造成严重的政治影响。随着客运量逐年上升,加强行李运输管理、预防行李运输差错事故的发生,已成为提高航空客运质量的重要环节。

因此,行李运输工作人员应以认真负责的工作态度,严格遵守行李运输规章制度,掌握行李运输专业知识,熟悉行李运输的规定,安全、迅速、优质地运送行李;正确处理行李不正常运输,努力提高行李运输质量。行李运输作业线长、面广、环节多,为了以高质量完成行李运输,就需要值机、行李分拣、运输装卸、行李交付及行李查询等各部门的共同努力。

第三节 民航货物运输知识

一、普通货物运输

(一)民航货物运输的特点

民航货物运输是众多货物运输方式中的一种,与其他运输方式相比民航货物运输有着明显的优势。民航货物运输的特点:

(1)运输速度快。民航货物运输使用当今民用运输中速度最快的工具——飞机,现代的大型民航运输机可以以900千米/小时左右的速度巡航飞行。速度快是民航货物运输的最大优势和主要特点,十分适合像海鲜、鲜花、活体动物等易腐性强,对运输时间要求严格的货物运输。

(2)货物损坏率低。由于民航运输的安全性和高价值性,民航货物运输地面操作流程的各环节要求及管理都十分严格,与其他运输方式相比,采用民航飞机载运的货物破损率大大降低。加之飞机大部分时间在平流层飞行,颠簸较少,更好地保障了货物的安全性。凭借民航运输的这一优势,使得体积较大、重量较重的精密机械产品也选择了民航运输,这种货物往往采用大型宽体全货机运输。

(3) 长距离运输性能好。现在的大型民航机都可以做到长距离不间断飞行。例如空客 A380 飞机可以完成不经停地环绕地球飞行。在相同的时间内,民航运输可以实现最大的跨度,这一优势特别是在洲际和跨洋运输中更为显著。一批货物从中国飞到英国通常需要 17 个小时,而采用远洋运输等方式则需要 20 天左右。

(4) 有效节省仓储成本。因为民航货物运输的方便、快捷,可以极大地提升生产企业的物流速度,从而节省了企业存货的储存费用、保管费用和积压资金利息的支出,加快产品流通速度,加快企业资金周转速度。有很多高价值的电子产品采用民航货物运输方式就是看重了这一优势。

(二) 民航普通货物运输基础知识

1. 货物的重量和体积

由于飞机地板采用的材料所能承受的压力有限制,加之飞机货舱和行李舱是有一定标准规格的,因此采用飞机载运的货物的体积及单位重量有一定限制性条件,具体要求如下:

(1) 最小体积要求:除新闻稿件类货物以外,其他货物的体积长、宽、高之和不得少于 40 厘米。

(2) 非宽体飞机载运的货物重量体积要求:每件货物重量一般不超过 80 千克,体积一般不超过 $40 \times 60 \times 100$ 厘米。

(3) 宽体飞机载运的货物重量体积要求:每件货物重量一般不超过 250 千克,体积一般不超过 $100 \times 100 \times 140$ 厘米。

(4) 超过以上重量和体积的货物,承运人可根据机型及出发地和目的地机场的装卸设备条件,确定收运货物的最大重量和体积。超过以上规定者称为超大超重货物。

2. 机舱地板承受重量及垫板面积

(1) 机舱地板承受重量。货物压在机舱地板上的重量就是机舱地板所承受的重量,在承运货物特别是承运体积小重量大的货物时,要注意机舱地板每平方米面积所承受的重量是否超过机舱地板每平方米的额定最大负荷(即地板承受力)。如果超过而又没有垫板时,就不得承运。

(2) 垫板面积。货物的重量超过机舱地板承受力限制时,应用 2 厘米~5 厘米厚的木板或集装板作为垫底,增加货物与机场地板的接触面积,否则会压坏飞机结构组件。

3. 货物计重的一般规定

(1) 货物重量按毛重计算。毛重是指货物及其包装的合计重量。而相对应的净重是指货物除去包装的重量,即货物本身净有的重量。

（2）货物的计重单位为千克。在货物计算重量时不足1千克的尾数四舍五入。每张航空货运单的货物重量不足1千克时，按1千克计算。贵重物品按实际毛重计算，计重单位为0.1千克。

（3）每千克的体积超过6000立方厘米的货物称为轻泡货物。轻泡货物按体积折算计费重量，即每6000立方厘米折合1千克。折算方法：按照货物的最长、最宽、最高部分，以厘米为单位（厘米以下四舍五入）度量尺寸、计算体积，而后除以6000立方厘米，得出千克数，尾数四舍五入，即为计费重量。

（4）货物重量的确定。货物重量一律由承运人过秤，成批货物如采用标准包装的可抽件过秤。

（5）衡器使用注意事项。衡量货物重量的工具称为衡器（通常使用的各种磅秤）。衡器是否准确对确定货物重量，计收运费，甚至对飞行安全都有直接影响。

二、特种货物运输

特种货物是指那些在收运、储存、保管、运输及交付过程中，因货物本身的性质、价值、体积或重量等条件需要采取特殊措施，给予特殊处理的货物。主要包括以下几种：活体动物、贵重物品、鲜活易腐货物、超大超重货物、新闻材料、骨灰及灵柩等。以上各类货物都需要采取不同的特殊处理过程，否则将会危害到飞机、旅客以及机组人员的安全，下面分类加以简单介绍。

（一）活体动物

由于航空运输的特点，活体动物的运输在整个航空运输中占有非常重要的地位。它不同于其他货物，对环境的变化很敏感，活体动物的种类繁多又各具特性，给运输过程中的工作造成很多麻烦。因此，作为工作人员应了解各类动物的特征，以使活体动物的运输顺利地进行。

1. 活体动物相关特性

（1）活体动物在运输过程中对遇到的陌生环境本能地感到害怕，货主和航空公司尽量减少环境对活体动物的刺激，放置容器也应做到既能约束动物又有足够的空间，让动物感到舒适、安全。

（2）运输时间在24小时内可不必给动物喂食，但喂水是必要的，尽量避免在运输前突然给活体动物喂过量食物，会造成其胃口不适及粪便过度。

（3）雄性动物在雌性动物面前会变得烦躁易怒。若同时收运雌雄动物时，应将其隔离放置。

（4）有些母兽也会给其子兽带来危险，同时收运时应将其隔离放置。

（5）在外界环境压力下，某些动物的特性是不可预知的，有些动物有很强的攻击性，应把它们分开放置，避免相互撕咬。同种类、同年龄、同性别的群居动物可放在相互隔离的一组容器内。

2. 活体动物航空运输要求

（1）装载活体动物的容器要牢固，以防止动物逃逸。动物在禁闭的环境中会本能地努力逃离和摆脱困境，当某些动物的本性无法施展时会变得更凶猛，因此就需要非常牢固的容器。

（2）装载活体动物的容器应有防止粪便外溢的装置。运输会导致活体动物有更多的排泄，因此容器底部必须有漏孔并附有吸附作用的材料。也可将底部制成格栅状，下面设有盛装液体的底盘，可使排泄物通过格栅落入底盘。

（3）过低或过高的温度会影响动物，应保证动物不受气流的影响。把动物置于大风或强冷空气中会导致丧命，因此除了提供调温设备外，还应有抗寒装置。活体动物也不能暴露于过热的环境中，比如强烈的太阳光中，以防止动物脱水或中暑。

（4）互相是天敌的动物不能装在一起。检疫动物与非检疫动物应分开放置。实验用动物不可放在其他动物旁边，防止交叉感染。来自不同地区的动物也应隔离摆放。

3. 活体动物托运规定

（1）货主或其代理人对其所托运的活体动物应出具《活体动物托运证明》一式两份。一份交给收运货物的承运人，另一份与其他文件一起随货物运至目的站。《活体动物托运证明》应用英文填写，还应同时列明动物的普通名称以及专业名称。

（2）货主还应出具活体动物健康证明以及有关国家的进出口、转口许可证等文件，一式两份，一份附在货运单运往目的站；另一份可附在动物的容器外，以指导操作。

（3）动物容器应该是清洁、舒适的，并设有防漏和防逃逸装置，还应防止工作人员操作时受到伤害。

（4）标记与标贴。每件活体动物容器上托运人应用清晰、持久的字迹注明与货运单一致的收货人姓名，以及所在街道和城市的名称。每件活体动物容器上至少应贴有一张国际航协的活体动物标贴和"向上"标贴。

（5）运输前安排。活体动物被允许交运以前应订妥所需吨位。若需要多个航空公司联运时应获得所有参加方对所订吨位及运输路线的确认，否则拒绝收运。在操作过程中应使用代号"AVI"，否则会误认为是食品。

（6）货运单。货运单上的品名栏内应同时标明动物的普通名称和专业名称。活体动物不可与其他货物混用一份货运单。

（7）当活体动物交付空运时，下列内容应率先了解：动物的种类、特性、繁殖情况、性别、年龄、体重；动物运输时的状况，有无怀孕、是否已断奶等；容器是否符合规定；所使用机型有无对活体动物的限制；需要的吨位数；货舱的条件：通风状况、气流方向、冷暖设备等；地面装卸和地面运输时的气候情况；是否要求托运人派人押运；有些时候，某些国家禁止进口来自有地方性传染病的动物；有些国家机场周末海关不办公,应避免在这段时间到达那些国家。

(二) 贵重物品

贵重物品是指每千克申报价值超过 1000 美元(450 英镑)的货物,可分为以下几类:

(1) 金锭、混合金、金币和各种形状的黄金制品;

(2) 白金或白金类稀有贵重金属和各种形状的合金制品,但上述金属和合金的放射性同位素不包括在内,而属于危险品,应按有关危险物品运输规则规定办理;

(3) 现钞、证券、股票、旅行支票、邮票及银行发行的各种卡和信用卡;

(4) 钻石(含工业用钻石)、红宝石、绿宝石、蓝宝石、蛋白石、珍珠(含人工养殖),及以上各种质地的珠宝饰物;

(5) 珠宝和金、银、铂的手表;

(6) 金、铂制品。

因此,检验货物是不是贵重物品,只需用货主根据商业发票向航空公司声明的商品价值除以该货物的实际毛重即可。如果所声明的价值非美元时,只需将其用银行汇率换算成美元即可。为了确保贵重物品安全运输,要求其包装应坚固完好,不得有任何破损迹象,最好装在木制或铁制的箱内,必要时外面用"井"字形铁条加固。包装上应有货主的封志,如蜡封、铅封等,并且封志的数量要足够,封志上有货主的名称、地址,而且必须与货运单上一致。

在贵重物品的运输过程中要严格遵守以下要求:

(1) 货运单上必须写明货主和收货人确切的姓名与地址;

(2) 货运单上应注明始发站机场的全称;

(3) 货运单的品名栏内必须注明贵重物品字样;

(4) 贵重物品不可与其他货物混用一份货运单。

(三) 鲜活易腐物品

鲜活易腐物品是指在装卸、储存和运输过程中,由于气温变化和运输延误等因素可能导致其变质或失去原有价值的物品。此类货物归属于紧急货物,常见的鲜活易腐物品有鲜花、植物、水果、蔬菜、冰冻或新鲜的肉类、干冰、未感光胶片、正在孵化的禽蛋。

运输鲜活易腐物品时,要求在货运单上的"货物品名"栏内标明鲜活易腐物品字样"PERISHABLE"。每件鲜活易腐物品的外包装上应贴有国际航协的"鲜活易腐品"标贴以及"向上"的标贴。

在运输鲜活易腐物品时必须做到如下六点要求:

(1) 收运鲜活易腐物品的数量必须取决于机型以及飞机所能提供的调温设备。机上应小心存放,到达目的站后应迅速处理以便尽早交付收货人。

(2) 承运前必须查阅 TACT 规则本关于各个国家对鲜活易腐物品进出口及转口

的运输规定。

（3）航空公司一般需花较长时间去计划此类物品的运输，因此货主交运此类货物之前必须订妥所需的吨位。

（4）运输鲜活易腐货物应安排直达航班。如果一定要由多个航班转运时，必须获得所有关联航空公司关于订妥吨位及选择运输路线的确认，否则不可接受非直达航班运输的鲜活易腐货物。

（5）一旦吨位订妥，必须马上通知收货人有关托运的细节，以便其做好提取货物的准备。

（6）承运前还应查阅TACT规则本有关航空公司对鲜活易腐品的承运规定。

（四）超大超重货物

由于货物的形状和重量各不相同，是否能够运输，主要取决于航空公司所提供的机型及装卸设备是否达到此次运输的需求。"超大货物"一般是指需要一个以上的集装板才能装下的货物，这类货物的运输需要特殊处理以及装卸设备（升降机等）；"超重货物"一般情况下是指每件超过150千克的货物，但最大允许货物的重量主要还取决于飞机机型（地板承受力）、机场设施以及飞机在地面停站的时间。

超大超重货物的运输规定如下：

（1）每件超大超重货物必须事先确定体积和重量，以便让航空公司事先做好一切安排，航空公司对未预订妥吨位的超大超重货物不承运。

（2）超大超重货物，例如大型机器、设备、汽车、钢材等，由于它们的体积和重量较大，一般不需包装，因此，操作时必须要有设备。一般情况下，货物应固定或放在距地面一定距离的平台上，以便装卸车辆操作。

（3）确保货物内不含有危险性的物品，例如电池、燃油等。如果有此类物品，应按国际航协有关危险品运输规定处理。

（4）货物的重量、体积受到每种飞机机型的最大载量、机舱容积、舱门大小的限制。

三、危险货物运输

（一）危险货物分类

对于任何运输方式来讲，危险货物都是高风险高利润的品类。通过民用航空器来完成危险货物运输更是如此。在高度重视安全的民航运输中，对危险货物的运输业务更是要求严格。危险货物运输涉及的危险物品种类繁多，性质各异，危险程度参差不齐，有的还相互反应，大多数具有多重危险性。为了储运、运输的安全，国际航空运输协会根据各种危险物品的主要特性进行分类，并制定了《危险物品规则》，将危险物品分为九大类二十小项，具体规定如下：

第1类　爆炸物品

1.1项——具有整体爆炸危险性的物品和物质；

1.2 项——具有抛射危险性但不具整体爆炸危险性的物品和物质；

1.3 项——具有起火危险性、较小的爆炸和（或）较小的抛射危险性但不具爆炸危险性的物品和物质；

1.4 项——不存在显著危险性的物品和物质；

1.5 项——具有整体爆炸危险性而敏感度极低的物质；

1.6 项——不具有整体爆炸危险性且敏感度极低的物品。

第 2 类　气体

2.1 项——易燃气体；

2.2 项——非易燃、非毒性气体；

2.3 项——毒性气体。

第 3 类　易燃液体

第 4 类　易燃固体、自燃物质和遇水释放易燃气体的物质

4.1 项——易燃固体；

4.2 项——自燃物质；

4.3 项——遇水释放易燃气体的物质。

第 5 类　氧化剂和有机过氧化物

5.1 项——氧化剂；

5.2 项——有机过氧化物。

第 6 类　毒性物质和传染性物质

6.1 项——毒性物质；

6.2 项——传染性物质。

第 7 类　放射性物质

第 8 类　腐蚀性物质

第 9 类　杂项危险物品

（二）危险货物运输要求

不同的危险货物有着不同的运输要求和条件，日常工作中一定要谨慎处理，辨别货物所属种类，按照相应手册要求完成航空运输，下面对以上九大类危险品的航空运输注意事项加以简要介绍。

1. 爆炸物品

爆炸物品是指在外界（如受热、撞击等）作用下，能发生剧烈的化学反应，短时间产生大量气体和热量，导致周围压力急剧上升，发生爆炸，从而对周围环境造成破坏的物品。包括不具有整体爆炸危险，但具有燃烧、抛射及较小爆炸危险，或仅产生热、光、响声或烟雾等一种或几种作用的烟火物品。爆炸物品通常化学性质非常活泼，在受到摩擦、撞击、震动或遇明火、高热、静电感应或与氧化剂、还原剂接触都有发生爆炸的风险。

确定某种货物是否属于爆炸物品,以及万一爆炸后所产生的破坏效应是航空运输中的难题。专家通过研究得出用热敏感度、冲击敏感度和爆炸速率这三个主要参数来评估某种货物的爆炸风险。

(1) 热敏感度又称感度,是指爆炸物品在外界的作用下,发生剧烈化学反应的难易程度。爆炸物品需要外界提供一定的能量才能触发爆炸反应,外界提供的能量又称起爆能,通常以引起爆炸反应的最小外界能量来表示。因此,引起某爆炸物品爆炸所需的起爆能越小,则该爆炸品的敏感度越高,危险性就越大。

(2) 冲击敏感度是指引起爆炸物品反应要求的最小冲击力。起爆能有多种能量形式,不同的爆炸物品所需的起爆能的大小是不同的,同一爆炸物品对不同形式的起爆能的感受程度也是不同的。例如:TNT 在缓慢加压的情况下,它可以经受几千千克压力也不爆炸,但在瞬间冲击情况下,即使冲击力很小,也会引起爆炸。

(3) 爆炸速率是指爆炸发生的时间性长度,速率越快危险性越高。

由于民航运输的特殊性,绝大多数的爆炸品,如 1.1 项、1.2 项、1.3 项(仅有少数例外)、1.4F 项、1.5 项和 1.6 项的爆炸品,通常禁止航空运输。民航客机只能运输 1.4S 项的爆炸品。

2. 气体

航空危险品运输规则中气体的含义是指在 50℃ 以下,蒸气压高于 300 千帕或在 20℃ 下标准大气压强为 101.3 千帕的状态下完全处于气态的物质。体积、压强和温度是描述气体状态的重要物理量。在常温常压下,气体的体积很大,无法进行包装和运输,但经过压缩或降温加压处理后,可以将其贮存于耐压容器,或特制的高绝热耐压容器或装有特殊溶剂的耐压容器中。

恒温下增大压强,体积缩小,此过程称为气体压缩,处于压缩状态的气体叫做压缩气体。如果在对气体进行压缩的同时进行降温,压缩气体就会转化为液体,此过程称为气体的液化,处于液化状态的气体叫做液化气体。

气体只有将温度降低到一定程度时,再增加压强才能被液化。若温度超过此值,则无论怎样增大压强都不能使气体液化。这个温度叫做临界温度。也就是说,临界温度是加压使气体液化所允许的最高温度。在临界温度时,使气体液化所需的最小压强叫做临界压强。不同的物质,其临界温度不同,临界压强也不同。某些液体对某种气体有特大的溶解能力。例如:氨、氯化氢可以大量溶解在水里,乙炔可以大量溶于丙酮中。利用这个性质可以储运某些不易液化或压缩的气体。例如:在乙炔钢瓶内填充多孔性物质,再注入丙酮,然后将乙炔加压输入使之溶解在丙酮中。这种溶解在溶剂中的气体称为溶解气体。

3. 易燃液体

易燃液体是指在闭杯闪点试验中温度不超过 60.5℃,或者在开杯闪点试验中温度不超过 65.6℃ 时,放出易燃挥发气的液体、液体混合物、固体的溶液或悬浊液。如:油漆、清漆、瓷漆等,但不包括危险性属于其他类别的物质。

4. 易燃固体、自燃物质和遇水释放易燃气体的物质

燃烧是指一种放热、发光的剧烈的氧化反应。燃烧必须具备三个条件：有可以燃烧的物质（即燃料），有助燃剂（通常指空气），有着火源（或热量）。可燃物质遇到火源而发生的持续燃烧现象，叫做着火。可燃物质遇火源开始持续燃烧所需要的最低温度叫做燃点。燃点越低，说明越容易着火，火灾的危险性也越大。燃烧的速度取决于可燃物本质的组成、性质和供氧条件，如果可燃物含碳量高、还原性强，供氧充分，那么燃烧就快。

（1）易燃固体。易燃固体是指在运输中遇到火源的情况下容易燃烧或摩擦容易起火的固体，容易进行强烈的放热反应的自身反应及其相关物质，以及不充分降低含量可能爆炸的爆炸物品。

（2）自燃物质。自燃物质是指在正常运输条件下能自发放热，或接触空气能够放热，并随后起火的物质。自发放热物质发生自燃现象，是由于与氧气发生反应并且热量不能及时散发的缘故。当放热速度大于散热速度而达到自燃温度时，就会发生自燃。

（3）遇水释放易燃气体的物质。泛指与水接触放出易燃气体（湿时危险）的物质，这种物质与水反应易自燃或产生足以构成危险数量的易燃气体。某些物质与水接触可以放出易燃气体，这些气体与空气可以形成爆炸性的混合物。这样的混合物极易被一般的火源引燃。产生的爆炸冲击波和火焰既会危及人的生命又会破坏环境。

5. 氧化剂和有机过氧化物

氧化剂是指自身不一定可燃，但可以放出氧气而有助于其他物质燃烧的物质。氧化剂在遇酸性、受热、受潮或接触有机物、还原剂后即有分解放出原子氧和热量，引起燃烧或形成爆炸性混合物的危险。氧化剂一般都具有不同程度的毒性，有的还具有腐蚀性。

有机过氧化物是指含有二价过氧基的有机物。有机过氧化物遇热不稳定，它可以放热并因而加速自身的分解。此外，它们还可能具有下列中一种或多种特性：易于爆炸分解、迅速燃烧、对碰撞和摩擦敏感、与其他物质发生危险的反应、损伤眼睛。

6. 毒性物质和传染性物质

毒性（有毒的）物质是指在吞入、吸入或皮肤接触后进入人体，可导致死亡或危害健康的物质。要判断毒性物质毒性的大小，需要做如下毒性试验：

（1）经口毒性。用一批体重为200克~300克的成年雌雄（各半）白鼠进行试验，在4天内致使白鼠死亡半数的一次入口毒物剂量，叫做急性经口毒性的LD50，单位为毫克/千克体重。

（2）皮肤接触毒性。用毒性物质接触白家兔的裸露皮肤，持续24小时后，在14天内致使家兔死亡半数的一次使用毒物的剂量，叫做急性皮肤接触毒性的LD50，单

位为毫克/千克体重。

（3）吸入毒性。用一批体重为 200 克～300 克的成年雌雄（各半）白鼠进行试验，使它们连续吸入有毒的粉尘、气雾或蒸气达 1 小时，在 14 天内致使白鼠死亡半数的吸入物质的浓度，叫做急性吸入毒性的 LD50，单位为毫克/千克体重。

传染性物质指含有已知或公认对人类或动物能引起疾病的微生物的物质，包括细菌、病毒、立克次氏体、寄生菌、真菌、重组细胞、杂化体和突变体。

根据世界卫生组织制定的划分标准，传染性物质可分为四个危险等级：

（1）Ⅳ级危险（单个与团体均易感染）。指能引起人类或动物严重疾病的微生物。传播的危险性很大，通常没有有效的预防和治疗办法。

（2）Ⅲ级危险（单个易感染，团体感染性小）。指能引起人类或动物严重疾病的微生物。传播的危险性很大，但通常可采取有效的预防和治疗方法。

（3）Ⅱ级危险（对单个的传染性一般，对团体的危害性有限）。指能引起人类或动物发病的微生物。没有传播的可能性，通常可采取有效的预防和治疗办法。

（4）Ⅰ级危险（单个与团体感染性均小）。指不能引起人类或动物发病的微生物。

传染性物质需经有关的卫生检疫机构的特许，其中绝大多数可以航空运输。人类和动物使用的活疫苗应视为生物制品而不是传染性物质。

7. 放射性物质

放射性物质为特定活度大于 $70kBq/kg(0.002\mu Ci/g)$ 的任何物品或物质。它能自发和连续地放射出某种类型辐射物质，这种辐射对健康有害，但却不能被人体的任何感官（视觉、听觉、嗅觉、触觉等）觉察到。这些辐射也作用于其他物质（特别是未显影的照相底片和未显影的 X 射线胶片）而且它们可用合适的仪器探测与测量。

按照放射性比活度或安全程度可分为五类：

（1）特殊形式放射性物质。指不会弥散的固体放射性物质或装有放射性物质的密封盒。密封盒只有被破坏才能被打开，而且至少有一边尺寸不少于 5 毫米，其设计及性能必须符合有关试验。

（2）低比度放射性（LSA）。指其本身的活度有限或适于使用估计的平均活度限值的放射性物质。确定估计的平均活度时不考虑周围的外屏蔽材料。

（3）表面污染物体（SCO）。指本身没有放射性，但其表面散布有放射性物质的固态物体。

（4）裂变物质。指铀-233、铀-235 或它们之中的任意组合。不包括未经辐照过的天然铀和贫化铀，以及仅在热反应堆中辐照过的天然铀或贫化铀。

（5）其他形式放射性物质。指特殊形式以外的放射性物质。

8. 腐蚀性物质

腐蚀是指物质在环境的作用下引起的破坏或变质，主要指由于发生化学反应或电化学反应而使物质的表面受到破坏,如金属的腐蚀,铁的锈蚀就是常见的例子。

腐蚀性物质即如果发生渗漏情况,由于产生化学反应而能够严重损伤与之接触的生物组织,或严重损坏其他货物及运输工具的物质。腐蚀性物质接触人的皮肤、眼睛或进入呼吸道,就立即与表皮细胞组织发生反应,使细胞组织受到破坏,而造成烧伤。呼吸道、消化道的表面粘膜比人体表皮更易受腐蚀。内部器官被烧伤时,会引起炎症及肺炎等,严重的会死亡。例如:氨水溅入眼睛可能引起失明,浓硫酸使皮肤和组织脱水碳化而变黑,浓碱能溶解丝、毛和动物组织等。

腐蚀性物质会腐蚀金属的容器、车厢、货舱、机舱及设备等,也会腐蚀木材、布匹、纸张和皮革等。如泄漏的盐酸和烧碱对货舱的腐蚀是非常危险的。

各种腐蚀性物质接触不同物质发生腐蚀反应的效应及速度不同,可根据其性质分为以下三个危险等级:

(1) Ⅰ级(危险性较大的物质)。使被测物质与完好的动物皮肤接触,接触时间不超过3分钟,然后进行观察,观察时间为60分钟。在观察期间内,皮肤被破坏的厚度达到100%,则被测物质应定为Ⅰ级。

(2) Ⅱ级(危险性中等的物质)。使被测物质与完好的动物皮肤接触,接触时间超过3分钟而不超过60分钟,然后进行观察,观察时间为14天。在观察期内,皮肤被破坏的厚度如达到100%,则被测物质应定为Ⅱ级。

(3) Ⅲ级(危险性较小的物质)。使被测物质与完好的动物皮肤接触,接触时间超过60分钟而不超过4小时,然后进行观察,观察时间为14天。在观察期内,皮肤被破坏的厚度如达到100%,则被测物质应定为Ⅲ级。

9. 杂项危险物品

杂项危险物品指不属于任何一类而在航空运输中具有危险性的物质和物品。包括:

(1) 其他限制物质。具有麻醉、令人不快或其他类似性质的,能使旅客或飞行机组人员极端烦躁或感觉不适的液体或固体。

(2) 磁性物品。为航空运输而包装好的任何物品,如距离其包装件外表面任一点2.1米处的磁场强度不低于0.159安/米(0.002高斯),即为磁性物品。

(3) 高温物质。指运输的或交运的温度等于或高于100℃(212 ℉)而低于其闪点温度的液态物质,以及温度等于或高于240℃(464 ℉)的固态物质。

(4) 杂项物质或物品。例如石棉、干冰、危害环境的物质、救生器材、内燃机、聚合物颗粒、电池动力设备或车辆、连二亚硫酸锌等。

由于本教材并非民航危险货物运输业务专业教材,这里只是对民航危险货物运输加以简要介绍。为了保障运输的安全,请读者在进行危险货物运输操作时按照相关专业规则进行。

第四节　民航客票销售知识

一、民航客票基础

客票指由承运人或其代理人所填开的被称为"客票及行李票"的航空旅客运输凭证,包括运输合同条件、声明、通知以及乘机联和旅客联等内容。

(一)客票的作用

客票是旅客和航空公司之间签署的运输契约,是承运人和旅客订立的航空运输合同条件的初步证据,是旅客办理乘机手续、托运行李的凭证;客票是航空公司之间及航空公司与代理人之间进行结算的依据;客票是旅客退票时的凭证;客票是一种有价证券。

(二)客票的分类和构成

根据客票提供者的不同,我们通常把客票分为航空公司客票和中性客票两种。

1. 航空公司客票

航空公司客票(参见图4-18)在客票的封面上印有该票所属航空公司的名称、航徽及其代码等标记。国内航空公司客票是由会计联、出票人联、乘机联、旅客联组成的。会计联供财务部门审核和记账,出票人联供填开客票的单位存查,乘机联供旅客在客票上所列明的指定地点之间搭乘飞机以及托运行李使用,旅客联由旅客持有。旅客在使用客票、退票和报销时必须持有旅客联。

图4-18　中国南方航空公司客票封面

2. 中性客票

中性客票又称为BSP客票(参见图4-19)。BSP(英文全称:Billing and Settlement Plan,中文全称:开账与结算计划)采用统一规格标准运输凭证即中性客票,经加入中国国内BSP的航空公司授权,代理人直接代理这些航空公司的业务,并按照统一和简化的程序制作销售报告,实施结算和转账,由此提高代理人的销售能力和服务质量。在代理人确认之前,没有任何航空公司的标志。一旦在票证上刷了承运人识别标牌,该票证就成了该航空公司的财产。BSP客票的封面上印有国际航协的标志及专门设计的图案。

图4-19　IATA中性客票封面

中性客票与国内各航空公司的客票在格式上的区别主要表现在"付款栏"(仅在会计联和出票人联中有,乘机联和旅客联与此栏对应的位置为条形码)和航空公司的确认盖章栏。

（三）客票的使用

客票是旅客运输凭证,使用时有严格的规定。

(1)客票为记名式,只限客票上所列姓名的旅客本人使用,不得转让和涂改,否则客票无效,票款不退。

(2)旅客未能出示根据承运人规定填开的包括所乘航班的乘机联和所有其他未使用的乘机联和旅客联的有效客票,无权乘机。旅客出示残缺客票或非承运人或其代理人更改的客票,也无权乘机。

(3)客票的乘机联必须按照客票上所列明的航程,从始发站开始顺序使用,如果客票的第一张乘机联未被使用,而直接使用后续的乘机联,则第一张乘机联作废,不予使用。

(4)每一乘机联上必须列明舱位等级,并在航班上订妥座位和日期后方可由承运人接受运输。

(5)旅客应在客票有效期内完成客票上列明的全部航程。

(6)含有国内航段的国际联程客票,其国内航班的乘机联可直接使用,不需换开成国内客票。

(7)旅客在我国境外购买的用国际客票填开的纯国内段的客票,应换成我国国内客票才能使用。

(8)航空公司及其代理人不得在我国境外使用国内航空运输客票进行销售。

(9)定期客票只适用于客票上列明乘机日期的航班。

（四）客票的有效期

(1)普通客票的有效期自旅行开始之日起,一年内运输有效;如果客票全部未使用,则从填开客票之日起,一年内运输有效。

(2) 特殊客票的有效期,按照承运人规定的该特殊票价的有效期计算。

(3) 客票有效期的计算,从旅行开始或填开客票之日的次日零时起,至有效期满之日的次日零时为止。

(五) 客票的销售

目前客票的销售方式主要包括直接销售和代理销售。

1. 航空公司的销售部门

航空公司设在市区的和机场的销售网点。近年来由于客票销售市场竞争激烈,各销售代理在销售过程中采用暗扣销售、散客充团等各种方式来争夺客源,在一定程度上扰乱了市场,也影响了航空公司的客票销售。为了稳定市场,尽可能地提高航空公司的销售额,航空公司建立了自己的机票直销点,通过电话送票的形式获得更多更直接的客户,可以节省必须支付给代理人的3%的代理费。目前航空公司还开发了网上销售网络,极大地方便了旅客,也给传统的销售方式带来了新的挑战。

2. 销售代理

销售代理企业受民航运输企业的委托,在约定的经营范围内以委托人的身份处理航空运输(客货运输)、销售及相关的业务。销售代理业的出现,使民航运输企业集中力量搞好运输服务,而把销售服务由代理企业承担,通过竞争提高服务质量,减少了大量销售方面的经费和成本,同时也扩大了市场。销售代理企业则通过佣金来赢得利润。销售代理人和航空运输企业的直销点都采用类似的方式经营,唯一的优势在于销售代理人可以同时出售多家航空公司的机票,给旅客更多的选择。

二、客票销售渠道

(一) 售票处销售渠道介绍

售票处销售渠道是指由航空公司或者其授权的销售代理人在固定的对公众开放的营业场所从事客票销售及相关服务的客票销售方式。售票处销售渠道最早可以追溯到中国民航刚刚成立,中国民航在各民航机场所在城市市区开设民航售票处(参见图4-20),这在当时也是唯一的机票销售渠道。随着民航机票步入电子化时代,适合原有纸质机票进行国内客票销售的售票处受到了巨大的挑战,售票处销售渠道的销售份额不断降低。特别是民航机票采用电子客票后,航空公司和代理人都由"线下业务"转型升级为"线上业务",纷纷裁撤作为"线下业务"的典型代表售票处销售渠道。

售票处销售渠道虽然略显"过时",但凭借其固有优势还是现在不可或缺的销售方式。售票处的最大特点是可以为消费者提供"面对面"的服务,这是其他销售渠道所不具备的。"面对面"服务的真实感会留给消费者全方位的服务体验,这种体验将有助于提高销售方对消费者的黏性,吸引其再次来购票。售票处同时也是航空公司和销售代理人展示自身形象和实力的最佳平台,对其整体形象的提升有重要促进作用。航空公司直属售票处通常处理"线上"无法涵盖或者交易成本较高的业务,这部

图 4-20 售票处内景

分个性化很强的业务是无法用其他方式来有效解决的。因此,售票处销售渠道无法被完全取代。代理人售票处的呈现形式日渐发生着变化。由传统只经营机票销售业务的单一售票处形式,转变为可以同时满足消费者机票销售、酒店预订、旅游分销、汽车租赁、签证代办、商务考察、邮轮旅游等"一站式"差旅服务需求,向综合产品销售渠道转变。

(二)呼叫中心销售渠道介绍

呼叫中心销售渠道最初形成于航空公司的电话客服中心,随着20世纪90年代固定电话和21世纪前十年移动电话在中国的日益普及,航空公司纷纷推出了电话服务平台,用于为购票旅客提供各种信息和业务办理服务。由于销售流程的逐渐简化、支付方式的轻松便捷,航空公司开始意识到呼叫中心是可以成为其重要销售渠道的。特别是电子客票的全面推行,使航空公司跨过销售代理层面直接将客票销售给终端消费者成为可能。在航空公司加大"直销"领域投入的大背景下,呼叫中心销售渠道成为了其关注的重点。目前,呼叫中心(参见图4-21)被航空公司赋予更多职能,除了国内、国际机票销售外,还有客票退改签、新产品促销、常旅客服务等更加全面的功能。

图 4-21 呼叫中心内景

不单单是航空公司重视呼叫中心渠道,机票销售代理更是依靠该渠道。作为中国在线旅行代理商的携程旅行网,在通过发会员卡积累目标客户的同时,积极构建其呼叫中心。目前,携程在江苏南通建立了近2万个座席的呼叫中心,全国各地的机票业务、订房业务都可以经呼叫中心以及IT后台统一处理,机票的出票时间和价格、酒店的预约时间和价格,甚至员工的服务质量也都能得到监控。呼叫中心销售是目前机票销售领域中重要的渠道之一。

(三) 互联网销售渠道介绍

互联网销售渠道是民航机票电子化后的必然产物。以互联网技术为代表信息技术的快速发展改变着世界传统经济模式,当航空客票销售邂逅信息技术就产生了航空电子商务这一新型的渠道模式,也就是互联网销售渠道。从纸质客票到电子客票,从计算机订座系统(CRS)到全球分销系统(GDS),从机票销售总代理(GSA)到机票竞价平台,这都是信息技术带给机票销售领域的环境改变。目前,基于电子客票工具利用互联网技术形成了一系列航空客票销售模式。

南航易行宣传片

1. 以航空公司为代表的 B2B、B2C 直销模式

电子客票可以在互联网上被轻松地完成预订、支付、出票、值机等各环节,而且极大地降低了航空公司的销售成本。随着我国各大航空公司普遍认识到直销对其可持续发展的重要战略意义,纷纷加大了在互联网销售渠道的投资力度,通过升级改造硬件、增加广告投放、整合组织机构、加大促销力度等方式不断提升直销在销售总量中的份额。截至2012年底,我国航空公司国内机票销售中的直销比例首次超过机票代理的分销比例,直销比例的增加在今后一段时间还将持续。

2. 以携程、艺龙等为代表的 OTA 分销模式

要分析中国在线销售代理分销模式,不得不提携程旅行网。下面从分析携程模式入手探析OTA分销渠道。携程定位于旅游业的电子商务公司,历经十多年的不断实践和探索最终发现:通过保证信息在各地酒店、航空公司和消费者之间顺畅地流通,完成全国范围内的酒店和机票产品预定来获取代理销售佣金的商业模式,即"携程模式"。在携程出现之前提供酒店和机票预订服务的公司都是区域性的,没有哪家公司能在全国范围内订酒店和机票,且没有一家公司能做到全天候服务。这种分散的服务方式让质量控制难以执行。携程正是找到了这一产业缝隙,并将它与互联网结合,才获得今天的成功。如今的携程扮演着航空公司和酒店分销商的角色,它建立了庞大的酒店及机票产品供需方数据库,它能做到一只手掌控全国范围内上千万的会员,另一只手向酒店和航空公司获取更低的折扣,自己则从中获取佣金。全国各地的机票业务、订房业务都可以经携程呼叫中心以及IT后台统一处理,机票的出票时间和价格、酒店的预约时间和价格,甚至员工的服务质量也都能得到监控。六西格玛管理使携程能将客人打给呼叫中心电话的等待时间控制在国际通行的20秒以内,将接听比例从80%提高到90%以上,将服务客户的电话时长缩减到今天的150秒左右。而且,由于携程整合的是信息层面的资源,使其可以几乎零成本地加入新的航线、酒店产品的预定。

3. 以票盟、51BOOK等为代表的竞价平台模式

现在国内主流竞价平台大概有十多家,各个平台的产品和营销模式都很相近。首先,吸引全国各地区大型代理企业上线作为供应商,由供应商提供查询订座配置接口,并且提供销售代理费政策;其次,广泛吸引全国代理企业,以及为数更多的上线采购商;最后,平台通过"支付宝"等在线支付工具,完成供应商和采购商的结算、出票全过程。对于航空公司、消费者、代理企业,竞价平台的优劣势十分明显,分析如下:

(1) 竞价平台对于航空公司的优劣势分析。

优势:加快航空公司机票销售的速度,但航空公司在某时段、某航段的载运能力是有限的,这一优势带给航空公司的利润增加并不十分明显。

劣势:首先,代理费用增加。通过全国各地区大型代理企业在"平台"上提供的优厚代理费率,事实上让全国的中小代理都享受到航空公司的出港地代理费政策,这直接导致了航空公司代理费用的增加。其次,竞价平台的快速发展,实际上对航空公司大力推进的网站直销带来巨大冲击,特别是航空公司网站针对代理企业的B2B直销。

(2) 竞价平台对于消费者的优劣势分析。

优势:竞价平台从表面上可以为消费者提供价格更低的机票,但是消费者风险较大。

劣势:首先,虚假行程单严重侵害了消费者利益。由于采购商和供应商往往不在一个城市,互不相识且大多数采购商为不正规代理人,所以大多数竞价平台操作的基本规则是供应商不提供电子客票行程单。其次,旅客购买机票的售后服务的缺失。竞价平台销售的机票大多是销售单位和填开单位不一致的情况,因此如果旅客购买了机票,在航班起飞、延误提示方面,在签转退票方面,都得不到应有的服务。出现问题以后,由于无法知道准确的代理企业信息,没有办法进行投诉,往往只能自行承担损失。

(3) 竞价平台对于代理人的优劣势分析。

优势:对一些大型代理企业而言,通过竞价平台销售,可以在较短时间内快速扩张规模,完成航空公司销售任务和比例,以获取更好的代理费政策。对一些中小代理企业来说,竞价平台上大型代理企业投放的代理费政策往往比航空公司给其自身的要优厚得多,客观上帮助其提高了利润水平。

劣势:首先,造成代理企业间的无序恶性竞争。为了获取更好的代理政策和返点,完成航空公司规定的任务量和比例,不少代理企业将航空公司给予的代理政策全部放在竞价平台上,有的甚至将还没有拿到手的奖励也放出去,以此吸引采购商进行采购。代理企业一方面为了抢占市场份额,获取更高的代理费点数而放弃利润;另一方面,为了生存发展,保住现有的高代理费水平,又去追求更高的市场份额满足航空

公司的要求,这已经成为部分代理企业的一个死循环。其次,削弱了正规代理企业的竞争力和服务水平。机票竞价平台给那些内部管理水平不高,市场营销能力不强的代理企业提供了便利通道,只要敢于放高返点政策,全国的机票销售代理都会帮你来卖票,往往在短时间内造成销售额突飞猛进的情形。这就导致代理企业没有把精力放在企业经营管理、拓展客户渠道、以服务来吸引客户的市场营销管理上,造成企业经营管理和服务水平的严重下降。最后,代理企业面临着巨大的违约风险。对供应商代理企业来说,面向全国的竞价平台销售能帮助其快速获取市场份额,但是无法保证其采购商对消费的销售行为的正规性,被消费者投诉到相关管理部门,面临着较大的政策风险。

4. 以去哪儿网、酷讯网等为代表的垂直搜索引擎模式

垂直搜索引擎是针对电子商务的专业化采购产品而设计的,其主要功能是采集、整理和挖掘海量的在线商品信息和商家信息,向消费者在线提供精准的挑选商品和选择商家等功能。例如:把不同家网站的相同产品综合比较,包括价格比较和用户客观评论比较,最终得到性价比最高的产品。网络爬虫技术是实现垂直搜索比价的关键,框架技术的应用为系统提供了一个灵活、清晰、可伸缩、易维护的体系结构。比价关键因素在此是指对消费者进行购物比价时具有指导意义的关键因素,主要包括商品价格、商品质量、商家信誉、服务质量等。

去哪儿网和酷讯网就是机票销售领域知名的垂直搜索引擎,消费者进入其界面,输入出发和到达城市、出行时间,进行有针对性的搜索,系统就会按照消费者的自定义排序,将相关搜索结果进行呈现。消费者选择好符合自己需求的机票后,通过网页跳转,进入机票真实销售商的网站,完成相关购票操作。

(四)移动终端销售模式介绍

截至2012年,全球移动互联网用户首次超过PC互联网用户。不难预测:机票销售现在的主流是互联网销售渠道,未来的主流是移动终端销售。机票同酒店、邮轮、旅游、会展、租车等综合旅游类其他细分市场产品相比,是业内公认的最容易被标准化的产品。随着众多航空机票销售应用软件的上线,腾讯微信产品的功能日益强大,移动终端给机票销售线上交易模式提供了全新的承接载体。曾有业内人士指出:机票信息可以完整地呈现在智能手机的一页屏幕上,这注定了它终究要通过智能手机销售的未来。随着移动互联网技术的日臻完善,用户通过智能手机购买机票将成为移动电子商务最容易实现的在线应用项目。

自我检测

(1) 简要描述航班的定义及其几种分类。
(2) 简要描述国际航空联盟的五种主要形式。
(3) 请说出代码共享对航空运输业的影响。
(4) 简要描述波音公司和空客公司的情况,并分别说出它们的4种机型产品。

民航运输基础知识

(5) 简要描述民航旅客运输业务的六个工作过程。
(6) 简要描述托运行李和非托运行李的基本要求。
(7) 简要描述民航货物运输的特点。
(8) 请说出三类归属民航特种货物运输范畴的物品,并阐述其运输要求。
(9) 请说出《危险物品规则》列出的九大类危险物品。
(10) 请说出三种现代客票销售的渠道,并阐述其特点。

学习单元五
民航服务心理学知识

学习目标

(1) 掌握民航服务心理学的概念。
(2) 全面了解民航服务心理学的研究对象、内容、任务。
(3) 掌握民航服务心理学的研究原则、方法。
(4) 全面了解民航服务意识的重要性。
(5) 掌握民航服务人员的基本要求。
(6) 了解民航旅客的服务需要。
(7) 全面掌握心理学需求层次理论。
(8) 了解民航服务人员个性特征。

三个目标

学习内容

(1) 民航服务心理学的概念。
(2) 民航服务心理学的研究对象、内容、任务、原则、方法。
(3) 民航服务意识基础知识。
(4) 民航服务人员的基本要求。
(5) 民航旅客的服务需要。
(6) 心理学需求层次理论知识。
(7) 民航服务人员个性特征。

第一节 民航服务心理学概述

一、概念及研究对象

民航服务心理学是为了满足民航服务实践的需要,为旅客(或货主)提供优质、满意的服务而研究民航旅客(或货主)以及民航服务人员心理活动及其变化规律的学科。

民航服务心理学的研究对象包括民航服务参与两个主体的心理活动,即:民航旅客(或货主)的消费者心理和行为、民航服务人员的服务者心理和行为。因此,民航服务心理学既要研究民航旅客(或货主)被服务时的需要、动机、情绪情感、社会文化等相关心理活动特点和规律,又要研究民航相关服务人员在服务工作中的态度、需要、动机、人际关系等心理活动的特点和规律,两者均是民航服务心理学的研究对象。在民航服务心理学的国内外研究实践工作中,关于民航旅客(或货主)的心理研究应该是主要的研究方向,因为这样做能充分体现民航旅客(或货主)的主体地位,而民航相关服务人员的心理研究应该作为民航服务心理学研究的需要和补充。

二、研究内容及任务

不同的学者及其著作对民航服务心理学研究的内容和任务的认知和描述存在明显差异,可以概括为以下三个部分,针对这三个部分加以简要说明。

(1) 民航旅客服务心理学要研究民航旅客(或货主)的一些心理规律。民航旅客服务心理学作为心理学的一个分支,它要研究的是民航旅客(或货主)外在行为背后的内在心理需求,通过心理规律的摸索借此提升民航旅客(或货主)服务的水平。例如:旅客乘机的动机和乘机过程中有什么需求、为什么有时候旅客提出一些要求服务人员给予满足后又提出新的要求、航空货运出现差错时货主的赔偿需求等。民航旅客(或货主)服务心理学要揭示出这些规律,并应用其来指导民航旅客(或货主)服务工作,帮助服务人员了解旅客(或货主)心理需求,掌握旅客(或货主)心理活动规律,针对旅客的不同心理需求提供相应的服务,使民航服务质量有所提高。加之,由于每位旅客(或货主)生活的社会环境不同,先天素质迥异,因而每位旅客(或货主)的气质、性格也有所差异,这些不同的气质或性格在服务过程中都会表现出来。因此,研究民航旅客(或货主)这些源自心理的差异性特点,以便民航服务人员了解掌握旅客(或货主)的性格和气质,使服务人员根据旅客不同的性格、气质进行不同方式的服务,从而使得民航服务工作做得更加优质。

(2) 民航旅客服务心理学要研究民航服务人员的一些心理规律。民航服务心理学把研究服务人员自身的心理规律作为研究内容之一。在实践工作中大量的案例经验和教训告诫我们,服务人员的自身素质、心理品质能力的高低,与其提供服务质量的好坏有着十分密切的关系。旅客(或货主)感知的服务质量优劣,很大程度上取决于服务人员的素质与心理品质好坏。研究民航服务人员心理的目的就是要揭示服务人员在服务工作中一些心理规律,具体包括:服务人员应具备哪些良好的心理品质、怎样培养自己良好的情感和意志、怎样纠正自己不良的心理品质等。同时,为提高服务人员的自我认识、自我修养提供一个理论依据,从而使全体民航旅客服务人员意识到:良好的心理品质与素质,不仅是做好服务工作的前提,还是一个合法民航服务人员的必备条件。

(3) 民航旅客服务心理学要研究民航服务过程中旅客(或货主)与服务人员交往

时的一些心理规律。民航旅客服务工作是由一个个服务环节构成、不断变化的服务过程。在这一变化过程中,旅客(或货主)与服务人员在心理上的接触,情感上的相互影响,有时会直接或间接影响服务过程顺利进行,以致影响服务质量。例如:在服务过程中,个别旅客(或货主)因情绪不佳,说话态度生硬,有些服务人员的情绪受到其影响,控制不住自己的情绪,与旅客(或货主)发生争执,影响服务质量。因此,民航旅客服务心理学在研究旅客与服务人员心理的基础上,还需要进一步研究服务过程中双方在心理上、情绪上的相互作用,揭示其变化和发展规律。

民航服务心理学的研究首要任务是为航空公司、民航机场的发展提高经营效益,满足广大旅客对民航运输的要求,达到旅客期待的服务标准。这是社会的需要,是企业的需要,也是民航服务人员自身发展的要求。民航服务心理学是一门新兴的学科,还不是很系统,需要进一步整理和完善。因此,我国民航服务心理学要充分运用国内外的心理学理论知识来研究旅客的心理,解决服务的问题;另外还要学习、研究行之有效的心理学方法,并应用于实践工作,以不断提高服务质量,达到最佳的服务效果。

三、研究原则及方法

经过多年理论分析和实践探索,业内普遍认为民航服务心理学研究一般应遵循如下四个原则,这样研究出来的成果才具有系统性、科学性和可行性。

(1) 客观性原则。人的心理源于客观现实,同时人的心理也是一种客观存在,尤其是自身产生和发展变化的客观规律。心理活动是人的一种内在体验,尽管现代科技高度发达、仪器设备先进,但仍然难以直接对人类的心理活动进行精准的观察和测量。绝大多数心理现象还只能通过对当事者的言谈举止、表情动作和活动行为的观察、分析、测量来间接推进和演绎。而且人的心理和行为之间往往不是一一对应的关系。心理现象是人皆有之,不仅研究对象有,研究者本身也有,研究者容易出现猜测和主观臆断。这一切特点和现象共同要求民航服务心理学研究必须严格遵循客观性原则,即研究要严格地对人的外在表现进行如实的观察和系统记录,尽可能收集完整的资料,不遗漏矛盾的资料。在分析资料得出结论时,必须尊重资料提供的事实状况,对资料不能简单取舍,更不能任意添加,只有做到客观性研究才可能得出科学的、有用的结论。

(2) 发展性原则。民航服务理念、工作方法及管理方法,总是随着内外环境条件的变化而演绎发展的。因此,伴随这些活动的心理现象也必然要求其研究是发展变化的。民航服务心理学研究从指导思想到方法手段都应该遵循发展性原则,不能简单和轻易地照搬前人的结论和研究成果,面对新现象、新情况,研究方法也要有突破、有创新。

(3) 相关性原则。民航服务工作中的每个人,其心理与行为都是在彼此相互影响、相互作用的各种外部环境因素作用下发生和发展的,而且各种心理现象之间、心理与行为之间也是相互影响、相互作用的。因此,民航服务心理研究必须带有普遍联系的思想,真实、科学地解释服务过程中心理现象的特点和规律,坚持相关性原则。

(4)实践性原则。深入到民航服务工作的实践中去,发现和研究心理现象,验证研究成果并将之应用到为民航旅客(或货主)服务工作的实践,不断提高研究水平。这是民航服务工作对民航服务心理学研究的要求,也是民航服务心理学学科完善和提高的必然要求。

民航服务心理学是普通心理学的一个分支,其研究方法也必然要借鉴和应用普通心理学的经典研究方法。目前,业内普遍采用的方法有观察法、谈话法、问卷法和测验法,下面逐一加以简要介绍。

(1)观察法。观察法是在日常生活条件下,观察者运用感官为工具,直接观察他人的行为,并把观察结果按时间顺序做出系统记录的研究方法。现代心理研究中往往也采用视听器材等专业设备。在实际情境进行观察时,可按被观察者所处的情境特点分为自然观察与控制观察。自然观察是指在完全自然的条件下所进行的观察,被观察者一般并不知道自己正处于被观察之中。控制观察是指在限定条件下所进行的观察,被观察者可能不了解,也可能了解自己正处于被观察地位。观察法目的明确,使用方便,所获取的材料比较系统,已在民航服务心理学研究中得到广泛应用。

(2)谈话法。谈话法是研究者通过面对面的谈话,以口头信息沟通的途径,直接了解他人心理状态的方法。根据谈话过程中结构模式的差异,可分为有组织谈话法和无组织谈话法。有组织谈话法结构严密,层次分明,具有固定的谈话模式。无组织谈话法结构松散,层次交错,气氛活跃,没有固定的模式。运用谈话法时既要根据谈话的目的保持主要话题的基本内容和方向,又要根据被试者的回答,对问题的内容进行适当调整,更要善于发现被试者的鼓励或思想动向,进行有效的引导,还必须注意在整个谈话过程中保持无拘无束和轻松愉快的氛围。

(3)问卷法。问卷法是运用内容明确、表达正确的问卷量表,让被试者根据个人情况,自行选择答案的研究方法。常用问卷量表的格式有:是非法、选择法和等级排列法等。问卷法的优点是可以在较短时间内取得广泛的材料,并使结果达到数量化。但问卷法所取得的材料一般很难进行质量分析,因而无法把所得结论直接与被试者的实际行为进行比较。

(4)测验法。测验法是采用标准化的心理测验量表或精密的测量仪器,来测量被试者心理品质的研究方法。例如:能力测试、人格测试、机械能力测试等都是测验法的应用。

第二节 民航运输工作所需的心理学常识

一、民航服务意识

意识是人头脑对于客观事物、事件的反映,是感觉、思维等各种心理过程的总和,其中思维是人类特有的反映现实的高级形式。服务意识是指企业全体员工在与一切企业利益相关的人或组织的交往中所体现的为其提供热情、周到、主动的服务的欲望和意识，即自觉主动做好服务工作的一种观念和愿望，它发自服务人员的内心，是服务人员的一种本能和习惯，是可以通过培养、教育训练形成的。

作为民航这样的服务行业中的企业，服务意识必须作为对员工的基本素质要求加以重视。每一个员工也必须树立起自己的服务意识。服务意识有强烈与淡漠之分，有主动与被动之分。认识深刻，就会有强烈的服务意识。有了强烈展现个人才华、体现人生价值的观念，就会有强烈的服务意识。

民航服务意识是民航服务人员提供优质和旅客（或货主）满意服务的前提，我国民航企业长期存在只重视服务技能和服务技巧的培训，而忽略服务人员的服务意识培训。随着工作量的增加，经常出现因服务意识单薄所引发的投诉。积极、主动、用心地为旅客（或货主）服务，为我们的未来服务，这是必须倡导的基本服务意识。

二、民航服务人员的基本要求

随着民航事业的快速发展，对民航服务人员的素质要求也越来越高。民航服务人员是民族文化的传递者，是服务内容的实施者，也是情感沟通的传播者。因此，民航服务人员不仅要求有美丽的外在形象，更要具有良好的心理素质、高尚的道德情操以及娴熟的服务技能。当代优秀的民航服务人员必须具备以下六个方面的基本要求。

（1）良好的外在形象。心理学的研究结果表明，人的心理活动首先来自于外部环境信息对视觉的影响，外部环境的第一信息十分重要。当人展示自己身上的魅力后，其以后的活动就都具有该种魅力，这就是所谓的"首因效应"。良好的外在形象可以在旅客（或货主）心中产生良好的"首因效应"，从而增强美好的第一印象和亲切感，拉近与旅客（或货主）的距离，增加乘客的愉悦感。同时美好的个人形象也代表了公司的整体形象，体现航空公司的个性追求。所以，对民航服务人员的外在形象提出要求是必需的。良好的外在形象并不是单指美丽的外表，而是在优越的外形条件基础上的一种良好气质外显，体现出一种整体美和亲和力。要求民航服务人员有良好的仪态、仪表，同时还需要服务人员时刻保持发自内心的微笑，来感染旅客（或货主）的情绪。

（2）坚毅的意志品质。人们在各种意志行动中，经常会带有稳定的特点，体现出一定的规律性，在心理学上被归纳为几种不同的意志品质，即：自觉性、果断性、坚忍性和自制力。良好的意志品质是保证活动顺利进行、实现预定目的的重要条件。民航服务人员面临着复杂的服务环境与服务对象，在职业生涯当中所面临的困难也是巨大的。因此对民航服务人员的意志品质培养是必需的，也是十分必要的。

（3）过硬的心理素质。研究表明，各种突发事件的处置成功与否直接取决于处理人心理素质的好坏。在民航服务当中，经常会遇见一些复杂的问题和突发事件，这就需要民航服务人员具有良好的心理素质,借此来解决复杂的问题和应对突发事件。因此,作为一名优秀的民航服务人员必须具备超强的心理素质,并以此面对各种突发事件和紧急情况,做到处事不惊,沉着果断。同时,作为服务业的从业人员所承受的心理压力比其他行业要大得多,这也要求民航服务人员面对挫折、打击、甚至受到旅客(或货主)不公平对待时可以及时调整好自己的情绪,把握好自己的行为趋势,始终为旅客(或货主)提供优质的航空服务。

(4) 深厚的文化素养。"文化"包括人文文化与科技文化。人文文化是人类感性思维探求精神世界的结果,包含了文学、哲学、史学、艺术、宗教等学科。科技文化则是人类理性研究、认识与掌握客观世界规律的所有成果。当然也可细分为数学、物理学、化学、生物学等。它们又可以派生出经济学、天文学、地质学、电子学、行为学、心理学等。"文化素养"则是对人文文化、科技文化中的部分学科有了解、研究、分析、掌握的技能,可以独立思考、剖析、总结并得出自己的世界观、价值观的一种能力。有良好文化素养的人更豁达,善于接纳新的事物,更容易创造良好的沟通氛围,有助于树立高雅的气质和亲和力。因此,提高民航服务人员的文化层次、提高文化素养是提高民航服务人员整体素质的重要手段,也有利于提升服务的整体档次。

(5) 积极的团队精神。团队精神是一个成功团队建设的血脉。团队精神有凝聚团队成员的作用,团队的目标和理想把团队成员紧密联结在一起。团队精神不仅能激发个人的能力,而且更能激励团队中的其他人,鼓励团队中的所有成员发挥潜力、探索和创新。民航服务的实施需要团队,例如在执行航班任务时,需要机组的每个成员在相互配合、团结协作、相互鼓励中实现目标,只有这样才能确保航空的安全,顺利完成服务的各项内容。因此,每个民航服务人员必须具备积极的团队合作精神,注重团队在完成民航旅客(或货主)服务中的作用,这样才有利于发挥集体的力量,树立公司的良好形象。

(6) 敏锐的服务意识。服务意识是服务人员主动为客人提供优质服务的意念和愿望,是人们服务行为的驱动力,是更好满足旅客需求的前提和基础。民航服务人员必须在完成规范化服务的同时善于发现旅客的需求,具备超前意识,给旅客带来满意的服务,这才是提高服务质量的根本途径。同时,还要有娴熟的服务技巧,把服务意识和服务技能高度统一起来,在具备敏锐的服务意识的前提下,合理运用服务技能,才能把优质的服务奉献给旅客。

三、民航旅客需要与需求层次理论

需要是指当人生理和心理缺少某种东西时所产生的主观体验。需要是行为的动力,没有需要就不存在行为,尤其是有意识目的的行为。人的需要是多种多样的,按照需要的属性可划分为生理性需要和社会性需要。延续生命、繁衍后代是生理性需要的范畴,而科学文化知识、艺术欣赏等是人的社会性需要的范畴。按照需要的对象划分为物质性需要和精神性需要。生活用品、劳动工具、文化用品属于物质性需要的范畴,而心理性、观念性则属于精神性需要的范畴。

民航服务工作就是满足旅客(或货主)各种需要的过程,由于民航旅客(或货主)的需要既有一定程度的差异性,又存在一定的共性,为此,民航服务既要顾及整体又要考虑个别,最大限度地提高旅客(或货主)的满意度。下面,归纳以下五点民航服务中旅客的共性需要。

(1) 民航旅客对饮食的需要。很多旅客特别是长航线旅客对航空公司在飞机上提供的餐饮的种类和口味很在意,并且期望值较高。这一共性需求提醒航空公司应在航空餐食方面加强改进,在思想意识上提高对飞机餐的重视程度,花心思研究旅客的食品需求与喜好,最大限度地满足旅客的需求。

(2) 民航旅客对安全的需要。没有什么比安全性更让民航旅客关心和重视了,飞机的安全与否决定着航空公司的生死存亡。很多旅客在乘坐飞机时会有不同程度的焦虑感和紧张感,此外旅客在飞行过程中对人身的安全和财物的安全需要也是很强烈的。航空公司要提高安全意识,加大管理力度,不仅要提高飞行员、地面技术人员的业务能力和素质,也要加强对空中和地面的服务人员的安全知识培训,使他们掌握相关的飞行业务知识,能及时解答旅客的困惑,缓解旅客紧张情绪,满足旅客的安全需求。

(3) 民航旅客对便捷的需要。旅客选择乘坐飞机作为出行方式是看中其方便、快捷和高效。飞机必须保证准时、高效、快捷,否则它的最大优势将丧失。许多航空公司未来提高服务质量,应在诸多关乎旅客出行便捷性的环节上加大管理力度,改善工作流程。

(4) 民航旅客对情感的需要。情感是人需要中一个很重要的方面。除了公务、谋生、旅游外,人们出行在外的主要原因是为了与亲朋好友之间的交往和沟通,这些都渗透着人们情感的活动。加强对旅客情感需求的满足是航空公司开发新产品时应得到重视的方面,无人陪伴儿童服务、老年旅客帮助计划等都是航空公司满足旅客情感需求的工作改进。

(5) 民航旅客对尊重的需要。民航旅客作为消费者,在消费过程中希望能够获得服务人员的理解和尊重,关心和帮助。满足这一需要的直接方法就是民航服务人员为其提供周到、细致的服务和人性关怀。旅客希望自身的价值得到认可和尊重,自己的主体地位得到彰显,从而实现自我肯定,自我发展的需要。服务无小事,从小事到大事,到处都能体现对旅客尊重需求的重视。

关于人的需要,国内外心理学家们进行了大量研究,其中美国社会心理学家马斯洛在1943年提出了著名的需求层次理论(参见图5-1),比较系统全面地、分层次地概括和分析了人们多种多样的需要,对民航服务工作具有很大的启发和指导作用。需要层次理论把人类多方面的需求概况归纳为以下五大类,并按照它们发生的先后顺序总结如下。

(1) 生理需求。生理需求是指对食物、空气、水、休息等人类最原始、最基本的需

图 5-1 马斯洛需求层次理论模型

要。这些需求对人具有自我生存的意义,如果得不到满足会危及生命。

(2) 安全需求。安全需求是指对安全、秩序、自由、稳定及受到保护的需要。当人的生理需要得到基本满足后,安全需求就会出现,目的是降低生活中的不确定性,保障生活在免遭危险的环境中进行。

(3) 归属、交往和爱的需求(又称为社交需求)。该种需求包含两方面内容,爱的需求是指人都希望伙伴之间、同事之间的关系融洽或保持友谊和忠诚,希望得到爱情,人人都喜欢爱别人,也渴望接受别人的爱。归属的需求是指人都有归属感,都有一种要求归属于一个集团或群体的感情,希望成为其中的一员并得到相互关心和照顾。

(4) 尊重需求。尊重需求是指人希望自己有稳定的地位,有对名利的欲望,要求个人能力、成就得到社会的承认等。尊重需求可以分为内部尊重和外部尊重。内部尊重是一个人希望在各种不同的情境中,自己有实力,能胜任,充满信心,能独立自主,有自尊心。外部尊重是一个人希望有地位、有威望,受到别人尊重、信赖及高度评价。

(5) 自我实现需求。自我实现需求是指希望通过做自己觉得有意义、有价值、有贡献,又与个人能力相称、能充分发挥个人才智与潜能的事,以实现个人的理想和抱负,这是人类最高层次需求。有自我实现需要的人,似乎在竭尽所能,使自己趋向完美。同时要注意,人必须量力而为,必须干称职的工作,是什么样的角色,就应该干什么样的事。

马斯洛认为,低层次的需求包括生理、安全、归属与爱,是直接关系到个体生存的需要,因此低层次需求又称为"缺失需要"。高层次的需求包括尊重和自我实现,它们不是维持生存所必需的,而是建立在人的潜能发挥、成就获得基础上的需要,因此高层次需求又称为"成长需要"。人类这五类基本需求不是同时并列存在的,而是按层级次序逐渐出现的,低层次的需求得到一定程度的满足后,高层次的需求才会出现。

四、民航服务人员的个性特点

个性是一个人区别于他人的稳定的独特的整体特性,人与人之间的性格、禀性、脾气等方面存在着一定的差异,每个人在这些方面表现出鲜明的特征。个性对人的思想、行为影响巨大,旅客的个性特点、民航服务人员的个性特点对民航服务工作有着至关重要的影响。因此,民航客运员应了解旅客和自身的个性特点,从而更好地为旅客提供服务。

个性是一个结构性系统,它主要包括气质、性格和能力等组成部分,不同部分从不同侧面反映着个性的差异。气质是体现在高级神经活动类型上的差异,性格是体现在社会道德评价方面的差异,能力是体现人的综合素质与自我发展的差异。个性不同的人都可以成为某一领域的杰出代表。民航服务人员的不同个性深刻地影响着工作的方方面面,不同气质类型的人对待同一件事情的态度和处理方式是不同的。下面我们首先了解一下民航服务人员个性特点与其服务工作的关系。

(1) 急躁型个性。急躁型人具有明显的胆汁质气质特征,他们工作富有朝气,动作敏捷,善于随机应变,工作特点带有明显的周期性。他们能够以极大的热情去工作,克服工作中的各种困难,但是如果他们对工作失去信心,情绪便顿时化为沮丧。

(2) 活泼型个性。活泼型人具有明显的多血质外向气质,他们机智敏锐,对新鲜事物敏感,容易与旅客接近,互相沟通快,动作干脆利落,服务面广,容易令旅客愉快。他们在从事多样化和多变的工作时,成绩卓越。活泼型个性的人很适合做反应迅速而敏捷的工作。但他们的持久兴奋只能停留在感兴趣的事业上,如果没有这种事业,他们就会感到无聊。

(3) 温顺型个性。温顺型人兼有多血质和黏液质的某些气质特征。这种类型的人热情有限不冲动,能够顺从旅客意见,满足旅客的要求,但服务动作不那么敏捷,处理问题不够泼辣大胆。

(4) 冷静型个性。冷静型人具有明显黏液质气质,他们接待旅客能够沉着冷静,注意力集中、稳定,能够耐心介绍客舱设备和餐饮品种,服务细致,最适宜于从事有条理的和持久性的工作。他们的缺点是可塑性差,不够灵活,有明显的惰性。他们集中和转移注意都需要时间,惰性也导致他们不善创新,有因循守旧的倾向。

(5) 沉默型个性。沉默型人具有明显的抑郁质气质,他们工作情绪稳定如一,工作认真、埋头苦干。在友好团结的集体中,能与人融洽相处,有较强的坚定性,内心情感丰富,具有想象力,比较聪明,易动感情但爆发性差,比较刻板,对工作缺乏激情,与旅客沟通较慢,不善言辞,也不爱回答旅客提出的问题。

以上我们介绍了一下民航服务人员个性特点与其服务工作关系,人的个性在实践活动中不起决定性作用,但它会影响民航服务人员的工作效率和旅客的服务体验。下面有针对性地介绍民航旅客的个性特点及对其服务的要点。

(1) 胆汁质型。这类人对人热情,易激动,喜欢大声讲话,爱打手势;不能克制自己,易发怒;精力充沛,情绪发生快而强烈;内心外露,率直、热情。针对该类型旅客服务时应注意:服务速度要快,办事效率要高,避免与其发生争执,出现矛盾应主动回避,不激怒他们。

(2) 多血质型。这类人活泼大方,面部表情丰富,善于交际,好打听消息,对各种新闻感兴趣,受不了孤独和寂寞,富有同情心,情绪发生快而多变,思维、语言、动作敏捷。针对该类型旅客服务时应注意:多介绍,安排新颖有趣、富有刺激性的活动,对他们主动热情的交往要诚恳相待,以满足他们爱交际、爱讲话的特点。

(3) 黏液质型。这类人温和稳重,做事慢,好清静,做事谨慎,无创新,沉着冷静,情绪发生慢而弱,思维、言语、动作迟缓。针对该类型旅客服务时应注意:安排座位应尽量僻静,活动项目不可安排太紧凑,内容不要太复杂,有事情交代应该直截了当,简单明了,说话慢些,重点处要重复。

(4) 抑郁质型。这类人喜欢独处,不苟言笑,说话慢,有想法和意见但是不爱言说,自尊心强,因小事而怄气,柔弱易疲倦,情绪发生慢而强,易感而富于自我体验。针对该类型旅客服务时应注意:对他们要特别尊重,处处照顾他们但要不露声色,说话态度温和诚恳,切勿命令指责,不和他们开玩笑,不和他们说无关的事,以免引起误会。

自我检测

(1) 简要描述民航服务心理学的研究内容。
(2) 简要描述民航服务心理学的研究原则。
(3) 简要描述民航服务心理学的研究方法。
(4) 说出什么是服务意识以及其对民航服务的重要性。
(5) 简要描述优秀的民航服务人员的基本要求。
(6) 简要描述民航旅客运输业务的六个工作过程。
(7) 简要描述民航服务中旅客的五点共性需要。
(8) 说出马斯洛需求层次理论的内容。

学习单元六
世界三大宗教知识

学习目标

(1) 了解佛教的礼俗与禁忌。
(2) 了解基督教的礼俗与禁忌。
(3) 了解伊斯兰教的礼俗与禁忌。

三个目标

学习内容

(1) 佛教的礼俗、禁忌等知识。
(2) 基督教的礼俗、禁忌等知识。
(3) 伊斯兰教的礼俗、禁忌等知识。

第一节 佛教的礼俗与禁忌

佛教是与基督教、伊斯兰教并列的世界三大宗教之一,公元前六世纪至公元前五世纪,释迦牟尼创建于古印度,之后广泛传播于亚洲很多国家和地区,对许多国家的社会政治和文化生活产生过重大影响。

佛教派别繁多,都尊奉"三宝",即佛、法、僧。佛指释迦牟尼,也泛指一切佛;法指佛陀的教义,实际上包括一切佛典;僧指佛教教徒。三宝是佛教的核心,佛教就是由佛、法、僧综合构成的宗教实体。按照地域划分为三类:汉传佛教、南传佛教和藏传佛教。

一、佛教戒规

佛教规定其弟子在日常生活和行为方面都要遵守"四威仪"和"十重戒"。"四威仪"是指僧尼的行、站、坐、卧应该保持的威仪德相,不容许表现举止轻浮,一切都要遵礼如法。所谓"行如风、站如松、坐如钟、卧如弓",就是僧尼应尽力做到的。这是因为所受"具足戒"戒律上对行、住、坐、卧的动作都有严格的规定,如果举止违反规定,就不能保持其威严。"十重戒"即戒杀生、偷盗、淫欲、妄语、饮酒、说过罪、自赞毁

141

他、悭、嗔、谤三宝。

此外，饮食戒有三项。即：

（1）过午不食。这是佛教中对僧尼的一个戒条，叫"过午不食戒"。在东南亚一带，僧尼和信徒一日两餐，过了中午不能吃东西，午后只能喝白开水。我国汉族地区的佛教弟子因需要自己在田里耕作，体力消耗较大，晚上必须吃东西，所以少数寺庙里开了"过午不食戒"，但晚上所吃的东西称为药食。然而在汉地寺庙的僧尼中，持"过午不食戒"的人仍不少。

（2）不食荤腥。荤食和腥食在佛门中是两个不同的概念。荤专指葱、蒜、辣椒等气味浓烈、刺激性强的东西，因为吃了这些东西不利于修行，所以为佛门所禁食；腥则指鱼、肉类食品。东南亚国家僧人多信仰小乘佛教，或者到别人家托钵乞食，或是由附近人家轮流送饭，无法挑食，所以无论素食、肉食，只能有什么吃什么。我国大乘佛教的经典中有反对食肉的条文，汉地僧人是信奉大乘佛教的，所以汉族僧人和很多在家居士都不吃肉。在我国蒙藏地区信奉藏传佛教的僧人，由于气候和地理原因，缺乏蔬菜，所以食肉。但无论食肉与否，大小乘教派都禁忌荤食。

（3）不喝酒、不吸烟。佛教徒都不饮酒，因为酒会乱性，不利于修行，所以严格禁止。

着装戒即不着杂色衣。佛教戒律规定，佛教僧人只能穿染衣，不能用杂色。不过现代佛教僧人的服装颜色也有变化，根据不同场合也用黄色、赤色等颜色。

此外，个人生活禁忌主要有不结婚，不蓄私财，不着香花鬘，不香油涂身，不自歌舞，不看相算命，不显示神奇，不禁闭、掠夺和威吓他人，禁止僧尼同住一寺等。

二、出家教徒的称谓

对出家众的称谓，佛教也有一些讲究。中国人一般称呼男出家众为"和尚"，女出家众为"尼姑"，或者称"姑子"，其实这种称呼是不准确的，特别对尼众的称呼更是一种不尊重的表现。

遵照佛教的制度，只有大丛林（寺院）的方丈才能称为"和尚"，此外，沙弥的剃度师也可称为和尚，比丘的得戒师也称"戒和尚"。所以，其他僧人一般都不能称和尚，和尚实际上是很尊重的称呼。对于和尚可称为"和尚""大和尚""方丈"，教外人可称"大法师""法师"，居士可统称"某某师父"。凡是剃度出家的男性，年满20岁，受了具足戒的则称做"比丘"。受具足戒五年之内的比丘，没有资格收徒，居士可称他们为"师父"，教外人可称"某某法师"。应该注意的是，教外人同僧人交往中，不要直呼其号。

对于女众出家人，称其为"尼姑"并不合乎佛制。正确的称呼是：年满18岁，在受了十戒的基础上再加六法，为随学比丘尼，居士称"某某师父"、教外人称"某某法师"。受过具足戒的就是比丘尼，教外人可称"某某尼师""某某法师""某某师父""某某师太"，也有称尼众寺院的住持为和尚的。

三、与佛教徒的交际礼仪

1. 见面礼仪

佛教徒内部不用握手礼节,不要主动伸手与僧众相握,尤其注意不要与出家的尼众握手。非佛教徒对寺院里的僧尼或在家的居士行礼,以合十礼为宜。

2. 行为禁忌

佛寺历来被佛教视为清净圣地,所以,非佛教徒进入寺庙时,衣履要整洁,不能着背心、打赤膊、穿拖鞋。当寺内要举行宗教仪式时,不能高声喧哗以及做出其他干扰宗教仪式或程序的举动。未经寺内执事人员允许,不可随便进入僧人寮房以及其他不对外开放的坛口。另外,为保持佛门清净,严禁将一切荤腥及其制品带入寺院。

3. 祭拜礼节

入寺拜佛一般要烧香,这是为了袅袅香烟扶摇直上把诉诸佛的"信息"传递给众佛。但在拈香时要注意香的支数,由于佛教把单数看成吉数,所以烧香时,每炷香可以有很多支,但必须是单数。

4. 不同国家的佛教禁忌

在缅甸,佛教徒忌吃活物,有不杀生与放生的习俗。忌穿鞋进入佛堂与一切神圣的地方,他们认为制鞋用的是皮革,是杀生所得,并且鞋子踏在脚下是肮脏的物品,会玷污圣地,受到报应。

在日本,有佛事的祭祀膳桌上禁忌带腥味的食品,同时忌食牛肉。忌妇女接触寺庙里的和尚,忌妇女送东西给和尚。

在泰国,佛教徒最忌讳别人摸他们的头,即使是大人对小孩的抚爱也忌讳摸头顶,因为按照传统的佛俗认为头部是最高贵的部位,抚摸或其他有关接触别人头部的动作都是对人的极大侮辱。同时还忌讳当着佛祖的面说轻率的话,佛教徒购买佛饰时忌说"购买",只能用"求租"或"尊请"之类的词,否则被视为对佛祖的不敬,会招来灾祸。

在中国,佛教徒忌别人随意触摸佛像、寺庙里的经书、钟鼓,以及活佛的身体、佩戴的念珠等被视为"圣物"的东西。

> **拓展阅读**

中国佛教四大名山[①]

中国佛教四大名山即山西五台山、浙江普陀山、四川峨眉山和安徽九华山,有"金五台、银普陀、铜峨眉、铁九华"之称,是佛教圣地,分别供奉文殊菩萨、观音菩萨、普贤

---

① 中国佛教四大名山. http://baike.sogou.com.

菩萨和地藏菩萨。汉朝年间，随着佛教的传入，四大名山开始建寺庙、修道场，一直延续至清末。中华人民共和国成立以后，佛教四大名山受到国家的保护，并对寺院进行了修葺，成为蜚声中外的宗教、旅游胜地。

五台山，中国佛教第一圣地。山西省五台县境内，方圆500余里，海拔3000米，由五座山峰环抱而成，五峰高耸，峰顶平坦宽阔，如垒土之台，故称五台。汉唐以来，五台山一直是中国的佛教中心，此后历朝不衰，屡经修建，鼎盛时期寺院达300余座，规模之大可见一斑。目前，大部分寺院都已无存，仅剩下台内寺庙39座，台外寺庙8座。五台山是国家级重点风景名胜旅游区之一。寺院经过不断修整，更加富丽堂皇，雄伟庄严，文化遗产极为丰富，举世称绝，其中最著名的五大禅寺有显通寺、塔院寺、文殊寺、殊像寺、罗睺寺。

普陀山是我国四大佛教名山之一，位于浙江舟山群岛，观音菩萨道场，同时也是著名的海岛风景旅游胜地。如此美丽，又有如此众多文物古迹的小岛，在我国可以说是绝无仅有。普陀山位于杭州湾以东约100海里，是舟山群岛中的一个小岛，全岛面积约12.5平方千米。普陀山的名称，出自佛教《华严经》第六十八卷，全称为："补坦洛迦""普陀洛迦"，是梵语的译音，意为"美丽的小白花"。由于中国历代帝王多建都在北方，所以自元朝以来，惯称此山为"南海普陀"。普陀山又有"五朝恩赐无双地，四海尊崇第一山"的美誉。

峨眉山位于四川省峨眉山市境内，景区面积154平方千米，最高峰万佛顶海拔3099米，是著名的旅游胜地和佛教名山，是一个集自然风光与佛教文化为一体的中国国家级山岳型风景名胜。1996年12月被列入《世界自然与文化遗产名录》。峨眉山平畴突起，巍峨、秀丽、古老、神奇。它以优美的自然风光、悠久的佛教文化、丰富的动植物资源、独特的地质地貌而著称于世。被人们称为"仙山佛国""植物王国""动物乐园""地质博物馆"等，素有"峨眉天下秀"之美誉。唐代诗人李白诗曰："蜀国多仙山，峨眉邈难匹；"明代诗人周洪谟赞道："三峨之秀甲天下，何须涉海寻蓬莱"；当代文豪郭沫若题书峨眉山为"天下名山"。古往今来，峨眉山一直是人们礼佛朝拜、游览观光、科学考察和休闲疗养的胜地，千百年来香火旺盛、游人不绝，永葆魅力。

九华山位于安徽省池州市，距池州市青阳县20千米、距长江南岸贵池区约60千米，方圆120平方千米，主峰十王峰海拔1344.4米，为黄山支脉，是国家级风景名胜区，相传为地藏王菩萨（或称地藏菩萨）道场。九华山共有99座山峰，以天台、十王、莲华、天柱等9峰最雄伟，群山众壑，溪流飞瀑，怪石古洞，苍松翠竹。奇丽清幽，相映成趣；名胜古迹，错落其间。九华山古刹林立，香烟缭绕，是善男信女朝拜的圣地；风光旖旎，气候宜人，更是旅游避暑的胜境。现有寺庙80余座，僧尼300余人，已逐渐成为具有佛教特色的风景旅游区。在中国佛教四大名山中，九华山独领风骚，以"香火甲天下""东南第一山"的双重桂冠而闻名于海内外。

第二节 基督教的礼俗与禁忌

基督教是一个相信耶稣基督为救主的一神论宗教,全球约有15亿~21亿人信仰基督教,占世界总人口25%~30%。早期的基督教只有一个教会,后在基督教的发展进程中逐渐分化为多个派别,主要有天主教(中文也可译为公教、罗马公教)、东正教、新教(中文常称为基督教)三大派别,以及其他一些影响较小的派别。

一、基督教的礼俗

在基督教的礼节仪式中,称谓、圣洗、坚振、祈祷、礼拜等是其基本组成部分。

1. 称谓

在基督教内部,普通信徒之间可称平信徒;新教的教徒,可称兄弟姐妹(意为同是上帝的儿女)或同道(意为共同信奉耶稣所传的道);在我国,平信徒之间习惯称"教友"。对宗教职业人员,可按其教职称呼,如某主教、某牧师、某神父、某长老等;对外国基督教徒可称先生、女士、小姐或博士、主任、总干事等学衔或职衔。

2. 圣洗(洗礼)

这是基督教的入教仪式。经过洗礼后,就意味着教徒的所有罪过获得了赦免。洗礼的方式有两种:注水礼和浸水礼。天主教多施注水礼,由主礼者将一小杯水蘸洒在受洗者额头上,或用手蘸水在受礼者额头上画十字。东正教通常施浸水礼,由主礼者口诵规定的经文,引领受洗者全身浸入水中片刻。

3. 坚振

坚振,又称坚振圣事(Confirmation)或坚振礼、坚信礼、按手礼,是基督宗教的礼仪,象征人通过洗礼与上主建立的关系获得巩固(图6-1)。

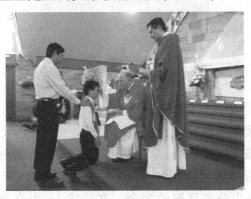

图6-1 坚振礼

4. 祈祷

祈祷俗称祷告,是指基督教徒向上帝和耶稣表示感谢、赞美、祈求或认罪的行为。祈祷包括口祷和默祷两种形式,个人可以独自在家进行,也可以利用聚会时由牧师或神父作为主礼人。祈祷者应始终保持必要的仪态，维系一种"祭神如神在"的虔诚。礼毕，须称"阿门"，意为"真诚"，表示"惟愿如此，允获所求"。祷告时间不固定，但清晨和晚间的祷告是必须的，因为他们认为清晨可以把一天都交托在神的圣手当中，晚间可以为一天的事情而感谢神。也可以随时随地祷告，比如清晨洗脸，可以求神洁净灵魂；出门可以求神保佑平安，等等。祷告可以默祷，也可以出声，可以站、坐或跪（最好是跪着祷告，因为要长存一颗敬畏的心）。无论以哪种形式，只要是奉主名的祷告，都能得到天父的垂听。

5. 礼拜

礼拜每周一次，一般星期日在教堂举行，主要内容有祈祷、唱诗、读经、讲道等。礼拜时，教堂内常置有奉献箱或传递收捐袋，信徒可随意投钱，作为对上帝的奉献。除每周一次礼拜外，还有圣餐礼拜（为纪念耶稣受难，每月一次）、追思礼拜（为纪念亡故者举行）、结婚礼拜、安葬礼拜、感恩礼拜等。

6. 告解

告解俗称"忏悔"，是天主教的圣事之一，是耶稣为赦免教徒在领洗后对所犯错误向上帝请罪，使他们重新得到恩宠而定立的（图6-2）。忏悔时，教徒向神父或主教告明所犯罪过，并表示忏悔，神父或主教对教徒所告请罪指定补赎方法，并为其保密。

图6-2　告解

7. 圣餐

这是纪念基督救赎的宗教仪式，这一仪式又称"弥撒"。天主教称圣体，东正教称圣体血。据称耶稣在最后的晚餐时，拿出饼和葡萄酒祈祷后分发给十二位门徒，说："这是我的身体和血，是为众免罪而舍弃和流出的。"因此，天主教和东正教认为领"圣体"或"圣体血"，意为分享耶稣的生命。在仪式上，由众教徒向神职人员领取经祝圣后的面饼和葡萄酒，象征吸收了耶稣的血和肉而得到了耶稣的宠光。

8. 终敷

终敷是基督教教徒在病情危重或临终前请神职人员为其敷擦"圣油"，以赦免其一生罪过的宗教仪式。

9. 派立礼

派立礼是授予神职的一种仪式。一般由主礼者将手按于领受者头上,念诵规定文句即可成礼。

10. 婚配

教徒在教堂内,由神职人员主礼,为求得到上帝的祝福,按照教会规定的仪式正式结为夫妻。

根据《圣经》中伊甸园的记叙,基督教认为:第一,婚姻是神圣的,因为婚姻的起源是创造主自己;第二,婚姻应以一夫一妻为原则,上帝为亚当创造夏娃即表明这一道理。既然婚姻是神圣的,要求做到一夫一妻,因此基督教不主张离婚。基督教传统认为,离婚的前提是一方犯淫乱的罪。圣经中提到离婚的另一个可被允许的情形是为信仰不同之故,一方自愿离去。

《圣经》里的结婚誓言:

Marriage is the union of a man and a woman,

 for better, for worse,

 for richer, for poorer,

 in sickness and in health,

 to love and to cherish,

 till parted by death.

二、基督教的禁忌

禁忌在基督教信仰中并不是最重要的内容,基督教没有一整套繁琐的从外在约束、规范信徒信仰和生活的清规戒律,比较忌讳的事主要包括以下几个方面。

1. 信仰

基督教所信仰的上帝是宇宙独一的主宰,忌讳崇拜除上帝以外的偶像。向基督徒赠送礼品,要避免上面有其他宗教的神像或者其他民族所崇拜的图腾。要尊重基督徒的信仰,不能以上帝起誓,更不能拿上帝开玩笑。基督教由于教派不同,其各个教派的教条也有所不同,为了避免无意中出错,对一些问题一定要弄清楚。如:神父与牧师是天主教与新教对其神职人员的不同称呼,不可混为一谈。

2. 忌讳吃血

血象征生命,是基督教旧约献祭礼仪上一项重要的内容。而且新约把血的作用解释为耶稣基督在十字架上流血舍命而带给人的救赎能力。因此,出于尊重、纪念的目的,不吃血成为《圣经》对基督徒的一种要求。

3. 忌讳看相、算命、占卜和占星术(星象学)等活动

因为这些迷信除了相信一种上帝之外的干预人生的神秘力量外,还有一种宿命论倾向。基督教认为,每个人都是上帝所爱,都有自己的意志选择权,上帝不强加意志给人,而让人自愿选择人生道路,每个人也应该为自己选择的行为负责,而此类迷

信活动与此观点背道而驰。

4. 守斋

基督徒有守斋的习惯。基督教规定,教徒每周五及圣诞节前夕只食素菜和鱼类,不食其他肉类。天主教还有禁食的规定,即在耶稣受难节和圣诞节前一天,只吃一顿饱饭,其余两顿只能吃得半饱或者更少。基督徒在饭前通常要先祈祷,如和基督徒一起用餐,要待教徒祈祷完毕后再开始。

5. 忌讳"13"和星期五

基督徒对数字"13"和"星期五"这一天是非常忌讳和厌恶的。在他们眼中,"13"和"星期五"是不祥的,要是13日和星期五恰巧是同一天,他们常常会闭门不出,在这期间,切记不能打扰他们。

6. 忌讳衣冠不整

非基督徒进入教堂应衣冠整洁,进入后应脱帽。与人谈话应压低声音,不得妨碍对方正常的宗教活动。当教徒们祈祷或唱诗时,旁观的非教徒不可出声;当他们全体起立时,则应随之一同起立。

三、基督教的主要节日

1. 圣诞节

圣诞节是基督教最重要的节日(图6-3),为庆祝耶稣诞生,定于每年的12月25日为圣诞日。12月24日通常称为圣诞夜,一般教堂都要举行庆祝耶稣降生的夜礼拜(根据圣经记录,耶稣降生于晚上),礼拜中专门献唱《圣母颂》或《弥赛亚》等名曲。像国际礼拜堂、沐恩堂、景灵堂都以圣诞夜音乐崇拜水准较高而闻名于基督教界;又如清心堂、华东神学院等每年圣诞节都有朝圣表演,再现耶稣诞生时的情景。

图6-3 圣诞节照片

2. 复活节

复活节为纪念耶稣复活的节日。据《圣经·新约全书》记载,耶稣受难被钉死在十字架上后,第三天复活。根据公元325年尼西亚公会议规定,复活节在每年春分后第一个圆月后的第一个星期日,一般在 3 月 22 日至 4 月 25 日之间,基督教多数教派都纪念这个节日。庆祝活动的具体内容各地不一,最流行的是吃复活节蛋,以象征复活和生命。

3. 受难节

受难节是纪念耶稣受难的节日。据《圣经·新约全书》记载,耶稣于复活节前三天被钉在十字架而死,这天在犹太教的安息日前一天,因此规定复活节前两天(星期五)为受难节,基督教多数教派都纪念这一节日。

4. 感恩节

感恩节为美国基督教的传统节日,起源于 1621 年,初为迁居美洲的清教徒庆祝丰收的活动,后经美国总统华盛顿、林肯等定此节为全国性节日。具体日期多经更改,1941 年起定为 11 月的第四个星期四举行,教堂在这一天举行感恩礼拜,家庭也举行聚会,通常共食火鸡等。中国基督教部分教派守此节,并举行感恩礼拜。

5. 情人节

即圣瓦伦丁节。每年的 2 月 14 日是情侣们的节日,富有浪漫色彩,充满了友谊和快乐。年轻的恋人一起到郊外旅游或去参加舞会,有的俱乐部还为年轻的朋友举行非常有趣味的化装舞会,恋人们互赠有纪念意义的礼品或精美别致的贺卡,通常印有象征爱情的图案。礼品的装饰大多是心形的糖盒、香水或饰物,也有的送系着红丝带的玫瑰花或郁金香花束。有些老年夫妇在这天也互赠鲜花,以纪念他们长久永恒的爱情。

拓展阅读

世界十大最壮美教堂

一、圣家赎罪堂

圣家赎罪堂是由西班牙最伟大的建筑设计师高迪设计的,无论你身处巴塞罗那的哪一方,只要抬起头就能看到它。这座教堂从高迪在世开始一直到现在都在不停地建造,已经一个多世纪了,仍未造完,在它高高的塔顶上仍是布满了脚手架。这是一座象征主义建筑,分为三组,描绘出东方的基督诞生、基督受难及西方的死亡,南方则象征上帝的荣耀;它的四座尖塔代表了十二位基督圣徒;圆顶覆盖的后半部则象征圣母玛利亚。它的墙面主要以当地的动植物形象作为装饰,正面的三道门以彩色的陶瓷装点而成。整个建筑华美异常,令人叹为观止,是建筑史上的奇迹(图 6-4)。

二、Las Lajas 大教堂

这座宏伟的大教堂建于 1916 年,坐落在位于哥伦比亚境内传说中圣母玛利亚出生的地方。这里流传着这样一个传说,一位印度妇女背着她的聋哑女儿走在 Las Lajas,因为感觉有点累就暂时坐在石头上歇脚,这时她的女儿突然开口说话,说看到一个山洞中有幻影出现。后来,圣母玛利亚怀孕的壁画在洞穴中被发现,并且颜色渗

图 6-4 圣家赎罪堂

透到岩石中几英寸之深(图 6-5)。

图 6-5 Las Lajas 大教堂

三、圣巴索教堂

圣巴索教堂建于 1555 年,历时 6 年,是为纪念伊凡四世攻占喀山和阿斯特拉罕市,并将其并入俄国版图而建。圣巴索大教堂位于莫斯科红场东南,整座教堂建筑是由 9 座礼拜堂组合而成,主教堂高约 47 米。每座礼拜堂上方都建有造型各异的洋葱式圆顶,色彩缤纷艳丽,是俄罗斯最具代表的经典建筑(图 6-6)。

图 6-6 圣巴索教堂

四、土耳其索菲亚大教堂

索菲亚大教堂中央穹顶直径33米，是世界上少数大穹顶之一。它的顶点高约60米，高于万神庙。宫廷史官普洛柯比乌斯写道："当你走进这幢建筑物去祈祷时，你会觉得这项工程不是人力造成的，你会相信上帝也喜欢这个不同寻常的家。"索菲亚大教堂动用了1万名工匠，耗资折合14.5万千克黄金。公元537年12月26日，查士丁尼大帝和大主教率领一支庄严的队伍举行落成典礼（图6-7）。

图6-7　索菲亚大教堂

五、圣彼得教堂

圣彼得教堂最初由君士坦丁皇帝在圣彼得墓地上修建，在长达120年的重建过程中，意大利最优秀的建筑师布拉曼特、米开朗琪罗、德拉·波尔塔和卡洛·马泰尔相继主持过设计和施工，直到1626年11月18日才正式宣告落成。圣彼得大教堂是一座长方形的教堂，整栋建筑呈现出一个十字架的结构，造型传统而神圣。圣彼得教堂不仅是一座富丽堂皇值得参观的建筑圣殿，它所拥有的多达百件的艺术瑰宝，更被视为无价的资产（图6-8）。

图6-8　圣彼得教堂

六、巴黎圣母院

巴黎圣母院坐落于巴黎市中心塞纳河中的西岱岛上，始建于1163年，是巴黎大主教莫里斯·德·苏利决定兴建的，整座教堂在1345年才全部建成，历时180多年。巴黎圣母院是一座典型的"歌特式"教堂，之所以闻名于世，主要因为它是欧洲建筑史上一个划时代的标志。巴黎圣母院的正外立面风格独特，结构严谨，看上去十分雄伟庄严（图6-9）。

图6-9 巴黎圣母院

七、雷克雅未克大教堂

雷克雅未克大教堂位于雷克雅未克市中心,是该市的地标性建筑。以冰岛著名文学家哈尔格林姆斯的名字而命名,纪念他对冰岛文学的巨大贡献。该教堂于1940年开始奠基,于20世纪60年代末基本完工。由于经费靠教会筹集和信徒捐助,该教堂几乎花了半个多世纪才完工。该教堂设计新颖,为管风琴结构,主厅高30多米,可容纳1200人。主塔高72米,可乘坐电梯上顶楼俯瞰首都全貌,教堂前的西格松雕像是为纪念冰岛独立之父西格松(Leifur Eiriksson)而建(图6-10)。

图6-10 雷克雅未克大教堂

八、罗马千禧教堂

由美国建筑师理查·迈尔(Richard Meier)设计,于2003年完工的罗马千禧教堂(Jubilee Church)是迈尔近年来最重要的作品。如船帆状的三片白色弧墙,层次井然地朝垂直与水平双向弯曲,似球状的白色弧墙曲面(图6-11)。

图6-11 罗马千禧教堂

九、法国朗香教堂

这是一座位于群山之中的天主教堂,它突破了几千年来天主教堂的所有形制,超常变形,怪诞神秘,如岩石般稳重地矗立在群山环绕的一处被视为圣地的山丘之上。朗香教堂建成之时,即获得世界建筑界的广泛赞誉,它表现了勒氏后期对建筑艺术的独特理解、娴熟的驾驭体形的技艺和对光的处理能力。无论人们赞赏与否,都得承认勒·柯布西耶的非凡的艺术想象力和创造力(图6-12)。

图6-12　朗香教堂

十、水晶大教堂

这座教堂位于美国加利福尼亚州洛杉矶市南面的橙县(Orange County)境内,一个叫"庭院树丛"(Garden Grove)的地方。始建于1980年,历时12年完成,可容纳近万名信徒进行礼拜活动。水晶大教堂既是一个建筑奇迹,也是人间奇迹,由20世纪著名建筑大师菲利普·约翰逊设计,精致华美,举世无双,巨大和明亮的空间使所有教堂望尘莫及(图6-13)。①

图6-13　水晶大教堂

第三节　伊斯兰教的礼俗与禁忌

伊斯兰(al-Islam)系阿拉伯语音译,公元7世纪由麦加人穆罕默德在阿拉伯半岛

---

① 世界十大最壮美教堂[EB/OL].[2009-01-28][2016-01-04]. http://www.360doc.com/content/13/0803/16/7010028_304489393.shtml.

上首先兴起,原意为"顺从""和平",又译作伊斯俩目。信奉伊斯兰教的人统称为"穆斯林"(Muslim,意为"顺从者"与伊斯兰"Islam"是同一个词根)。尽管穆斯林们分布于世界各地,国籍、民族、肤色和语言各不相同,但都依照各自的理解遵循着《古兰经》的教义。

一、伊斯兰教的礼俗

穆斯林见面时通常会行握手礼,同时说"al-Islam",意思是真主的安宁在您的身上。这种祝辞不分男女老幼,如果有人跟你说了祝辞,必须及时回应,告别时也用同样的祝辞。

伊斯兰教非常重视沐浴,在重要的宗教活动前都要进行沐浴。沐浴的要求是:①洁净的水,在没有自来水以前,每个清真寺都建有专用的水井;②洗淋浴;③水要周流全身。除此之外,沐浴时要诵经,还要避免裸体相见。

穆斯林在着装方面也有一些特殊的习惯。首先是要遮盖羞体,他们认为男人的肚脐以下,双膝盖以上属于羞体,需要遮盖;而女性的全身都在被遮盖的范围之内,只有眼睛和双手可以例外。其次是讲究简朴,不提倡穿丝绸。第三,爱穿长袍,因为阿拉伯地区天气酷热,人们通常用长袍来防晒避暑。伊斯兰教崇尚黑、白、绿三色,中国史书上有"白衣大食""黑衣大食"和"绿衣大食"之称,"大食"是古代波斯人对阿拉伯人的称谓的汉语音译。至今世界各国穆斯林仍崇尚黑、白、绿三色(图6-14)。

图6-14　穆斯林的着装

二、伊斯兰教的禁忌

今天,无论走进哪个国家的穆斯林地区或家庭,会发现他们在生活习惯和禁忌方面都有一致之处。

伊斯兰教在饮食、服装、卫生、婚姻、丧葬、商业等方面都有禁忌,这里主要介绍饮食禁忌。

饮食问题在人们生活中占据着极为重要的地位,对于穆斯林来说也不例外。伊斯兰教在饮食方面的禁忌限于如下四种东西:自死物、溢流的血液、猪肉和"诵非安拉之名而宰的动物"。《古兰经》除了在肉食方面提出了禁忌要求之外,它还要求教徒禁止饮酒、赌博、求签等。

伊斯兰教严禁吃自死物有两个原因：一是因为自死物一般是由于伤病中毒、衰老等原因而致死的，食后对人的健康不利；二是因为动物不经宰杀自死者，血未去，血液中往往残存有害物质，对人体不利。但是，在所有的自死物中，鱼类是例外的。在现实生活中，很多人以为凡是牛羊肉和鸡肉，穆斯林都是可以吃的。殊不知，伊斯兰教禁食之物中还包括不以安拉名义宰杀的任何可食动物。伊斯兰教认为，安拉是万物的创造者，是生命的赋予者和掌握者。因此，要求穆斯林在宰杀牛、羊、鸡等可食动物时，诵"以安拉之名"表示结束该动物的生命是奉安拉的名义进行的，不是出于仇恨该动物，也不是由于它弱小可欺。这样宰杀的动物，其肉是合法可食的，是清洁的。伊斯兰教禁食血液的原因是动物的血液乃是"嗜欲之性"，也是污秽的物质，所以不可食用。伊斯兰教之所以严禁信徒食用猪肉，是出于"重视人的性灵纯洁和身体安全"。《古兰经》说，猪肉是不洁的，这里的"不洁"不单是指卫生，更重要的是指宗教意义上的不纯洁。穆斯林从宗教的、伦理的、审美的、卫生的角度，认为猪肉是不干净的。

伊斯兰教对植物性的食物没有禁忌。但是伊斯兰教严禁饮酒，也禁止饮用一切与酒有关的致醉物品。所以，一切有危害性及能麻醉人的植物或可食植物，如葡萄、大麦、小麦等一旦转化成能致醉的饮料，如酒一类的东西，就成为禁忌的对象。同时，伊斯兰教还禁止从事与酒有关的营生，一切比酒更有害于人身体的麻醉品和毒品也都在严禁之列。这些禁忌已成为信仰该教的各民族的传统生活习惯。

三、伊斯兰教的主要节日

1. 开斋节

伊斯兰教最重要的节日就是"开斋节"（伊斯兰教历十月一日），庆祝斋戒满月圆满结束。每年的伊斯兰教月，称为斋月，斋月期间，穆斯林在日出之前都要吃好封斋饭。日出之后的整个白天，不吃不唱，谓之封斋。在这期间，一心只敬真主，戒除一切俗念。经过一个月的斋戒，于伊斯兰教历九月的最后一天，寻看新月（月牙），见月后的第二天，即行开斋，故名开斋节（图6-15）。

图6-15 穆斯林的开斋节

2. 古尔邦节

古尔邦节,亦称"宰牲节""牺牲节""忠孝节"。"古尔邦"是阿拉伯语,原意是献牲,"宰牲节"是其意译,时间为伊斯兰教历的十二月十日。当天上午 10 点左右,回民头戴小白帽,穿戴整齐,进入清真寺会礼叩拜。会礼结束后,举行别开生面的典礼,在条件好的地方,每人要宰一只羊,七人合宰一头牛或一峰骆驼。所宰之肉要分三份,一份自己食用,一份送亲邻和招待来客之用,一份济贫施舍。典礼完毕后,众人开始访亲问友,馈赠油香、花稞稞等互相贺节。

3. 圣纪节

圣纪节,阿拉伯语称"冒路德节",与"开斋节"和"古尔邦节"并称伊斯兰教三大节日,于每年的六月八日举行。相传这天为穆罕默德的逝世日,亦称"圣忌",为缅怀其功德,举行纪念活动,主要活动内容包括诵经、赞圣和讲述他的生平事迹。当日穆斯林前往清真寺听教长、阿訇讲经,然后游玩一天,有的还宰杀牛羊,设宴聚餐。

学习单元七
国内外风俗习惯

学习目标

(1) 了解我国十九个常见少数民族的风俗习惯。
(2) 了解与我国交往密切的十三个国家的风俗习惯。
(3) 了解与我国交往密切的十三个国家的饮食习惯。
(4) 了解与我国交往密切的十一个国家的重要节日。

三个目标

学习内容

(1) 我国十九个常见少数民族的风俗习惯知识。
(2) 与我国交往密切的十三个国家的风俗习惯知识。
(3) 与我国交往密切的十三个国家的饮食习惯知识。
(4) 与我国交往密切的十一个国家的重要节日知识。

第一节 中国部分少数民族的风俗习惯

我国是一个多民族国家，五十六个民族以汉族为主，其他少数民族以"大杂居、小聚居"的形式分布在各地。每个少数民族都有着其独特的风俗习惯，对民族风俗知识的了解将对民航从业者提高自身服务质量起着基础性作用，在本节我们将介绍中国部分少数民族极具代表性的风俗习惯。

在我国少数民族中，从事农业生产的占大多数，他们虽然都以谷物为主食，但饮食习惯又不尽相同。北方的朝鲜族、回族，新疆的维吾尔族以面食为主。南方大部分民族主要食用粳米，而傣、侗和水族等嗜食糯米。居住在高原、山区以及北方平原地区的民族主食品种繁多，五谷杂粮俱食。在食品做法上，各民族之间也不尽相同。佤族、黎族喜欢用竹筒包裹食材，做出的饭带有新竹的清香；流动性较大的游牧民族常以青稞、燕麦等做成炒面；广西山区的瑶、侗等族爱吃用油、葱、姜、花生等炒后加水煮成浓汤，然后冲泡炒大米花和炒黄豆的"油茶"；新疆少数民族将面粉、玉米或高粱面烘烤成馕（波斯语"面包"之意）作为日常主食；他们还特别喜欢吃"帕罗"，这是一种用羊油、羊肉、葱头、胡萝卜、葡萄干等做的甜米饭,用于捏团抓食,通常被人们称为"抓饭",此外,新疆维吾尔族的烤羊肉串、朝鲜族的冷面和回族的炸馓子,也都各具特色。此外,我国某些少数民族在饮食上有所禁忌,如游牧民族忌食狗肉;藏族忌食鱼类;穆斯林忌食猪肉等,我们要尊重他们的习俗。

我国少数民族风俗反映在恋爱婚丧方面也是百花齐放,如深受男女青年喜欢的哈萨克族的"姑娘追"和布依族的对歌"丢花包",回族实行的无棺土葬和藏族实行火、水、天葬。这些习俗的形成受宗教信仰和传统习惯的影响,有着复杂的社会和历史渊源。我国民族风俗多种多样,民族文化异彩纷呈。藏族人民能歌善舞,以踢踏舞驰名,乐曲节奏悠扬、锣鼓喧嚣、欢乐自在;蒙古族牧民精骑善射,射箭、赛马、摔跤是一年一度"那达慕"大会的精彩节目,传统的演唱形式是深受群众喜爱的"好来宝",马头琴是最富特色的民族乐器;塔吉克族的服饰以帽子最具特色,男子戴黑绒圆高统帽,女戴圆顶绣花棉帽等。根据我国第六次人口普查数据显示,人口数量排在前列的少数民族分别是:壮族、回族、满族、维吾尔族、苗族、彝族、土家族、藏族、蒙古族、侗族、布依族、瑶族、白族、朝鲜族、哈尼族、黎族、哈萨克族、傣族。下面我们分别介绍一下常见少数民族的风俗习惯和饮食文化。

一、壮族主要风俗习惯

壮族过去有多种称呼,1949年以后统称为僮族,1965年改称为壮族,主要聚居在广西壮族自治区、云南文山壮族苗族自治州,少数分布在广东、湖南、贵州、四川等省。壮族聚居地区多山,他们大多从事农业生产。

壮族人喜欢吃腌制的酸食,以生鱼片为佳肴,妇女有嚼槟榔的习惯。壮族人信仰多神,除祭祀祖先外,最早还膜拜巨石、高山、土地和龙蛇等。壮族人有歌圩的习俗,每年农历三月初三,大家聚集到山坡上,搭起赛歌台,参加唱山歌的男女青年们先唱"见面歌"、"迎客歌"。唱过山歌之后,就开始抛绣球、碰彩蛋、抢花炮等娱乐活动。大的歌圩有上万人参加,他们常以唱山歌来祈求风调雨顺,五谷丰登。

壮族在两三千年的历史发展过程中,创造了瑰丽的文化艺术。壮族的先民在广西左江两岸的陡壁上绘制了大量的崖壁画。从战国时期开始,壮族人民就能铸造铜鼓,它既是乐器,又是权力和财富的象征。独具民族风格的壮锦久负盛名,远销国内外。

二、满族主要风俗习惯

满族人的禁忌主要有不吃狗肉,不用狗皮制品,如狗皮帽子等。打猎时不打乌鸦、喜鹊等。

满族节日与汉族相同,主要过春节、端午节和中秋节,但习俗有所差异。春节是旧时满族家庭祭祖、祭天之时。祭祖时,祖宗牌位上贴"白挂钱"、摆祭品、烧檀香。族长歌颂祖宗功德,族人长幼依次跪拜。如今祭祖之俗已简化,只在年节给祖先烧香摆供致祭。祭天,即在院中竖以高杆,上置锡斗,斗内放猪肠等物,供乌鸦食用,此杆名"索伦杆子"。如今多数满族家庭在院中竖起灯笼杆子,年三十至正月十五(有的地方到正月初六),每到晚上,点燃灯笼,祝愿人寿年丰。另与汉族不同之处是,满族家庭"除夕"守岁至半夜,吃饺子或手扒肉。端午节是满汉共同节日,但满族并非纪念屈原,而是祈祷解瘟。农历五月初五,满族家家屋檐及门楣都插上艾蒿,还用红黄彩纸剪成宝葫芦贴在缸上,一再解瘟。此外,满族也过元宵节、二月二、清明节、腊八、"小年"等节日。

满族有敬老重礼之风。清代,遇有新君即位,或重大节庆,有时在全国各地挑选德高望重的老人到京,举行盛大的"千叟宴",以示国家对老人的尊重。民间,敬老之风尤为突出。对长辈,三天一小礼,五天一大礼。小辈每隔三天要给长辈请安。

清代满族的礼节繁杂。主要有请安、打千(妇女为蹲安)、靠肩礼和顶头等。晚辈每天早晨起床后、晚上睡前,要给长辈请安,媳妇还要给长辈装烟。妇女走亲串友或往娘家赴宴,要向公婆请假,回来后要问安。平时在途中或街市上遇到长辈或相识者,要问好、打千。

满族人待客热情并讲礼仪。如有亲朋好友来家拜望,主人会热情待客,并互敬问候、敬烟、敬茶,较富裕家还拿糕点、瓜果敬客,并挽留吃饭,家庭中闲谈或吃饭要请长辈居上座。现在,个别地区老年人之间,仍有行请安、靠肩等礼者,年节、长辈寿辰还要行大礼,以示祝贺。农村有的满族家庭依然奉行媳妇对长辈及小姑之礼,不然被耻笑不懂节,受人非议。男人打千要哈腰,右手下伸,左手扶膝,像拾东西一样;女人打千要扶膝下蹲。满族男人留发梳辫,穿马蹄袖袍褂,系腰带;妇女头顶盘髻,穿宽大直统旗袍,不缠足。今天,旗袍已经成为典型的东方妇女服饰,风靡全球。

三、回族主要风俗习惯

回族是回回民族的简称,他们散居全国各地,是我国分布最广的少数民族。他们主要聚居于宁夏回族自治区,在甘肃、青海、河南、河北、山东、云南等省也有聚居区。

回族的形成与发展深受伊斯兰教文化的影响,居民大多信仰伊斯兰教,在我国也称回教。回族人喜欢环清真寺而居,在农村往往自成村落。他们的生活习惯有较深的宗教烙印,婴儿出生要请阿訇(伊斯兰教教士)起名字,结婚要请阿訇证婚,去世后要请阿訇主持葬礼。回族忌食猪肉、动物的血和自死的动物。男子多戴小白帽,好多戴花色头巾。回族通用汉语,但在民族内部和宗教活动中使用大量阿拉伯、汉语语汇。

回族饮食以米、面为主食,尤其喜食各种油煎面食。油香是回族特有食品,其做法是将面粉加入适量碱、盐,用温水和好放一小时左右,然后拍成碗口大小的圆饼,用香油炸熟。按照伊斯兰教传统习惯,油香被当作一种珍贵食品,只有宗教节日或办丧事、纪念亡人时才做。回族对于肉类食品选择严格,只吃反刍类的牛、羊、驼肉和食谷类的鸡、鸭、鹅肉,严禁吃猪、马、驴、骡、狗和一切凶猛禽兽的肉,忌吃一切动物的血和自死之物（包括牛、羊在内）。食用可吃的动物和家禽时，必须请阿訇屠宰。只可食用带鳞的鱼类，凡不带鳞或样子古怪、丑陋和体型特大的鱼都禁止食用。

回族善烹调，喜精做，有一些独特的食品。保定"白运章包子铺"的包子，"马甲老鸡铺"的卤煮鸡，邢台"墨家饺子馆"的饺子，石家庄"清真扒鸡店"的扒鸡等，在地方都很有名气。此外，还有一些小吃，如焦叶、切糕、面茶、豆腐脑等也都很有特色。

忌烟酒，喜饮茶，也是回族人的传统习惯。过去回族设宴请客"先茶后饭"，以茶待客，不摆烟酒。相互探望则以茶为礼，不送烟酒。饮茶以花茶为主。

回族在丧葬风俗方面实行土葬，一般埋葬不超过三天，不用棺木，不要陪葬品。

四、苗族主要风俗习惯

秦汉时代，苗族的先民聚居在"五溪"（今湖南省西部和贵州东部地区），后来不断迁徙，分散到南方各省。现在，苗族主要分布在贵州、湖南、云南、四川、广西、湖北、广东、海南等地。

苗族男子一般都穿对襟或左大襟的短衣，下穿长裤，系大腰带，头缠青色长巾。妇女大多穿大领短衣和百褶裙。山区苗族的住宅建筑大多是"吊脚楼"，它是按照山坡的自然地势，以长短木桩为支撑，在桩上铺楼板建筑而成。楼上住人，楼下堆放杂物或圈养家畜。

苗族有悠久的文化传统，能歌善舞，芦笙是他们最喜爱的乐器。苗族的芦笙舞蜚声国内外。苗族的蜡染工艺已有千年历史，在国内外享有盛誉。

五、维吾尔族主要风俗习惯

维吾尔族自称"维吾尔"，有"联合""协助"的意思。他们主要分布在新疆维吾尔自治区，大多聚居于天山以南的各绿洲，也有少数分布在湖南省桃源、常德等县。

维吾尔族很早就从游牧畜牧业转向定居农业了。南疆干旱而温暖，北疆寒冷、雨雪充足。在盆地边缘和戈壁上开发绿洲，是维吾尔族农业的一大特色。维吾尔人一般穿棉布衣，男子穿的对襟长袍称"袷袢"，妇女在宽袖衣裙上套黑色对襟背心。男女老少都爱戴四楞小花帽，俗称"尕巴"。未婚少女梳十几条发辫，以长发为美。

维吾尔族的礼节与宗教也有着极为紧密的关系。人民之间的礼节表现了平等、友爱、敬老、爱幼的精神，劳动人民相见总是相互亲切地握手、问候，对老人十分尊敬。妇女中还有长者亲吻晚辈的礼节。维吾尔族热情好客，崇尚礼节，待人接物，讲究礼貌。如对长者要尊敬，走路让长者先行，谈话让长者先说，坐下时让长者坐在上座；小辈在长者面前不准喝酒、抽烟；亲友相见必须握手问候，互相致礼和问好，然后右臂抚胸，躬身后退步，再问对方家属平安；妇女在问候之后，双手扶膝，躬身道别。在屋内坐下时，要求跪坐，禁忌双腿直伸，脚底朝人。接受物品或给客人上茶时要双手，单手接受物品被视为缺乏礼貌的举动。

维吾尔族信仰伊斯兰教，尤其爱好清洁，喝茶、吃饭之前定要洗手，洗后必须双手紧握，挤出残留的水珠，然后再行擦拭，不得甩手上的水，这是对主人或身边人的不尊重。洗涤餐具也是一件一件冲洗，然后搁置起来，让其自行晾干，不用揩拭。比如碗盆之类，洗后将口朝下搁置，使其自干。

维吾尔人吃饭时不能随便拨弄盘中食，不能随便到锅灶前面，不能剩饭，不慎落地的饭屑要拾起放在餐布上，不能将拾起的饭粒再放进共用的盘中；吃饭或与人交谈时，禁忌擤鼻涕、吐痰等不文明的习惯。在饮食方面，禁吃猪肉、驴肉、狗肉、骡肉，自死的牲畜一律不食。

在清真寺和麻扎（墓地）附近禁止喧哗；在衣着方面，忌短小，上衣一般要过膝，裤腿达脚面。最忌户外穿着短裤。屋内就座时要跪坐，禁忌双腿直伸，脚朝人。亲友相见要握手互道问候。然后双手摸须，躬身后退一步，右臂抚胸；妇女在问候之后要双手扶膝躬身道别。接受物品或清茶要用双手、忌用单手。

维吾尔族有自己的语言和文字。语言属阿尔泰语系突厥语族。使用以阿拉伯字母为基础的维吾尔文。维吾尔族有灿烂的民族文化，早在11世纪70年代，哈喇汗王朝时的玉素甫·哈斯·哈吉甫所著《福乐智慧》叙事长诗，马赫穆德·喀什噶尔编著的《突厥语大辞典》都闻名遐迩。民间文学也十分丰富，有不少著名的故事、寓言、笑话、诗歌、民谣和谚语。《阿凡提的故事》在维吾尔族群众中广泛流传。尤其是民间歌谣，内容丰富，形式多样，充满浓厚的生活气息。

维吾尔族人民能歌善舞。"十二木卡姆"是维吾尔族古典音乐套曲，"麦西来甫"（聚会的意思）是维吾尔族人民最喜爱的一种群众性娱乐活动。每逢佳节、婚事、喜庆活动都要演唱和舞蹈。乐曲热情奔放，舞姿轻巧优美。开始时，一人高唱序曲，接着手鼓响起，众人齐唱，歌声悦耳，旋律欢快。人们被邀对舞，扬手顿足、旋转翩跹。高潮迭起，情绪炽烈，欢歌笑语，令人心驰神往。

维吾尔族主要节日有肉孜节和古尔邦节。肉孜节意译为"开斋节"。按伊斯兰教教规，节前一个月开始封斋。即在日出后和日落前不准饮食，期满30天开斋，恢复白天吃喝的习惯。开斋节前，各家习惯炸馓子、油香，烤制各种点心，准备节日食品。节日期间人人都穿新衣服，戴新帽，相互拜节祝贺。肉孜节过后的第七十天是古尔邦节，意译为"宰牲节"。有经济条件的人家要宰羊，邀请亲友邻居来家做客。

六、土家族主要风俗习惯

土家族主要分布在湖南省西北部、湖北省恩施地区和四川省东部等地。在唐宋时期，土家人手工生产的溪布、水银和朱砂远近闻名，成为贡品。"西朗卡铺"（土家铺盖）是土家族的两朵艺术之花之一，它编织精巧，色泽绚丽，有100多种图案。土家人的另一朵艺术之花是摆手舞，它是土家族流行的古老舞蹈，古朴优美，生活气息浓厚。

土家妇女爱穿左襟大袖短衣，滚花边，下着八幅长裙或镶边筒裤，头挽发髻，喜欢戴耳、项、手、足圈等银饰物。男子穿对襟衣，多扣子。衣料多用土布或麻布，史书上称为溪布、峒布。

七、彝族主要风俗习惯

彝族主要分布在云南、四川、贵州，少数在广西。他们主要从事农业，有定期赶集贸易的习惯。彝族男子通常穿黑色窄袖右斜襟上衣和多褶宽裤脚长裤，用长数丈的青布包头。女子头上缠包头，有围腰和腰带。男女外出时都披"擦尔瓦"，形如斗篷，下缀长穗。彝族的传统节日以火把节最为隆重。《阿诗玛》是著名的彝族民间叙事长诗，在国内外广为流传。

八、蒙古族主要风俗习惯

蒙古族最早信奉萨满教，自16世纪后，开始改信喇嘛教中的黄教。建国前，喇嘛教在蒙古族生活中占有重要地位，凡遇生老病死或婚嫁等重大事情，都请喇嘛念经，喇嘛庙是蒙古族宗教活动中心。

蒙古族饮食特点不同牧区各异，从事农业生产的蒙古族爱吃味酸的食品，如咸菜、酱等。夏天喜吃酸水饭，饮茶爱饮红茶或沙枣泡茶，男人多数好饮酒。传统膳食有"饽饽"（即大黄米面饼）、"额日格勒已达"，汉语称"糊涂粥"、大锅肉粥等。从事畜牧业生产的蒙古族，多以牛羊肉乳制品为主食，辅以谷物、咸菜，并喜饮奶茶，主要饮食有奶茶、奶酒、奶油、奶豆腐、炒米等。

蒙古族禁忌很多，日常生活方面，住宅门上若挂有红布条，表示家中有病人或产妇，外人不得入内。进蒙古人家，要把绳索、马鞭、棍棒放在门外，不得带入室内，不能把衣襟掖在腰带上，不能挽着袖子。到牧民家，不能打狗，特别是猎狗，忌在衣服、帽子、枕头、桌子、碾磨台、井台等上面跨过，或站、坐、脚蹬，忌在门槛上坐着或站着。蒙古族认为头部是至高无上之处，忌讳玩弄其头部和帽子，等等。

饮食方面，在蒙古族人家吃饭，如在炕上吃，要盘腿而坐，不要蹲着或脚踏高台和炕沿。蒙古族喜欢吃份饭，一人一份，不混吃。吃饭不要自己去盛，须等主人给盛，递碗和接碗时都要双手高举，不能用饭碗从缸内或锅内取水，不能碗口向下扣放，吃饭时不能拍打桌子，吃晚饭不能乱扔筷子，要将筷子齐放在碗旁，也不要搭在碗上。牧区蒙古族习惯食牛羊肉，吃肉时不可将骨头打碎或用牙撕咬，给刀时要以刀把对人。

蒙古族是生活在草原上的民族，赛马是草原上最激动人心的传统体育娱乐活动，赛程通常是50至70华里。赛手不穿靴袜，只穿华丽的彩衣，头上束好红、绿绸飘带，显得既轻便又英武。当骏马疾驰的时候，赛手骑在马上如腾空一般，表现出娴熟的骑艺。摔跤也是蒙古人喜爱的运动之一。蒙古式摔跤是轮着摔，开始就互相抓握，膝盖以上任何部位着地都为失败。摔跤人数是八、十六、三十二、六十四等双数。摔跤手的服饰比较讲究，下身穿肥大的白裤子（班斯拉），外面再套一条绣有各种动物和花卉图案的套裤，上衣是牛皮制作，上边钉满银钉或铜钉（卓都格），背后中间有圆形银镜或"吉祥"之类的字，腰间系有红、蓝、黄三色绸子做的围裙，脚蹬蒙古靴或马靴。优胜者脖子上常套着五颜六色的布条项圈(姜嘎)。马头琴是蒙古民族特有的也是他们最喜爱的民族乐器,流传至今已有一千三百多年的历史。马头琴的琴声优美动听,有这样的说法"对于草原的描述,一首马头琴的旋律,远比画家的色彩和诗人的语言,更加传神"。蒙古民族一向以能歌善舞著称,每当宴会、庆祝节日,他们会唱古老的民歌和民间传说的故事,唱草原富饶美丽,表达对未来美好生活的憧憬。蒙古歌曲,尾声悠长而高亢,音调多激昂,歌的韵在句首不在句尾。一般宴会、节日、婚礼用的和奏乐器是两股胡琴,四股胡琴,萧等。

"那达慕"大会是蒙古族历史悠久的传统节日,每年七八月间举行。"那达慕"在蒙语中是娱乐、游戏的意思,它源于摔跤、射箭、赛马三项竞技,现已成为草原上庆丰收、进行物资交流和举行民间体育活动的隆重集会。

九、藏族主要风俗习惯

藏族分布在西藏自治区和青海、甘肃、四川、云南等省。他们大多居住在高原地区,以从事畜牧业为主。藏族人信奉喇嘛教,即藏传佛教。过去,喇嘛教的上层人物与各地豪强结合,在西藏、青海等地形成了政教合一的封建统治。15世纪以后,尊崇达赖和班禅两位活佛。以前,藏族地区实行封建农奴制,占人口95%的农奴被剥夺了一切生产资料,过着奴隶的生活。新中国成立之后,西藏地区实行了民主改革,开启了藏族广大人民的新生。藏族人身穿长袖短褂,外套宽肥的长袍,右襟系带,脚穿牛皮长靴。为便于活动,袒出右肩或双臂,两袖系于腰间。男子将发辫盘于头顶上,女子将发辫披在肩上。农区女子大多在腰间系一条图案绚丽的围裙。

献哈达是藏民族最普遍也是最隆重的一种礼节。哈达是特制的丝织长巾,一般分白、黄、蓝三色。当好客的藏族主人向客人敬献哈达时,客人应该躬腰接受;走进普通藏民的家,切记不可以用脚踩门槛;要称呼人名时,一般在名字后面加"啦"字,以示对对方的敬重、亲切。主人如请就座,可盘腿而坐,切勿伸直双腿,脚底向人。此外,不能随便用手去抚摸藏族人的头顶。藏族人伸舌头是一种谦逊和尊重对方的行为,而不是对他人不敬。双手合十表示对客人的祝福。

三口一杯是藏民族在会客时最主要的一种礼节。三口一杯的程序大概为这样:客人先用右手无名指蘸点酒,向空中、半空、地上弹三下,以示敬天、地和祖先(或者敬佛法僧三宝),然后小喝一口,主人会把杯子倒满,再喝一口,主人又会把杯子倒满,这样喝完三次,最后把杯子中的酒喝完。

藏族人饮食在农区以糌粑为主食,喜欢喝酥油茶;牧区以牛、羊肉为主食。在西藏,马肉、驴肉和狗肉是从来不吃的,有些地方的藏民连鱼肉都不吃。藏族人认为狗和马是通人性的,是不能吃的;而驴被视为一种很不干净的东西,也不会食用。所以,在西藏千万不能提起吃驴肉、狗肉等事情。

十、布依族主要风俗习惯

布依族主要聚居在贵州省黄果树瀑布周围的黔南布依族苗族自治州和兴义、安顺地区的几个布依族苗族自治县。布依族男子大多穿着多衣襟的短衣或长衫,包蓝色或白底蓝方格头巾。妇女大多穿右大襟上衣和长裤,或套镶花边短褂,或系绣花围腰,也有穿大襟大领短袄,并配上蜡染工艺的百褶长裙。在节日里,妇女还戴各种银质首饰,蜡染是布依族珍贵的手工艺品。

布依族居住区风景秀丽,除了黄果树瀑布外,还有被誉为"贵州高原之花"的花溪。那里土地肥沃,适宜农耕,盛产木棉、剑麻、竹笋、香蕉、黄果以及松杉、青冈等建筑木材。

十一、侗族主要风俗习惯

侗族主要分布在贵州、湖南两省和广西壮族自治区。他们主要从事农业生产,兼营林业。鼓楼是侗族村寨中别具一格的建筑物,形似宝塔,是村民聚会、休息和娱乐的地方。各村寨都有鼓楼,有的高达十三层,颇为壮观。逢年过节,侗族人民便聚集在鼓楼前的广场上,尽情歌舞。

侗族人大多穿自纺、自织、自染的侗布,喜青、紫、白、蓝色。村落依山傍水,住房一般用杉树建造木楼,楼上住人,楼下关牲畜或堆放杂物。饮食以大米为主,普遍喜食酸辣味,好饮米酒,用油茶待客。

十二、瑶族主要风俗习惯

瑶族世代生息在广西、湖南、云南、广东、江西、海南等省区的山区,是中国南方一个比较典型的山地民族。瑶族有自己的语言,瑶语属汉藏语系瑶语族瑶语支,但情况比较复杂,一半以上的人说"勉"话,属苗瑶语族瑶语支;有五分之二的人说"布努"语,属苗语支;广西地区有的说"拉珈"语,属壮侗语族。多通汉语、壮语,无本民族文字,一般通用汉文。口头文学极为丰富。瑶族的自称有勉、门、敏等63种,他称有390种,如盘瑶、蓝靛瑶、红头瑶等。中华人民共和国成立后,统称为瑶族。

受居住地域限制,多数瑶族至今仍保留着原始的狩猎、捕鱼和农耕文化,以及精美的瑶锦、瑶服,古老的传说,动听的瑶歌,优美的舞蹈,独特婚俗和宗教信仰。瑶族妇女擅长织染、刺绣,服饰花纹图案精美,富于变化。支系称谓大都以服饰而定,如头饰内以板支托者,称顶板瑶;穿靛蓝衣服的称蓝靛瑶。瑶族语言支系复杂,有多种方言,没有文字,通用汉文。瑶族为了纪念先祖,农历10月16日定为"盘王节"。瑶族主要信仰原始宗教,祭祀寨神、家神、山神、风神等,对生活和生产中的活动也要占卜吉日、祭祀神灵。瑶族宗教信仰复杂,巫教、道教和原始宗教因地而异。

瑶族妇女善刺绣,在衣襟、袖口、裤脚镶边处都绣有精美的图案花纹。发结细辫绕于头顶,围以五色细珠,衣襟的颈部至胸前绣有花彩纹饰。男子则喜欢蓄发盘髻,并以红布或青布包头,穿无领对襟长袖衣,衣外斜挎白布"坎肩",下着大裤脚长裤。瑶族男女长到十五六岁要换掉花帽改包头帕,标志着身体已经发育成熟了。

瑶族的禁忌主要包括:忌用脚踏火炉撑架;忌在火炉里烧有字的纸张;进入瑶家

忌穿白鞋和戴白帽,因为象征丧事;忌坐门槛;穿草鞋不能上楼;不能坐主妇烧火的凳子;到木排上,忌"伞",言及"雨伞"时,要说"雨遮",因"伞"与"散"谐音;遇人伐木时,忌说"吃肉"、"死"之类不祥之语等。

对歌是长期流行在瑶族民间的一种自由婚姻形式,因而在长期发展过程中便逐渐形成了一些共同遵守的规则。如同村寨青年男女不能对歌,老人在场不能对歌;自己家中的人更不能对歌;男女二人不得单独或在僻静地方对歌等。瑶族婚姻盛行说媒,即使是通过对歌选择的情侣,也要通过说媒订婚。说媒时通常由男家选派媒人向女家递送烟叶,以示求婚,名为"问烟",女方父母收下烟叶,则表示同意求婚,如果退回烟叶,则表示拒绝。

瑶族除过春节、清明节、端午节、中秋节等,还有自己特有的传统节日,如盘王节、祭春节、达努节、耍歌堂、啪嘎节等。节日里因为人多,饭一般不用铁鼎锅煮,而用木甑蒸,这种饭香气更浓。每逢节日,瑶族人家还要做粑粑。有的地方在农历四月初八还要煮乌米饭。在湖南江水县的瑶族姑娘,每年农历四月初八过"野餐节"时要吃花蛋,制作花粑粑,吃花糖。姑娘们在吃花蛋、花糖和花粑粑时,小伙子不许偷看,违者还要受罚。

十三、朝鲜族主要风俗习惯

我国的朝鲜族主要生活在东北三省和内地的一些大城市。居住最集中的地区是吉林省延边朝鲜族自治州和长白朝鲜族自治县。他们居住的地区是我国北方的"水稻之乡"。

朝鲜族的房屋屋顶由四个斜面构成,房屋正面开三扇或四扇门,室内用砖或石平铺成炕,进屋脱鞋,席炕而坐。朝鲜族妇女的传统服装是短衣长裙,以长布带打结。男子也穿短衣,外罩坎肩,裤腿宽大。朝鲜族能歌善舞,姑娘们爱荡秋千和在跳板上飞腾,小伙子则喜欢一对对扭在一起摔跤,似猛虎角力。朝鲜族的传统食品有冷面、泡菜和打糕等。

在饮食特点上,朝鲜族主食以大米为主。除米饭外,喜食打糕、蒸糕、冷面。打糕是用粘大米蒸熟后捶打成坨,佐以炒豆面、蒸豆面或煮小豆面;蒸糕以普通大米与红小豆蒸制而成;冷面以白面、荞麦面、淀粉为原料制成,煮熟后捞出,冷水浸凉,佐以牛肉汤或鸡汤、苹果片、牛肉片(或狗肉片)、辣椒面。副食上,喜食牛肉、鸡肉、海味,尤喜狗肉,但"红"、"白"喜事及节日,不杀狗,不食狗肉。此外,爱辣食。以粘大米、辣椒面等多种原料制作的辣椒酱和自己腌制的泡菜,每家必备。朝鲜族喜欢喝汤。春、秋、冬三季主要喝酱汤,夏季喜欢冷汤。酱汤用大酱、白菜、海带、葱、蒜、豆油(花生油),开水煮成。冷汤用黄瓜丝、葱、蒜、酱油、食醋、冷水兑制而成。朝鲜族饭桌有两种,一为方形,一为圆形。有多人用和单人用之分。单人桌供老人使用。饭桌均短腿。吃饭主要用饭勺,筷子只用来夹菜。多使用不锈钢、瓷器餐具。过去所用的铜器餐具已不常见,个别人家已作为文化品,置于箱底珍藏。

在服饰上，朝鲜族喜着白衣，古时被称为"白衣民族"。老年男士上着短袄坎肩，下穿肥裤，裢口勒以布带，好拄拐杖，戴礼帽，穿着肥裤和长袍。老年女性喜穿白色长裙，戴白色手巾。年轻女子喜着浅粉、浅绿、浅蓝色绸缎衣裙，上着无领镶青宽边的"折高里"短上衣，下穿长裤，不喜花衣。少年人上衣袖子多用七色丝绸做成，象征光明、美丽和幸福。不论男女，上衣都无纽扣，均前襟交叠靠丝质蝴蝶结扎紧。随着社会发展，朝鲜族服饰开始变化。日常，男的已换上中山便装和西服，青年妇女已穿着时装。唯老年妇女和女童仍着蝴蝶结的短上衣和裙子。但每逢婚嫁、节庆，人们仍着民族服装。

十四、白族主要风俗习惯

白族自称"白子""白尼"，意思是"白人"，主要聚居于云南大理白族自治州。四川西昌和贵州毕节等地也有少数白族人散居。白族聚居区地处云贵高原，气候温和，适宜农业，号称"粮棉之区"。

白族服饰以蓝、白、黑色为主，男女都包头。他们喜欢吃酸、冷、辣味食物，还爱喝烤茶。白族信奉佛教，洱海地区寺院遍布，曾有"妙香古国"称。

十五、哈尼族主要风俗习惯

哈尼族主要分布在云南省西南部的哀牢山区。他们善造梯田，元江南岸遍是层层叠叠的梯田，有的高达数百级，从河谷一直延伸到山顶，梯田内还养鱼，堪称哀牢山区的鱼米之乡。

哈尼人喜欢用自己染织的藏青色土布做衣服。男人穿对襟上衣和长裤，以黑布或白布裹头。妇女穿右襟上衣，下穿长裤，胸前挂成串的银饰，头戴圆帽。哈尼人的住宅大多在山腰，依山势而建。房屋多为土墙草顶楼房，分上、中、下三层，上层堆放杂物，中层住人存粮，下层关养牲畜。

哈尼人大多信奉多神崇拜和祖先崇拜，以"龙树"为保护神。中华人民共和国成立前，哈尼族没有自己的文字。几段打了结的绳子作为账本，被哈尼人珍藏在家中最安全的地方。1957年，哈尼族创制了以拉丁字母为基础的文字。

十六、哈萨克族主要风俗习惯

哈萨克族主要聚居在新疆维吾尔自治区伊犁哈萨克自治州和木垒、巴里坤两个自治县，少数分布在甘肃和青海等地。

哈萨克族在长期的游牧生活中形成了独特的生活习惯和风俗。他们的服装多用皮毛制成，长袖肥身，便于骑乘。男子在冬天穿皮大氅，腰系皮带，右侧佩挂小刀。妇女穿连衣裙，天冷时外罩对襟棉大衣。姑娘们的花帽上常用猫头鹰羽翎做帽缨，十分美丽。妇女们所戴的白布披巾绣有各种图案。哈萨克人以肉类和奶制品为主食。哈萨克牧民按季节转换牧场，春、夏、秋季住圆形毡房，俗称"宇"，冬季住平顶土房。

哈萨克人热情好客，进餐时，主人献上羊头，客人要将羊头右面颊上的肉割下来放在盘中，再割下一只羊耳献给座位上年幼的人，这是表示接受的礼节。

十七、黎族主要风俗习惯

黎族主要生活在海南省中南部，这是一个能歌善舞的民族。双刀舞、打柴舞、舂米舞等具有独特的民族风格。黎族妇女精于纺织，宋末元初著名纺织家黄道婆高超的纺织技术，就是在黎族地区居住了40多年学到的。黎族地区以农业生产为主，主要种植水稻、玉米、甘薯等，还盛产橡胶。

黎族妇女在脑后梳髻，上插用箭猪毛或金属、牛骨制成的发簪，披绣花头巾，上衣对襟开胸无扣，下穿无褶织绣花纹的筒裙。盛装时戴项圈、手镯、脚环、耳环等。男人上穿无领对襟衣服，下穿前后两幅布的吊襜。部分地区的黎族人保留着纹面、纹身风俗。黎族人喜欢吃水饭。肉食用火烧或生腌，腌肉掺加米粉、野菜等，酸渍后长期保存。

十八、傣族主要风俗习惯

傣族主要聚居在云南省西双版纳傣族自治州、德宏傣族景颇族自治州，以及耿马、孟连自治县。傣族人大多居住在群山环抱的河谷平坝地区，雨量充沛，四季常春，盛产稻谷、甘蔗、樟脑、咖啡等农作物、经济作物，出产柚木、紫檀、铁力木等珍贵木材，还有野象、犀牛、金丝猴、孔雀等珍禽异兽，被称为"孔雀之乡"。

傣族男子上身穿短衫，下着长裤，冷天披毛毡，多用白布或青布包头，有纹身的习惯。妇女穿窄袖短衣和筒裙。住房是干栏式建筑，西双版纳、德宏瑞丽一带的竹楼别具风格。傣族信奉佛教，过去西双版纳未成年的男子几乎都要过一段僧侣生活，识字念经，然后才能还俗回家。傣族人民能歌善舞，尤其是孔雀舞具有鲜明独特的民族风格，深受我国各族人民的喜爱。

十九、高山族主要风俗习惯

高山族主要居住在台湾岛的山地、东南沿海纵谷平原和兰屿上。由于地区、语言的差异，内部有阿美人、泰雅人、排诱人、雅美人等不同的名称。高山族有本民族的语言，但各地语言差别较大，没有本民族的文字。

高山族的衣服主要用麻布、棉布制成，样式各地不一。一般男子穿披肩、背心、短褂、短裤。妇女穿短上衣、围裙和自肩上向腋下斜披的偏衫，在衣服上加刺纹绣，并佩戴用贝壳、兽骨磨成的装饰品。高山族人民能歌善舞，精于雕刻和绘画。

高山族主要从事农业生产，种植水稻、旱稻、粟、黍等，雅美人以捕鱼为主，同时饲养鸡、犬、猪，排诱人主要养牛。

第二节　部分国家的风俗习惯

一个国家、地区、民族在其长期的历史发展中形成了自己的风俗、礼节、习惯,等等。熟悉不同国家、地区、民族的风俗、礼节、习惯,了解并且尊重不同文化之间的差异,对做好民航运输服务工作是至关重要的。民航运输具有极强的国际性,随着全球经济的一体化,越来越多的外国人来中国经商或旅行,民航旅客的类别展现出越发国际化的特点,这要求民航从业者必须尽可能多地了解不同国家和地区的风俗习惯,特别是对中国主要入境客源地国家风土人情知识的了解,这样才能提供优质的服务。以下介绍部分国家和地区的风俗习惯。

一、美国的风俗习惯

美国全称美利坚合众国,位于北美洲中部,面积 9631420 平方千米,人口约 3.2 亿,白人占 80%,50% 以上的居民信奉基督教。首都华盛顿,主要城市有纽约、芝加哥、洛杉矶、旧金山等。国旗为星条旗,由 13 道红白相间的宽条、左上角蓝底 50 颗星组成,参见图 7-1。国歌为《星条旗》,国花为玫瑰花,英语为通用语言。美国是世界经济最发达的国家,国内生产总值和对外贸易额均居世界首位。1979 年 1 月 1 日与我国建交。

图 7-1　美国国旗图案

（一）礼貌礼节

美国人一般性格开朗,举止大方,乐于与人交际不太拘礼节。第一次和别人见面,也常直呼对方的名字。不一定以握手为礼,有时候只是笑一笑,说一声"嗨"或"哈喽"。分手也不一定跟人握手,而是挥挥手,说声"明天见"或"再见"。"请"、"对不起"、"谢谢"之词则常常挂在嘴边。美国人在接到礼物、参加宴会、得到朋友帮助时,都要写信致谢,送亲友礼品也会写信,以表示礼貌。美国人一般不送名片给别人,只是在想保持联系时才送。当着美国人的面抽烟,要先征得对方的同意。

（二）忌讳

美国人忌讳"13"和"星期五",忌讳蝙蝠图案,认为它是凶神的象征。黑猫被视为不祥之物,白象则被视为无用而累赘之物。因此,送别人礼品时应避开这些形象。美国人送礼,一般忌送厚礼,忌对妇女送香水、化妆品或衣物(头巾例外)。

二、俄罗斯的风俗习惯

俄罗斯位于欧洲东部和亚洲北部,地跨欧亚大陆,面积17075400平方千米,人口约1.44亿,79.8%以上为俄罗斯人,其余为鞑靼人、乌克兰人等,居民多信奉东正教,其次为伊斯兰教和天主教。首都莫斯科,主要城市有圣彼得堡、符拉迪沃斯托克(海参崴)等。国旗由白、蓝、红三个长方形组成,参见图7-2,国歌为《俄罗斯联邦国歌》。国花为葵花,俄语为官方语言。1949年10月3日中苏建交。苏联解体之后,1991年12月27日中俄确定国家关系。

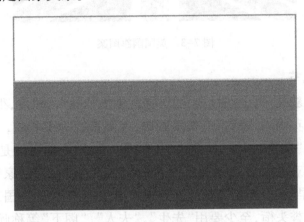

图7-2 俄罗斯国旗图案

(一) 礼貌礼节

俄罗斯人性格开朗、豪放,组织纪律性很强,见面总要相互问好、致意。称"您"或"你"有严格界线,习惯于以"你"称的朋友间若改称"您",即意味着友谊的破裂。人们相见一般是握手,朋友间拥抱和吻面颊。俄罗斯人很守时,外出活动时,十分注重仪容、仪表。在社交场合,处处表现出尊重女性,如帮女子脱大衣、拉门、找座位,在宴席上为她们布菜等。给客人吃面包和盐,是最殷勤的表示。

(二) 忌讳

与俄罗斯人交谈要坦诚以待,不要说俄罗斯人小气,不要问初次结识的俄罗斯人的私事,特别是妇女的年龄与个人问题。打碎镜子意味着灵魂的毁灭,个人生活中将出现不幸。打碎杯子和碗,特别是盘子和碟子,则意味着富贵和幸福。俄罗斯人忌讳"13",不喜欢星期五,他们视"7"为吉祥数字。送花忌送菊花、杜鹃花、石竹花和黄色的花,支数和朵数都不能是"13"或双数。俄罗斯人喜欢红色,忌讳黑色(象征死亡)。

三、英国的风俗习惯

英国位于大不列颠群岛上,全称为大不列颠及北爱尔兰联合王国,面积244100

平方千米,人口约6500万。首都伦敦,主要城市有利物浦、伯明翰、曼彻斯特、爱丁堡等。主要民族有英格兰、威尔士、爱尔兰、苏格兰等,其中英格兰人占80%以上。国旗由深蓝底色和红、白"米"字组成,参见图7-3,国歌为《神佑女王》,国花为玫瑰。英语为官方语言。1954年6月17日与我国建交。

图7-3　英国国旗图案

（一）礼貌礼节

英国人注重礼貌礼节,上层社会尤其讲究"绅士和淑女"风度,很少在公共场合表露自己的感情。与英国人谈话不能指手画脚,否则被视为不礼貌,微笑则是必须的。对英国人要避免说"英格兰人",而要说"不列颠人",因为他可能是爱尔兰人或苏格兰人。英国人时间观念很强,赴约也十分准时。英国人若请你到家里赴宴,你可以晚去一会儿,但不可早到,否则是失礼的。英国人,特别是年长的英国人,喜欢别人称他们的世袭头衔或荣誉头衔,至少要用"先生"、"夫人"、"阁下"等称呼。英国人见面很少握手,更不像东欧人那样热烈拥抱。他们一般是在初次见面、外出远行或久别重逢时才握手。"女士优先"在英国比其他国家尤为明显,如走路要让妇女在前,乘电梯要让妇女先进,倒酒要先给女宾或女主人先倒。与英国人谈话不要将政治倾向或宗教作为话题,绝不要将皇家的事作为谈笑的资料。他们不喜欢谈私事,如职业、收入、婚姻等。英国人在下班后不谈公事,特别讨厌就餐时谈公事,也不喜欢邀请有公事交往的人来自己家中吃饭。

（二）忌讳

英国人除忌讳数字"13",还忌"3",尤其忌用打火机或同一根火柴同时为三个人点烟,他们认为这样做厄运一定会降临到抽第三支香烟的人身上。英国人忌用人像作商品装饰,还忌用大象图案（认为大象是蠢笨的象征）、黑帽图案（不祥之兆）、山羊图案（讨厌的动物）、孔雀图案（淫鸟）。送花时,不送菊花（丧花）、百合花（象征死亡）,而且支数和朵数都不能是双数或13。

四、法国的风俗习惯

法国位于欧洲西部,全称法兰西共和国,面积551602平方千米,人口约6000万。主要民族有法兰西族、布列塔尼族、巴斯克族、科西嘉族等,居民大多信奉天主教。首都巴黎，主要城市有马赛、里昂等。国旗为长方形红、白、蓝三色旗，参见图 7-4，国歌为《马赛曲》，国花为鸢尾花，法语为国语。1964 年 1 月 27 日与我国建交。

图 7-4　法国国旗图案

（一）礼貌礼节

法国人性格热情、开朗、乐观、爱美，待人彬彬有礼，谈问题不拐弯抹角。说话时爱用手势加重语气。传统的法国公司职员习惯别人称呼其姓而不是名。法国人见面习惯握手，但握手时间不长，不能使劲晃动。亲朋好友相遇，则行亲吻礼和拥抱。在公共场合，男子不能当众提裤子，女子不能隔着衣裙提袜子，男女一起看节目时，女子坐中间，男子坐两边。不送人或接受有明显广告标记的礼品，喜欢有文化价值和美学价值的礼品。

（二）忌讳

法国人忌送黄色的花，认为是不忠诚的象征；忌黑桃图案，认为不吉利；忌仙鹤图案，认为仙鹤是蠢汉和淫妇的象征；忌墨绿色，因为纳粹法西斯的军服也是墨绿色；忌送香水给法国女人，意味着求爱或图谋不轨。

五、德国的风俗习惯

德国位于中欧西部，总面积 356970 平方千米，人口约 8000 万，绝大多数为德意志人，有少数丹麦人和索布人。居民多信奉基督教和天主教。首都柏林，主要城市有波恩、汉堡、慕尼黑、法兰克福等。德国国旗为黑红黄三色旗，参见图 7-5，国歌为《德意志之歌》，国花为矢车菊，国树为橡树，德语为国语。1972 年 10 月 11 日与我国建交。

（一）礼貌礼节

德国人勤勉、矜持、守纪律、爱清洁、喜音乐。时间观念强，准时赴约被看得很重。称呼习惯称头衔，不喜欢直呼其名。待客热情，如主人请你喝酒，喝得爽快，主人高兴。被德国人邀请到家中做客，尽管通常是简便的自助餐形式，但这被视为一种特殊的礼遇。被邀者可送一束鲜花给主人，并附一张表示谢意的便条。

图 7-5　德国国旗图案

（二）忌讳

德国人在颜色方面的禁忌较多，如忌茶色、红色、黑色、黄色等颜色。服饰与商品包装禁止用表示纳粹的符号。德国人还忌送核桃、菊花、玫瑰、蔷薇，忌送太个人化的物品，如服装、化妆品等。

六、澳大利亚的风俗习惯

澳大利亚位于南半球，在太平洋西南部和印度洋之间，面积 7682300 平方千米，人口约 2380 万，是世界上人口密度最小的国家之一。95%的居民是英国及其他欧洲国家移民后裔，居民多信奉基督教。首都堪培拉，主要城市有墨尔本、悉尼、珀斯、布里斯班等。国旗为长方形，旗底深蓝色，左上角为英国国旗图案，表明澳大利亚与英国的传统关系，六颗大小不一白色七角星，缀在旗右边和"米"字图案下方，参见图 7-6。国歌为《澳大利亚，前进！》，国花为金合欢，国树为桉树。英语为官方语言。1972 年 12 月 21 日与我国建交。

图 7-6　澳大利亚国旗图案

（一）礼貌礼节

澳大利亚人习惯近似美国人，办事爽快，喜欢交往，说话直截了当。见面时喜欢热烈握手，直呼其名。他们时间观念强，准时守约。女性略保守，接触时要谨慎。做客时常送葡萄酒和鲜花。

（二）忌讳

和其他西方国家的一些共同忌讳相似。谈话时,不要拿他们同英、美比较,那样会使他们反感。

七、日本的风俗习惯

日本是亚洲东部的一个群岛国家,国土面积377800平方千米,人口约1.27亿,是世界上人口密度最大的国家之一。日本首都东京,主要城市有大阪、横滨、名古屋、京都、神户等。日本是工业高度发达的资本主义国家,大和族是主要民族,居民主要信奉神道教和佛教。国旗为太阳旗,参见图7-7,国歌为《君之代》,国花为樱花,日语为国语。1972年9月29日与我国建交。

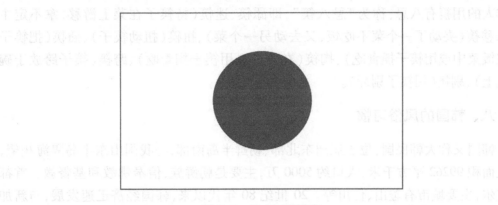

图7-7 日本国旗图案

（一）礼貌礼节

日本人总的特点是勤劳、守信、守时,生活节奏快,注重礼节,民族自尊心强。日本人见面时,习惯互相致意问候。初次见面,互相鞠躬,交换名片,一般不握手。没有名片就自我介绍姓名、工作单位和职务。如果是老朋友或比较熟悉的人,就主动握手或深鞠躬,甚至拥抱。妇女则以深深一鞠躬表示敬意。男女见面,只有女士主动先伸手时才握手,但不要过分用力和久握。日本人常用的行礼方式是"屈体礼",分"站礼"和"坐礼"两种。行"站礼"时,双手自然下垂,手指自然并拢,随着腰部的弯曲,身体自然前倾。"坐礼"有指尖礼、屈手礼、双手礼。日本人不给他人敬烟。吸烟时应先征得主人的同意,以示尊重。日本人以酒待客时,认为让客人自己斟酒是失礼的。主人或侍者斟酒时,要右手执壶,左手托壶底,壶嘴不能碰酒杯。客人则以右手持杯,左手托杯底,接受对方斟酒。谢绝第二杯酒的客人,不可将酒杯扣放,应等大家喝完酒后,一起把酒杯扣放在桌上,否则就是失礼的行为。日本人拜访他人时一般要避开清晨、深夜及用餐等时间。拜访要预先约定,突然访问是失礼的。在进日本式房间时,要先脱鞋,脱下的鞋要整齐放好,鞋尖向着你进来走过的门的方向。日本人在拜访他人时常带些礼物。过去多为酒和鱼干之类。现在送一些土特产和工艺品更受欢迎。礼品一般送奇数,因为日本也习惯奇数表示"阳""吉",偶数表示"阴""凶"。礼品颜色也有讲究,喜事礼品应为黄白色或红白色,不幸事送礼应为黑色、白色或灰色。日本人注意穿着,平时衣着大方整洁。若在天气炎热时去拜访他人,主人未请客人宽衣,不能随便脱衣。如需宽衣,应先征得主人的同意。在一般场合,光穿背心或赤脚是失礼的。

(二)忌讳

日本人忌讳绿色,认为绿色是不祥的颜色。忌荷花图案(因荷花是用于祭奠的丧花),一般不用菊花送礼(为日本皇族用花)。忌"9""4"等数字,因日语中"9"发音近"苦","4"发音近死。故切勿送数字为"4"的礼物,在安排食宿时要避开4号楼、4号房、4号餐桌等。日本商人忌"2月"和"8月",因为这两个月是营业淡季。日本人忌邮票倒贴(表示绝交),忌三人合影,因为中间的人有受制于人之嫌,是不幸的预兆。日本人的用筷有八忌,称为"忌八筷",即舔筷、迷筷(持筷子在菜上游移,拿不定主意)、移筷(夹动了一个菜不吃饭,又去动另一个菜)、扭筷(扭动筷子)、插筷(把筷子插在饭菜中或用筷子插食吃)、掏筷(在菜中央用筷子掏着吃)、跨筷(筷子跨放于碗或盘上)、剔筷(用筷子剔牙)。

八、韩国的风俗习惯

韩国又称大韩民国,位于亚洲东北部、朝鲜半岛南部,与我国山东半岛隔海相望,国土面积99262平方千米,人口约5000万,主要是朝鲜族,信奉佛教和基督教。首都为首尔,主要城市有釜山、仁川等。20世纪80年代以来,韩国经济迅速发展,与新加坡、香港、台湾同称"亚洲四小龙"。国旗为太极旗,参见图7-8,国歌为《爱国歌》,国花为木槿花,韩语为国语。1992年8月24日与我国建交。

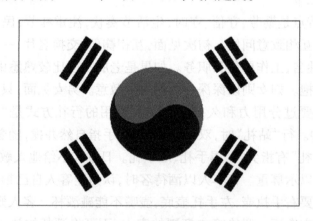

图7-8　韩国国旗图案

(一)礼貌礼节

韩国人性格刚强,勤劳勇敢,能歌善舞,热情好客,十分讲究礼貌。见面时,一般以咖啡、不含酒精的饮料或大麦茶招待客人,客人不能拒绝。晚辈见长辈、下级见上级的规矩很严格。握手应以左手轻置于右手腕处,躬身相握,以示恭敬。与长辈同坐,要挺胸端坐,若想抽烟,需先征求在场长辈的同意。用餐时不可先于长者动筷。

（二）忌讳

与中国和日本的数字忌讳相似,韩国人也忌讳"4"（因"4"与"死"发音相近）,故饭店、酒楼、写字楼等建筑没有第四层和4号房间,喝酒不喝第四杯。

九、泰国的风俗习惯

泰国地处东南亚中南半岛的中部,陆地面积513115平方千米,人口约6000万。首都为曼谷,主要城市有清迈、芭提雅、普吉岛等。泰国是一个多民族国家,全国有泰族、老族、马来族、高棉族等30多个民族。佛教为泰国的国教,泰国是亚洲产象最多的国家之一,尤以白象为吉祥的象征,敬之如神,有"白象国"之称。国旗由红、白、蓝、白、红三色5个平行长方形组成,长宽比例为3∶2,参见图7-9。国歌为《泰王国国歌》,国花为睡莲,国树为桂树,泰语为国语。1975年7月1日与我国建交。

图7-9　泰国国旗图案

（一）礼貌礼节

泰国人热情友好,常以微笑迎人。常用的礼节是合十礼。晚辈见长辈,要双手合十举过前额,长辈还礼手部可不过前胸。在特定场合,泰国人也行跪拜礼,如见国王及其近亲时要行跪拜礼;从平民至国王拜见高僧也须下跪;儿子出家做僧人,父母亦跪拜于地。握手礼只是在政府官员、学者和知识分子中流行,男女之间一般不行握手礼。

泰国人非常重视头部,认为头部是智慧所在。如有长辈在座,晚辈只能待在地上,或者蹲跪,以免高于长辈的头部,否则就是对长辈极大的不尊敬。别人坐着时,也切勿将物品越过头顶,更不可以触摸别人的头部。泰国人还认为右手是拿洁净东西的,而左手是拿一些不太清洁东西的。因此,与其握手,接、递东西时都要使用右手。如不得已用左手时,要讲一声:"请原谅"。

（二）忌讳

泰国人除忌讳别人触摸自己的头部外,睡觉忌讳头朝西,因日落西方象征死亡。

不能用红笔签名,因人死后用红笔将其姓名写在棺木上。忌用脚把东西踢给别人,也忌用脚踢门,绝不能踩门槛,因为他们认为门槛下住着善神。就座时,忌翘腿,妇女就座时腿要并拢,否则就视为没有教养。夜间不能开窗户,否则恶神会闯入屋内。此外,在泰国,所有的佛像都是神圣的,未经允许不能拍照。

十、新加坡的风俗习惯

新加坡位于马六甲海峡,面积 647 平方千米,人口约 400 万,其中华人占 74.2%,是典型的城市国家。"新加坡"一词来自梵语,是"狮子城"之意,首都是新加坡市,为东南亚主要商业城市及国际金融和交通中心之一,居民多信奉佛教。国旗由红、白两个平行相等长方形构成,红色在上、白色在下,旗的左上角有一白色新月和五颗白色五角星,参见图 7-10。国歌为《前进吧,新加坡!》,国花为热带兰花,马来语为国语,英语、华语、泰米尔语为官方语言。1990 年 10 月 3 日与我国建交。

图 7-10 新加坡国旗图案

(一) 礼貌礼节

新加坡人十分讲究礼貌礼节。其风俗习惯因民族和宗教信仰而异。华人的传统与我国相似。如两人见面时作揖、鞠躬或握手。印度血统的人因多数信奉印度教,故仍保留印度的礼节和习俗,妇女额上点着吉祥点,见面时合十致意。而马来血统、巴基斯坦血统的人则按伊斯兰教的礼节待人接物。

(二) 忌讳

新加坡人忌讳"7",忌说"恭喜发财",因为"发财"二字被认为有"发横财"之意。与新加坡人谈话,一般忌谈宗教、政治方面的话题。

十一、印度的风俗习惯

印度位于南亚次大陆,面积 2974700 平方千米,人口 13.3 亿,位居世界第二位,印度斯坦族占全国人口的 46.3%。居民多信奉印度教,其他如伊斯兰教、基督教、锡克教和佛教等均有居民信仰。首都为新德里,主要城市有德里、加尔各答、孟买等。

国旗为橙(上)、白(中)、绿(下)三个长方形色块组成,在白色长方形中央有一蓝色轮子,带有24根轴条,参见图7-11。国歌为《人民的意志》,国花为荷花。1950年4月1日与我国建交。

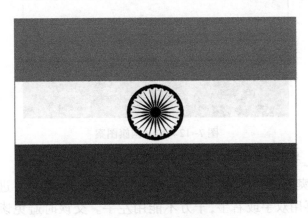

图7-11 印度国旗图案

(一) 礼貌礼节

到印度的寺庙或住宅,进门要脱鞋。主客见面时,以双手合十致意。晚辈对长辈行礼是弯腰摸长者的脚。迎接贵宾时,主人献上花环,套在客人的颈上。花环的大小视客人的身份而异。对印度妇女不可主动握手。印度人在交谈时,喜欢晃动头部。许多印度妇女在她们额部靠近两眉中间涂饰一个彩色的圆点,印度人称之为"贡姆贡姆",寓意吉祥。在印度教里,吉祥点表示女子的婚嫁状况,现在已成了印度妇女美容化妆的组成部分,其颜色以红色居多,但亦有黄、绿、紫等色,视衣着和肤色而定。

(二) 忌讳

印度人忌白色,认为白色象征着内心的悲哀,所以他们习惯于用百合花作悼念品,黑色亦被认为是不祥的颜色。忌讳弯月的图案,把1、3、7都视为不吉利的数字。印度人奉牛为神圣,不仅忌食牛肉,而且忌用牛皮做的东西。印度人不许别人拿他们的照片,除非他们自愿,印度教徒忌讳众人在同一盘中进食,也不吃别人接触过的食物。忌用左手握手和递、取东西。

十二、埃及的风俗习惯

埃及位于非洲东北角,小部分领土(西奈半岛)位于亚洲的西南角,是地跨亚、非两洲的国家。总面积1 002 000平方千米,人口6 598万,其中94%的人居住在仅占全国面积4%的尼罗河两岸、苏伊士地峡区的少数绿洲上。首都为开罗,主要城市有亚历山大、塞得港、苏伊士、阿斯旺等。国旗由红、白、黑三个等面积的长方形组成,金黄色的鹰居于白色长方形中央,参见图7-12,国歌为《阿拉伯埃及共和国国歌》,阿拉伯语为官方语言。1956年5月30日与我国建交。

图 7-12　埃及国旗图案

（一）礼貌礼节

埃及人正直、爽朗、热情好客。星期五是伊斯兰教的休息日。进入清真寺时要脱鞋。接送东西时要用双手或右手，千万不能用左手。交谈时避免谈论中东政治。见面时互致问候，问候语一般是："依库姆塞接姆"（祝您平安），回答则是"而来赛拉姆而依库姆"（也祝您平安或是享受真主的慈悲和吉祥）；埃及有很多亲吻礼，各种吻法含义不同。

（二）忌讳

埃及人忌讳黄色和蓝色，认为蓝色是恶魔，黄色代表不幸。还忌熊猫，认为其形体与猪相似。

十三、坦桑尼亚的风俗习惯

坦桑尼亚位于非洲东部，东临印度洋，是以黑人为主的多民族国家。面积共945087平方千米，人口5350万，民族有苏库马族、尼亚姆维奇族、查加族、赫赫族等。居民信奉原始拜物教、天主教、基督教、伊斯兰教。首都为达累斯萨拉姆，主要城市有桑给巴尔等。国旗由绿、蓝为三角形分别居旗面的左上、右下角，带有黄边的黑色宽带通过旗的右上角和旗杆一边的下角，参见图7-13。国歌为《上帝保佑非洲》，国花为丁香花，斯瓦希里语为国语，英语是官方通用语言。1964年4月26日与我国建交。

图 7-13　坦桑尼亚国旗图案

(一) 礼貌礼节

坦桑尼亚人能歌善舞,爱好音乐。待人热情诚恳,重礼貌。

(二) 忌讳

坦桑尼亚人喜欢别人称其为"非洲人",不高兴被称为"黑人"。交谈时要避免谈及有关他们国家的政治问题。

第三节 部分国家的饮食习惯

饮食习惯作为文化风俗的重要组成部分在民航服务中受到格外关注,这要求民航从业者必须要多了解更多国家和地区的饮食习惯,特别是对中国主要入境客源地国家饮食习惯知识的了解,这样才能提供优质的服务。在民航特有工种岗位工作的从业者需要具备这方面的素质,以下介绍部分国家和地区的饮食习惯。

一、美国人的饮食习惯

美国人一日三餐不是十分讲究,早餐一般是果汁、鸡蛋、牛奶、面包之类;午餐为三明治、水果、咖啡等;晚餐相对丰盛一些,但也不过一二道菜,加些水果、点心而已。最常吃的是牛排和猪排。快餐是典型的美国饮食文化。美国人不爱吃动物内脏,以及肥肉、红烧和蒸的食物,口味喜咸中带甜。烹调以煎、炸、炒、烤为主,菜的特点是生、冷、淡。比较喜欢吃我国的粤菜和北方甜面酱、南方的蚝油、海鲜酱等。美国人一般爱喝冰水和矿泉水、可口可乐、啤酒等,而不大爱喝茶。他们把威士忌、白兰地等酒类当茶喝,喝饮料喜欢放冰块。餐前一般饮番茄汁、橙汁,吃饭时饮啤酒、葡萄酒和汽水,饭后喝咖啡。

二、俄罗斯人的饮食习惯

俄罗斯人以面包为主食,爱吃带酸味的食品。口味一般较咸,较油腻,喜牛、羊肉。喜欢焖、煮、烩的菜,也吃烤炸的菜。爱吃中国菜肴,尤爱食北京烤鸭。凉菜小吃中,俄罗斯人喜欢吃生西红柿、生洋葱、酸黄瓜、酸白菜、酸奶渣、酸奶油拌沙拉、猪头肉冻等。俄罗斯人早餐简单,午餐和晚餐比较讲究。午餐和晚餐不可无汤,而且汤汁要浓,如肉丸子汤、鱼片汤、鸡汁汤等。俄罗斯人爱喝酒,特别喜喝俄罗斯名酒伏特加,也喜以啤酒佐餐,对中国烈性酒很感兴趣,酒量一般很大。不喝葡萄酒。爱喝红茶,并在茶中加适量糖和柠檬。

三、英国人的饮食习惯

英国人每天分四餐,即早餐、午餐、午后茶和晚餐。早餐丰盛,午餐较简单,午后茶除喝茶外,还吃面包和点心,晚餐最为讲究。英国人口味喜清淡、酥香、鲜嫩,不爱吃带粘汁和辣味的菜,爱吃牛羊肉、鸡、鸭、野味等。调味品放在餐桌上,任进餐者选用。英国人就餐、用茶均十分讲究座次,对服饰、方式等都有规定。每餐均吃水果,晚餐喜欢喝咖啡,夏季爱吃各种果冻和冰淇淋,冬天则爱吃蒸布丁。英国人爱喝茶(尤爱喝红茶),还爱喝葡萄酒、香槟酒、冰过的威士忌、苏打水等,很少喝啤酒。在斋戒日和星期五,英国人正餐吃炸鱼,不食肉(因为耶稣受难日是复活节前的星期五)。

四、法国人的饮食习惯

法国的烹调技术和菜肴居欧洲之首,有"食在法国"之美誉。烹调用料讲究,制作精细,品种繁多。法国人讲究吃,口味喜欢肥嫩、鲜美、浓郁、不喜辣味,注重食物的色、形。喜食猪、牛、羊肉,香肠、家禽、蛋类、鱼虾、蜗牛、牡蛎和新鲜蔬菜,喜食水果和酥食点心。肉类菜不能烧得太熟。菜肴的配料爱用大蒜、丁香、芹菜、胡萝卜和洋葱。不太喜欢吃汤菜。法国的干鲜奶酪世界闻名,是法国人午、晚餐必不可少的食品。法国家家餐桌上都有葡萄酒,各人自选饮料,无劝酒的习惯。

五、德国人的饮食习惯

德国人早餐比较简单,午餐是主餐。喜欢吃瘦猪肉、牛肉、野味,不喜欢食鱼虾等海味,也不爱吃油腻、过辣的菜肴,口味喜清淡、酸甜。晚餐喜欢吃冷餐,并喜欢关掉电灯,点上几根小蜡烛,在幽淡的烛光里边谈边饮啤酒。德国人特别爱喝啤酒,啤酒杯一般很大,一般情况下不碰杯,一旦碰杯,则需一口气将杯中酒喝光。德国人还爱吃水果及各种甜点。

六、澳大利亚人的饮食习惯

澳大利亚人的饮食习惯与英国人相近,同时由于澳大利亚居民主要来自世界各地移民,因此饮食也多元化。喜欢吃中国菜,口味喜清淡,不喜欢辣味,喜欢吃煎蛋、炒蛋、火腿、鱼、虾、牛肉等。无论中西餐,他们都喜欢用很多调味品。喜喝啤酒、葡萄酒,也喜欢茶和咖啡,并加牛奶和砂糖。

七、日本人的饮食习惯

日本人喜欢餐前餐后喝一杯茶,尤其喜喝绿茶。早餐喜喝热牛奶、吃面包、稀饭等,晚餐一般吃米饭,副食以蔬菜、海鲜为主。日本人爱吃鱼,鱼的吃法很多,但都要把鱼刺去掉,还有吃生鱼片和"寿司"的习惯。日本人喜欢吃清淡、少油腻、味鲜带辣的菜肴,还爱吃面酱、酱菜、紫菜和酸梅。日本人爱喝我国浙江的"绍兴酒",爱吃粤菜、京菜、沪菜。还爱吃牛肉、鸡蛋、海带、精猪肉、青菜和豆腐等。不喜欢吃羊肉、猪内脏和肥肉。

八、韩国人的饮食习惯

韩国人以米饭为主食,爱吃辣椒、泡菜、素菜、牛肉、精猪肉、鸡和海味,不爱吃羊、鸭和肥猪肉,还爱喝用辣椒酱配豆腐、鱼片或其他肉类、蔬菜等烹制而成的"炖汤"。辣椒面和冷面是韩国人的传统面食。韩国人宴会上的礼仪很多,主人总是以1、3、5、7的数字来敬酒、敬茶和布菜,力避以双数停杯罢盏。

九、泰国人的饮食习惯

泰国人的主食是大米,副食主要是鱼和蔬菜。早餐多吃西餐(烤面包、果酱、咖啡、牛奶、煎鸡蛋等),午餐和晚餐爱吃中餐。泰国人爱吃我国的粤菜和川菜,喜欢吃辣味食品。泰国菜多使用咖喱作为做菜的辅料,不爱吃牛肉及红烧食物,食物中不习惯放糖。爱喝啤酒、苏打水和白兰地酒。饭后有吃苹果、鸭梨等的习惯,但不吃香蕉。

十、新加坡人的饮食习惯

新加坡主食为米饭、包子,不吃馒头。副食主要为鱼虾。新加坡人大多是由中国东南沿海各省移民所致,饮食文化和我国极为相近。由于广东人所在比例较大故大多爱吃粤菜。

十一、印度人的饮食习惯

印度人一般以米饭为主食。素食者较多,以西红柿、土豆、洋葱、青椒等为主,忌食牛肉。印度人爱吃咖喱、油爆、烤、炸一类的食物,对中国川菜中的干烧和有鱼香口味的菜比较喜欢,不喜欢喝中、西式菜汤,不吃笋、木耳、蘑菇、面筋之类的食物。印度人一般不喝酒,但喜欢饮茶,其饮茶方式别具一格,一般把茶斟入盘中,用舌头舔饮。

十二、埃及人的饮食习惯

埃及人的主食是大饼,副食则爱吃豌豆、洋葱、萝卜、土豆、茄子、西红柿、空心菜、南瓜等。不喜欢吃甜食,还忌食猪肉、海味和除肝以外的动物内脏。爱喝红茶和咖啡。

十三、坦桑尼亚的饮食习惯

坦桑尼亚人饮食比较简单,但一般人食量较大。各部族的主要食品也不尽相同,有的以牛羊肉为主食,有的以鱼虾为主食,还有的部族以香蕉为主食,但普遍喜吃羊肉。坦桑尼亚人除保持本民族的饮食习俗,还带有英国的某些饮食习惯,如不吃猪肉及奇形怪状的食物。

第四节 部分国家的重要节日

节日是世界各国文化风俗的集中体现,特别是世界各国的重要节日为民航运输创造了众多客货源,民航行业的生产组织在某种程度上受到重要节日的影响,这要求民航从业者必须要多了解更多国家和地区的重要节日信息,特别是对中国主要入境客源地国家的重要节日知识的了解,这样才能提供优质的服务。以下介绍部分国家和地区的重要节日。

一、美国的重要节日

新年(New Years Day):1月1日

林肯诞辰(Abraham Lincolns Birthday):2月12日

圣瓦伦丁节(St. Valentines Day):2月14日(情人节)

华盛顿诞辰(George Washingtons Birthday):2月22日

复活节(Easter Day, Easter Sunday):在3月7日左右

愚人节(April Fools Day):4月1日

国旗日(National Flag Day):6月14日

国庆节(Independence Day):7月4日

劳动节(Labor Day):9月的第一个星期一

万圣节(Halloween;Eve of All Saints Day):10月31日

感恩节(Thanksgiving Day):11月最后一个星期四

圣诞节(Christmas Day):12月25日

二、俄罗斯的重要节日

祖国保卫者日:2月23日(原苏联建军节)

卫国战争胜利日:5月9日

国家主权宣言通过日(国庆日):6月12日

十月革命节:11月7日(原十月革命纪念日)

宪法日:12月12日

三、英国的重要节日

新年(New Year's Day):1月1日

情人节(St. Valentine's Day):2月14日

圣帕特里克节(St. Patrick's Day):3月17日

圣星期六(Holy Saturday):复活节的前一天

复活节(Easter):3月21日左右

复活节次日(Easter Monday):复活节的第二天

耶稣受难日(Good Friday):复活节前的星期五

耶稣升天节(Ascension Day):复活节第40天之后的星期四

圣灵降临日(Pentecost):复活节后的第7个星期天

愚人节(April Fool's Day):4月1日
圣诞假期:12月25日—26日

四、法国的重要节日

新年(Jour de l'An):1月1日
国际劳动节(Fête du travail):5月1日
二战胜利日(Victoire 1945):5月8日
国庆节(Fête national):7月14日
一战停战日(Armistice):11月11日
圣诞节(Noel):12月25日

五、德国的重要节日

新年(Neujahr):1月1日
德国狂欢节:开始于11月11日11点11分
国际劳动节(Maifeiertag):5月1日
德国统一日:10月3日
感恩节:10月第一个星期日
宗教改革纪念日:10月31日
圣诞节:12月25日

六、澳大利亚的重要节日

新年:1月1日
澳大利亚日:1月26日
女王生日:6月10日
国际劳动节:10月7日
圣诞假期:12月24日—27日

七、日本的重要节日

元旦:1月1日
建国纪念日:2月11日
绿之日:4月29日(植树节)
宪法纪念日:5月3日
儿童节:5月5日(男孩节)
敬老节:9月第3个星期一
勤劳感谢节:11月23日
天皇诞生日:12月23日

八、韩国的重要节日

元旦：1月1日

独立运动纪念日：3月1日

植树节：4月5日

儿童节：5月5日

制宪节：7月17日

光复节：8月15日

仲秋节：阴历八月十五

开天节：10月3日

圣诞节：12月25日

九、泰国的重要节日

元旦：1月1日

宋干节：4月13日—15日

国际劳动节：5月1日

泰皇登基纪念日：5月5日

佛诞节：5月15日

守夏节：7月14日

万寿节：12月5日

宪法纪念日：12月10日

除夕：12月31日

十、印度的重要节日

元旦：1月1日

印度共和日（Republic Day）：1月26日

甘地逝世纪念日：1月30日

湿婆神节（Shivratri 或 Mahashivratri）：2月—3月

洒红节（Holi）：2月—3月（泼水节）

拉玛节（Ramanavami）：3月—4月

复活节（Good Friday）：4月

佛诞节（Buddha Purnima）：5月—6月

独立节（Independence Day）：8月15日

十胜节（Dussehra）：9月—10月（凯旋节）

灯节（Diwali）：10月—11月

十一、埃及的重要节日

科普特教圣诞节：1月7日

踏青节（闻风节）：4月

西奈解放日：4月25日

国际劳动节：5月1日

国庆日：7月23日

建军节：10月6日

开斋节：斋月结束

宰牲节：又名"古尔邦节"，伊历12月10日

穆罕默德生日：伊历4月12日

自我检测

（1）简要描述维吾尔族的风俗习惯。

（2）简要描述泰国的风俗习惯。

（3）简要描述印度人的饮食习惯。

（4）请说出五个英国的重要节日名称。

学习单元八
民航礼仪基础知识

学习目标

(1) 熟练掌握民航运输工作人员的仪表、仪容、仪态和举止要求。
(2) 全面了解礼仪服务的基本常识。
(3) 熟练掌握交换名片、乘坐电梯、电话沟通、行礼示意礼仪。
(4) 熟练使用服务文明用语。
(5) 熟练掌握服务谈话技巧。

三个目标

学习内容

(1) 民航运输工作人员的仪表、仪容、仪态和举止要求。
(2) 礼仪服务的基本常识。
(3) 交换名片、乘坐电梯、电话沟通、行礼示意的礼仪。
(4) 服务文明用语知识。
(5) 服务谈话技巧知识。

民航运输作为一项服务性行业，旅客服务本身的行业特点需要其从业者具备一定的礼仪知识，同时礼仪知识也是民航特有工种从业人员的基本职业素质的重要组成部分之一。在本章，将从行为举止、礼仪服务、服务文明用语、服务谈话技巧四个方面，介绍一些实用性和操作性的礼仪知识，以供民航运输从业人员参考。

第一节 行为举止

一、民航运输工作人员的仪表要求

仪表者，外观也。它指人的形貌外表，包括人的容貌、身材、姿态、风度等方面。下面以民航特有工种民航客运员为例，介绍民航运输从业人员专业着装的一般要求。

（一）工作牌及徽章的佩戴要求

按照季节性划分，民航客运员大体可分为夏秋装和冬春装两类。女士穿着夏秋装制服时,工作牌佩戴于长、短袖衬衣第二颗纽扣处,徽章佩戴于左上方。穿着冬春装制服时,工作牌佩戴于上衣左胸,夹在左衣领边。若穿马甲时,戴在左上口袋处,徽章佩戴在工作牌正上方,盖住工作牌夹子。男士工作牌佩戴于上衣左胸口袋处,徽章佩戴于工作牌上方,盖住工作牌夹子。

（二）衬衫穿着的要求

工作着装中的衬衫要勤换洗,保持领口、袖口清洁、平整,衬衣要每天烫平无褶皱。长袖衫须扣好袖纽,不得敞开或挽起,衬衣下摆须束腰内。若女士佩戴领花,领花下摆半缝合,呈弧形。女士穿衬衣时须配裙子（外场接送等特殊岗位可穿着长裤）,衣下摆必须扎在裙子（裤子）里,不可露出袜口。男士衬衫的领子一定要合适,不能太松,也不能太紧。衣领约露出西装1厘米,衬衫袖口要露出西服袖口1厘米。

（三）男士佩戴领带的要求

领带有一自然小领窝,领带下端应刚好盖在皮带扣上。领带需保持平直、无皱。打好领带后,将领带一端小剑带穿过大剑带背后的布扣,一方面可防止领带分离移动,也可增加领带的美观。不可将领带末端塞入裤腰带,这是极不雅观的做法,同时也使领带丧失了原有的魅力。穿戴好领带后,检查衣领后的领带是否露出或有歪斜的情形。

（四）男士领带夹的使用

避免有太花哨的款式,以纯金或纯银的颜色为主。领带夹不宜太高,应夹在衬衣纽扣从上往下数第4颗处。

（五）男士皮带的使用

不要用奇形怪状的皮带扣,免得给人怪异之感。皮带保持在肚脐或肚脐上面一点的位置,低于肚脐,易给人太随便的感觉。

（六）马甲的穿着要求

穿马甲时须将衬衣束进裙子或裤子,扣齐马甲钮扣,不得敞开。马甲的口袋不宜放入手机、笔等零星物件,避免马甲口袋鼓鼓囊囊。

（七）职业外套的穿着规范

配套着装,不得长短混穿。着秋冬装时,不得穿高领毛衣或高领内衣。在室内工作时,不得穿风衣,不得戴围巾帽子（外场接送、头等舱服务、中转服务等特殊岗位可例外）。注意保持制服整齐、干净、笔挺,领子和袖口洁净,上岗前,要细心检查制服上不得沾有菜汁、油迹。服装纽扣齐全,衣裤不得有脱线和破边。西服不宜过长或过短,以盖住臀部为宜,不要露臀。西服扣上纽扣,西装与腹部约能容纳一个拳头的宽度。西服袖子不能过肥,衬衫袖口要露出西服袖口1厘米。西服口袋原则上不应装东西,像钢笔、钱包、名片等最好放在上衣内侧口袋。上衣领子不得乱别徽章。

（八）西裤的穿着要求

裤子要熨烫平整,烫出裤线。裤管前的中心线要垂落在正前方,不要有脱线的痕迹。裤长以能覆盖鞋面为原则,坐下时不能看到腿部肌肤。

(九)袜子的穿着要求

女士穿灰色长筒裤袜,不要穿有网眼、花纹、图案的丝袜,无抽丝挂破的痕迹,切忌短裙配短袜。男士应穿深色系(灰色、深蓝色、黑色等)的袜子,不要穿白色的袜子。每天勤洗勤换,发现袜子有脱线或破洞时,应丢弃不用。

(十)鞋子的穿着要求

穿配发的工作鞋或者黑色、款式接近的皮鞋,不得穿其他鞋类。雨天室外工作时可穿雨鞋。不得赤脚穿鞋。皮鞋要擦拭干净,保持亮洁,皮鞋表面上不能有污泥。鞋子鞋带应系好,鞋跟坏了要修补,遇到雨天,先设法把鞋子上的泥水拭净后,再进入室内。

二、民航运输工作人员的仪容要求

仪容,通常是指人的外观、外貌,其中着重指人的容貌。特别在民航旅客服务工作岗位上,从业者的仪容往往会引起旅客的关注,是民航客运员专业性的一种外在体现,并影响到旅客对民航客运员提供优质服务的整体评价。在个人的仪表问题之中,仪容是重中之重。仪容美的基本要素是貌美、发美、肌肤美,主要要求整洁干净。美好的仪容一定能让人感觉到其五官构成彼此和谐并富于表情,发质发型使其英俊潇洒,容光焕发,肌肤健美使其充满生命的活力,给人以健康自然、鲜明和谐、富有个性的深刻印象。但每个人的仪容是天生的,长相如何不是至关重要的,关键是心灵的问题。从心理学上讲每一个人都应该接纳自己,接纳别人。

(一)发型要求

民航客运员应头发整齐干净,只能染黑色的头发,不得剪过于标新立异的发型。女士不得佩戴夸张的头饰,长发必须佩戴统一配发的头花,头发用头花发网盘起,发包高于发尾3厘米,无散落发丝。短发发型简洁清爽,头发不遮耳朵,长度以头发到肩为区分,发梢不盖衣领。男士统一短发,头发不短于1厘米,发梢不盖衣领,发鬓不得遮耳。

(二)妆容要求

女士妆容要求应选择以肤色与服装协调的化妆品,如口红、胭脂、眼影,根据自己的情况选择品牌与型号。从业者上岗前应按职业要求化妆,选择与肤色相近的粉底,薄施于面及颈,淡扫眉毛,擦红色调的唇膏,禁黑、紫、蓝等非红色调唇膏。具体妆容细节要求如下:

(1)眉毛:可以根据自己的眉型,把眉型修成一字眉、月亮眉,经常把眉毛上多余的杂毛清除。

(2)鼻:及时清理鼻上的黑头和油脂,鼻毛要勤剪,不可让鼻毛外露,否则给人邋遢之感。

(3)嘴:嘴唇的重要性仅次于你的眼睛,它是语言交流时对方注目的中心,睡前可用牙刷清除唇上的死皮,涂上润唇膏。

(4) 牙齿:随着年龄的增长,牙齿将慢慢失去光泽,想得到一口洁白的牙齿,就要勤刷牙,并补好牙洞和牙缝,也可找整牙医师帮你漂白,注意检查牙缝里有否菜渣。

(5) 胡须与鬓角:胡须要经常刮净;鬓角剪短,以不超过耳朵中间为宜。

(6) 耳:勤清洁耳部周围,不要在耳部周围打太多的耳洞,戴太多的装饰物。

(7) 手:要勤洗手保持干净、滋润,指甲要经常修剪,不可留太长,以1毫米为宜。指甲内不可藏有污垢,有黑色捆边。指甲不得染色。

(8) 补妆:用餐过程中如需要补妆,切不可在餐桌上进行,此时应向在座宾客说声对不起,到化妆室去补妆。

男士妆容相对简单,总体要求保持面容整洁,不得蓄留胡子。坚持定期理发、坚持定期剃须、坚持修剪过长鼻毛、坚持遮掩腋毛、坚持修腿毛。注意个人清洁卫生,勤洗澡防汗臭。早晚要刷牙,饭后要漱口,上班前不吃有异味的食物(如葱蒜韭菜、榴莲等)和不喝含酒精的饮料。如吃了葱蒜而临时有活动,可嚼茶叶去味。注意安排好个人休息时间,保证充足睡眠,保持良好的精神状态,不要在工作时面带倦容。不得在旅客面前或在公众场合整理仪表,如需整理,应到旅客看不到的卫生间或工作间进行整理。

(三) 首饰佩戴要求

装饰物不宜太多,手腕不宜戴手镯及手链,可戴手表一只。每只手限戴一枚戒指,不准戴标新立异的饰物。不得戴垂吊式耳环,手腕、足踝不得佩戴首饰,非垂吊式耳环限戴一付。男士不得戴耳环。戴项链不得外露。

三、民航运输工作人员的仪态要求

仪态,通常是指人的姿势、举止和动作。国家不同,民族不同,社会历史背景不同,阶层不同,群体不同,其所要求的仪态都有不同标准或不同要求。在我国现阶段,提倡讲文明,讲礼貌,每个公民的仪态应当力求美化,注重仪态的美化有四个标准:

(1) 仪态文明。要求仪态要显得有修养,讲礼貌,不应在异性和他人面前有粗野动作和形体。

(2) 仪态自然。要求仪态既要规矩庄重,又要表现得大方实在。不要虚张声势、装腔作势。

(3) 仪态美观。要求仪态要优雅脱俗,美观耐看,能给人留下美好的印象。

(4) 仪态敬人。要力禁失敬于人的仪态,要通过良好的仪态来体现敬人之意。

(一) 表情的要求

表情是人体语言最为丰富的部分,也是人内在情绪的流露,人的喜、怒、哀、乐可通过表情来具体体现和反映。据统计,人类有十四万种表情,表情类型中,最主要的是面部表情。有时为了吸引听者的注意力,应适当使用声音表情,使言谈显得生动和增强感染力。民航客运员在岗位上应尽量做到面带微笑、和颜悦色,给人一种亲切感;笑容甜美、真诚,露齿8颗为标准;不能脸孔冷漠,表情呆板,给人以不受欢迎的感觉。微笑给人一种亲切、和蔼、礼貌、热情的感觉,是服务态度中最基本的标准,是良好的服务态度的重要外在表现形式。不能讥笑,让客人恐慌;不能傻笑,让客人尴尬;不能皮笑肉不笑,让客人无所适从。笑容可掬,甜美真诚。听人讲话时,要聚精会神,注意倾听,上身微微向前倾,表示认真听取,给人以受尊重之感;不得没精打采或漫不经心,给人以不受重视感。与旅客交谈时,双眼神采奕奕,有目光交流,适当地点头表示明白,眼睛可在旅客的眼、左右肩三角区内自然的移动。要真诚待客,不卑不亢,给人以真诚感,不要诚惶诚恐,唯唯诺诺,给人以虚伪感。要沉着稳重,给人以镇定感;不要慌手慌脚,给人以毛躁感。神色要坦然、轻松、自信,给人以宽慰感;不要双眉紧锁,满面愁云,给人以负重感。不得带有厌烦、僵硬、愤怒的表情。不要扭捏作态,做鬼脸,吐舌,挤眉弄眼,给人以不受尊重感。

(二) 眼神的要求

眼神是面部表情的核心,是心灵的窗户。人的眼睛不仅仅有"看"的功能,而且还能体现一个人的修养、道德、情操。眼神运用得当,有助于融洽气氛、交流思想、增进感情,加深印象。反之,轻则导致拘谨,重则产生误会,因此有必要明确目光运用的各种礼仪要求。

用目光注视对方的面部时要自然、稳重、柔和,表现出坦荡、自信。与旅客保持目光接触,其程度一般认为能说明别人内心状况,目光接触多表示对别人的喜欢或友好。与旅客有目光交流,适当地点头表示明白,又要保持目光接触,又不能盯视,在两者之间找到一个平衡点是可以做到的。眼睛可在旅客的眼、左右肩三角区内自然的移动。与交谈相配合。注视的时间不可过长,可偶尔将视线移开一下,但不得移开太久,自始至终地注视对方是不礼貌的。不能死盯住对方某部位,或不停地在对方身上上下打量,或东张西望,这是极失礼的。

眼神应是诚恳、友善,表示对对方的尊重和友好。谈话时眼睛往上、往下、眯眼、斜视、闭眼、游离不定、目光涣散,是傲慢、胆怯、蔑视的表现。谈话时不敢与旅客对视,一有对视,马上躲闪,是缺乏自信的表现。说话时不要牵动眉眼、频繁眨眼、挤眉弄眼、目光游离等,这些都是不得体的,容易引起误会。眨眼的频率应以自然为宜,闭眼不应超过一秒,否则,容易引起别人的误会。闭眼时间过长,有藐视、看不起人之意。眼光不要左顾右盼,经过反射玻璃或镜子前,不可停下来梳头、补妆或整理衣冠。

(三) 站姿的要求

优美而文雅的站姿,是发展不同质感动态美的起点和基础。俗话说:"站要有站相",站姿是基本的举止之一,优美、典雅的站姿能给别人留下美好的印象。站立时应保持上身正直,头正目平,脸带微笑,微收下颌,挺胸收腹,腰直肩平。男士单背手式、双手交叉式站立。男士双脚叉开,与肩同宽,两肩相平,两臂和手在身体两侧自然下垂。女士双手相交放在小腹部,右手握左手,大拇指合拢收在手掌里。站立时双脚合拢,肌肉略有收缩感,呈"丁"字状,双腿中间不留缝。身体姿态保持随时恭候旅客,为旅客提供服务的姿态。

（四）坐姿的要求

用正确的姿势办公，不但能表现自信优雅的仪态，让人觉得你是个彬彬有礼的人；同时，也能常保健康。站在椅子背后，欠身拉开椅子。为了避免椅子拉动造成声响，可以稍加用力，让椅脚离开地面。女士入座时要把身后的裙子抚平，膝盖绝对不可分开，否则不雅，容易走光；男士两腿略分开，看起来既不拘束又显得稳重。入座时动作要轻缓，上身要直，人体重心垂直向下，腰部挺起，脊柱向上伸直，胸向前挺起，双肩放松平放，躯干与颈、胯、腿、脚正对前方；手自然放在双膝上，双膝并拢；目光平视，面带笑容，坐时不可以把椅子坐满，也不可坐在椅子的边沿上，应坐在椅子的2/3处。用双手将椅子挪向桌沿，并挪正。坐姿要端正，不可东倒西歪，倚靠在墙边或椅背上。

（五）行走的要求

走姿正确，很自然地就会流露出自信的气质，给人以专业的信赖感。男士两眼平视前方，挺胸收腹直腰，两肩不摇，步态稳健。女士头部端正，目光平和，直视前方，挺胸收腹直腰，两手前后摆动的幅度较小，步态自如、匀称、轻柔，显示出端庄、文静、温柔、典雅的女子窈窕之美。

走路速度不快不慢，双手自然摆动，步伐大小以自己足部长度为准。上下楼梯时，身体要挺直，目视前方，千万不要低头只看阶梯，以免与人相撞。行走时脚步要轻而稳。走路时昂首挺胸收腹，上身正直不动，两肩相平不摇，两臂摆动自然（大厅内行走）或双手相交放在小腹部（休息室内行走）。走路双脚走一直线，切不可扭捏作态。在服务现场不奔跑、跳跃。因工作关系需要超越旅客时，要礼貌致歉，说声"对不起"，请旅客礼让。行走时尽量靠右边走，不走中间。与上级、宾客相遇时，要点头示礼致意。与上级、宾客同行至门前时，应主动开门让他们先行。与上级、宾客上下电梯时，应主动开门，让他们先上或先下。引导旅客时，让旅客走在自己的左后侧。与领导、宾客对面相遇时应减慢行走速度，向外侧让路并问好。如不便打扰，可用手势或点头致意问候。上下楼时，服务员应走在旅客的前面引导。三人通行时，中间为上宾。在过道中，应让女士走在内侧，以便使女宾有安全感。旅客迎面走来或上下楼梯时，要主动为旅客让路。

（六）蹲姿的要求

上身正直，双膝并拢弯曲，从地面物品的左侧蹲下，臀部向下。蹲下时应缓缓下蹲，单膝稍垂下，上身正直，手肘内夹。蹲下时动作不宜太大，切不可用臀部对着旅客，或者撅着屁股弯腰为旅客服务。

（七）手势的要求

手势是一种全球性的语言，所有人能通过一种手势来表达人们交往的一定的情感。相同的手势在不同国家和地区有着不同、甚至相反的意思，在工作中应当注意自己的手势，不可乱用。例如：竖起大拇指向上指在英国、澳大利亚、新西兰表示搭车；在希腊表示叫你滚蛋；而在中国则表示"不错""很好"；在日本表示男人，表示首领或自己的父亲;在斯里兰卡、墨西哥、荷兰等国表示祈祷幸运。竖起的大拇指向下,在中国表示下面、向下和拙劣不好等意思;在菲律宾则表示不同意、结束或说对方输了;在法国、墨西哥表示运气坏、无用;在尼日利亚表示知道、拒绝和按手印;而在突尼斯则表示倒水和停止。翘起小拇指,在我国表示微不足道、无用、无聊、拙劣以及在家最小一个;在日本表示女人、女孩子、恋人;在韩国表示妻子、女朋友;在菲律宾表示小个子、年轻和说对方是小人物;在泰国、沙特阿拉伯表示朋友多;在缅甸、印度表示上厕所;在英国表示懦弱的男人。中国人在招呼人时伸出手臂手心向下、微动手指,意思叫你过来,而这一动作在日本是叫狗过来,这等于在骂人。点头和摇头,世界上大多数国家点头表示肯定,摇头表示否定,但在意大利、保加利亚、希腊、土耳其、伊朗等国,摇头表示肯定,点头表示否定。竖起大拇指,在我国表示称赞、第一,但在印度、巴基斯坦则表示侮辱。

民航客运员工作中的手势使用要求自然、规范、到位。在给旅客指引方向时,手臂伸直,四指并拢成扇形,拇指藏于掌内贴向食指第二关节。手掌向上,以肘关节为轴,指向目标;眼睛要看着目标,并兼顾旅客是否看到指示的目标,在介绍或指示方向时切忌指手画脚。谈话时手势动作不宜太多,幅度不宜过大,否则会有画蛇添足之感。在介绍、引路、指示方向时,都应掌心向上,表示虚心、诚恳的态度,上身稍微前倾,以示敬重。在交递物品给旅客时,双手拿在胸前递出,物品尖端不可指向对方,一只手拿东西直接往对方手里放也属缺少风度。在递、接旅客物品时,应双手恭敬地奉上,绝不能漫不经心地随便一丢,切忌不可用手指或笔尖指向旅客。

(八) 点头与鞠躬要求

迎送旅客,鞠躬15度;致谢鞠躬30度;道歉鞠躬45度。当旅客走到面前时,应主动点头问好,与旅客打招呼。双手递接物品,上身向前倾15度,表示尊重旅客。回答旅客问题时,上身向前倾15度,表示认真倾听。点头时目光要看着旅客的眼睛;鞠躬行礼时眼睛注视受礼者,上身倾斜45度,眼睛注视地面或受礼者的脚尖,礼毕后再恢复立正的姿势。当旅客离去时,身体应稍微前倾,敬语道别。

四、民航运输工作人员的举止要求

举止仪态是指人的表情、姿态和动作,是一种无声的语言。作为服务行业工作岗位之一,要求民航客运员言行举止稳重大方。良好的举止体现了民航客运员的自我约束,自然流露的职业气质风度,个人的礼貌修养和动作所要传达的信息,是从业者品质、知识、能力等内在因素的外在体现。

工作时不可因私人的情绪不佳,而影响正常工作。为旅客服务时不宜表示过分亲热,不可用手搭拍旅客的肩膀。员工在服务现场不准吃东西、不准面对旅客喝水、吸烟。从业者患病时,注意保持适当的距离,不要勉强参加对外活动。有的从业者误认为伤风感冒是"小病",认为带病工作是一种积极的表现,殊不知这种行为会给接受服务的旅客带来患病的风险。不准携带与工作无关的物品上岗,如水杯、饮料、书刊、报纸等。不得在旅客面前闲聊、大声喧哗,不得坐在桌子上,不得打瞌睡,不得戴手套。见到同事要面带笑容,道问候语。见到上级领导要起立,要热情主动打招呼,称呼领导尊姓及职务,并问好,了解领导来意,并积极予以联系。从业者佩带手机等通信工具或电子设备不允许外露,要将响声调至振铃位置。

举止要端庄,动作要文明,站、走、坐要符合规定要求。迎客时走在前,送客时走在后,客过要让路,同行不抢道,不许在宾客间穿行,不得公众场合内奔跑追逐,在旅客面前应禁止各种不文明的举动。从业者在工作时应保持工作室内安静,说话声音要轻柔,不要在旅客面前大声喧哗、打闹、吹口哨、哼唱小调,走路脚步要轻,操作时动作要轻,取放物品要轻,避免发出大的响声。当旅客向你的岗位走来时,无论你正在干什么,都应主动向旅客问好,并停下手中的工作与旅客打招呼。对待旅客要一视同仁,不以年龄取人、不以服饰取人、不以性别取人、不以职业取人、不以地域取人。切忌两位旅客同时在场的情况下,对一位旅客过分亲热或长时间倾谈,而冷淡了另一位旅客。与旅客接触时要热情大方,举止得体,但不得有过分亲密的举动,更不能做有损国格、人格的事。严禁与旅客开玩笑、打闹或取外号。当旅客之间交谈时,不要走近旁听,也不要在一旁窥视旅客的行动。对容貌体态奇特或穿着奇装异服的旅客切忌交头接耳或指手画脚,更不许围观;听到旅客的方言土语认为奇怪好笑时,不能模仿讥笑。对身体有缺陷或病态的旅客,应热情关心,周到服务,不能有任何嫌弃的表示。旅客不熟悉工作人员分工,他的要求可能会趋近你某项不属于你职责范围内的服务,切不可把旅客的要求当皮球似的,踢来踢去,应主动按旅客的要求及时与有关部门联系,以满足客人的要求,不能够"事不关己,高高挂起"。旅客要求代办的事,必须踏实地去做,并把最后的结果尽快告知旅客。不得把工作中或生活中不愉快的情绪带到服务工作中去,更不可发泄在旅客身上。

第二节 礼仪服务

一、礼仪服务的基本常识

礼仪简单说就是以最恰当的方式来表达对他人的尊重。礼仪是在人际交往中,以一定的、约定俗成的程序方式来表现的律己敬人的过程,涉及穿着、交往、沟通、情商等多方面内容。礼仪是一个人内在修养和素质的外在表现;礼仪是人际交往中适用的一种艺术、一种交际方式或交际方法;礼仪是人际交往中约定俗成的示人以尊重、友好的习惯做法;礼仪也是在人际交往中进行相互沟通的技巧。礼仪是人们在社会交往中由于受历史传统、风俗习惯、宗教信仰、时代潮流等因素而形成,既为社会所认同,又为社会所遵守,是以建立和谐关系为目的的各种符合交往要求的行为准则和规范的总和。总而言之,礼仪就是人们在社会交往活动中应共同遵守的行为规范和准则。对各种礼仪服务知识的了解和技能的掌握是民航客运员应具备的基本素质之一。

要做好礼仪服务首先要处理好服务人员与服务对象的关系。礼貌而非卑躬,友善而非献媚,服务而非雇佣,助人而非索取。首先要有正确的服务理念。旅客与民航客运员在人格上是平等的,但在具体的岗位上则是不平等的。民航客运员要站立服务,要微笑服务,实际上是等价交换原则的体现。其次要明确服务的概念:服务的英文单词是 service,将单词的每个字母的含义展开就是对民航客运员礼仪服务行为的基本要求。S—smile 即微笑,含义是民航客运员应为旅客提供微笑服务;E—excellent 即出色,含义是民航客运员应把每个工作程序的服务都做得非常出色;R—ready 即准备,含义是民航客运员应随时做好为旅客服务的各项准备;V—viewing 即看待,含义是民航客运员应把旅客都看成是需要提供优质服务的贵宾;I—inviting 即邀请,含义是民航客运员应显示出诚意和敬意,主动邀请宾客再次光临;C—creating 即创造,含义是民航客运员应想方设法精心创造出使旅客享受热情服务的氛围;E—eye,即目光,含义是服务人员应该以热情友好的目光关注旅客,预测旅客要求,及时提供有效服务,使旅客时刻感受到服务人员在关心自己。

最后,服务质量的含义也包括设备设施、服务水平、安全保卫等方面,是综合性概念,归根结底,服务水平的高低在很大程度上还是由礼仪服务水平所决定的。因此,礼仪服务也就成为了服务质量的重中之重,这就要求所有民航客运员都应明白:"质量就是生命,质量就是效益,质量的关键是服务,服务的核心是礼仪"这个道理。下面,我们将具体介绍在民航旅客服务中较常涉及的礼仪知识。

二、交换名片的礼仪

名片,代表个人,甚至被视为是个人的另一张"身份证",是自己的另外的一个脸面。因此接受名片的人应表示充分的尊重,而自己递送名片时,也要合乎礼仪。

当对方递名片时,应以双手接,手持的高度约在胸部。接过名片后,为了避免念错对方姓名、头衔,可以说:"请问您的名字是念作某某先生(女士)是吗?"请教对方;如果不巧念错了,一定要谦虚地说:"对不起,请赐教!"还可以说些客套话:"久闻大名,久仰久仰!"千万不可把玩对方名片,这是对主人的不尊重。与对方交谈时,要把名片放在自己面前。并且在谈话中,不时提到对方头衔,这样不但可以表示自己的礼貌,又可以拉近双方的距离,而且也是熟记对方的姓名、头衔的好方法。在谈话中千万不能当场把谈话内容或约定事项,甚至对方个性特质,当面记在名片上,以免失礼,应在事后整理时再做记录。递上名片时,应将名片正面朝向对方,并以双手递上,同时说:"您好!请多指教。"最好是同时念出自己的姓名,防止自己的名字读音生僻,对方念错尴尬。

三、乘坐电梯的礼仪

电梯是方便人们上下楼梯的重要代步工具。电梯礼仪看似简单,但也有学问,可以让人从细微之处,感受到你的热情接待和为人处世的慎微。进入电梯时,应尽可能地站在梯间靠里处,把剩余空间留给他人,不要为了方便,站立在按键处。宾客进入电梯时,服务员一手按住电梯门,同时用手示意,说:"你好,请进。""请问到几楼?"等礼貌用语。关电梯门时,要注意宾客的安全,防止磕碰宾客的手脚,等其站稳后再启动。乘电梯要按先出后进的次序进行。乘电梯时要先让旅客,旅客中先让女士或儿童出入,在电梯内要面对电梯门而站。禁止在电梯里抽烟、嬉闹。按电梯键时,一次轻触就可以,不要连续按键。按键时,一定要用手指轻按,不可用手中的物品直接触键,更不能用导电的金属代替,如钥匙等,以免发生意外。在楼层电梯口处遇见旅客欲上下楼时,应主动上前问好,并替旅客按电梯。等旅客进入电梯,电梯门关闭后才能离去。乘电梯时不能戴墨镜,男士要把帽子脱去。帽檐朝下放在左手臂上。等候电梯时,如电梯内已满或运行的方向与自己等候的方向相反时,要耐心等待,不要口出怨言。

四、电话沟通礼仪

电话礼仪的特色是:完全靠声音和言语与对方进行沟通,接听电话是一项挑战性很强的工作,双方第一次电话沟通对事情的成败,具有关键性的影响。因此,充分了解电话礼仪,运用说话技巧,真诚、热情地与人沟通,这样在接打电话时能自然从容地应对。

电话礼仪需持有的三个观念是:

(1) 以客为尊。不管对方是什么身份,我们应一律平等对待。当然,面对个别刁钻蛮横、粗鄙低俗或盛气凌人的旅客,能够心平气和地去应对,绝不是件容易的事,要求以平和的心去应对。

(2) 将心比心。如果能站在对方的立场,了解对方的处境,就不容易受对方情绪的干扰。同时,把自己设想成对方,想一想若是对方听到自己回答的话,会有什么感受?有什么言语反应?对自己和公司有什么印象?

(3) 判断与应变。广泛收集资讯、深入了解岗位职责,可以增加自己的判断力,也可在电话沟通中,适当地应变。而不至于在临时状况发生时无法应答,无法进一步的处理。

电话礼仪需注意的三大禁忌是:

(1) 让对方久候。碰到自己不能马上回答的问题,应征求对方同意,先把电话挂断,等查清楚后,再与对方联络。如果对方打的是限时长途或移动电话,更不能让对方久候。

(2) 重复问话。当我们接到找他人的电话时,应先问明对方身份。转接时,应把来电者的身份向下一位接听者传达,以免每位接听人一再重复问对方身份,造成对方不悦。

(3) 言谈不得要领。无法问明对方来电目的,或自己无法传达正确内容,都是失败的接听。

电话礼仪需掌握的三个要领：

（1）电话必须在铃响三声之内接听。铃响立刻拿起，会使对方感觉唐突；铃响超过三声，容易使对方感到不耐烦。当电话铃响了好几声，却不见对方来接听时，一般打电话者会觉得烦躁。所以，接电话应在电话铃响三声之内，如果过了许久才接电话，应说声"让你久等了"表示一下歉意，这是最起码的礼节。无论是什么原因千万别让电话响太久，会使来电者焦躁不安。

（2）说话要切合内容。一般人认为：透过电话将事情说清楚，似乎是一件很容易的事，但实际上却很困难。尤其是当对方的地位高，或所谈之事非常重要时，人常会处于一种"怯场"的状态，大脑一片空白。所以，将资讯正确而简洁地传送给对方前，必须先在头脑中构想清楚。把通话中涉及的关键词记录下来，就可以简洁地、一气呵成地把事情告诉对方。

（3）做好记录。通话时边讲边做摘记；收线后，马上整理、过滤，以便进行上传下达，或进一步处理，应简洁明确，避免失误。

五、行礼示意的礼节

行礼是一种基本的礼仪动作，由于各国各地风俗不同，又根据使用场合和正式程度的不同，全球各地行礼大体可分为颔首礼、鞠躬礼、欠身礼、举手礼、扶手礼、拱手礼、握手礼、吻手礼、拥抱礼、亲颊礼、屈膝礼等几种类型，以下详细介绍各种行礼的要求及使用场合。

颔首礼：又称点头礼，熟识平辈间相遇问安，或于行进间，可行点头礼。行礼时颔首为礼，同时面带微笑。

鞠躬礼：行礼时先立正，眼睛注视受礼者，然后身体上身倾斜45度，眼睛注视地面或受礼者的脚尖，礼毕后再恢复立正的姿势。

欠身礼：介于颔首礼与鞠躬礼之间，适用于相见时的问候、请安、请托、致谢、致歉等。行礼时应以亲切的笑容、眼神，用欠身的肢体动作，向受礼者行注目礼。

举手礼：军人、警察以及在校的学生，举手行礼是最基本的行礼方式。行礼者与受礼者相距约3米，举右手，小臂向上弯曲，上臂与肩同高，五指伸直并拢，以中指与食指指尖轻倚帽檐或右眼眉梢附近，采取立正注目姿势，尊重敬礼，待受礼者答礼后礼毕，右手放下，恢复原来立正姿势。

扶手礼：立正，举右手至胸前，以掌心贴左侧心脏之处，时间视实际场合需要而定，礼毕，恢复原来姿势。扶手礼主要在西方某些国家、伊斯兰教国家较流行。

拱手礼：是我国特有的礼节，如亲朋聚会、致敬意、谢意、道贺、新春贺喜都可行之。拱手礼可避免握手的拘束，亦不受距离的限制。行礼时双手互握，右手掌心包住左拳，高举齐眉。

握手礼：源于古代欧洲人为表明手中未带武器，握手表示友好、亲切之意。西方多重握手礼,东方则重鞠躬礼,现在,握手礼已是全世界共通的语言。行握手礼时,双方距离约一个手臂,伸出右手,四指并拢,拇指张开,与受礼者互握,上下微摇表示亲切,并行欠身礼,同时面带微笑,以坚定、自信的眼神注视对方。

吻手礼:主要流行于欧美上层社会,男士与女士见面时,由女士表示主动,倾上身并伸手指下垂,男士谦恭提起女士手指,做轻吻状,表示男士对女士的尊重和友好。

拥抱礼:在中东、南美洲、东欧、俄罗斯等国家和地区,多流行拥抱礼,用于男士间或女士间,伸出双手,右手交伸,搭在对方左肩上方,左手向对方右肋往背后轻轻环抱,并用手轻拍对方的背,片刻后分开复位,表示重逢的喜悦和亲切,至于离别时则表示珍重,并再稍作寒暄后道别。

亲颊礼:在欧洲及美洲国家,在男女之间多行亲颊礼,由男士或女士主动都不失礼。行礼时只轻吻对方右颊表示礼貌和友谊。另有亲了右颊再亲左颊者,表示进一步的热忱,只限于很亲密的至亲好友间,才作此礼。

屈膝礼:流行于英国及英属殖民地国家间的礼节。我国历代候妃、朝臣等向皇帝请安,或相互间问候时多行屈膝礼。行礼时右腿向前屈,左腿向后伸,表示尊敬。在英国遇重大庆典、宴请时,女士多行屈膝礼,男士多行握手礼。

具体在什么场合运用什么样的行礼方式是很有讲究的,尽量做到既符合来宾的礼节习惯又彰显主人的地域特点,是一种不同文化礼数的调和。

第三节 服务文明用语

社会交往是每个人生活中不可或缺的组成部分,其基本原则是使人与人之间相处、合作得更加和谐。说话是人类社交活动的主要方式,掌握文明用语是有效沟通的必要条件,特别是像民航客运员的工作,主要的工作职责是需要语言协助完成的,学会使用服务文明用语是从业者应具备的基本素质。以下将简要介绍常用的服务文明用语。

一、服务语言的基本要求

语言是服务的手段和方法,服务用语应简明、通俗、清晰,运用服务语言的目的是有效发挥"语言的力量",提高整体服务的水平。

(一)基本礼貌用语

称谓语:统一称呼"各位旅客""各位货主""女士们""先生们";个别称呼"小姐""夫人""太太""先生""首长""部长";贵宾称"阁下"……

欢迎语:欢迎光临、恭候您多时……

问候语:您好、早安、午安、晚安、早上好、下午好、晚上好、路上辛苦了……

祝贺语:恭喜、祝您节日愉快、祝您圣诞快乐、祝您新年快乐、祝您生日快乐、祝您新婚愉快、祝您新春快乐、恭喜发财……

告别语:再见、晚安、恭候您下次光临、欢迎您下次光临、祝您旅途愉快、祝您一路平安……

客套语:您先请、拜托您了、没关系、请指教、很乐意为您服务……

致歉语:对不起、很抱歉、请原谅、打扰一下、失礼了、让您久等了、请稍等、给您添麻烦了、请您多提宝贵意见……

道谢语:谢谢、非常感谢……

应答语:是的、好的、我明白了、谢谢您的好意、不要客气、没关系、这是我分内事、这是我应该做的、请不要着急、请慢慢地讲、不用谢、希望您能满意、请您放心、请随时和我们联系、我会尽量帮助您的、有不清楚的地方您尽量问、您的需要就是我的职责、我再帮您想想办法……

征询语:请问您有什么事吗?您是否在找人?可以再说一遍吗?可以把您的需求告诉我吗?我能为您做什么吗?需要我帮您做什么吗?您还有别的事吗?您喜欢……吗?请您……好吗?……

(二)服务雅语集锦

初次见面——久仰,好久不见——久违,看望别人——拜访

等候别人——恭候,旅客到来——光临,麻烦别人——打扰

请人收礼——笑纳,赠人礼物——惠赠,请人帮忙——劳驾

求人帮忙——拜托,请人代办——代劳,托人照顾——关照

寻求帮助——借光,向人求教——请教,请人指点——赐教

请人解答——请问,听人演讲——聆听,听从吩咐——遵命

称人作品——大作,读人作品——拜读,求人原谅——包涵

归还原物——奉还,老人年龄——高龄,注意身体——保重

迁入新宅——乔迁,与人分别——告辞,中途先走——失陪

请人勿送——留步,对方来信——鸿雁,欢迎购买——惠顾

二、称呼的文明用语

由于各国社会制度差别,民族语言迥异,风俗习惯差别较大,在称呼上需要多加学习,并善于正确使用,以免在民航旅客服务中造成误会。民航客运员对各类旅客称呼的文明用语知识的了解将有助于更好地完成其工作职责。以下是一些常见人群称呼的文明用语:

有职位或学位的旅客——王总裁先生、博士先生、李教授……

政府官员、外交使节或军队中的高级将领——最好加上"阁下"二字,以示尊重,如总统先生阁下、大使先生阁下、将军先生阁下……

君主制国家——皇帝陛下、皇后陛下、国王陛下、王后陛下……

皇室成员——亲王殿下、王子殿下、公主殿下……

基督教——X主教、X牧师、X长老、X执事、X先生、X兄弟……

佛教——住持(俗称方丈)……

道教——X道长、X法师……

教会中的神职成员——牧师先生、神父……

三、问候的文明用语

问候礼节是指服务人员在日常工作中根据不同的时间、场合和对象而用不同的礼貌语言向宾客表示亲切的问候和关心的礼节。以下介绍一些常见的问候文明用语。

初次见到旅客,你热情迎上去亲切地问一声"您好,见到您很高兴。"主动打招呼问候,就是向旅客示意:我乐意为您服务或者我们欢迎您的到来,在这一瞬间,你与旅客之间就建立了感情联系。

根据工作需要,寒暄时:"您有什么事吩咐吗?""旅途中一定辛苦了,请先在这儿休息一下!"……

若旅客远道而来,初次见面还可以说:"欢迎您到头等舱休息。"对于曾在头等舱休息的旅客,则可以说:"欢迎您回来,先生(夫人)","再次见到您十分愉快。"……

当旅客到你工作处时要说:"早晨好!"或"晚上好",然后问:"您有什么事需要我办吗?"……

道别、送行时说:"晚安""再会""祝您一路顺风""希望你下次光临""谢谢,请您以后常来"……

问候语除了要注意用语得体之外,还要根据旅客的不同情况来使用相应的问候礼节。例如:

运动员参加比赛:祝你们比赛取得胜利。

接待来华演出的艺术团体时:祝你们演出成功,演出真精彩,太棒了!

如知道旅客要在当地逗留多日时:祝您在这儿过得愉快。

当旅客因长途旅行而显得疲劳:祝您休息好。

西方传统节日来临时:圣诞快乐,感恩节愉快,万圣节愉快,节日快乐,新年愉快。

接待体育团时:恭贺你们取得冠军,祝你们凯旋而归。

如果从业者根据旅客的不同情况而致以亲切的问候,旅客就会感到十分愉快。

针对不同国家、不同民族、不同宗教的旅客服务有不同的习惯问候语。例如,当我们看见朋友面色苍白时,就会关心地问:"你是否病了?"而西方人则往往会说:"你脸色有些苍白,你挺好吗?"由此可见,我们是从担心朋友健康的角度表示关心,而西方人则从祝愿朋友健康的角度表示关心。如果旅客患病或感觉不舒服,需要表达关心时,中国人通常会关心地说:"多喝些开水,穿暖和点,不要再着凉"等,但若你对西方人这样说,他们会认为你带着父母腔调讲话或以监护人高高在上的语气教训人,这对于有着强烈独立意识的西方人来说是难以接受的。在这种情况下,我们通常可以说:"听到您病了我很难过。我真诚地希望你很快会好起来"、"请多保重,是否要我请医生来?"如果对方否认自己身体有任何不适,就不宜继续谈这个话题,免得对方不愉快。

问候语言的运用还要切合情境。这是指问候语运用要与所处的语言环境和空间相切合、相适应,还需作文化背景的思考,要注意不同文化带来的语言的运用、理解方面的明显差异性。

最后,各国人习惯用的招呼用语有着很大区别,例如:阿富汗人无论在繁华的都市,还是在偏僻的乡村,亲友、熟人相逢时,说的第一句话是:"愿真主保佑你!";日本人平时见面以"您早""您好""请多多关照""拜托您了""失陪了"等短语互相招呼,但不能问"您吃饭了吗?";蒙古人主客相见是互相询问:"牲畜好吧?"同辈相遇说声"您好";老挝人相见常用的祝词有:"愿您像鹿的角、野猪的颚骨和象的牙一样强壮""愿你活到千岁,象、马、粮食,应有尽有,金玉满堂""倘若你得了寒热病,愿它消失!""愿你在世上万能"、"愿你长寿、健康、幸福而有力量!"等。土耳其每当亲戚朋友相会时,双方必须互道平安,然后说一句尊敬的客套话"托您的福",否则对方会不高兴。当旅客离去的时候,主人必定要说一句:"请下次再来玩。"一个初到土耳其的异邦人士,只要你会一些土耳其语,即使只会说一句话,主人对你就会显得格外亲热;阿尔及利亚是一个比较开放的阿拉伯国家,朋友相见时总喜欢说一句"真主保佑你";美国是极其重视节约时间、提高效率的国家,人们连使用日常用语也注意节约时间。第一次世界大战前,人们见面打招呼说:"How do you do?"四个音节,后来变成一个单词"Hello",只有两个音节,现在就干脆简单地说一声"Hi(嗨)"。如用英语问候,切忌用"Hello"或"Hi",因为这只是熟人之间随便的问候语,如用于服务人员问候旅客,就显得不够尊重。

四、应答时的礼仪要求

民航客运员在回答旅客问题时要站立说话,不能坐着回答;要思想集中,全神贯注地去聆听,不能侧身目视他处、心不在焉;交谈过程中要始终保持精神振作,不能垂头丧气、有气无力;说话时应面带微笑,亲切热情,不能表情冷漠、反应迟钝,必要时要借助表情和手势来沟通和加深理解。

如果旅客的语速过快或含糊不清,可以亲切地说:"对不起,请您说慢一点。""对不起,请您再说一次好吗?"而不能说:"我听不懂,你找别人去。"不能表现出不耐烦、急躁和恐慌的神色,以免造成误会。对旅客提出的问题要真正明白后再做适当的回答,绝不可以不懂装懂,答非所问,以免给部门和公司带来不必要的误解和责任。对于一时回答不了或回答不清的问题,可先向旅客致歉,待查询或请示后再作答。凡是答应旅客随后再作答复的事,届时一定要守信,绝不可以不负责任地置之脑后,因为这样会很失礼。回答时要口齿伶俐、语气柔和、声音大小适中。在对话时要自动地停下手中的其他工作。在众多旅客问讯时,要从容不迫地一一作答,不能只顾一位而冷落了其他人。对旅客的合理要求要尽量迅速地做出答复;而对旅客的过分或无理要求要沉住气,婉言拒绝:"恐怕不行""可能不会""很抱歉,我无法满足你的这种要求""这件事我需要去和主管商量一下"等等,要尽量做到时时表现出热情、有教养、有风度的姿态,说话要留有余地,避免事情发生转机时,没有弥补的空间。旅客称赞你的良好服务时,千万不要在众人面前流露出沾沾自喜的表情,更不能手舞足蹈,忘乎所以,而应保持头脑冷静,同时微笑谦逊地说:"谢谢你的夸奖,这是我应该做的。"

五、服务用语要求细则

中国语言词汇丰富,运用复杂,多种方言和民族语言交织,同音字较多,稍有不慎使用就容易出现完全相反的意思。在谈话中咬字要清楚,避免两种语言混合使用而造成误会,对容易造成误会的同音字和词要注意发音清楚。

同旅客交谈时必须懂得察言观色。说话时两眼要注视对方,表示很有兴趣的样子,并随时注意对方的反应。如发现对方是不想听下去的表情,你就该长话短说,尽快结束谈话。如果他表情疑虑,你就该多加解释。如果他很感兴趣,你不妨加以发挥。如果他想插嘴,你就让他发表意见。

和旅客交谈时,用字遣词要优雅。与旅客对话时宜保持1米左右的距离,要注意使用礼貌用语,注意"请"字当头,"谢"字不离口,表现出对旅客的尊重。说话要有分寸,在什么场合,说什么话,不该说的话一句也不说。切不可为了一时口舌之快而说出伤害旅客心理并让自己后悔的话。对旅客的话要全神贯注用心倾听,眼睛要望着旅客面部,要等旅客把话说完,不要中间打断旅客的谈话。旅客和你谈话时,不要有任何不耐烦的表示,要停下手中的工作,眼望对方,面带笑容,对旅客的要求询问要及时做出反应。不要心不在焉,左顾右盼,漫不经心,不理不睬,无关痛痒,对没听清楚的地方要礼貌地请旅客重复一遍。对旅客的问讯应圆满答复,若遇"不知道、不清楚"的事应及时向有关部门查询、查找相关业务资料或请示领导答复旅客,绝对不能以"不知道"、"不清楚"作为答复。回答问题要有根据,承担一定的责任,不能不懂装懂,模棱两可,胡乱作答。说话时,特别是旅客要求服务时,应从言语中体现出乐意为旅客服务的意愿,不要表现出厌烦、冷漠、无关痛痒的神态,千万不能说:"你怎么这么啰嗦,你没看见,我正忙着吗?"在与旅客对话时,如遇另一旅客有事,应点头示意打招呼,或请旅客稍等,不能视而不见,无所表示从而冷落旅客,同时尽快结束谈话,招呼旅客。如时间较长,应对旅客致歉,不能一声不响就继续工作。与旅客对话时,态度要和蔼,语言要亲切,声调要自然、清晰、柔和、亲切,音量要适中,不要过高,也不要过低,以对方听清楚为宜,回答要迅速、明确。当旅客提出的某项服务要求,不能及时满足时,应主动向旅客讲清原因,并向旅客表示歉意,同时要给旅客一个解决问题的建议或主动协助联系解决。要让旅客感到,虽然问题没有及时处理结果,但受到了重视,并得到了应有的帮助。

民航客运员在回答原则性、较敏感的问题时,态度要明确,说话方式要婉转、灵活,既不违反公司规定,也要维护旅客的自尊心,切忌使用质问式、怀疑式、命令式的说话方式,杜绝蔑视语、嘲笑语、烦躁语、否定语、斗气语。要使用询问式、请求式、商量式、解释式的说话方式,例如,询问式:"请问……";请求式:"请您协助我们……";商量式:"……您看这样好不好?";解释式:"通常这种情况,我们公司的规定是这样的……"。对于旅客的困难,要表示关心、同情和理解,并尽力想办法解决。

在旅客服务过程中要切记尽量避免以下行为,如遇到某些问题与旅客产生分歧的情况,可婉转解释或请上级处理,不可与旅客争吵。在对旅客服务中,倘若是三人以上对话的情况,要用互相都懂的语言进行对话,确保参与方都能听懂交谈内容。不要模仿他人的语言、声调、发音和谈话内容。不和旅客开过分的玩笑。不准粗言恶语,使用蔑视和侮辱性的语言对他人进行人身攻击。不讲有损企业形象的言语。避免用蔑视语、烦躁语、斗气语、直接否定语回答旅客的问讯。在向旅客做解释时要使用规范的或普遍认可的语言形式,尽量少用专业用语,以免给旅客造成误解。服务中严禁采用以下五种态度对待旅客:傲慢的态度——这会伤害旅客的自尊心;慌乱的态度——这会使旅客对服务人员不信任,从而增加服务工作的难度;卑屈的态度——容易造成旅客低估服务人员的工作能力;冷淡的态度——使旅客感到不亲切,甚至远离服务人员;随便的态度——会给旅客产生一种消极的感觉,不尊重服务人员。

最后如遇旅客不礼貌的言行或误解,不可争论或辩白,应委婉解释。回答旅客问讯,如从业者真的不知道如何解决,应将相关职能部门的查询电话告知旅客,不可随便说:"不知道。"切勿故意挑起旅客投诉。

六、工作中应戒用的服务忌语

为了规范服务用语,提高服务质量,倡导良好的职业道德,由国家相关部门牵头为民航、公交、商业、餐饮等服务窗口型行业确定了普遍适用的50句服务忌语,它们分别是:"嘿!""老头儿""大兵""土老冒儿""哎""喂!""讨厌!""你吃饱了撑的呀!""走开!""谁让你不看着点儿""脑子有病!""真笨!""问别人去!""听见了没有,长耳朵干嘛使的!""你以为你是谁!""找死呀!""我就这态度!""有能耐你告去,随便告到哪儿都不怕""不买看什么""你有什么资格!""有完没完!""喊什么,等会儿!""瞎叫什么,没看我正忙着吗?着什么急""交钱,快点儿""我解决不了,愿意找谁找谁去!""不知道""刚才和你说过了,怎么还问?""靠边点儿""没钱找,等着""你办手续的时候,怎么不说""谁告诉你的,你找谁""有意见找经理去""到点了,你快点儿""黑板上都写着呢(墙上贴着呢),你不会自己看呀""就这规矩""我没工夫!""你问我,我问谁""你算什么东西!""管不着""没上班呢,等会儿再说""干什么呢,快点儿""我不管,少问我""不是告诉你了吗?怎么还不明白?""没零钱了,自己出去换去""挤什么挤""你自己看着办!""少废话,快点儿讲""你怎么这么挑剔!""你干什么?!""你怎么这么不知趣!""你怎么这么多毛病!""你没长眼睛!""真烦人!""我没时间和你废话!""关你什么事!""你怎么什么都不知道!""你怎么不提前准备好!"

"自己找!""你怎么连基本常识都不懂!""我是为你一个人服务的吗!""我就这态度!""不是告诉你了吗？怎么还问!"。使用服务忌语的最大后果，在于它往往出口伤人。这种伤害是互相的，在伤害了旅客的同时，也对自身形象造成伤害。现将以上常见的服务忌语进行分类，主要有如下四类。

（一）不尊重的言语

对老年的服务对象讲话时，绝对不能说什么"老家伙""老东西""老废物""老不死的""老没用"。即便提的并不一定就是对方，对方听到也必定十分反感。至于以"老头子""老婆子"一类的称呼去称呼老年人，也是不应该的。跟病人交谈时，尽量不要提"病鬼""病号""病秧子"一类的话语。没有什么特殊的原因，也不要提什么身体好还是不好。应当懂得，绝大多数病人都是"讳疾忌医"的。

面对残疾人时，切忌使用"残废"一词。一些不尊重残疾人的提法，诸如"傻子""呆子""侏儒""瞎子""聋子""麻子""瘸子""拐子"之类，更是不宜使用。接触身材不甚理想的人士时，尤其对自己最不满意的地方，例如体胖之人的"肥"，个子低之人的"矮"，都不应当直言不讳。对外国旅客，切忌称呼为"鬼佬"，有的了解中国文化的外国人，认为"鬼"是代表不洁之物，非常排斥这样的称呼。

（二）不友好的言语

在任何情况之下，都绝对不允许民航客运员对旅客采用不够友善，甚至满怀敌意的语言。只有摆错了自己的实际位置，或者不打算做好服务工作的人，才会那么做。旅客要求民航客运员为其提供服务时，后者千万不能以鄙视前者的语气询问："你买得起吗？""这是你这号人用的东西吗？"。当旅客表示不喜欢所推荐的商品、服务项目，或者是在经过了一番挑选，感到不甚合意，准备转身离开时，后者在前者身后小声嘀咕："没钱还来干什么""装什么大款""一看就是穷光蛋"等，这都是不友好的言行。甚至有个别素质差的从业者居然会顶撞旅客，说什么："谁怕谁呀，我还不想侍候你这号人呢""你算什么东西""瞧你那副德性""我就是这个态度""愿意去哪儿告去都行""本人坚决奉陪到底"等。

（三）不耐烦的言语

民航客运员在工作岗位上要做好本职工作，提高自身的服务质量，就必须要对旅客表现出应有的热情与足够的耐心。假如结果并不是十分理想，不论自己的初衷是什么，不允许给对方答以"我也不知道""从未听说过"。当旅客询问具体的航班情况时，不可以训诉对方："那上面不是写着了吗？""瞪大眼睛自己看去！没长眼睛吗？"当旅客要求为其提供服务或帮助时，不能够告诉对方："着什么急"，"找别人去"，"凑什么热闹"，"那里不归我管"，"老实等着"，"吵什么吵"，或者自言自语"累死了"，"烦死人了"。

（四）不客气的言语

民航客运员在工作之中，有不少客气话是一定要说的，而不客气的话则坚决一句也不能说。在劝阻旅客不要动手乱摸乱碰时，不能够说："老实点"，"瞎乱动什么"，

"弄坏了你管赔不管赔"。在需要旅客交零钱,或没有零钱可找时,直截了当地要对方"拿零钱来",或告知对方"没有零钱找",都极不适当。

第四节　服务谈话技巧

说话是有技巧的,同样表达一个意思,会说话的人,说得使听众大笑不止;不会说话的人,说得使听众恼羞成怒。可见,说话是一门艺术。一个人给另一个留下印象的好坏,除仪态之外,就是通过谈吐说话表现出来,一个会说话的人,会处处受到欢迎。因此,说话是一门值得研究的艺术。民航客运员的工作要求其同旅客主要通过说话的方式进行沟通和交流,掌握服务谈话技巧是民航客运员可以更好履行其工作职责的重要保证,下面介绍一些常用的服务谈话技巧知识。

一、谈话时应注意的五个要素

俗话说,态度决定行为,为了使得谈话氛围始终和谐融洽,我们首先要端正谈话时的态度,即谈话时应注意的五个要点,分别是:

(1) 谈话要诚实。切勿花言巧语,巧言令色。"言必行,行必果"、"君子一言,驷马难追"、"一言九鼎"、"听其言,观其行",都反复说明了同一个道理,说话要诚。

(2) 谈话要和气。无论对上、对下、对左、对右,忌粗声粗气、恶言粗暴相对、命令,宜温和亲切,多用商量口吻。对待旅客的请求,多用"好的"表示回复。

(3) 谈话要礼节。"礼多人不怪"之礼不仅是指物质,也指礼貌。多用"请、对不起、谢谢",不但悦人,而且悦己,充分体现个人的自我修养。

(4) 谈话要赞扬。人都喜欢听好话,赞扬优点,胜于谴责过失,赞扬使人乐于走上正途,谴责往往引起反感。从心理学上说,所有人都希望自己能够得到别人的欣赏和肯定。而获得他人的赞美,就是对自己最大的欣赏与肯定。注意赞美的时候要适可而止、实事求是、恰如其分,切不可无中生有或夸大其词地对别人进行恭维和奉承。

(5) 谈话要巧妙。在什么时候说,用什么语气说,在什么地方说,都有讲究,同样是批评,要有褒有贬,要全面看待,说话善于审时度势、随机应变,这样才能说得巧妙,说得既让人爱听又能达到效果。

二、谈话中听的技巧

俗话说,知己知彼,百战不殆。在民航客运员的服务过程中,更全面、更细致地了解旅客的需求是能有效满足其需求服务的前提。那么,如何来了解我们旅客的需求呢?最好的渠道就是在谈话中认真倾听旅客的话语。国外一项研究发现:在人类用于交谈的时间中,写占9%,读占16%,说占30%,听占45%。由于服务性行业的特殊性,要求其从业者需要用更多的时间倾听旅客的诉说,由此来为旅客提供让他们满意的服务。

值得注意的是,我们应明确和注意一些阻碍和影响人们积极倾听的因素。这样有助于我们提高倾听的质量和效率。

（1）对部分旅客有成见。在服务过程中,有些旅客讲得太快,或方言太多,或不够清楚,或不流利等,都会造成对这个旅客的成见,因而从业者也就懒得积极倾听。另外,旅客的地位、身份等原有印象也会影响其话语被倾听的积极性,对一些无名、社会地位低的人,往往不会被积极倾听。

（2）注意力集中在自己身上。例如:自己工作一时没有完成,怕别人或旅客打扰,还有自身的心情不愉快,或碰到困难而无法解决等,造成从业者的抵触情绪,不能积极倾听旅客讲话;另一种因素是从业者由于工作时间长了,往往不知不觉地表现出不耐烦的情绪。例如:初次乘机的旅客进了候机室,时常不断地问工作人员"X航班登机了没有?……",工作人员对此问题已司空见惯,无须积极倾听,马上打断旅客的话,"听广播"。

（3）回避难题或不受欢迎的事的诱惑。例如:遇上外宾,工作人员对英语一知半解或听不懂时,造成不能积极倾听。

（4）外界环境的阻碍。外界环境会影响工作人员的积极倾听,因为任何能感觉到的刺激,都可能造成注意力的分散。例如:候机厅内旅客众多而又十分拥挤,嘈杂声过大等都会影响民航客运员的积极倾听。

三、掌握基本的语言技巧

语言人人都懂,但民航客运员需要掌握的是特殊的服务语言。由于在工作中会遇到形形色色的情况,这就要求民航客运员在运用语言的时候要具有特别的感知力和创造力。常见的方法有:

（1）破译法。所谓破译法,就是利用其他言词作衬托,以了解对方说话的方法。翻开《现代汉语词典》时,触目所见就是许多同音词,同一个语音外壳之下包含着不同的词不同的意义。所以,在运用破译法时,一定要注意衬托词的选择,以免产生歧义误解。

（2）替补法。所谓替补法,就是利用别的言词替补出旅客没有说出的话,以补充旅客的意思。旅客有时因为表达能力不强而使表达不清,或者有的事情不便说明,这时作为服务员要不言自明,就要运用替补法。如需要说出时,就帮旅客说明,如不需要说出时就心领神会,尽力帮忙。运用替补法,同样要注意结构衬托。作为工作人员还要在使用替补法时注意结构衬托,运用替补法,替补的语言是否替旅客点明,要靠工作人员的细心观察,看效果而定。

（3）意合法。所谓意合法,就是通过转换句式,以贴切领会旅客所说内容的方法。在一时听不明白顾客所说内容的时候,为准确领会旅客的意思,一般可以用意合法,通过转换句式来避免歧义。有时,一句话有多种解释,易产生歧义,应格外注意。

可见贴切、准确运用语言,使服务语言的功能得到充分发挥,提高服务效果,这也是服务语言艺术必须探索的课题。

四、谈话是注意避免的九个禁忌

谈话时民航客运员应注意细节,要尽量避免小毛病,要小心防范,设法加以纠正,这样才能服务得高质量、有效率。以下的九个禁忌是要着重注意的:

(1)忌抢。谈话时,突然打断旅客的讲话或抢过别人的话题去随心所欲发挥,扰乱对方说话的思路,粗鲁地"剥夺"他人说话的机会。

(2)忌散。说话内容庞杂,重心不明,主旨不清,语句散而乱,使人有"你不说我还清楚,你越说我越糊涂"的感觉。琐碎零乱。在叙说事理的时候,最重要的是层次清晰,条理分明。语言要简洁,不要啰嗦,词不达意。

(3)忌泛。讲话泛泛而谈,东拉西扯,没有中心,使旅客不得要领,无所适从;看似健谈,但废话连篇,浪费旅客时间,给人以哗众取宠之嫌。

(4)忌急。说话连珠炮似的,使旅客应接不暇;发问过急过密,使旅客穷于应付,步步紧逼的口吻,同样使人难以接受。咬字不清,有的人在谈话中,常常会有些字句含含糊糊,叫人听不清楚,或者误解了他的意思。所以不说则已,只要开口,就要清楚准确地说出来。

(5)忌空。只唱高调,没有实际内容,把服务宗旨挂在嘴上,但没有行动表现,就会成为说话的巨人,行动的矮子;

(6)忌横。在谈话中,突出自我,态度蛮横,不分青红皂白,个人意见第一,轻率地下结论,丝毫不尊重旅客的意见。当对方对某些话题谈兴正浓时,却武断地把话题转移到自己感兴趣的方面去。

(7)忌虚。说话故弄玄虚,云山雾罩,让对方迷惑不解;说话虚情假意,缺乏真诚,使旅客感到服务人员根本不想为解决困难助一臂之力。

(8)忌滑。说话躲躲闪闪,回避矛盾,避重就轻,支支吾吾,敷衍塞责;用语油腔滑调,低级庸俗。

(9)忌多。说话有杂音,这比喜欢用多余的口头语更令人不舒服,例如,每说一句话之前,必先清清自己的喉咙,还有的人在一句话里加上几个"呃"字,这些杂音会使人产生一种生理上的不快之感,好像给你的语言蒙上一层灰尘。

造成这九大忌的原因是多方面的,但主要是从业者未能正确认识服务语言的重要功能和作用,说话随便,如果深刻认识语言交际的目标,努力克服这些说话的毛病,自觉加强语言训练,尽力满足成功说话的条件,那么,从业者一定能掌握好服务语言艺术,做到善说、巧说。

五、谈话时应持有正确的态度

适当的话题。谈话的话题要视人、地、时而有所不同。和同事、朋友、同行谈话,可以聊大家共同感兴趣的话题,如谈业务,谈工作,谈股市等;和初见面的旅客可谈天气、电影、时事,谈足球,谈流行时尚,如服饰、车子、旅游等与生活有关的大众话题,通常这些能引起大家的共鸣。

话题以风雅、轻松为要,严肃的政治、经济、宗教话题,反而会引发不必要的紧张气氛,倘若因为观点不同而发生争论,更是严重破坏现场气氛,使在场的人感到尴尬。

不要一味地谈自己和自己的家庭,不要把"我"字挂在嘴边,这样会使别人缺乏兴趣,感到无聊。平时多注意收集一些资料,充实自己的常识,那么在任何情况下都可以很快地找出适当的话题。如果实在是不擅长聊天或缺少话题,不妨当一位好听众,不时地面带微笑点头附和,遇有不懂之处开口请教,便能维持良好的气氛。

不问对方不喜欢回答的话题。寻找合适的话题作为切入点,避免个人隐私的话题。不要独自发言过久,不打断别人的谈话。这是一个人最基本的修养。说话武断、固执己见是很不礼貌的,这种情况经常发生在谈论时事或个人特殊专业领域中,如美容师谈美容时,各自见解不同,很容易引起争论。其实,主要设身处地为对方着想,交谈的双方都会十分愉快。用字遣词优雅,不要过多使用俗语和流行俚语。用大家的共同语言进行交流,避免用方言交谈。在与一小群人交谈时,不要用其他人听不懂的方言,那是不礼貌的。如果非要这样做不可的,应先向在座的其他人做出解释。

自我检测

(1) 简要描述民航运输工作人员的仪表要求。
(2) 简要描述民航运输工作人员的仪容要求。
(3) 简要描述民航运输工作人员的仪态要求。
(4) 请说出电话沟通时运用的礼仪要求。
(5) 简要描述谈话时应注意的五个要素。

学习单元九
民航运输专业英语

学习目标

（1）掌握常见的民航运输专业词汇。
（2）了解民航运输业务常见的英语语境。

三个目标

学习内容

（1）民航运输专业常用词汇举例。
（2）民航运输业务英语阅读材料。

第一节　民航运输专业常用词汇中英文对照

民航运输是一个极具国际性的行业，无论是民航旅客运输还是民航货物运输。以民航旅客运输为例：每年均有很多旅客乘坐民航机离境去国外，也有很多国内外旅客乘坐民航机入境或者返回祖国。随着我国世界政治和经济地位日益提高，和国外其他经济体之间的交往越来越频繁。特别是2008年北京奥运会、2010年上海世博会以及2010年广州亚运会之后，中国被更多外国人所知晓，越来越多的外国人希望到中国来看一看，渴望进一步了解中国。民航运输作为一个国家的窗口性服务单位，代表着一个国家的形象。因此，从事民航运输工作岗位的从业者应该熟练掌握民航运输专业英语，这样才能更好地为各国旅客提供高品质服务，提升我国民航运输的整体服务水平，为国争光。以下将以民航客运专业常用词汇为例，为下一节的民航商务英语阅读做准备。

专业词汇表1

英文单词/短语	中文解释	英文单词/短语	中文解释
passenger traffic/flow	客流	curbside	adj. 路旁的；道边的
interface	n. 分界面；接合部；连接，接口	strand	vt. (使)搁浅；(使)处于困境
locate	vt. 设置…的位置	loading	n. 装载
holding	n. 等待	influx	n. 流入、涌入；蜂拥而至

（续）

英文单词/短语	中文解释	英文单词/短语	中文解释
quadruple	vt. 使成四倍	unloading	n. 卸载
circulation	n. 循环;流通;周转	consecutively	adv. 连续地;连贯地
obstruct	vt. 堵塞;妨碍	mature	vi. 成熟
shuttle	n. 短途穿梭运行;穿梭飞机(航班) adj. 短途往返(穿梭)运行的	a wide range of…	范围广泛的…;大量的…
compound	adj. 复合的;混合的	lot	n. 场地
balance	n. 平衡;剩余部分	news-stand	n. 报摊
deck	n. 平台;场地	lobby	n. 大厅;休息室
currency-exchange	货币兑换	pushcart	n. 手推车
CIP	商务要人	ramp	n. 停机坪;登机梯
ground trip	地面旅程	concerned people mover	运送人的自动扶梯
mover	n. 移动机;自动扶梯;牵引机	as far as…is/are	就…而论
tramway	n. 电车运输系统	wheelchair	n. 轮椅
detention	n. 滞留、误期、拖延	indicator	n. 指示器,显示器

专业词汇表2

英文单词/短语	中文解释	英文单词/短语	中文解释
evolution	n. 演变(化);发展	scale	n. 比例;规模
hectare	n. 公顷(=100ares(公亩)=2.47acres(英亩)	extensive	adj. 广泛的;广阔的;延长的
airport	n. 机场	prewar	adj. 战前的
monoplane	n. 单翼(飞)机	at most	最多
requirement	n. 要求	airfield	n. 飞机场
Douglas	道格拉斯	yard	n. 码
complexity	n. 复杂性	rarely	adv. 稀有的;很少
blind	adj. 瞎的;盲目的 ~ landing 盲降;盲目着陆	clear	adj. 清洁(澈)的;透明的;无障碍的
lay out	布置;安排	site	n. 选址
exceed	vt. 超过;胜过	acre	n. 英亩
pave	vt. 铺(路),建筑	paved	adj. 铺过路面的
unpaved	adj. 未铺过的路面	maneuver	n. 机动
rarity	n. 稀有;稀罕;珍品;稀罕事(物)	navigational	adj. 导航的; ~ aids 导航设备
positioning(gerund)	n. 定位	peak	n. 顶点;峰值;最大值
operate	vi. 作业;运行;活动	supplement	n./vi. 增补,补充
parking	n. 停车(场);停机	throughput	n. 生产量(率,能力);吞吐量;客流
airstrip	n. 简易跑道;简便机场	marking	n. 标志,标记;记号

（续）

英文单词/短语	中文解释	英文单词/短语	中文解释
discharge	v. 卸货；下客	airside	adj. 与飞机相关的；涉机的
leisure	n. 休闲	lie with…	有…决定
visitor	n. 参观者；游客	fixed-base	adj. 固定基地的
stretch	v. 伸展；n. 伸展；连绵的一片；一段时间（距离/路程）	concessionaire	n. 特许权持有人；特许经营者
competent	adj. 有能力的；能胜任的	seaplane	n. 水上飞机
construct	vt. 建造（筑）；构造	administration	n. 管理；行政
grant	vt. 同意；授予	aero-	adj. 航空的；飞机的
a level of	一定程度的	rudimentary	adj. 基本的；起码的
license	n. 许可（证）；执照	privatization	n. 私有化
range	n. 范围；流程	crude	adj. 简陋的，粗制的；粗鲁的
paramount	adj. 首要的，最重要的；至高无上	landside	adj. 与地面服务（操作）有关的
deck	n. 甲板；露天平台	maintenance	n. 维护；维修
boast	v. 夸耀；夸有；以拥有…而自豪	utility	n. 公共事业设备
meteorology	n. 气象	observation	n. 观察
adjacent to…	邻近…的	starting	n. 起（启）动
aids	n. 设备	engineering	n. 工程
fuel	v. 加（燃）油	with regard to	关于
negligible	adj. 可以忽略的；微不足道的	physical	adj. 身体的；物资的；有形的
sophisticated	adj. 复杂的	concessionary	adj. 特许的
deicing	n. 除冰	porter	n. 搬运工
general aviation	通用航空	handicapped	adj. 残疾的
boundary	n. 边界；范围；限制，限度	provision	n. 供应；供应品；补给
conjunction	n. 结合；连接；联合	in-with…	与…一起；连同…

专业词汇表3			
英文单词/短语	中文解释	英文单词/短语	中文解释
approach	n. 进场；解决办法	meteorological	adj. 气象的
levy	v. 征（税）；收（款，费）	generate	vt. 发生，产生；引导，导致
telecommunication	n. 电信；通信	involvement	n. 涉及；介入
recoup	vt. 补（赔）偿；偿还；恢复，收回	bowling alley	保龄球滚球道（槽）
terrorism	n. 恐怖主义（行为）	Kiosk	n. 亭子；公用电话间
police	v. 维持治安；保卫	notably	adv. 显著地，著名地
enterprise	n. 企业	facilitate	vt. 使便利，使容易
discretionary	adj. 自由决定的；可随意使用的	forum	n. 论坛；市场、公共交易所
comparability	n. 可比性；相似性	undertake	vt. 进行，从事；承担

(续)

英文单词/短语	中文解释	英文单词/短语	中文解释
disparate	adj.（根本）不同的,无联系的;异类的	BAA(British Airports Authority)	英国机场管理局
rescue	v. & n. 急救,营救	car-hire	租车亭
virtually	adv. 实际上;几乎	assess	vt. 评估
outlet	n.（商品）销路,市场;商店（行）	substantially	adv. 实际上;大大地
discotheque	n. 迪斯科舞厅	whilst	conj. 与此同时

专业词汇表4

英文单词/短语	中文解释	英文单词/短语	中文解释
coexist	vi. 共存	prosperity	n. 兴隆
concession	n. 租借,出租;特许权	mushroom	vi. 飞速发展;大量繁殖
harmoniously	adv. 和谐地	shrink	v.（使）变小,缩短
proximity	n. 邻近	interchange point	交汇点
concern oneself with	（自己）关心…	dominate	vt. 支配,控制
propagator	n. 传播者	ancillary	adj./n. 辅助的、附属机构
upset	n. 烦扰	contemplate	v. 周密考虑
embed	vt. 包围	perimeter	n. 周长,周界线
vicinity	n. 邻近地区	early birds	早期的飞机
strive	vi. 努力,尽力	ample	adj 足够的
meters and greeters	迎来送往的人	inconceivable	adj. 不可思议的
dilemma	n. 两难境地,困境	aggravate	vt. 加重;恶化
atmosphere	n. 气氛	make ends meet	使收支相抵
jekyll and Hyde	双重人格;既好又坏的事物	environ	n. 周围环境,邻近之地

专业词汇表5

英文单词/短语	中文解释	英文单词/短语	中文解释
piston	n. 活塞	coach class	经济舱
niggardly	adv./adj. 吝啬地/吝啬的	era	n. 时代;历史时期
incredibly	adv. 难以置信地;不可思议地;惊人地	tolerable	adj. 可以忍受的;可以容忍的
carve	vt. 切开;划分;雕刻	business class	公务舱,商务舱
complimentary	adj. 赞美的,恭维的;赠送的,免费的	liquor	n.（烈性）酒;酒精饮料
stay-over	n. 逗留,停留	boom	n. 恩惠（赐）;裨益
peak	n. 高峰	shy away from	避开
inaugurate	vt. 开始,开展;为…举行开幕式	discretionary	adj. 任意的,随心所欲的;可自由决定的
pitch	n. 间距	generous	adj. 慷慨的,大方的

(续)

英文单词/短语	中文解释	英文单词/短语	中文解释
senior saver fare	节俭的老年人票价	spouse	n. 配偶
horizontal	adj. 水平的	live on…	靠…为生
in the event of	万一…时	take along	带着…一起走(旅行)
course	n. (一)道菜	accompany	vt. 陪同
marginal	adj. 边缘的;勉强够的;微不足道的;最低的	introductory	adj. 引导的,介绍的;初步的
senior	adj. 年长的	companion	n. 同伴
crash	n. 坠机	advent	n. 出现,到来
shift	vt. 转移;更换;变动	service charge	服务费;手续费
stem from…	来源于…	rebook	vt. 重订
jet	n. 喷气式飞机;喷气式发动机	gourmet	adj. 供美食家享受的;出自美食家之手的
coupon book	优惠券	uniquely	adv. 独特地;独一无二地
professional	adj./n. 专业的;职业的/专业人士;行家	nondiscretionary	adj. 非任意的;不是随心所欲的
distinction	n. 区别,差别	patron	n. 资助人;主顾
mileage	n. 英里数;英里里程	perspective	n. 视角;观点
volatility	n. 挥发性;易变性;变化无常	immediate	adj. 立即,即使;直接的
differentiate…from…	把…与…加以区别	vulnerability	n. 脆弱(性);易受攻击(性)
lock in	锁定;同步	elastic	adj. 弹性的;灵活的
outbound	adj. 去程的	inbound	adj. 回程的
unrestricted	adj. 没有限制的	innovative	adj. 创新的;新颖的
one-way	adj. 单向(程)的	leisure	n. 休闲
monopsony	n. 买方独家垄断的市场结构	promotional	adj. 促进的;促销的 ~ fares 促销票价
conversely	adv. 相反地	refund	v. 偿还
deliberate	adj. 故意的	minus	prep. 减(去)
amenity	n. 常-ies 便利,舒适;便利设施(备)	reactive	adj. (对刺激)反应灵敏的;易受影响的
ahead of time	提前	advance	v./n./adj. 提前(的)
deregulation	n. 解控	nonrefundability	n. 不可偿(归)还性
trough	凹点;低谷	utilization	n. 利用
spread	v. 伸展;扩散;传播	funeral	n. 葬礼
count upon	指望,依靠	smelly	adj. 有恶臭的
excessively	adv. 过分地;大大地;非常	bereavement	n. 遭丧;死了亲人 ~ fare 奔丧票价
vulgar	adj. 下贱的,粗俗的	intoxicate	vt. 致醉;使陶醉
special	n. 特殊(专门)的东西;特价(票)	traffic	vt. 交易;买卖;贩卖
rush	vi. 冲;突进;奔	arbitrage	n. 套利;套购

（续）

英文单词/短语	中文解释	英文单词/短语	中文解释
unruly	*adj.* 任性的,不守规矩(秩序)的;难控制的	couple couple...with...	*vt.* 耦合;配合;连接,结合 把…与…联系起来
meal	*n.* 膳食;一餐	seasonal	*adj.* 季节(性)的
non-transferability	*n.* 不可转让性	in line	排队
impose	*vt.* 施加;强加	belly	*n.* 肚子;腹部
whereby	*adv.* (= by with)凭什么;借此	on behalf of	代表
soft	*adj.* 柔软的;温和的;平静的	excess	*adj.* 过多的,过量的;额外的
black-out	*n.* 关闭,封锁;删除	red-eye	"红眼"
corporate corporate discounting	*adj.* 社团的,团体的;法人的; 团体折扣	stifle	*vt.* 使窒息;遏制,抑制;制止
moonlight	*n.* 月光	screen	*vt.* 筛选;甄别;审查

专业词汇表6

英文单词/短语	中文解释	英文单词/短语	中文解释
pass along to...	传播到…;传染给	cart	*n.* 手推车
concern	*v. & n.* 关心,挂念;关心的事;企业	locate	*vt.* 定位;查(找)出(…的位置);设置
carry-on baggage	手提行李	unaccompanied baggage	非随机行李
compartment passenger baggage	客舱行李	inoculation	*n.* 接种疫苗;预防注射
overload	*vt. & n.* 超载,超负荷	certificate	*n./vt.* 证书(明)/给…发证书
expedite	*vt.* 加快(速);速办	belong to	属于
handbag	*n.* 手提包	appropriate	*adj.* 合适的
mislay	*vt.* 延误;遗失	purse	*n.* 钱包,(女士)坤包
briefcase	*n.* 公文包	cabin baggage	客舱行李
prescribe	*vt.* 规定;指示	overweight	*n.*, *adj. & v.* 超重
checked baggage	交运行李	rabies	*n.* 狂犬病
exist	*vi.* 存在;有	human being(s)	人,人类
property	*n.* 财产;性质,特性	deserve	*vt.* 应得,该受
uniform	*n./adj.* 制服/一致的;统一的	treatment	*n.* 处理;对待;待遇
kit	*n.* 行囊;用具包;成套用品	guard	*n. & v.* 警卫;门卫;看守;监督员
pilot	*n.* 飞机驾驶员,飞行员;机长	attach	*vt.* 系,缚;连接
tag	*n.* 标签	station	*n./vt.* 站/安置;配置
be second only to	仅次于	disappear	*vi.* 消失,不见;绝迹
copilot	*n.* 副驾驶	species	*n.* 种,类
consistent	*adj.* 前后一贯(致)的	navigator	*n.* 领航员,导航员
strap portion	(行李上的)行李牌,系留牌	stub	*n.* 存根,票根;旅客的行李牌
attendant flight attendant	*n.* 随从;服务员 空(中)乘(务员)	staple	*vt.* (用U形钉)钉住,固定 *n.* U形钉;订书钉

专业词汇表7

英文单词/短语	中文解释	英文单词/短语	中文解释
illustration	n. 图解,例证	designate	vt. 指定;明示;选派
board	vt. 登上(飞机、轮船、火车、公共汽车等)	transferable	adj. 可转移的;可转让的
message	n. 信息,消息	economical	adj. 经济的
receipt	n. 收据	fill in	填写
exception	n. 例外	member airline	成员航空公司
adopt	vt. 采用,采纳;正式通过	valid	adj. 有效的;有法律约束力的
non-transferable	adj. 不可转移的;不可转让的	in terms of…	根据(按照)…;在…方面
disembodied	脱离躯体的;见不到人的	specify	vt. 规定;指定;详细说明
Throughout the world	在全世界	ticket counter	售票柜台
space	n. 空白(处);空格;篇幅	allowance baggage allowance	n. 津贴,补贴;限额 行李限额
departure	n. 出发;离港	throughout	prep. 遍及;贯穿
ticket agent	销售代理	that is	即
coupon	n. 乘机联;联程票;配给券	other than…	除了…之外;与…不同的
disembody	vt. 使灵魂脱离躯体;使脱离实际(现实)	issue	n.&vt. 发布,发出;发行
payment	n. 付款	initial	vt. 签姓名的首字母
stamp	n./vt. 邮票;印章;戳记/盖(章、戳)	upper right-hand corner	右上角
sign	v. 签名(字)	cash	n. 现金,现款
block capital letter	印刷体大写字母	validate	vt. 使生效
excursion	n. 远足,短途旅行;(集体)旅游	needless	adj. 不必要的,不需要的
airfare	n. 机票票价	check	n. 支票
complete	vt. 完成	responsibility	n. 责任
digest	n. 摘要;文摘	youth fare	青年票价
originate	vi. 起源;发生	excursion fare	期限票价
variation	n. 变化,变量	high season	旺季
quarter	vt. 四分之一	businessman	n. 商人
traditional	adj. 传统的	employer	n. 雇主;老板
routing	n. 行程安排;航线	versus	perp. 对;比较
financial	adj. 财政的;金融的	transaction	n. 交易;业务
crucial	adj. 决定性的;关键的;至重要的	relaxed	adj. 放松的,轻松的;缓和的
leisurely	adv./adj. 然而	convenience	n. 方便
hurry	vt. 催促	pressure	n. 压力
benefit	n. 利益;好处	relatively	adv. 相对的
downtown location	闹市区	spoilage	n. 浪费
atmosphere	n. 空气;气氛	financial	财政工作

(续)

英文单词/短语	中文解释	英文单词/短语	中文解释
show up	露面;出现	annually	adv. 每年
skirt	vt. 绕开,避开	inconvenience	vt. 使不便
supervisor	n. 监督人,督导;管理人	nevertheless	conj. & adv. 然而
estimate	vt. 估计	cancellation	n. 取消
operation	n. 经营;运营;业务;手术;操作	experienced	adj. 有经验的,经验丰富的;老练的
bump	v. & n. 碰撞;颠簸	perception	n. 感觉;认识;看法
agree upon...	同意…;对…达成协议	legally	adv. 法律上;合法地
de-board	vt. 不登机;从…(飞机)上下来	spill	v. & n. 溢出;多售(座位)
intangible	adj. 不可触知的;(财产等)无形的	tangible	adj. 可触知的;(财产等)无形的
procede	v. 领先;先于 yield n. 出产;产量;利润;收益	bucket	n. 凹背单人座椅(= bucket seat);座位
stand for	代表;替代	safety	n. 安全
incur	vt. 招来,惹起;遭遇	binding	adj. 有约束力的

专业词汇表8

英文单词/短语	中文解释	英文单词/短语	中文解释
fundamental	adj. 根本的	brand	n. 牌子;品牌
loyalty	n. 忠诚	occasional	adj. 偶然的,不经常的
lure	vt. & n. 诱惑	program	n. 计划
first class	一等舱,头等舱	ante	n. 赌注
triple	adj. & n. 三	mattress	n. 床垫
cousin	n. 堂/表兄弟(姐妹);同类物(人)	credit creditcard	n. 信用 信用卡
up	v. 提高,增加;假押(赌注)	embezzlement	n. 盗用,挪用(公款);侵吞(财物)
flyer	n. 飞机;飞行员;飞机乘客	frequent flyer programs	常旅客计划
discover	vt. 发现	valuable	adj. 有价值的;值钱的
geographic	adj. 地理的	introduction	n. 介绍;引入
data	n. 数据;资料	register	vt. 登记
Upgrade	v. & n. 升级;提高	retailer	n. 零售商;零售店
profitable	adj. 有利的;有盈利的;有益的	inspire	vt. 鼓舞,激励;鼓动,促成,导致
free	adj. 免费的	alternative	adj. 供代替的
binge	n. 无节制狂热行动	distributor	n. 分发(配)者;销售者;批发商
exotic	adj. 奇异的;异国风情(情调)的;外来的	context	n. 上下文;情况,背景;环境
satiate	vt. 喂饱;满足	give out	给出;发出;分发
repeat	adj. 重复读,反复的	coupon	n. 票子;兑换券

(续)

英文单词/短语	中文解释	英文单词/短语	中文解释
diverse	adj. 多种多样的;形形色色的	hold out hold oneself out as	维持;声称 坚持自称是…
inducement	n. 引诱(力);吸引(力);引诱物	executive	n. 执行者;经理;主管业务的人
incremental	adj. 增加的	defraud	n. 诈骗
bill bill …for…	n. 账单,账款;单据 vt. 开账单,要求支付 要求支付的钱	appliance	n. 器具,用具;器械;设备
precisely	adv. 精确地;准确地;清晰地	particular	adj. 特殊(别)的;特指的,特定的
accumulation	n. 积累	reward	vt. & n. 奖励
toaster	n. 面包炉	stimulate	vt. 刺激
promotional	adj. 促进的	device	n. 装置;方法
fill	vt. 充满; 满足	initially	adv. 最初;首先
ubiquitous	adj. 普遍存在的,无处不在的	membership	n. 会员身份(资格);会籍
line	n. 种类;品种	design	vt. 设计
build	vt. 建立,树立	throughout	prep. 遍及;贯穿
independent	adj. 独立的	revenue	n. 收入
state	n. 州	approximately	adv. 大约
addict	vt. 使着迷;使上瘾	earn	vt. 赚取
reveal	vt. 揭示(露);展现,显示	source	n. 来源
addicted	adj. 着了迷的;上了瘾的	consumer	n. 消费者
mileage	n. (英里)里程(数)	redeem	vt. 赎回;兑现
seek	vt. 寻求	variety	n. 变化,多样性;种种;种类
travel(l)er	n. 旅行(游)者,旅客;旅行推销员	redeemable	adj. 可兑现的;可兑换现金(或物品的)
rental	n. & adj. 租赁	Analyst	n. 分析

专业词汇表9

英文单词/短语	中文解释	英文单词/短语	中文解释
insist on	坚持	maximum	n. 最大值
no-show	n. 误机者;弃乘者	establish	vt. 建立,设立;制定
likely	adj. & adv. 可能	consist of	包括,包含
automatically	adv. 自动地	cancel	v. 取消;消除;注销
voice	n. (说话)声音	credit card	信用卡
Identify	识别	expire	vi. 期满,终止
health card	健康证	Identification	n. 识别
arrangement	n. 安排	code	n. 编码;代码
computerize	vt. 计算机化	status	n. 情形,状态
document	n. 文件;单证	trip	n. 旅行;出行;行程

(续)

英文单词/短语	中文解释	英文单词	中文解释
equivalent	adj. /n. 相等的;相等价的/等价物	practice	n. 实习,实践;做法,惯例
in person	亲自	limit	n. 界限;期限
key role	关键作用	desirable	adj. 合意的,称心的
accustomed	adj. 通常的;习惯的	journey	n. 旅行;旅程
handicap	vt. 妨碍,使不利	visa	n. &vt. 签证
purchase	vt. & n. 购买;购置(得)	digit	n. (1~9的任意)数字;数位
physically challenged	肢体残疾的	westbound	adj. 向西的
return	v. 返回;归还	leg	n. 腿;航段
otherwise	adv. , adj. & conj. 另外,别样;否则,要不然	itinerary	n. 旅程;旅行路线计划
inform	vt. 通知;告知	travel agency	旅行社
ticket office	售票处	northbound	adj. 向北的
infant	n. 婴儿	tour	n. & v. 旅游,观光
structure	n. 结构	drill	n. & v. 操练,训练
advisable	adj. 合理的,可取的	thoroughly	adv. 完全地,彻底地
alternate	adj. 替换的,交换的	incidentally	adv. 顺便说一下
manifest(list)	n. 货物(旅客)清单;舱单	specialization	n. 专门化,特殊性;专业化;专业性
eastbound	adj. 向东的	manual	n. 手册
odd-numbered	adj. 奇数的,单数的	train	v. 训练;培训
southbound	adj. 向南的	reference	n. 参考
even-numbered	adj. 偶数的	policy	n. 政策,方针
fingertip(s)	n. 手头,手边	require	n. 需要,要求,请求
claim	v. 要求;认领;提取(行李)	undesirable	adj. 不合要求的;不受欢迎的
segment	n. 部分,段,节	completely	adv. 完全地

专业词汇表10

英文单词/短语	中文解释	英文单词	中文解释
frequently	adv. 频繁(地)	stress	vt. & n. 强调
involve	vt. 包括;涉及	various	adj. 各种各样的;不同的
measure	vt. 测量,衡量	complaint	n. 抱怨,投诉
rate	n. (比)率;汇率	resell	vt. 再卖;转售
failure	n. 失败(误);故障	stopover	n. 中途经停(停留)
courtesy	n. 礼貌;殷勤;有礼貌的言谈举止	result in…	产生…的结果;导致…
subdivision	n. 细分,再分;分支	roll	n. 卷
efficiency	n. 效率	be familiar with…	熟悉…

(续)

英文单词/短语	中文解释	英文单词	中文解释
complicated	adj. 复杂的	affect	vt. 影响,感动
concerning	prep. 关于	confirm	vt. 确认
encourage	vt. 鼓励	loss	n. 损失;亏损
reservations agent	定座代理	exchange	n. & v. 交换;兑换
consider…as…	把…看作…;认为…是…	prefer…rather than…	宁愿…而不…
principal	adj. 主要的	fragile	adj. 易碎的,脆的
beverage	n. 饮料	currency	n. 货币
profit	n. 利益;利润;盈利	musical instrument	乐器
aircraft	n. 飞机;航空器	waiting list	候机名单
unpleasant	adj. 令人不快的,令人讨厌的	load factor	载荷因子;运载率;座位利用率
damage	vt. & n. 损坏(害)	incoming	adj. (进)来的;进港的
miss	vt. 错失(过);未赶上	interline	adj. 航空公司之间的;联运的
contain	vt. 包括,包含	overbook	vt. 预订;超额
soothe	vt. 安慰(抚);抚慰	obtain	vt. 获得
carry-on baggage	手提行李	ongoing	adj. 前进的;去程的
customary	adj. 通常的;习惯的;惯常的	simply	adv. 简单地;单纯;仅仅
contain	n. 习俗,习惯	deliberately	adv. 故意
pet	n. 宠物	apt	adj. 易于…的;有…倾向的
office	n. 办事处	situation	n. 形式,情况
preference	n. 偏爱;优先(选择)权	in addition to…	除…之外
personal	adj. (针对)个人的;亲自的	pleasure	n. 快乐,满足;娱乐,消遣
no longer	再也不,不再	clerk	n. 职员,办事员
specialized job.	专门的工作,特殊工作	setup	n. 组织,机构;计划,方案
offline	adj. 外航的;其他航空公司的	item	n. 项(目);款项
navigational	adj. 导航的,领航的	on the whole	总的来说;从整体看
corporation	n. 公司,法人	solve	vt. 解决(问题)等
assign	vt. 分配(派);指定	in spite of	尽管;不顾
tact	n. 圆滑;乖巧;(处事)本领(技巧)	exert	vt. 尽(力);发挥,施加
reward	n. & vt. 酬劳;奖赏;报酬	agreeable	adj. 令人愉快的;讨人喜欢的
secure	vt. 保证;为…作保	cooperative	adj. 乐意合作的
aid	n. /v. 设备/支援,援助	enjoy	vt. 喜欢;享有,享受
thereby	adv. 因此;由此;从而	chore (= chare)	n. 日常的杂务事;枯燥乏味的工作;令人讨厌的工作
disagreeable	adj. 不合意的;讨厌的	rewarding	adj. 值得做的;有益的

学习单元九 民航运输专业英语

专业词汇表 11

英文单词/短语	中 文 解 释	英 文 单 词	中 文 解 释
effective	adj. 有效的,起作用的	on the other hand	另外,另一方面
expectation	n. 期待(望);预期	trunk line(s)	干线;主航线
connect	v. 连接,衔接;中转	regardless of	不管,不顾;不考虑
major	adj. 重要的,主要的;多数的	category	n. 种类,范畴
feeder line(s)	支线;地方航线	local line(s)	地方航线
operate	v. 运行;经营;管理	ticket	n. & vt. 票子;机票;售给…机票
handle	n. (箱、包等物上的)提手,把手	certain	adj. 确凿的,肯定的;某(一),一定的
version	n. 版本;形式;变形	transoceanic	adj. 横跨大洋的
reasonable	adj 合理的,恰当的	available	adj. 可利用的,可用的
rent-a-car service	租车业务	in advance	事先;提前
transcontinental	adj. 横跨大陆的	transfer	v. 转移;转换;转机;转场
distinction	n. 区别,特性	publish	vt. 出版;发行;公布
jumbo	adj. 巨大的	charter	n. & v. 包机
scheduled flight(s)	定期航班	terrain	n. 地带,地形
propeller	n. 螺旋桨	availability	n. 利用(或获得)的可能性;可用性
divide…into…	把…分成…	cost	n. & v. 代价;价值
region	n. 区域;地区	frontier	n. 边界,边境
particularly	adv. 特别,格外	non-scheduled flight	不定期航班
variety	n. 种类;品种;多样性(化)	schedule	n. 进度;时刻表;(航班)班期
occasionally	adv. 偶尔	route	n. 航线,航路
destination	n. 目的地	time table	n. 时刻表;航班时刻
in contrast to…	与…相反(大不相同)	reservation	n. 保留,预约,预定;订(定)座
similarly	adv. 同样地	access	n. 接近;进口,出入;入口,通道;途径
tourist	adj./n. 旅游的/旅行者	extra	adj. 额外的,多余的
rapidly	adv. 快速地	charter flight	包机飞行;包机航班
rugged	adj. 高低不平的;粗糙的	particular	adj. 特别的,特有的;个别的
first class	一等舱,头等舱	section	n. 部分,段
contact	n. 接触,联系	economy	n. 经济;经济舱
increasingly	adv. 日益,越来越	windows	n. 飞机舷窗
formerly	adv. 从前,以前	occupy	vt. 占领,占有
shuttle	n. (两地间)往返飞行,穿梭飞行	aisle	n. (两排座位之间的)通道,过道
technical	adj. 技术的	departure	n. 离开;离港
in-flight service	机上服务	employ	vt. 雇用

219

(续)

英文单词/短语	中文解释	英文单词	中文解释
in…case(s)	在…情况下	bulk	n. (大)体积,容量;大批
traffic	n. 交通;运输量;客流	reclining	adj. (有)活动靠背的;倾斜(式)的
bucket seat	凹背单人座椅	compartment	n. 舱,室
baggage	n. 行李	have contact with…	与…接触;接触
personnel	n. 人员	convert	vt. 转换;改装
maintenance	n. 维护(修);保养	agent	n. 代理商,代理人
shipment	n. 装运,运输;装载量;(一批)载货	strap	vt. (用带子)缚住;固定;捆扎
surface shipment	地面(水,陆路)运输	stewardess	n. 女乘务员,女服务员

专业词汇表 12

英文单词/短语	中文解释	英文单词	中文解释
consignment	n. 托运;托运的货物	commodity	n. 商品;货物
competition	n. 竞争,竞赛	consign	v. 托运
decline to…	降至,减少到…	be liable to…	易于
merchant	n. 商人;贸易商,批发商	deteriorate	v. 变质
unit value	单(位)价(值)	fur garments	皮毛服装
transship	v. 换船;转运,转载	promise	v. 承诺,允诺;保证,答应
marketability	n. 适销性;市场销路	shipper	n. 发货人;货主
order	n. 次序;指令,命令;订(货)单	dampen	vt. 使潮湿;抑制;降低,减弱
be inclined to…	倾向于…	practical	adj. 实用的
precious art goods	珍贵艺术品	installation	n. 装置;设置
switch to…	转到,换到,转向…	refrigeration	n. 冷藏
rotten	adj. 腐烂的;腐败的	indispensable	adj. 必不可少的
grape	n. 葡萄	lichee	n. 荔枝
prove	v. 证实,证明	eel	n. 鳗鱼
delivery	n. 交付	tie up	停顿;冻结;占用
newsprint	n. 新闻纸	striking	adj. 显著的;惊人的
capital	n. 资本;资金	demanding	adj. 要求严格的;费力的
obvious	adj. 显著的	bear	vt. 承受,负担
competitive	adj. 竞争的,有竞争(能)力的	perishable	adj. 易腐(烂)的;易变质的
advantage	n. 优点,优势,优越性;好处	conspicuous	adj. 显著的;明显的;引人注目的
ship	vt. 海运,航运;运输	finished products	成品
customs duty	关税	consultation	n. 磋商
inventory	n. 存货,库存(量);细账;详细目录	theft	n. 偷(扒)窃;失窃

(续)

英文单词/短语	中文解释	英文单词	中文解释
be susceptible to…	易受…影响的	mango	n. 芒果
transit	n. 运输,载运;通行;中转;过境	outweight	vt. 胜过,优于;(重要性)超过
pilferage	n. 小偷小摸;窃得赃物	obtainable	adj. 可得到的,可买到的
voyage	n. 航行;航程	turnover	n. 营业额
melon	n. 瓜	fresh	adj. 新鲜的
strapping	n. 捆扎带	forwarder	n. 转运商;代运人,代理
home market	产地市场;国内市场	crab	n. (螃)蟹
freight forwarder	货运公司;货代	ceramic	adj. 陶瓷(材料)的
shipping line	海运公司	low density cargo	低密度货物
cushion	vt. 给…加衬垫	foam rubber	泡沫橡胶
interior	n. 内地	intermingle	v. 混合;掺和
valuation charge	保价费	devise	v. 想出;设计;发明
corrugated cardboard box	瓦楞纸板箱	bulky	adj. 体积大的;蓬松的;又大又笨的
remote	adj. 遥远的,边远的	circumstance	n. 情况
owing to	由于,因为	typical	adj. 典型的
publicity	n. 宣传	valueless	adj. 没有价值的,没有用处的
rubbish	n. 垃圾	stiffen	vt. 加强,增强
on account of	由于,因为	coverage	n. 保险范围;险种
premium	n. 保险费;津贴;奖金	be accessible	可以进出出出的
insurance company	保险公司	ride	n. & v. 行驶;航行
compared with…	与…比较(相比)	awkward	adj. 笨拙的;难以搬运的
hazardous	adj. 危险的	jostle	v. 挤撞;拥挤
rough	adj. 粗野的	dock	n. 码头

第二节 民航运输业务英语阅读

一、民航机场概况阅读材料

(一) Airport Passenger Traffic

By locating passenger processing points conveniently and in a logical order, air terminal designers aim to keep passengers moving through the system in a smooth flow with aminimum of delay.

But passenger traffic follows an irregular pattern, peaking at certain times of the day and year, so public areas must be large enough to accommodate peak crowds, calculated by quadrupling the estimated numbers of passengers to allow for friends and relatives.

Passengers on long-haul routes tend to arrive ahead of check-in time, and spend time in shops and restaurants. These must be visible—they generate a large percentage of airport revenue—but not sited where they obstruct passenger flows.

A strike can strand thousands of travelers in the departure areas, and a sudden clearance of early morning fog could mean a rapid influx of arrivals. Ten large aircraft arriving consecutively could bring 4,000 passengers in 30-40 minutes. Customs procedures at international airports cause long delays at peak hours and in summer, foreigners may be held up at health and immigration control points, but routine security checks on departing passengers and their baggage are being speeded up by the use of electronic security devices.

Major airports provide a wide range of facilities for the convenience of millions of air travelers. They range from such basic services as ticket-sales counters, check-in counters and restaurants to luxury hotels, shopping centers and play areas for children. International airports must also have Customs areas, currency-exchange counters, and so on. Modern airports also provide such facilities as runways, taxiways, apron, passenger terminal areas, and flight navigation equipment, etc.

The airport terminal acts as the transfer point between the ground trip and the air trip made by the air passengers. As far as the passenger terminal is concerned, the facilities can be categorized as follows: access (including the land side interface), passenger processing areas, passenger holding areas, internal circulation and airside interface, and airline and support areas.

Within the passenger terminal area, access facilities should ease the transfer of passenger flows from the available access modes to, from, and through the terminal itself. These facilities include curbside loading and unloading, shuttle bus services to parking lots and other terminals, and loading and unloading areas for buses, taxis, limousines, and rapid surface transport modes.

Processing areas are designated for the formalities associated with processing passengers. The usual facilities include airline ticketing and passenger check-in, baggage check-in and seat selection, gate check-in where desirable, incoming and outgoing Customs, immigration control, health control, security check areas, and baggage claim.

A very large portion of the passengers' time at the airport is spent outside the individual processing area. Of non-processing time, the largest portion is spent on holding areas where passengers wait, in some cases with airport visitors, between periods occupied by passing through the various processing facilities. The required facilities in the holding areas are passenger lounges (general, departure, and gate lounges), passenger service areas (wash rooms, public telephone, post office, etc.), concessions (bar, restaurants, newsstands, etc), observation decks and visitors' lobbies (including VIP, and CIP facilities).

Although airline terminals are designed primarily for airline passengers, the design must also cater to the needs of airlines, airport, and support personnel working in the terminal area. Frequently, the following facilities must be provided:

1. Airline offices, passenger and baggage processing stations, telephone communications, flight planning documentation, crew rest facilities, airline station administration and so on.

2. Storage for wheelchairs, pushcarts, and so forth.

3. Airport management offices and offices for security staff.

4. Governmental offices and support areas for staff working in Customs, immigration, health, and air traffic control; bonded storage and personal detention facilities.

5. Public address systems, signs, indicators, flight information.

6. Maintenance personnel offices and support areas, maintenanceequipment storage.

Reviewing the trend of the world passenger traffic shows a declining growth rate as the industry matures. From 1929 to 1946, growth rates were substantial: almost always greater than 20% and averaging 30% for that 17-year period. The following 23 years saw the average growth rate cut in half to 14.5%. In the years between 1970 and 1975, the growth rate dropped to 9% on the average. Between 1976 and 1980 the compound growth rate was 8.54% for all services. The years between 1981 and 1985 saw growth about 6.19%, while the balance of the century should see an annual growth rate slightly over 5%. In fact, such a growth rate is to be expected based on general historical trends. Long-term traffic growth is linked to the increase in GNP and, since the predicted rate of economic growth in 1990s for theUnited States and other industrialized nations is about 4% to 5%, airline traffic estimates of about 5% for this decade will probably hold true, and many airline economists forecast the 5% growth rate through this century.

(二) Evolution of Airports

The requirements for airports have increased in complexity and scale since the earliest days of flying. Before World War II the landing and takeoff distances of most passenger-transport aircraft were at most 650 yard (600 meters). Additional clear areas were provided for blind landings or bad-weather runs but the total area involved rarely exceeded 500 acres (about 200 hectares).

It was not until the general introduction of heavy monoplanes for transport, such as the Douglas DC-3, during the late 1930s that extensive takeoff and landing distances were needed. Even then, the prewar airfields at New York City (La Guardia), London (Croydon), Paris (Le Bourget), and Berlin (Tempelhof) were laid out on sites close to the city centers. Because even transport aircraft of the period were relatively light, paved runways were a rarity. In Croydon, Tempelhof, and Le Bourget, for example, all aircraft operated from and on grass air strips only.

Early airports were also major centers of leisure activity, often attracting more visitors than passengers. In 1939 La Guardia Airport attracted almost a quarter-million visitors per month, reaching a peak of 7,000 in one day, compared with a maximum daily throughput of only 3000 passengers. In 1929 Berlin's airport reported 750,000 visitors and boasted a restaurant that could seat 3,000 people on the roof of the passenger terminal. The status of prewar airports as major social centers was reflected in their design, especially where the requirements of catering, observation decks, and parking were paramount. Indeed, the requirements of aircraft and passengers were not at all dominant at early airfields.

Much long-distance air transport was handled by the large seaplanes known as flying boats. These aircraft, though slow ad of limited range, offered a level of comfort that was necessary for long-distance travel. Air terminal facilities were necessarily constructed close to large, open stretches of water. La Guardia Airport is an example of airports that still operate on sites originally chosen for their ability to handle large seaplanes.

The vast majority of airfields throughout the world still have relatively simple facilities only. Even now, many have unpaved runways or at most lightly paved runways with tiny terminal or administration buildings, a rudimentary control tower, and crude landing aids. Such facilities can deal only with light aircraft and a negligible flow of passengers or freight. Heavy air traffic, on the other hand, is now almost entirely handled by sophisticated airport facilities that can accommodate the needs of crew, passengers and freight, and the great range of aircraft types that have evolved to meet the needs of modern air transport and general aviation.

Approximately 50 airports around the world now handle more than 10 million passengers each per year; half of these are in the United States. Six airports regularly move 30 million passengers each on a yearly basis—Chicago's O'Hare International Airport alone handling 60 million.

The largest airports in the world employ more than 100,000 workers each. They are immensely complex entities with regard to the physical facilities that they comprise, the organizations that are active within their boundaries, and the services that are provided in conjunction with their operation. Physical facilities include runways, taxiways, aprons, and airstrips, which are used for the landing and takeoff of aircraft, for the maneuvering and positioning of aircraft on the ground, and for the parking of aircraft in order to load and discharge passengers and cargo. For the safe landing and takeoff of aircraft, lighting and radio navigational aids are provided. These are supplemented by airfield markings, signs and signals, and air traffic control facilities.

Support facilities on the airside of the airfield include meteorology, fire and rescue, power and other utilities, aircraft maintenance' and airport maintenance. Landside facilities are the passenger and cargo terminals and the access system, which includes parking, roads, public transport facilities, and loading and unloading areas.

Many organizations are involved in the operation of a modern airport. Overall management is usually in the control of an organization, authority, or company that holds a license to operate the facility. This license is granted subject to a judgment by the national civil aviation authorities that the managing body is fit and competent to run an airport within national and, if applicable, international laws governing safety and operations.

While overall responsibility for efficient, safe, and legal operation lies with the airport management, many of the individual services at an airport are provided by other organizations. Such organizations include airlines; air traffic control authorities; ground handling companies; fixed-base operators; concessionaires; security organizations; governmental agencies responsible for customs, immigration, health control, and police; support companies providing flight catering, fueling, aircraft engineering, and maintenance; aero club; and flying schools.

Sincethe early 1980s, when privatization began to sweep through civil aviation, terminal-operation companies have also become more frequent, such as those that own terminals in Birmingham, Eng; Brussels; and Toronto. Airport services related to the aircraft are frequently referred to as airside. Many of these services are concentrated on the apron, which is an operational surface adjacent to the terminal and where aircraft are maneuvered or parked. They include the apron handling of aircraft, airside passenger transfer to the aircraft, the handling of baggage and cargo, aircraft fueling, catering and cabin cleaning, engine starting, deicing, ground power and air-conditioning, and minor maintenance engineering. Other airside services are runway inspection, lighting and navigational aids, fire fighting and rescue, airside maintenance, and air traffic control.

Among the landside services are those related to ground passenger handling; these include check-in, security, customs and immigration, baggage delivery, information, catering, cleaning and maintenance, shops and concessionary facilities, automobile rental, ground transportation, porters, special help for the elderly and handicapped, automobile parking, and public transportation (including taxis). In addition, because airports employ such a large number of workers, extensive provision must be made for their daily requirements.

(三) Airport Operation

Airports are complex industrial enterprises. They act as a forum in whichdisparate elements and activities are brought together to facilitate, for both passengers and freight, the interchange between air and surface transport. For historical, legal and commercial reasons the actual activities within the airport for which an airport owner or manager is responsible vary between countries and often between airports in the same country. Thus the airport business can, in some instance, cover almost everything that goes on at an airport, while elsewhere it may encompass only a small part of the total airport activities.

An airport has essentially one or more runways for aircraft together with associated buildings or terminals where passengers or freight transported by the aircraft are processed. Around the world the majority of the airport authorities own and operate their runways, terminals and associated facilities, such as taxiway or aprons. But there are exceptions, notably in the United States where many terminals are owned by airlines, and in France where the ground facilities are sometimes owned by the government.

Within the overall airport umbrella a wide range of service and facilities are provided which can be divided into three distinct groups: essential operational, traffic-handling services and commercial activities.

Such services are primarily concerned with ensuring safety of aircraft and airport users, They include air traffic control (ATC) services provided at the airport to facilitate the approach and landing of aircraft, meteorological services, telecommunications, police andsecurity, fire and ambulance services including those for search and rescue, and finally runway and building maintenance.

These facilities and services are normally provided by the airports themselves or by local or central government departments. But even when the airport operator is responsible for their provision, that operator may have relatively little discretionary control over them because their provision may be heavily influenced by government policies or national or international regulations.

At the majority of European airports air traffic control (ATC) and the associated meteorological and communication service are undertaken by government departments. The costs of such provision are handled in two ways. First, at many airports such as the BAA airports (Heathrow, Gatwick and Glasgow), Amsterdam, Frankfurt, Geneva, Milan, Rome and Vienna the costs associated with these activities are not passed on to the airports. Nor do the airports themselves levy any charges on users for ATC, though the civil aviation authorities may do so. So there is no revenue generated for the airport. Second, at other airport where ATC services are provided by the government, the airports are actually charged for such services. They therefore include an ATC or navigation service charge in their own airport charges in order to recoup this expense. In Europe such airports include Birmingham, Copenhagen, Geneva and Manchester. Their accounts show a cost figure arising from the provision of ATC. This is also the case with a third and much smaller group of airports that operate the ATC services themselves. These include East Midlands, Jersey and Stockholm airports.

With the increase in hijacking and terrorism, policing and security is nowadays an airport service of considerable importance. Apart from the normal police duties required at any large public places, specialist staff are now also needed for passenger search, baggage search, access control and so on. These latter services are sometimes defined as security rather than policing activities, but the distinction between the two is very blurred and so they are considered together.

A variety of handling activities activities take place at airports. Some are associated directly with the aircraft itself and include cleaning, provision of power and loading or unloading of the baggage/freight hold. This is sometimes referred to as ramp handling. Other handling activities are more directly traffic related and cover the various stages of processing of passengers, baggage or freight through the respective terminals and onto the aircraft. Various parts of the handling process may be the responsibility of different authorities.

At about half the larger European airports authorities have noinvolvement in any of these activities, which are provided by airlines or specialist handling agents.

At most of the European airports commercial facilities are provided by concessionaires, who will be specialists in their own field of business. The airport authorities will collect concession fees or rents from these companies. But there are a few airport authorities that are themselves directly involved in running some or virtually all the commercial outlets. Aer Rianta, the Irish Airport Authority, operates the duty-free shops at all its airports includingDublin. In Rome the duty-free shops and the restaurants are operated directly by the airport authority whilst the other shops and bars (commencing in 1983) are provided by concessionaires. The only commercial service which a significant number of airport authorities provide themselves is car parking. Amsterdam, Dublin, Dusseldorf, Frankfurt, Geneva, Lisbon, Manchester, Nice, Rome and Vienna are among those that run their own car-parking facilities whilst the rest of the European airports use concessionaires to do this.

In addition to the usual shops, restaurants, bars and car-hire kiosks, some of the larger airports provide an extensive range of other services for their customers both within the terminal buildings and on airport land. The most notable example here is Frankfurt airport where the additional commercial activities include cinemas, bowling alleys, a discotheque, hairdressers, supermarkets, and a conference centre and hotel. These are normally rented out as concessions.

The extent of an airport authority's involvement in the various functions of an airport will obviously substantially affect the cost and revenue structure of each airport. It will influence the overall employee levels just as significantly. Moreover differences between airports will be further compounded if the airport authority is not charged the full cost of any service provided by a third party. This is most likely to occur when separate government departments or agents provide some of the essential services such as policing or fire and rescue. Differences in the functions performed by the airport owner or operator clearly pose comparability problems when assessing and comparing airports.

（四）Airport-Community Relations

The world's major airports are cities in themselves, designed to serve the need of travelers, staff, the "meters and greeters", and those who come to absorb the atmosphere and see the sights of modern air transport. They are also, by their very proximity, closely involved with the local communities and immediate environs.

As aviation has developed, the small grass fields of the "early birds"—centres of local interest and even pride—have expanded enormously, acquired concrete runways and terminal buildings, and changed into propagators of noise and upset in the communities that have grown around them. This Jekyll and Hyde development is typical of the dilemma brought about by technological advances: disadvantages and benefits, side by side.

Now, fortunately, airports are entering a third phase in their progress. The evolution of larger and much quieter aircraft is beginning to reduce noise levels under the flight paths, while the increased size of aircraft reduces the growth rate in the numbers of takeoffs and landings. Steadily, major airports are on the way to becoming "good neighbors" to their local communities, while continuing to expand their role as centers of trade, travel and employment.

While a modern airport must coexist as harmoniously as possible with the local community and simultaneously look after the interests of air travelers, airlines and its own population of workers, the authorities who plan and run it must concern themselves primarily safe, convenient and regular flights. The airport must, therefore, be so located that the approach and takeoff paths are clear of obstacles and hazards, that the runways are of adequate length and strength, properly lighted and equipped with the essential radio and radar aids, and that taxiways of the necessary width lead to ample parking areas close to the terminal buildings.

After many years of steadily increasing requirements for longer and stronger runways to suit larger and faster aircraft, modern technology has begun to shrink these distances again. For the heaviest aircraft now contemplated for the distant future, up to 500 tons loaded weight, and for the fastest supersonic jets, a runway of 12,000 feet will suffice, even on a hot day when engine power is reduced. The only exceptions are airports located high above sea level, at which safe distances for takeoff and landing are considerably increased because of the thin air.

In catering for the comfort and convenience of increasing numbers of people who use airports (the number of passengers passing through London's Heathrow Airport increased by 10.4 percent between 1976 and 1977) the authorities' aims are to ensure the best possible access to and form the airport, not only by road and rail but also by subway and helicopter; adequate parking space for cars (Chicago O'Hare can accommodate 14,000); and clearly signposted and well-equipped terminal buildings, with a minimal walking distance from arrival point of aircraft. Few airports have all these desirable features, but all strive toward them in a steady process of modernization and expansion.

Not only passenger but also air freight traffic has grown immensely in recent years. It is, therefore, essential for airports to provide good cargo-handling facilities and adequate warehouse space for customs and other formalities.

An airport is a business, and should function efficiently and economically. In theUSA most airports are owned or run by city authorities; in Britain, by the British Airport Authority. Airports are expensive to run and one that handles less than about 3,000,000 passengers a year has difficulty in making ends meet. Revenue is collected from airlines through landing and parking fees, and from numerous concessions; renting of office space, duty-free and other shops, and bars and restaurants.

To provide these services and facilities large airports have a substantialworking population, from air traffic controllers, Customs and Immigration officials to traffic clerks, loaders, apron staff, caterers, administrators, and flight crews. Including aircraft maintenance personnel, this work force may number 50,000 or more. With families included, it represents a dependent community of more than a quarter of a million.

Many of the airport staff live in the immediate vicinity, in the communities that have mushroomed around the airport perimeter as opportunities for employment at the airport and its ancillaries have increased. Most large modern airports have, therefore, become embedded in built-up areas as cities have expanded around them.

Along the flight paths to and from the runways, noise is a major problem affecting nearby communities. It is often aggravated by road congestion. Fortunately the new aircraft are substantially quieter than the earlier jets which they are steadily replacing, and calculations show that, within ten years from the peak year, 1973, only people who live under the flightpaths to and from the world's major airports will be seriously disturbed by jet noise, about one tenth of those affected today.

These large airports cannot be moved. They must be easily accessible, and it is inconceivable that they will be closed, for the trade, travel, prosperity and leisure activities of modern world depend upon the services they offer. It is essential, therefore, that the airports are madeacceptable to those who live near them. As technology advances, this is indeed happening: the advantages of air transport are rapidly multiplying; the disadvantages are decreasing.

From the preceding analysis it is clear that North American airports dominate the airport industry in that they provide the vast majority of the world's largest airports. Their dominance is most marked when one measures airport size in terms of air-transport movements, with only a handful of non-American airports ranked in the top forty. When one looks at passenger or freight traffic levels the dominance is less marked with about ten European and a smaller number of Asian/Australian airports featuring in the top forty. The same happens when one ranks airports in terms of work-load units (WLU).

Within North America, four airports stand out as being by far the largest, namely Chicago O'Hare, Dallas—Fort Worth, Atlanta and Los Angeles International. They clearly lead the world whatever the measure used. The European leaders are London's Heathrow airport and Frankfurt followed by the two Paris airports. In the Far East Tokyo's two airports dominate, Haneda and Narita, but Osaka, Hong Kong and Singapore airports are also major centers.

二、客票销售概况阅读材料

(一) Air Fares

Basically, there are following types of fares:

First Class— During the piston-era of commercial aviation, coach class was carved out of first class and placed in the front of the aircraft. First class was offered in the rear of the aircraft, because that was the safest place to be in the event of a crash. As flying became safer, particularly with the advent of jets, noise in the aft cabin became less tolerable, and first class was moved to the front of the aircraft. First class travel can be quite expensive. The seats are wider; seat pitch more generous (on some carriers' international flights, they permit the seat to become almost a horizontal bed); and food better (on international flights, passengers can be offered a several-course gourmet meal). In-flight amenities, such as alcoholic beverages and movie head-sets, are complimentary.

Business Class—Since many businesses will not allow their mid-level managers to fly in first class, because of the cost, airlines have created "Business Class", which is essentially the equivalent of domestic First Class. It is priced between First and Coach (or as some carriers call it "Economy") Class, including wide seats, pitch out as generous as in First nor as niggardly as in Coach, free liquor and movie head-sets.

The "Y" Fare—The Y fare refers to an unrestricted, full-coach "walk-up" fare, available for a Coach Class seat on the day of departure. It is generally the highest fare offered in coach, although it has none of the restrictions described below. Generally speaking, all other Coach fares are discounted off the Y, and include some or all of the restrictions listed below.

Promotional Fares—A product of yield management, promotional fares are various classes (sometimes referred to as "buckets") of fares with various restrictions. Generally, these are the only fares that are advertised, with the restrictions listed in incredibly small type at the bottom of the newspaper page. Among such fare restrictions are the following.

Introductory Fares—Inventory, or promotional, fares typically are below-cost prices used to stimulate interest in the carrier's new service in a market.

Companion Fares—Airlines sometimes offer a discount of free travel to a passenger accompanying a full—fare passenger. Thus, a business traveler wanting to take along his or her spouse may shift a business flight to the carrier offering free or reduced rate travel to a companion. In the 1980s, TWA inaugurated a "Kids Fly Free" version of this program, encouraging discretionary family travel.

Peak/Off Peak Fares—Some carriers have offered a simplified fare structure consisting of just two fares, peak (for travel during heavy demand periods), and off-peak (a lower fare, for travel at softer demand times). For example, higher fares may exist at peak business traveler demand times (e. g., Monday—Friday 7:00-9:00 a. m., and 4:00-6:00 p. m. departures). Lower fares may be offered on softer demand days (e. g., travel on Tuesdays, Wednesdays and Saturdays), or weaker demand periods, imposing black-out periods on travel during certain peak travel days.

Red-Eye Specials—In order to increase aircraft utilization and spread fixed costs over a larger number of passengers, carriers may offer late night or early morning departures, offering a discount to travelers willing to fly at such undesirable times. In the 1980s, Eastern Airlines attempted to couple "Moonlight Special" fares out of Houston with a contract to fly belly freight on b behalf of a cargo company.

Seasonal Discounts—Airlines can be counted upon to announce sales preceding certain demand troughs or vacation periods. May is a popular time to announce Summer sales. September is a popular time to announce Fall sales.

Advance Purchase Requirements—Generally speaking, many business travelers are unable to plan their trips weeks ahead of time; conversely, individuals do plan vacations several weeks before, In addition, business travelers tend to be much less demand elastic than are vacation travelers. Recognizing these distinctions, many airlines offer the lower fares the earlier the ticket is purchased. Thus, 21-day, 14-day, 7-day, or 3-day advance purchase requirements result in progressively higher fares the closer the purchase is to departure.

Immediate Purchase Requirements—Because of the volatility of air fares, airlines often insist that the consumer purchase the ticket within 24-hours of making the reservation. This "locks in" the customer, and "locks in" the fare.

Round-trip Requirements—In order to assure that both the inbound and outbound legs of journey are made on the same carrier, many airlines insist that the lower fares be offered only if the consumer purchases a round-trip ticket. Sometimes these fares are higher than a one-way fare.

Minimum/Maximum Stay Requirements—Minimum stay requirements are another means of differentiating the business from the leisure traveler. For example, business travelers tend to shy away from Saturday-night-stay-over requirements (some airlines have shifted this requirement Friday night), when they prefer to be home with their families. This particular requirement has been a boon to the hotel business, for the weekend period was traditionally a weak demand period for the hotel industry prior totion. Maximum stay requirements (e. g. 30 days) are also imposed by some airlines.

None fundability—Although because of deliberate overbooking, no customer is actually guaranteed a seat (even with a "confirmed reservation"), many airlines refuse to refund a ticket once it is sold, although many will allow it to be exchanged for another charge" is far higher than the actual costs of rebooking, and ti itself has become a significant stream of industry revenue.

Senior Saver and Youth Fares—Recognizing that senior citizens travel less than younger people, and that people living on retirement incomes or in school or college have less discretionary income, many airlines offer discounts to stimulate ravel among these two groups. Some carriers offer coupon books of discounted travel on a space available basis.

Stand-By, Space-Available Travel—"EEE" fares are often offered to air travel industry professionals on a deeply-discounted space-available basis. In the 1970s, Laker Skytrain sold excess inventory with its "Youth Standby Fares", whereby college students waited in line, for b bus to take them to JFK Airport if there were any empty seats to London.

"Sale Fares"—The "v", or sale, fare is generally a short-lived promotional price designed to stimulate traffic during trough or vacation periods. Thus, sales are typically announced in January, May, and September to stimulate sales.

Non-transferability—Airlines insist that only the person whose name appears on the ticket may use it. Security screening requiring a positive photo identification has turned into a means whereby ticket trafficking and arbitrage has been stifled.

Bereavement Fares—Major airlines typically offer 50% discount off the full coach Y fare for individuals who have to rush to a relative's bedside or funeral. Northwest offers only 30% off. Most require some sort of documentation (e. g. a funeral notice, Doctor's letter, or death certificate).

Other Restrictions—Airlines usually insist "other restrictions may apply", although it is unclear what that means. Perhaps it refers to the airlines' discretionary right to deny boarding to excessively intoxicated, vulgar, unruly, or smelly passengers.

Large volume purchasers of air travel often negotiate a contract price for air travel which may be set as low as the discretionary travel rate, but without the advance purchase and Saturday stay-over restrictions. George James explained the monopsony power of large volume purchasers this way:

Airlines are especially reactive to the bargaining power of volume purchases of transportation—whether in the personal travel market (this is, tour operators) or in the business travel market (that is, government agencies or large corporations). This vulnerability stems from the uniquely low marginal cost of selling a seat that would otherwise be empty. The almost zero marginal cost of the otherwise empty seat places carriers in a position where they can seek the larger purchasers of transportation to the point where full-cost economies are ignored.

Some corporate travel departments have become quite innovative. For instance, IBM negotiated still deeper discounts without frequent flyer mileage. Perhaps the largest corporate discounts of all go to the federal government. In 1996, for example, the U. S. General Services Administration negotiated contract rates discounted 62% below the normal unrestricted fare, saving the government approximately $2.4 billion on air travel. From the taxpayer's perspective, this is an enormous cost savings. But of course, such deep (variable cost based) discounts to noe class of patrons (government workers) means that the fixed cost burden is shifted to other classes of patrons—typically nondiscretionary small business traffic. In effect, this is a hidden tax imposed on those firms which create most of the jobs in our economy. From the perspective of its true effect, this is curious public policy indeed.

(二) Baggage

The passenger's baggage is one of his major concerns. He expects it to travel on the same plane as he does, to arrive at the correct destination, and to be undamaged upon arrival. The tourist doesn't expect his suitcase to be delayed; the businessman doesn't expect his briefcase to be mislaid. Baggage is the passenger's personal property, and the passenger has very personal feelings about it.

IATA has prescribed the maximum weight that a passenger can take on international flights. For first-class passengers, the baggage allowance is thirty kilograms (sixty-six pounds), and for those traveling economy, the allowance is twenty kilograms (forty-four pounds). Incidentally, these limits on baggage weight exist to keep the airplane from becoming overloaded. Baggage within this allowance that is carried in the plane's baggage compartment is usually called checked baggage.

IATA also makes regulations that determine what baggage the passenger can carry onto the plane and keep with him in the passenger compartment of the aircraft. This is usually called carry-on cabin baggage. At the present time, IATA allows one coat, one handbag (traveling kit or briefcase), and one camera per passenger. Of course, ladies are allowed to carry their purses on board the flight.

An important part of the check-in process at airport or at a city terminal is the weighing and checking of the passenger's baggage. Generally, a tag is attached to each piece of checked baggage. The tag uses the tree-letter code for the destination and there is usually also a space where the agent can write the flight number. The tag has two parts. One of these is attached to the handle of the checked bag; this is sometimes called the strap portion. The other, usually called the stub, is given to the passenger. He uses it to claim his bag when he arrives at his destination. The customary procedure is to staple the stub to the ticket or to the envelope that holds the ticket. If the passenger is checking more than one piece of baggage, each piece is tagged and the passenger receives a stub for each piece. Some airlines also put tags on each piece of carry-on baggage, though these tags do not have stubs.

Airlines can charge for overweight baggage, but they do not always do so. To the passenger, the procedure does not seem to be very consistent. Sometimes carry-on baggage is weighed, at other times it is not. At times the passenger is charged for a suitcase that is only a kilogram overweight; at other times he is not. The agents at the check-in counter receive instructions from their airline regarding current policy on overweight baggage. Since the charges are high, the passenger is naturally anxious to avoid the extra cost.

Many passengers will travel on more than one airline to reach their destination. A passenger may, for example, travel to Frankfurt on one airline and transfer to another airline to go on to Vienna. The airlines make arrangements for interline baggage for such a passenger so that he will not have to transfer his baggage himself at each airport where he makes a connection. Special interline tags are attached by the agent when the bag is checked. Our passenger who is going to Vienna, therefore, does not have to do anything with his bag when he changes at Frankfurt; he doses not claim the bag until he arrives in Vienna.

Occasionally, of course, an interline passenger may miss his connection and arrive at his final destination without his baggage. In this case, the passenger service agent at his destination must do everything possible to locate the baggage and see that the passenger receives it as quickly as possible.

Another type of baggage is unaccompanied baggage, which does not travel on the same flight as the passenger. Sometimes a passenger may want to have baggage sent ahead or have it follow him. Essentially, unaccompanied baggage is a kind of air freight since there is usually a charge for it separate from the passenger's baggage allowance. However, it is the passenger's personal property and deserves the same careful treatment as any other kind of checked baggage.

There are also special tags for checked baggage that is fragile or that must be expedited (in other words, that must be delivered as fast as possible). For example, baggage that has missed a connection would ordinarily be expedited. These tags will make sure that the baggage receives the appropriate special handling. There are also special tags for baggage that belongs to the aircraft crew.

Many people will want to take their pets—usually a dog or a cat—with them. Airline regulations generally state that the pet must have certificates that show that it is in good health and has had an inoculation for rabies, a disease that animals can pass along to human beings. Other than that, regulations will vary as to whether the pet can be carried in the cabin or must travel in the baggage compartment. Most airlines provide special carrying cases for pets. The agents who handle baggage will be instructed about the policies and regulations for pets on their particular airline. Both ticket and reservations agents, who may have to answer inquiries about pets, will also have this information available.

For the outgoing passenger, the procedure for handling baggage is generally uniform and simple. He takes his baggage to the check-in counter where it is weighed and tagged. He receives his stub and then claims the baggage at his destination.

For the incoming passenger, the procedure is also simple, but it varies considerably form airport to airport. In general the baggage is claimed at a specified area. There may be baggage handlers who will take the stub and find the baggage for the passenger, the passenger, however, will probably have to locate the baggage himself. At some airports, he cannot leave the baggage claim area without having the strap tag checked against the stub by a guard. In addition the international passenger will almost always have to take his bags through a customs inspection.

In many parts of the world, there are very few porters to handle baggage at the airport. To replace this disappearing species, many airports provide special carts that the passenger can use within the airport. A passenger service agent is often stationed in the baggage claim area to help passengers with any problems they may have; this is particularly true when the incoming plane is an international flight.

To repeat, the passenger's baggage is important to him. It is his personal property, and its care and treatment should be second only to the care and treatment that the passenger himself receives.

(三) Ticketing & Overbooking

The ticket agent handles all the same kinds of problems as the reservations agent, but with two important differences. First, he meets the public face-to-face at the airline ticket counter. His contact with the passenger is much more personal than the disembodied voice of the agent on the telephone. Second, the ticket agent responsible for receiving money and making out tickets.

An airline ticket is a receipt for transportation that has been paid for in advance by the passenger. The ticket specifies the points between which the transportation will take place, there is a separate coupon for each flight. For example, a passenger traveling from Miami to London, from London to Paris to New York, and from New York to Miami will have a ticket with four coupons, one for each separate leg of his flight.

Each ticket shows the airline that issues it and also has a serial number, which is printed on it. The ticket agent first has to fill in the passenger's name. An airline ticket is non-transferable, that is, it cannot be used by an person other than the one whose name appears on the ticket.

There is also space on the ticket to indicate where the trip stars and what the type of service is, first class or economy. The code F, for first class, or Y, for economy, is used on the ticket. The agent must also indicate the baggage allowance, the airline (or the carrier, as the ticket says), the flight number, and the time of departure. A two-letter code is used for the carrier—PA for Pan American, QZ for Zambia Airways, and so on. Finally, the "reservations status" must be indicated. This shows whether the seat has been confirmed (OK) or only requested (RQ).

The various codes—for cities, airlines, type of service and reservations status—are used throughout the world. Their use in the thousands of messages that are sent out by airlines is economical both in terms of space and money. All airlines that are members of the International Air Transport Association—usually called IATA for short—have adopted the same codes, and a ticket issued by one member airline is valid for travel on any other.

Please note that in the illustration of a ticket that is shown below, all the information that is given is printed in block capital letters. This practice is required by all airlines since it makes the ticket easier to read and cuts down the possibility of error.

In the upper right-hand corner of the ticket, there is a space where the ticket can be validated. This is usually done with some kind of stamp that shows the date and place of issue. It is then signed or initialed by the agent who sells the tickets. A validated ticket means that payment has made and the ticket can be used for the transportation that is described on it.

Needless to say, the airlines prefer to receive payment by cash. However, other types of payment are accepted, particularly with credit cards. Each airline has its own regulations about other types of payment of credit (checks, for example) that are acceptable, and the ticket agent, of course, will receive careful training in this important matter.

The ticket also contains space for calculating the fares. International airfares are established by IATA in agreement with the airlines that are members of the organization. Within the United States, fares are established by the Civil Aeronautics Board—the CAB for short. Domestic airfares within other counties are usually set by a similar government agency.

学习单元九　民航运输专业英语

　　Airfares have become very complicated these years. It is no longer simply a question of a first-class versus an economy-class fare over a certain route. Many airlines, for instance, have high season and low season fares. On North Atlantic routes between the Unite States and Europe—the most traveled route in the world—the high season is the summer, when hundreds of thousands of tourists cross the ocean. Fares are higher and service is more frequent during the summer than the winter, the low season when there are fewer tourists.

　　There are many other variations on the standard fares. It traditional for children under twelve to pay only half fare, but today there are also youth fares usually for young people up to twenty-five years of age. There are also excursion fares for people who will complete their trips within a certain number of days, usually 21 or 45. On some airlines there are also special fares for families traveling together. The husband might pay full fare, but his wife would pay there quarters fare and the children would pay only half fare. Other airline offer special lower fares on days when travel is not as many as usual—on Saturday, for example, when fewer businessmen are traveling.

　　Another question involving fares are given in various manuals issued by IATA. Many of the airlines also prepare special manuals for their agents, which contain fares and routing in digest form. The agent will have the manuals available to work out the fare. He has responsibility to his employer to make the sale; but he also has a responsibility to the customer to offer him the lowest possible fare.

　　Airlines usually have ticket offices in downtown locations in the cities where passengers' trips may originate. Pan American Airways, for example serves New York and has ticket offices there; it does not serve Denver, but it maintains a sales office there for the convenience of passengers who are traveling out of that city. The customers who use the downtown offices usually make reservations or pick up ticket some time in advance of their flights; therefore the atmosphere in a city sales office is usually relatively relaxed and leisurely.

　　There are also airlines ticket offices at the airports. The agents often sell tickets for flight on the same day, so the agents may be under more pressure than they would be in the city sales office. Nevertheless, selling a ticket is a financial transaction, and the agent must be sure that he is not being hurried into making an error.

　　Because of the importance of face-to-face sales, ticket agents receive careful training from their airlines before they actually start working at the ticket counter. They also sales and ticketing procedure as a crucial part of their operation.

　　As a means of selling unsold inventory, and thereby avoiding seat spoilage, overbooking plays an important role in revenue management. Most carriers estimate the number of sales cancellations and "no-shows"—customers who book a flight but do not show up at departure for boarding —and overbook the flight by that number, selling more tickets than the department than the seats available. Robert Cross has estimated that overbooking generates as much as 40% of revenue management benefit at some airlines, and that without overbooking, the cost of seat spoilage for the world's airlines would be $3 billion annually.

While overbooking reduces the amount of unsold inventory (spoilage), it increases inconvenience of denied access for customers holding confirmed reservations but denied boarding on those occasions when the airline has overestimated the number of "no-shows". DOT regulations require minimal economic compensation for passengers denied boarding, though usually carriers can skirt even these modest requirements by offering free travel coupons to volunteer passengers willing to de-board the aircraft. When a sufficient number of volunteers step forward, no passengers are inconvenienced.

As is the case with discount fare buckets, overbooking limits also need to be carefully adjusted upward or downward in the period preceding the flight8. Overbooking allows carriers to improve load factors marginally, and hold seats open for high-yield last-minute bookings. Southwest Airlines typically has the largest number of overbooked passengers.

(四) Frequent Flyer Programs

By studying the data, in the early 1980s, American Airlines discovered that 40% of its business was coming from 5% of its customers. Every incremental frequent flyer was 10 times more valuable than an occasional flyer. The fundamental question was, and is, how does an airline build brand loyalty, luring repeat travelers to its product offering. The answer is frequent flyer program. Fifteen years after their introduction, American Airlines had 28 million members in its Advantage program.

Like consumers collected "Green Stamps" given out at the grocery stores in the 1950s, in which accumulation of books of stamps was rewarded with a toaster or other small appliance, now the addicted traveler seeks more and more miles, redeemable for free or discounted travel, hotel, car rentals, and other services, Research reveals that consumers want to be recognized and rewarded for the loyalty they express with repeat business.

Business travelers travel a lot throughout theU. S. for their business. Some airlines serve all 50 states, not because each is profitable, but because they can hold themselves out as satiating the ubiquitous geographic needs of business travelers.

Airlines offer to fill their business needs, while luring them with rewards of free travel to exotic destinations, or if they prefer, upgrades to first or business class, and/or discounts on hotels and automobile rentals. Actually, they encourage businessmen to purchase higher priced goods with company money, for the whole purpose of frequent flyer programs is to inspire business people to purchase a brand product even (perhaps especially) if it costs more than an alternative product.

In another context, such conduct might be considered a cousin to embezzlement. Suppose, for example, a distributor of copying paper offered to sell a company's purchasing manager paper at a price 25% higher than his competitors, but promised him two free first class airline tickets to Hawaii if he bought its paper all year long. Wouldn't the business executive be defrauding his company if he purchased the higher priced paper?

Yet that is precisely the type of inducement that airlines offer business travelers addicted to their frequent flyer programs. Once addicted, many business travelers select (and bill their companies for) the higher priced flight on the airline satiating their desire for free travel. Indeed, 75% of travel agents report that their business customers chose to fly a particular airline more than half the time because of their membership in a frequent flyer program.

Though initially a promotional device designed to stimulate sales by building consumer loyalty for an airline's product line, frequent flyer programs have become an independent revenue source of airlines. American airlines earned approximately $300 million in revenue from sales of frequent flyer mileage in 1995, while United earned $240 million, with a wide variety of companies purchasing them to give to their customers or employees. United Airlines created a Mileage Plus Reward Miles program, offering 60,000- mile books of 500-,1,000- or 5,000-mile coupons to retailers to distribute to their best customers and employees. Today, individuals can earn frequent flyer miles by engaging in activities as diverse as frequenting certain restaurants or purchasing shirts, flowers, mattresses, etc. from select vendors. American introduced its own dining card, which offers triple miles for meals eaten at selected restaurants. United upped the ante by offering ten miles per dollar for purchases at selected restaurants with registered credit cards.

While stimulating traffic in the short term, the long-term costs and liability exposure of such programs is significant. By the late 1980s, after a binger of offering travelers double and triple mileage, Wall Street analysts estimated that if all the accumulated miles were redeemed at once, an entire year's revenue could be wiped out. American Airlines' frequent flyer liability was $380 million in 1944. The number of non-revenue passengers has been growing steadily, and by the mid-1990s, comprised 6% of all traffic. The cost of administering the programs is also significant.

Carriers have responded in two ways. First, using inventory management, they have severely constricted the availability of seats for frequent flyer mileage redemption. (For example, try to find a coach seat to Hawaii during December on frequent flyer miles). Second, they have unilaterally changed the award rules, generally increasing the number of miles needed for free travel. For example, United Airlines announced restrictions on use of "saver award", requiring they be booked 14 days in advance and used only for trips involving a Saturday-night stay-over. Third, airlines have placed expiration dates (typically three years) on accumulated but unredeemed miles. Delta, recognized that wiping out the miles of infrequent flyers dissuaded them from booking an occasional Delta flight (building up their miles on a rival carrier), and altered the expiration rules so that a passenger's accumulated mileage could be kept alive by one round-trip flight every three years.

Retroactively imposed redemption restrictions generated some measure of consumer dissatisfaction. What good are all these miles if you can't find a flight to one's destination? Airlines were deriving significant revenue from mileage sales, but were not open-ing up seats at the rate of accumulation. In 1993, 11 million certificates for free travel were issued by the airline. Nonetheless, between 1911 and 1996, the number of unused miles grew by 30%. The number of frequent flyer club members jumped from 28 million in 1994 to 38 million in 1996; during the same period, the number of seats set aside by airlines for frequent flyer redemptions grew from about 4% of capacity, to 7%.

Frequent flyer programs also have been important in generating international traffic. Eighty percent of American Airlines' Latin American passengers are residents of Latin America, where frequent flyer mileage attracts a lot of business travelers.

Frequent flyer data is also important to airlines seeking to identify their best customers for promotions and perks. For example, United Airlines periodically sends its regular travelers First Class upgrades, or gives them priority in the forward portion of the coach cabin, while leaving unsold seats in the middle so that these passengers can "spread out." Early boarding, separate check-in, free upgrades and bonus mileage are some of the perquisites airlines afford their best customers.

Unfortunately, the curse of frequent flyer mileage for people who travel often is that at some point, more travel becomes unattractive. While a man lost in the desert may treasure a single drop of water, a man drowning in a lake may not. Charles Kuralt observed:"I have accumulated many free miles in the airlines' frequent flyer programs. But there is a catch. To use those miles, I have to take another trip on an airline."

三、民航电话服务阅读材料

(一) Telephone Reservations

John Smith is going to travel by air from New York to Detroit. He is planning to go on from Detroit to Chicago and then return directly to New York. There are three ways he can make the arrangements for the trip: 1) by going to a travel agency; 2) by going in person to an airline ticket office; or 3) by telephone an airline reservations office. The last would probably be the easiest way for Mr. Smith to make the arrangements for such a short trip.

Thousands of agents handle telephone calls for the airlines. They are usually called reservations agents since the principal job is to make or confirm reservations for passengers who telephone the airline. They may also give information on weather, food service, and so on.

When a passenger calls an airline for a reservation, the agent should find out:
1. Who is traveling?
2. Where the passenger wants to go.
3. What time and what day the passenger wants to go and return.
4. What class of service the passenger wants.

The passenger may also have other special needs. He may, for example, want the airline to make hotel reservations or special arrangements for ground transportation. He may also need the special passenger services that the provided for infants or physically handicapped passengers. If he is an international passenger he must be informed about the documents that he will need for his journey.

The passenger will probably first ask for a flight to a particular destination. All airlines use a standard code for all destinations. This code consists of three letters which identify a particular city—SFO. For example, for San Francisco, or CCS for Caracas, Venezuela. In cities where there is more than one airport, the code will indicate the particular airport. At New York, for example, JFK indicates Kennedy International Air—airport. At New York, for example, JFK indicates Kennedy International Airport LGA indicates La Guardia Airport.

The passenger will probably then asks for a flight at a particular time and day. For a heavily traveled route, like Mr. Smith's trip fromNew York to Detroit, there will be a choice of several flight every day. The reservations agent will have to determine what time and what day are most desirable for the passenger. He will also have to find out whether the passenger wants continuing space—Mr. Smith wants to go on to Chicago, and return space—Mr. Smith wants to come back from Chicago to New York.

The reservations agent will also find out whether the passenger is traveling alone—"a party of one" in airlines' usage, or with other people—"a party of two", "a party of there", and so on. He should also get the name of the passenger (or passengers).

In addition he must find out which class of service the passenger desires, that is, first class or economy. The code for first class is the letter F; for economy it is the letter Y.

When the agent has this information, he can go to reservations control to check whether or not the space is available. Reservations control may be a computerized system such as those used by the large airlines; or it might be just a sheet of paper—a passenger manifest list—with the names of passengers holding reservations for a local airline. If space is not available on the flight that the passenger desires, it is advisable that the agent be able to suggest analternate flight. If, for instance there is no space on the nine o'clock flight, there may be space on the eight o'clock flight.

All flights, incidentally, have number codes. The nine o'clock flight might be number 359, and the eight o flight might be number 259. The odd-numbered flights are westbound or southbound, and even-numbered flights are eastbound or northbound. Airline personnel refer to "flight two-five-nine", with the two-four indicating the day of the month.

Another airline practice that the reservations agent must become accustomed to is the 24-hour clock, which is used by all the international airlines. Instead of dividing time into two twelve-hour parts, each day is given as a full twenty-four-hour day. Thus 1:00 p.m. would be given as 1300(thirteen hundred). Times are always written with four digits when using the 24-hour clock.

Incidentally, airline timetable gives all arrival and departure times in local time.

Most of the large airlines, especially those that use computers for their reservations, can immediately confirm reservations not for only space going but also for space retuning. If, however, the passenger is making part of his trip on another airline, the agent may be able to confirm the space; sometimes he can only request it. The code for a confirmed reservation is OK; RQ is used for a reservation that has been requested but not confirmed.

Let's return to Mr. Smith. He can travel fromNew York to Detroit on the airline that he called; he can also return from Chicago to New York on the same airline. The leg of his flight from Detroit to Chicago, however, must be made on another airline. This is called an offline reservation. The reservations agent must see that offline space is requested if it is included in the passenger's itinerary.

It is also necessary to inform the passenger about the status of space that has been requested. If it cannot be confirmed, it is necessary, of course, to suggest an alternate flight. For this and other reasons, reservations agents always try to get a telephone number from the passenger where he can be reached.

When the reservations agent has confirmed space for the passenger, he must also establish a time limit for the passenger to pick up his ticket. If theticket is not purchased before the time expires, the reservation is automatically canceled. If the reservation is made far enough in advance, the airline can mail the ticket to the customer and charge it to his credit card. In this case, the agent must get the passenger's credit card number. Otherwise; the airlines prefer to have the ticket picked up as far in advance as possible. A twenty-four-hour time limit is the maximum that most of the airlines are will to accept.

The airlines insist on a time limit because of the large number of no-shows. A no-show is a passenger who has made reservation for a flight and then fails to appear and take his seat at departure time. Some members of the traveling public made reservations on several flights and choose the one that they will actually use at the last minute without canceling their reservations. The airlines feel that if the ticket is in the passenger's hand, he is more likely to show up for the flight.

The reservations agent is an important person in the airlines sales setup. His voice on the telephone is often the only human contact the passenger has with airlines before flight. Incidentally, though we use him to refer to the reservations agent, many reservations agents are women.

Because of the key role that reservations agents play with the traveling public, the airlines offer careful training before a new agent handles his first telephone call. He will be thoroughly drilled in the systems of codes, in its schedule and fare structure, its general policies, and any other information he may need. The airline will also provide him with the reference manuals that include offline schedules, fares, international travel regulations, freight service that he must use, and so on. At large stations, there will be a considerable amount of specialization, at small stations, however, the agent must have at his fingertips all the information the passengers may require.

(二) Telephone Calls for Information

The principal job of a reservations agent is to make a sale —that is, to confirm space on his own airline that is close as possible to the passenger's needs and desires. However, the airlines receive a large number of calls that do not result in sales. These calls forgeneral information must be handled with the same efficiency and courtesy as calls that end with confirmed reservations. Again, we must stress the fact that many passengers consider the voice on the other end of the phone as the voice of airline itself.

Among the most common calls are requests for action and information of the following subjects:

1. Cancellations. Many passengers will call to cancel space because of changes in their plans. There calls are encouraged by the airlines so that they can resell the space. Airlines measure the profit and loss on their flights by the load factor, which is the percentage of seats that are paid for on each flight. Too many no-shows—passengers who have not canceled reservations but do not show up—mean that not enough seats are filled on some flights. An agent should ask a passenger who is canceling space whether he wants to make a reservation on some other flight.

2. Fares. Airlines fares can be very complicated. The reservations agent will, of course, be familiar with the fares on his own airlines. In addition, there are manuals from which he can work out fares. For a complicated case, it is sometimes necessary to take the caller's phone number and call him back.

3. Stopovers. This is really a subdivision of information about fares; that is, the caller will probably want to know if he can make a stopover on his trip without paying a higher fare. Can he, for instance, make a stop at Hong Kong on his way from Bangkok to Tokyo? The agent can find this information in the manual on air fares that he has been given by the airline.

4. Flight Information. This may include requests for information about arrival and departure times, weather conditions, delays, flight cancellations, incoming passenger, and many other items.

5. Confirmations. Passengers may call in to confirm their ongoing or return reservations. This is no longer usually required within the United States, but it is customary—and advisable—on international flights. In addition to checking the passenger can be reached.

6. Baggage. Questions about baggage will include those about weight limits, carry-on baggage, pets, lost baggage, interline arrangements, and so on.

7. Freight. The larger reservations offices will have special agents who handle questions about air freight. At smaller offices, however, the agent may have to be familiar with air freight procedures and regulations. His airline will provide him with a manual that contains all the necessary information.

8. Immigration and Customs. The agent who is working with international passengers must give necessary information about immigration regulation regulations, such as passport, visa, and health requirements. In addition, he will receive many phone calls requesting information about customs regulations: How many rolls of film can I take into Nepal? How many cigarettes can I take into Morocco? He will also receive calls for information about currency and exchange regulations and rates: How many Turkish liras can I have with me when I enter Turkey? What is the rate of exchange between the American dollar and the Brazilian crozier? The airline will provide the agent with a manual that will give him the information he must have to answer these questions.

9. Ground Services. The most common question probably concerns transportation to and from the airport. Other questions may include requests for special services—wheelchairs, for example.

10. Other Travel Arrangements. Agents for airline, particularly international airlines, will often receive requests for other types of travel arrangements, such as hotel reservations or car rental services. These requests are usually handled by special agents, and the passenger should be kept informed of the status of these requests.

11. In-flight Services. Passengers frequently want to know about meal or beverage services on various flights. Sometimes the difference in meal services may affect the sale. Other passengers will want to know about special arrangements for infants or pets or

bulky objects which are too fragile to be carried as regular baggage (musical instruments, for example).

12. Connections. There may be calls concerning connections and connecting times. Most passengers, for obvious reasons, prefer a non-stop flight rather than one that requires a connection. If there is a connection, however, the agent must know the time required to make the second flight, especially if it is an interline connection—one between two airlines—or if two airports are involved, as they often are in New York.

13. Complaints. Probably the most unpleasant kind of call that an agent has to handle is from a passenger with a complaint against the airline. If possible, the agent should try to correct the problem, but if there is nothing he can do about it, he must simply listen and try to soothe the passenger. Complaints usually cover failures in service—overbookings, lost or damaged baggage, delays, missed connections, and so on.

As we have already indicated, a reservations agent in a small office will have to handle all kinds of situations. He must really know all the airline procedures from A to Z and be prepared for any kind of call. Most of the larger offices, however, will have a setup where certain agents handle specialized jobs.

Some offices will have special agents who handle nothing but requests for off-line space. They call other airlines to make the reservations that have been requested; then they call the passenger to tell him whether or not the space has been confirmed. If it is not confirmed, the off-line agents must be able to suggest alternate flights.

Most large reservations offices also have special clerks who handle nothing but calls from travel agencies. The agencies play an important part in airline sales since they make arrangements for a large number of travelers. Many people traveling for pleasure prefer to go to travel agencies, where they often feel they can get more personal service than they can from an airline. Many corporations also use travel agencies to make arrangements for trips for their personnel. The services of a travel agency usually do not cost a passenger anything extra; the agencies receive a small percentage of the price of the tickets that they sell.

Other agents may handle the waiting list. Many passengers will ask to be put on a waiting list for a flight that is already fully booked. If there are cancellations on the flight, the passenger on the waiting list will get preference for the space that has become available. The agents who take care of the list will inform the passenger if he can get the space. They will also take care of any alternate space that he may be holding.

In many reservations offices, the passenger lists for flights that are going out within the current twenty-our-hour period are often separated from the ones for future flights. They are assigned to special agents who handle all the calls about these particular flights. The volume of space about de parting flights is usually greater than for future flights.

Reservations agents may also have to handle outgoing phone calls other than those which we have already mentioned, confirming requested reservations, for example, or confirming space to a passenger on the waiting list. Some of these calls may be less pleasant to handle than those we have talked about.

In spite of the advances that has been made both in navigational aids and in airplanes themselves, weather can still close down an airport from time to time, thereby causing cancellation of flights or considerable delays. The reservations agent will then be pressed into the disagreeable chore of calling passengers to inform them of the situation and helping them secure other reservations on later flights.

The agent may also have to call passengers who have been overbooked. As we have said, an overbooked passenger is not apt to be happy, so the agent may have to exert a great deal of tact in persuading him to choose another flight.

The reservations agent deals with traveling public during his entire working day. A few passengers may be unpleasant, but on the whole, airline customers are agreeable and cooperative. Being a reservations agent is particularly rewarding for the kind of person who enjoys working with other people and helping them to solve their problem.

四、民航行业概况阅读材料

(一) Airline Services

The airline of the world offer many varieties of services using many different kinds of aircraft, Transcontinental and transoceanic flights are made in giant jet planes, some of which can carry several hundred passengers on each flights. Smaller jets are commonly used on the shorter, more heavily traveled routes between major centers of population—Paris-London, for example, or New York-Chicago. In contrast to the jets are propeller airplanes, as they are now generally called, which are slower and smaller than the jets. Many different kinds of propeller planes fly on short routes into small airports that cannot handle the big planes. The DC-3 (or the Dakota, as the British call it), one of the first successful commercial airplanes, is still used parts of the world.

There are several ways in which airline service can be divided into categories. One distinction is between major population centers. New York to San Juan, Puerto Rico is an example of a trunk route. Feeder lines, which are sometimes called local lines, connect smaller cities and towns with each other or with the major centers and the major airports. A passenger traveling from Binghamton, New York to Mayaguez, Puerto Rico would probably take a flight on a feeder airline from Binghamton to New York City. There he would change to a major airline, which would take him on to San Juan. At San Juan he would transfer to another feeder airline to travel on to Mayaguez.

In the last few years, there has been a rapid developmemt of feeder airlines in theUnited States and in many other countries. Some smaller cities have no other means of public passenger transportation. In countries where there is a large frontier, such as Canada or Brazil, air service may provide access to some areas even before they are reached by roads. Similarly, in countries with rugged terrain, such as Colombia, airplanes can provide more effective transportation between regions than highways or railroads.

Airline passenger service can also be divided into scheduled and non-scheduled flights. A scheduled flight leaves at the same time on the same day to the same destination. The schedule for the flight is published by the airline in its timetable. The passenger can make a reservation in advance for a scheduled flight with the reasonable expectation that the flight will leave at a certain time and go to a certain place regardless of the number of passengers who have tickets for the flight. Many scheduled flights often carry only a small number of passengers.

A non-scheduled flight, on the other hand, depends on the availability of passengers and aircraft. It is more or less the air version of taxi or rent-a-car service. It takes passengers where they want to go at a time that is convenient for them, as long as a plane is available. Non-scheduled flights may carry only a few passengers in a small plane, or they may carry hundreds of people on a jumbo jet. These latter flights are often called charters. Charters are especially popular with groups on vacation since they usually cost much less than scheduled flights on the same routes.

Scheduled airlines often provide non-scheduled services—particularly charter flights—during the tourist season. Occasionally, they also provide extra sections of scheduled flights at times when travel over a particular route is especially heavy—during a holiday weekend, for example. An extra section of course depends on the availability of aircraft.

On the flight itself, there is usually a distinction between first class and economy, which was formerly known as tourist class. The first class passenger has more space and receives more in-flight service. In most modern jets, the seating plan in first class is usually two seats on each side of the aisle; in economy there are usually three seats side by side. The first class seats are usually farther apart so that the passenger has more room for his legs. To the passenger, the chief difference between first class and economy may well be the cost—first-class fares are much higher than economy fares.

Many airlines offer one-service flights, especially on short, heavily traveled routes. On a few routes, notably New York-Washington, New York-Boston, and Los Angeles-San Francisco, there are shuttle flights. The passenger does not have to make a reservation in advance, and he pays for his ticket either at the departure gate or on the flight itself.

A final distinction is between passenger and freight(or cargo) service. In the early days of the airlines, freight was usually carried in the baggage compartment of the plane. In some cases, freight was even carried in the passenger compartment. In this event, the reclining seats were taken out; the passengers sat in "bucket seats" along the sides of the plane; and the freight was strapped down in the middle of the compartment. Nowadays, small shipments may still be carried in the baggage compartment, but there are also special planes that provide both scheduled and non-scheduled air freight service. Some of these planes are converted from passenger aircraft; others are specially designed to carry freight. With these special planes, freight in bulk can be moved by air, though the cost is usually considerably higher than surface shipment.

The airline industry is still very young. The first scheduled service across theAtlantic, for instance, began in 1939. Today the airlines carry millions of passengers every year on both local and long-distance flights. In some areas of the world, air service is the only effective means of public transportation. The airlines are still growing rapidly and at the same time occupying an increasing important place in the economy of many nations. They employ thousands of people to handle the passengers and freight that they carry.

Many of these people work in various technical jobs where have little or no direct contact with the public—in aircraft maintenance or air traffic control, for example. Thousands of others, however, come into daily contact with the traveling public. They include reservations and ticket agents, ground service personnel, stewardesses and other flight personnel, and many others.

(二) Advantages of Air Transport

Air freight has many advantages over other modes of transport. It is generally most practical for goods which have a high unit value, i.e. a high ratio of price to weight. Commodities of low value, such as ordinary furniture, newsprint, cotton, rice, potato, washing machine, rubber shoes, ect., cannot afford to bear the air freight rates; but precious art goods, fur garments, high-class instruments, computers, cameras, watches, etc., can bear the high cost of transportation without any dampening effect on their marketability. Merchants are more inclined to have their goods of these kinds shipped by air.

Above all, quick delivery is the most obvious advantage of air freight service, which means a saving of time spent on transit. For instance, if silk piece goods are shipped fromTianjin to Hamburg or Paris, it may take 2 to 3 months to reach the port of destination. Now if they are transported by air, the length of time may be reduced to a period of 3 or 4 days. To tie up a large amount of capital, say US $ 100,000, for 3 months at 1% interest per month would cost US $ 3,000. For high-priced commodities, the time value which a shipper is able to gain usually outweighs the high cost of air transport. For this reason, many exporters prefer air freight, especially when they may not be able to afford having their capital tied up for three months while a ship completes her voyage.

Furthermore, exporters can benefit from quick delivery in that they can achieve quick turnover and maintain a relatively small inventory of raw materials or finishedproducts, particularly in the export market. The advantage is even more conspicuous where the market is demanding and the commodities are highly competitive. There are instances where the buyers on overseas markets require immediate delivery and those who promise fast delivery are in a better position to win the orders in competition.

Air transportation proves to be almost indispensable to perishable goods, which are liable to deteriorate or become useless if the voyage takes a longer time, say more than a week. During the winter of 1974 and the spring of 1975, a consignment of small eels was exported fromFujian to Japan by sea route; the death rate was as high as 50%.

Someafterwards, the exporter made a change in the mode of transport and switched to air transport. It proved to be a more desirable method of transportation as the death rate of the eels declined to 5% or less in spite of the fact that the eels were trans-shipped at Hong Kong where the temperature is usually around 32℃.

Another striking example is that exporting lichee from South China toSingapore by sea was a losing business because the fruit, though stored in refrigeration installations, mostly became rotten or turned dark when it arrived at the port of destination; but if shipped by air, lichee remains fresh and thus can find a ready market. Crabs exported from Shanghai, mango from Kunming, grapes and melons from Xinjiang are known to people living in Hong Kong, who willingly pay a price much higher than that obtainable on the home market.

For goods of high unit value, shippers usually pay extra charges to the shipping line at the ad valorem rate on f. o. b. value, in addition to the freight charge, which is higher than that on a weightbasis; while shipping by air, no extra charge at the ad valorem rate is collected by airline, unless there is declared value of the cargo and valuation charge is paid for it, in order to protect against possible loss or damage. The latter is not a freight charge.

In ocean transport, freight is charged on a weight ton or a measurement ton, whichever is greater, the ratio being 40 cubic feet against I metric ton. In air transport bulky commodities, i. e. low-density cargoes are also charged by cubic measurement, but the ratio is 6,000 cubic cm against 1kg. Obviously airlines allow a lot more cubic space for one measurement ton than shipping lines. In view of this difference, to ship quite a few kinds of bulky cargo by air will, in certain cases, be more economical than by sea. Fresh flowers are a typical example of perishable goods which must be shipped by air, otherwise they are liable to deteriorate and become rubbish. Airlines charge less freight for flowers than they would otherwise be charged if the same ratio(40 cuft for 1 mt) used by shipping lines were adopted in air freight. All this contributes to the development of the flower export trade between countries which are thousands of miles apart.

The insurance company charges the shipper a lower premium for the same kind of coverage if goods are shipped by air rather than by sea on account of gentler handing of airfreight, smoother ride, less jostling in transit and hence less probability of damage to the cargo. Air cargo is relatively well taken care of as compared with the rough handling which often occurs at the docks and terminals, and is less susceptible to theft and pilferage. When the insurance premium is taken into consideration, the cost of air freight is not as high as it appears to be. This advantage is conspicuous especially when goods of high unit value are consigned.

Air transport is all the more preferable to the other modes of transport under the following circumstances:

1. When a certain consignment of goods must be rushed and arrive at destination before the expiration date of the import license;

2. When some seasonal goods must be put on the market before holidays; or

3. When some commodities are exported for publicity purposes, such as newspapers and magazines, and any delay would make them valueless.

Last but not the least, air transport has a vast network of airlines, which can reach remote places in the interior across high mountains, which are hardly accessible by rail or road transport, to say nothing of sea transport. Desirable as it is, air transport has its limitatios. There are a number of commodities which are unsuited to carriage by air, including bulky commodities of low value, rawmaterials, etc., where the high cost of air freight outweighs the other advantages. Besides, owing to technical reasons, hazardous cargoes and commodities of awkward sizes are out of the question. Government regulations forbid the transportation of hazardous goods by air.

It is essential for a dispatch clerk or a manager in charge of foreign trade transportation to strike a balance between the advantages and disadvantages of air transport so as to get the most economical results.

五、民航货运概况阅读材料

（一）Air freight

The movement of freight by air is more complicated than the movement of passengers by air. For one thing, of course. freight cannot speak for itself, or walk from plane to plane when making a connection, or take care of its own travel documents. Every piece of freight has to be carefully labeled and transported from place to place—not just from airport to airport but also form point of origin to point of destination—door to door, to use a common expresion. In addition, there are more govement regulations. and usually more complicated ones, for international shipment of freight than for passengers.

Because of there complications, a large proportion of air freight shipments are handled by freight forwarding agencies, which fill a function similar to that performed by travel agencies for passengers. In other words, they take care of making all the necessary arrangements so that the customer is not bother with many of the details. Many shipments are also made by companies or government offices that do so much shipping that they are experienced in all the procedures. Many of these companies and offices employ species shipping clerks.

Only a relatively small number of shipments originate with the general public or with companies that do not make a regular practice of shipping by air. Many shipments from the general public consist of personal effects—personal belongings of the shipper, which are usually shipped because the customer has been transferred to a new job or is making an extended stay in a different area.

Like the reservations agent, the air freight agent does most of his work by telephone. Let's suppose that a shipping clerk calls in from a company that sends a large number of shipments by air freight. The air freight agent assigns an air waybill number to the shipment. Then he arranges for the pickup of the shipment from the customer. He can also book the shipment on whatever flights are necessary. When the shipment is received by the airline, each piece is marked with the air waybill number for identification.

Air freight is carried either in the baggage compartment of regular passenger flights or by freight on planes that have been especially designed or adapted for carrying cargo. The freight flights usually operate between major shipping points. In the United States, for example, a freighter might be routed from New York to San Francisco by way of Chicago. From larger stations that are not served by direct freight flights, the freight office probably has an allotment of space on passager flights that connect with a freight flight—from Washington to New York, for example. At smaller stations, freight would probably go out on a space available basis on passenger flights. Making room for freight, incidentally, is another reason for weight limitations on passenger baggage.

The charges on air freight are determined either by weight or weight plus volume—that is, by the size of the pieces in the shipment. Generally, a certain number of cubic inches is considered the equivalent of a pound weight. On international shipments, the shipper is at present allowed 194 cubic inches for each pound. If he exceeds the volume allowance, he pays a hight rate, As with passenger fates, however, there are special rates for certain kinds of goods.

With passengers, the fare for the flight is almost always paid in advance. Even when a passenger uses a credit cared, his fare is legally prepaid since the credit card company is assuming the reponsibility for payment. With freight, however, the airline can also accept payment on delivery, which is probably customary with large, frequent shippers. A member of the general public who was shipping personal effects would probably be asked to prepay. In regard to international shipments, however, some countries do not permit any shipments except those that have been prepaid, no matter who the shipper is.

With a member of the public, the agent is probably unanle to assign an air waybill number, ascertain the charges, or book the shipment on specific flights until the shipment has been received by the airline, when it is weighed and checked to see if it is adequately packed. When a company is making a first-time shipment, particulary if it an international shipment, the airline agent might recommend a freight forwarding agency that would be prepared to help the shipper with all the problems of documentation, insurance, and so on.

In addition to the freight forwarding agencies, the shipping business has also given rise to another occupation, the customs broker, the costoms broker, The customs broker gives assistance to international shippers both in getting the necessary documentation for outgoing shipments and in getting incoming shipments through customs fortilities. Inalmost all countries, incoming freight must go through customs, just like an arriving international passenger, before it can be released to the consignee—the person or company receiving the shipment. Freight usually must be opened and inspected in the presence of the consignee or someone who represents him. This is one of the jobs that a customs broker can perform.

During this discussion, we have mentioned the air waybill several times. It is the most important document in the shipping of air freight. It might well be described as the ticket on which the freight travels. As we have already indicated, the common practice on most airlines is to mark each piece of freight in the shipment with the air waybill number.

The air waybill is a complicated document, much more complicated than a passenger ticket. There are usually as many as twelve copies of each air waybill. Copies go to the shipper, the consignee, and each airline on which the freight travels. The air waybill shows the value of the shipment, the charges, the insurance, the flights on which the freight is being shipped, and a great deal of other information. Naturally, the airline for which a prospective freight agent goes to work will give him intensive training in filling out the air waybill as well as in all other aspects of the job.

In addition to air freight agents, many airline also have air freight sales representatives—outside sales personnel—whose duties are similar to those who work in the charter area. Besides developing new business, the sales representatives may also deal regularly with special customers—probably shippers who frequently use air freight service.

We have given only a very brief summary of the duties of an air freight agent. As we have said, the entire business of shipping freight is a complicated one. In addition to the routine of arranging for pickup and delivery, booking the shipments on flights, and filling out air waybills, the freight agent is also involved in such problems as tracing lost or strayed shipments, and dealing with claims on damaged shipments. He must also be acquainted with the special services that his airline offers, such as containerized service, in which the airline provides the shipper with special containers. The prospective freight agent will receive even more intensive training from his airline than the reservations and ticket agents. He must offer the customers the best and speediest service that is available.

Air freight, like chartering, will probably make up a larger share of the total airline business in the future. The airlines generally make a larger profit carrying freight than they do carrying passengers, a fact which guarantees the growth of air freight services.

(二) Air Cargo Services and Facilities

The organization and operation of air cargo services is now a highly specialized business. Except in remote areas, the days of throwing a mailbag or two in the back of the cabin or baggage compartmentare are long past. Due to the increase in the size and range of aircraft and the standardization of containers, air cargo carries worldwide has expanded from a negligible total load in the 1950s to around 18 million ton miles in the 1970s. Although the price per ton mile of carrying goods by air is higher than that for any other form of transport, users of air cargo services value the rebiability, frequency, security and particulary the speed of delivery offered by the air carrier. A fast delivery may permit a valuable piece of equipment to commence production earlier, reducing the length of time capital is tied up in stock in transit, and the perishable goods industries dealing in food and flowers depend on it.

Air cargo services are especially valuable in areas where surface transportation is difficult, such as the frozen lands of northern Canada and Russia and mountains are as of South America. This means of transport is also used in torrid areas, such as Africa and the Middle East, where heat causes spoilage of perishabale goods unless they are transported speedily or in refrigerated vehicles.

Airmail service, including parcels, is available at relatively low cost throughout the world. Regular airmail and air parcel post are considered priority mail. Nonpriority mail is first-class postal matter carried by air on a space-available basis.

Airport cargo terminals are similar to post-office sorting offices. They are automated with a minimum of human supervision and organized to process freight by computer. These facilities are capable of sorting materials that require special treatment; They provide cages for animals, lead-lined rooms for radioactive chemicals, and vaults for valuables. The bulk of airfreight shipments includes engineering goods, chemical and pharmaceutical products, textiles, paper products, livestock, and commercial samples of all kinds.

Full automation in the huge cargo center operated by Lufthansa at Frankfurt Airport means that over 4,500 items can be handled per hour by only 24 men. Goods and mail in a steady stream pass through import and export sections, each overseen by a separate Customs department. The processes along the way: receiving, routing, stacking while awaiting shipment, recalling and dispatching for loading, are controlled with minimum human supervision by electronics. Computer keep automatic track of every packet that enters the terminal complex. The London Airport Cargo Electronic Data processing scheme monitors the 500,000 or more tons of cargo handled annually at Heathrow, so that shippers and consignees alike can plan well ahead. Air cargo terminals provide special facilities for the storage of many different types of cargo, including cages for animals and surveillance vaults for valuables. Vast amounts of valuable cargo such as jewels, travelers' cheques, precious metals, bullion, cigarettes and alcoholic drinks passthrough air cargo terminals in small parcels, an easy target for pilferate. Radioactive chemicals are kept in lead-lined inner rooms; fragile cargo is stored on separate racks; and food and perishable goods in cold or refrigerated stores. Dangerous goods such as explosives, corrosives, flammable and toxic materials are carried regularly but are subject to rigorous controls.

In contrast with passengers, who utilize far more space than is economic for their weight, freight containers require little more space than their own volume. Specially shaped to the contours of modern aircraft, they can be handled quickly, reducing pilferage and insurance rates and easing customs clearance. They can be packed with all kinds of cargo, which is generally dispatched in small consignments.

Cargo consignments are assembled on large pallets—metal sheets ten feet by seven feet sometimes covered by security "igloos". The whole assembly is bound by stout netting to prevent internal movement in transit. Bulky consignments are loaded in large containers. Mechanized rollers carry the containers from the make-up floor into the aircraft via a truck with a mechanized roller platform.

The airliner will carry as much cargo as the passenger and fuel load will allow. A narrow-bodied Boeing 707 can carry up to 40 tons of freight; the wide-bodied 747 has more space in its lower holds than the entire 707 and can take 16 tons of cargo plus a full passenger load.

The interchangeable passenger/freight aircraft, sometimes called a "combi", is designed so that whose blocks of seats mounted on pallets, plus galleys, can be removed, and roller-equipped freight floors fitted in less than an hour. This flexibility makes such an aircraft an attractive proposition. While any make of aircraft can be make into a combi, the 747 has been the prevailing type used. Today, however, the A-340 Airbus and the Boeing 757 are being manufactured in combi configuration. Wide-bodied aircraft are costly to buy, but relatively cheap to operate, and a properly intergrated fleet of these and the older all-freight aircraft can be profitable.

Scheduled services are frequently underbooked, and cargo provided the profits. Provided that adequate terminal facilities for rapid unloading, clearance and dispatch can be provided at airports in developing countries, ther will be no holding the air cargo business.

Appendix : Develoment of Air Cargo Industry

Prior to World War, the air cargo industry was virtually limited to the transportation of air mail and emergency supplies.

During the period from 1939 to 1945, a tremedous development took place in aircraft design and use in response to military requirements.

The progress made in aircraft design and conversion of military transport aircraft to civilian purposes led to the growing use and demand for this mode of transportion.

As a result, airlines, after the end of the war, improved their fleets, enlarged their networks and were soon able to provide fast, reliable and economical services to all majob commercial areas.

The techological evolution of ALL CARGO AIRCRAFT is best illustrated by comparing theload capacities for the past 30years.

Between 1970 and 1979, aircraft rose from 2.506 to 4.189 million tons(+67%).

In the eighties, the figures climbed from 4.393 to 8.635 million tons (+97%).

From 1990 to 1998, airfreight boomed again, a rise from 8.647 to 15.87 million tons (+84%).

Over a 30-year period international freight traffic increased its transported volume by 533%.

The lastest IATA Freight Forecast, published in October 1999, concludes that growth in international aircraft traffic will average 5.5% during 1999 – 2003.

The air cargo industry now represents a vital part of the international transportation system, essential to world trade, especially with the introduction of wide body and freight (all cargo) aircraft.

Quite naturally, the evolution of the airfreight forwarding industry followed the expansion of air cargo industry.

OCEAN FREIGHT COMPANIES, looking far into the future, started to perform AIR CARGO as a minor function within their organizations, and now, air cargo agencies have become either independent firms devoted mainly to forwarding cargo by air, or important departments of multimodal enterprises.

Air cargo agencies, as we know them now, have become intermediaries between shippers/consignees and airlines, performing a wide and varied range of services, acting as IA-

TA cargo agents as well as consolidators.

Since the lata Forties, the IATA airlines have encouraged the creation of air cargo agencies by setting minimun requirements for professional background in staff, equipment and capital investment. Approved by IATA, they are called registered IATA cargo agents.

There are now about 4,775 small, medium and large companies accredited as IATA cargo agents worldwide (including the USA), providing an important link between world commerce and the air cargo industry.

学习单元十
民航安全知识

学习目标

（1）掌握航空安全的概念及特征。
（2）掌握航空安全的分类。
（3）全面了解航空安全管理知识。
（4）了解生产安全及应急体系知识。

三个目标

学习内容

（1）航空安全的概念及特征。
（2）航空安全的分类。
（3）航空安全管理知识。
（4）生产安全及应急体系知识。

民航运输
生产指标

第一节　航空安全知识

一、航空安全的定义及特征

什么是安全？安全是指不受威胁，没有危险、危害、损失。人类的整体与生存环境资源的和谐相处，互相不伤害，不存在危险的危害的隐患。这是免除了不可接受的损害风险的状态。安全是在人类生产过程中，将系统的运行状态对人类生命、财产、环境可能产生的损害控制在人类能接受水平以下的状态。安全是"相对"而非"绝对"概念，因人而异、因时代而异、因角度而异，各方对安全的需求和理解迥异。

什么是航空安全？国际民用航空组织对航空安全的定义是："航空安全是一种状态，即通过持续的危险识别和风险管理过程，将人员伤害或财产损失的风险降至并保持在可接受的水平或其以下"。

根据航空安全的定义，综合航空运输工作的实际情况，业内归纳出航空安全的三大特征，具体如下：

257

（1）航空安全是相对的，不是绝对的。民航运输是一个极其复杂的系统性工程，航空安全涉及到包括人、机、天气、管理、风俗等在内的诸多因素，航空飞行器的运行风险从某种程度上看是明显高于其他运输方式的。在飞行过程中，要确保众多系统和零部件的绝对安全，坦白来讲，以现阶段的人类技术水平是无法实现的，航空安全是确保相对安全。

（2）航空安全是可控的。为了最大限度地确保人身和财产安全，要尽最大努力确保航空安全。通过人的主观努力，科学分析、掌握规律、严加管理，增强航空运输从业者的风险防控能力，认真借鉴各种成功经验，汲取事故和事故征候的教训，航空安全是可以实现的。

（3）在航空事故与人的评价方面，要科学、客观、公正。没有发生航空事故不等于没有问题，同样发生航空事故也不能对已做的工作全盘否定，更不能"以事故定功过"。

二、航空安全的分类

根据国际民用航空组织通常的做法，航空安全具体包括飞行安全、空防安全、客舱安全、航空地面安全、航空危险品运输、搜寻和救援共六种类型。

新航安全演示微电影

（一）飞行安全

飞行安全是指航空器在运行中处于一种无危险的状态，通俗而言就是航空器在运行过程中，不出现人员伤亡和航空器损坏的事件。飞行安全因国家和地区的差异而不同，对于航空器飞行安全的运行范围标准也是千差万别。主要包括：

（1）航空器从跑道上滑跑准备起飞开始起，到航空器在跑道上降落减速滑跑时结束，不出现航空器上的人员伤亡和航空器损坏事件。

（2）航空器为了执行飞行任务取下轮挡从停机坪上滑行开始时起，到航空器在停机坪上放置轮挡停止时止的时间内，不出现航空器上的人员伤亡和航空器损坏事件。

（3）航空器为了执行飞行任务从航空器开始启动发动机时起，到航空器结束飞行任务关闭发动机时止的时间内，不出现航空器上的人员伤亡和航空器损坏事件。

（4）航空器为了执行飞行任务从旅客和机组登上航空器时起，到旅客和机组走下航空器时止的时间内，不出现航空器上的人员伤亡和航空器损坏事件。

飞行安全是航空安全中最为重要的一环，是衡量一个国家的民航事业和一个航空公司的经营管理状态的关键指标。诚然，也有诸多因素制约着飞行安全水平的提高，例如：航空器的设计制造和维修难免存在缺陷；航空器的飞行环境因素包括人为因素和自然因素，如机场、航路、天气、地形、通讯、导航等，复杂多变，极易引起飞行员操作失误。

虽然飞行安全状态的界定不同，但全球普遍将定期飞行的亿客公里死亡率、亿飞行公司事故率、100万飞行小时事故率作为指标，借此侧面反映一个国家、一个航空公司的飞行安全水平,尤其以第三个指标最为常用。

(二) 空防安全

空防安全是指为了有效预防和制止人为的非法干扰民用航空的犯罪与行为,保证民用航空活动安全、正常、高效运行所进行的计划、组织、指挥、协调、控制,以及所采取的法律规范和技术手段的总和。目前,根据大量的现实案例总结,危及空防安全的主要对象是人。国际民用航空组织的数据表明,人为非法干扰航空器的犯罪分子类型及占比为:精神病患者居第一位,占52%;政治目的诉求者居第二位,占19%;刑事犯罪者居第三位,占15%;其他原因占14%。

有效预防和制止人为干扰飞行安全是空防安全工作的主要内容。预防是指通过采用有效的手段和措施,将可能发生的危及空防安全的事件消除在发生之前,这是空防工作的重点。具体工作任务包括:对乘机人员和货物进行细致的安全检查,以防止将危及飞机和人员安全的危险品带上飞机;对航空器和飞行设施进行安全保卫,预防无关人员接触;对乘机人员的行为进行规范,制定一系列法律、法规。通过以上任务的具体完成有效堵塞漏洞、消除隐患,力争将空防工作变被动为主动,保证空防安全。制止是指在危及空防安全的事件发生时,及时采取措施,以确保飞机和人员生命财产安全,维护航空器内良好秩序和纪律,平息事态;打击在空中实施劫持航空器、机上乘客或工作人员,要求改变航线的行为;或利用劫持的航空器及机上人质来要挟政府,达到劫持者非法目的的行为;甚至将航空器作为攻击性武器,攻击地面目标的行为。

(三) 客舱安全

客舱安全是指航空器内或航空器周围的乘客和机组人员,在航空器停于停机坪时,登机与下机阶段,航空器在飞行阶段提供一个安全环境的领域。客舱安全直接影响飞行安全,没有客舱安全,飞行安全根本无法保障。从人为因素的角度思考,航空器客舱无疑是人员数量最多的地方,出现人为危及飞行安全的可能性也最大。

客舱安全具体包括:客舱及其紧急出口的安全、客舱配置及设备的安全和人的安全。客舱安全的主要内容包括:客舱设计和开发、仪器设备、撤离程序、人员训练、人为因素、乘客管理等。

(四) 航空地面安全

航空地面安全是指航空活动地面的持续安全状态以及维护安全的措施和相关机构。航空地面安全涉及范围相对较广,包括:飞行区安全、飞行活动区道路交通管理、机场安全保卫、地面安全保障、地面勤务与紧急救援。

(五) 航空危险品运输

危险品是指对健康、安全、财产或环境构成危险,并在技术细则的危险品清单中列明的物品或物质。危险品分为爆炸品、压缩气体和液化气体、易燃液体和易燃固体、自燃物品和易燃物品、氧化剂和有机过氧化物、有毒品和感染性物品、放射性物品、腐蚀品及其他杂项。

航空危险品运输是指符合航空运输特殊条件要求并满足危险物品安全性质标准

的特种运输。航空器在飞行过程中发生事故的难以预料性和出现事故时的不可挽救性以及高空飞行过程中温度、湿度、压力或者振动发生的巨大变化,要求危险物品在正常航空运输条件下不能发生任何泄漏、燃烧等事故,不能有任何影响飞机正常飞行和损害乘客、机组人员身体健康的事故发生,危险品只有经过符合标准的鉴定和包装,满足航空运输飞行特殊条件的要求下方能运输。

（六）搜寻和救援

搜寻是指通常由救援协调中心或救援分中心利用现有人员和设施,确定遇险人员位置的工作。救援是指找回遇险人员,为其提供初步的医疗或其他需要,并将其送往安全地点的工作。

根据《国际民用航空公约》规定,搜寻和救援具体包括:搜寻与救援航空器、搜寻与救援服务、搜寻与救援设施。再具体到我国,根据《中华人民共和国搜寻救援民用航空器规定》,将民用航空器搜救分为陆上搜救和海上搜救。国家处置飞行事故指挥部负责统一指导全国范围的搜救民用航空器工作。民用航空地区管理机场负责拟订陆上使用航空器搜救民用航空器的方案,协调当地政府和有关部门搜救民用航空器的工作。

三、航空安全管理

航空安全管理是指航空管理者对航空安全生产进行一系列的计划、组织、指挥、协调和控制等活动,以保护从业人员在生产过程中的安全与健康,保护国家和集体的财产不受损失,促进航空企事业单位改善管理、提高效益,保障航空事业的顺利发展。综合各种国际经验,航空安全管理活动具体包括:安全生产工作方针和政策的制定、安全规划、安全运行规章制定和实施、安全管理机构的设置、安全管理人员的选取和培训、安全监督和检查、安全教育、安全审计、安全评价等,这些活动有机结合,贯穿整个航空运行流程,保障航空生产安全有序进行。

国际民用航空组织根据现代民航发展的状况和特点,明确提出现代航空安全管理的四大责任,具体是:贯彻最新的民航安全规章,制定关于安全的政策和程序,安全管理活动的资源分配,采纳行业最优的管理方法。再具体到国际民用航空组织对现代航空安全管理的主要内容要求,至少应该涵盖以下 11 个方面:

（1）高层管理者的安全管理承诺;

（2）培养积极的安全文化;

（3）定期并根据正式的程序回顾安全改进的情况;

（4）通过系统持续监控,收集、分析并分享日常操作中出现的与安全相关信息;

（5）通过公司和相关方进行积极的安全信息交流,共享安全经验和良好的管理经验;

（6）针对不同人员的安全培训;

（7）基于风险管理的结果配置资源;

（8）建立易于接近的安全信息收集系统；

（9）建立安全管理的管理要求，并有计划地进行审核；

（10）建立内部调查和采取纠正措施的系统，并明确调查的目的是识别系统的安全缺陷，而不是追究责任；

（11）成立专家小组，持续评估安全管理的有效性。

第二节　生产安全知识

改革开放至今已经30多年，我国基本实现了工业化进程，已经发展成为仅次于美国的世界第二大经济体。随着经济体量的增大，生产安全问题日益凸显，经济快速发展同安全生产基础软硬件薄弱的矛盾不断加深，我国已经步入安全生产事故的"易发期"。毋庸置疑，事故灾难是突发公共事件的重要方面，安全生产应急管理是安全生产工作的重要组成部分。要全面做好安全生产应急管理工作，提高事故防范和应急处置能力，尽可能避免和减少事故造成的伤亡和损失。

全民动员，加强应急管理工作是维护国家安全、社会稳定和民众利益的重要前提和保障，是履行政府社会管理和公共服务职能的重要内容。生产安全是一项提供工程，生产经营单位的组织体系、管理模式、风险大小以及生产规范不同，为保障生产安全的应急预案体系构成也千差万别。生产单位安全生产事故应急预案管理是国家安全生产应急管理体系的重要组成部分。制定生产单位安全生产事故应急预案是贯彻和落实"安全第一、预防为主、综合治理"安全生产方针的重要工作内容。规范生产单位应急管理工作，提高应对风险和防范事故的能力，保证职工安全健康和群众生命安全，最大限度减少安全生产事故造成的财产损失、环境损害和社会影响。

根据《中华人民共和国安全生产法》的规定，参照《国家安全生产事故灾难应急预案》和《国务院关于全面加强应急管理工作的意见》的精神，为确保生产安全基本建立起一整套完善的安全生产管理体系，具体包括：

（1）健全完善安全生产调度和信息工作体系，规范事故信息的收集、报送和处理，严格执行值班值守制度，提高应急能力和事故处置效率。

（2）健全完善应急预案，组织开展培训和演练，增强系统性和针对性，落实预案责任和防范措施。

（3）加强国家、省（直辖市、自治区）、市三级应急管理和救援指挥机构建设。

（4）按照"分类管理、分级负责、条块结合、属地为主"的原则，加快救援队伍建设，重点建设46个国家级救援基地（其中矿山26个、危险化学品20个）。

（5）配合有关主管部门进一步加强消防、海上搜救及铁路、民航、核工业等救援基地和救护队伍建设。

（6）加强与各部门、各地区应急管理机构的联系，建立"统一指挥、反应灵敏、协调有序、运转高效"的工作机制，提高应急救援能力和效果。

同时，为了将安全生产抓紧抓实，要求生产单位结合本单位的实际情况，从公司、企业到车间、岗位分别制定相应的应急预案，力争形成体系、相互连通。应急处置方案是应急预案体系的基础，应做到事故类型和危害程度清晰，应急管理工作职责明确，应对措施正确有效，应急响应及时迅速，应急资源准备充分。

自我检测

(1) 请说出航空安全的定义。
(2) 简要描述航空安全的三大特征。
(3) 简要描述空防安全的定义及其重要性。
(4) 请说出国际民用航空组织对现代航空安全管理的主要内容要求。

学习单元十一
民航相关法律法规知识

学习目标

了解与民航运输业务相关的重要法律法规。

三个目标

学习内容

与民航运输业务相关的重要法律法规知识。

第一节 《中华人民共和国民用航空法》相关知识

《中华人民共和国民用航空法》已由中华人民共和国第八届全国人民代表大会常务委员会第十六次会议于 1995 年 10 月 30 日通过,现予公布,自 1996 年 3 月 1 日起施行。

一、《中华人民共和国民用航空法》目录

第一章　总则
第二章　民用航空器国籍
第三章　民用航空器权利
　第一节　一般规定
　第二节　民用航空器所有权和抵押权
　第三节　民用航空器优先权
　第四节　民用航空器租赁
第四章　民用航空器适航管理
第五章　航空人员
　第一节　一般规定
　第二节　机组
第六章　民用机场
第七章　空中航行

第一节　空域管理
第二节　飞行管理
第三节　飞行保障
第四节　飞行必备文件

第八章　公共航空运输企业

第九章　公共航空运输
第一节　一般规定
第二节　运输凭证
第三节　承运人的责任
第四节　实际承运人履行航空运输的特别规定

第十章　通用航空

第十一章　搜寻援救和事故调查

第十二章　对地面第三人损害的赔偿责任

第十三章　对外国民用航空器的特别规定

第十四章　涉外关系的法律适用

第十五章　法律责任

第十六章　附则

二、民航运输领域相关章节

（一）第一章　总则

第一条　为了维护国家的领空主权和民用航空权利,保障民用航空活动安全和有秩序地进行,保护民用航空活动当事人各方的合法权益,促进民用航空事业的发展,制定本法。

第二条　中华人民共和国的领陆和领水之上的空域为中华人民共和国领空。中华人民共和国对领空享有完全的、排他的主权。

第三条　国务院民用航空主管部门对全国民用航空活动实施统一监督管理;根据法律和国务院的决定,在本部门的权限内,发布有关民用航空活动的规定、决定。

国务院民用航空主管部门设立的地区民用航空管理机构依照国务院民用航空主管部门的授权,监督管理各该地区的民用航空活动。

第四条　国家扶持民用航空事业的发展,鼓励和支持发展民用航空的科学研究和教育事业,提高民用航空科学技术水平。

国家扶持民用航空器制造业的发展,为民用航空活动提供安全、先进、经济、适用的民用航空器。

（二）第六章　民用机场

第五十三条　本法所称民用机场,是指专供民用航空器起飞、降落、滑行、停放以及进行其他活动使用的划定区域,包括附属的建筑物、装置和设施。

本法所称民用机场不包括临时机场。

军民合用机场由国务院、中央军事委员会另行制定管理办法。

第五十四条　民用机场的建设和使用应当统筹安排、合理布局,提高机场的使用效率。

全国民用机场的布局和建设规划,由国务院民用航空主管部门会同国务院其他有关部门制定,并按照国家规定的程序,经批准后组织实施。

省、自治区、直辖市人民政府应当根据全国民用机场的布局和建设规划,制定本行政区域内的民用机场建设规划,并按照国家规定的程序报经批准后,将其纳入本级国民经济和社会发展规划。

第五十五条　民用机场建设规划应当与城市建设规划相协调。

第五十六条　新建、改建和扩建民用机场,应当符合依法制定的民用机场布局和建设规划,符合民用机场标准,并按照国家规定报经有关主管机关批准并实施。

不符合依法制定的民用机场布局和建设规划的民用机场建设项目,不得批准。

第五十七条　新建、扩建民用机场,应当由民用机场所在地县级以上地方人民政府发布公告。

前款规定的公告应当在当地主要报纸上刊登,并在拟新建、扩建机场周围地区张贴。

第五十八条　禁止在依法划定的民用机场范围内和按照国家规定划定的机场净空保护区域内从事下列活动:

(1) 修建可能在空中排放大量烟雾、粉尘、火焰、废气而影响飞行安全的建筑物或者设施;

(2) 修建靶场、强烈爆炸物仓库等影响飞行安全的建筑物或者设施;

(3) 修建不符合机场净空要求的建筑物或者设施;

(4) 设置影响机场目视助航设施使用的灯光、标志或者物体;

(5) 种植影响飞行安全或者影响机场助航设施使用的植物;

(6) 饲养、放飞影响飞行安全的鸟类动物和其他物体;

(7) 修建影响机场电磁环境的建筑物或者设施。

禁止在依法划定的民用机场范围内放养牲畜。

第五十九条　民用机场新建、扩建的公告发布前,在依法划定的民用机场范围内和按照国家规定划定的机场净空保护区域内存在的可能影响飞行安全的建筑物、构筑物、树木、灯光和其他障碍物体,应当在规定的期限内清除;对由此造成的损失,应当给予补偿或者依法采取其他补救措施。

第六十条　民用机场新建、扩建的公告发布后,任何单位和个人违反本法和有关行政法规的规定,在依法划定的民用机场范围内和按照国家规定划定的机场净空保护区域内修建、种植或者设置影响飞行安全的建筑物、构筑物、树木、灯光和其他障碍物体的,由机场所在地县级以上地方人民政府责令清除;由此造成的损失,由修建、种植或者设置该障碍物体的人承担。

第六十一条　在民用机场及其按照国家规定划定的净空保护区域以外,对可能影响飞行安全的高大建筑物或者设施,应当按照国家有关规定设置飞行障碍灯和标志,并使其保持正常状态。

第六十二条　民用机场应当持有机场使用许可证,方可开放使用。

民用机场具备下列条件,并按照国家规定经验收合格后,方可申请机场使用许可证：

(1) 具备与其运营业务相适应的飞行区、航站区、工作区以及服务设施和人员；

(2) 具备能够保障飞行安全的空中交通管制、通信导航、气象等设施和人员；

(3) 具备符合国家规定的安全保卫条件；

(4) 具备处理特殊情况的应急计划以及相应的设施和人员；

(5) 具备国务院民用航空主管部门规定的其他条件。

国际机场还应当具备国际通航条件,设立海关和其他口岸检查机关。

第六十三条　民用机场使用许可证由机场管理机构向国务院民用航空主管部门申请,经国务院民用航空主管部门审查批准后颁发。

第六十四条　设立国际机场,由国务院民用航空主管部门报请国务院审查批准。

国际机场的开放使用,由国务院民用航空主管部门对外公告;国际机场资料由国务院民用航空主管部门统一对外提供。

第六十五条　民用机场应当按照国务院民用航空主管部门的规定,采取措施,保证机场内人员和财产的安全。

第六十六条　供运输旅客或者货物的民用航空器使用的民用机场,应当按照国务院民用航空主管部门规定的标准,设置必要设施,为旅客和货物托运人、收货人提供良好服务。

第六十七条　民用机场管理机构应当依照环境保护法律、行政法规的规定,做好机场环境保护工作。

第六十八条　民用航空器使用民用机场及其助航设施的,应当缴纳使用费、服务费;使用费、服务费的收费标准,由国务院民用航空主管部门会同国务院财政部门、物价主管部门制定。

第六十九条　民用机场废弃或者改作他用,民用机场管理机构应当依照国家规定办理报批手续。

(三) 第八章　公共航空运输企业

第九十一条　公共航空运输企业,是指以营利为目的,使用民用航空器运送旅客、行李、邮件或者货物的企业法人。

第九十二条　设立公共航空运输企业,应当向国务院民用航空主管部门申请领取经营许可证,并依法办理工商登记;未取得经营许可证的,工商行政管理部门不得办理工商登记。

第九十三条 设立公共航空运输企业,应当具备下列条件:
(1) 有符合国家规定的适应保证飞行安全要求的民用航空器;
(2) 有必需的依法取得执照的航空人员;
(3) 有不少于国务院规定的最低限额的注册资本;
(4) 法律、行政法规规定的其他条件。

第九十四条 公共航空运输企业的组织形式、组织机构适用公司法的规定。

本法施行前设立的公共航空运输企业,其组织形式、组织机构不完全符合公司法规定的,可以继续沿用原有的规定,适用前款规定的日期由国务院规定。

第九十五条 公共航空运输企业应当以保证飞行安全和航班正常,提供良好服务为准则,采取有效措施,提高运输服务质量。

公共航空运输企业应当教育和要求本企业职工严格履行职责,以文明礼貌、热情周到的服务态度,认真做好旅客和货物运输的各项服务工作。

旅客运输航班延误的,应当在机场内及时通告有关情况。

第九十六条 公共航空运输企业申请经营定期航班运输(以下简称航班运输)的航线,暂停、终止经营航线,应当报经国务院民用航空主管部门批准。

公共航空运输企业经营航班运输,应当公布班期时刻。

第九十七条 公共航空运输企业的营业收费项目,由国务院民用航空主管部门确定。

国内航空运输的运价管理办法,由国务院民用航空主管部门会同国务院物价主管部门制定,报国务院批准后执行。

国际航空运输运价的制定按照中华人民共和国政府与外国政府签订的协定、协议的规定执行;没有协定、协议的,参照国际航空运输市场价格制定运价,报国务院民用航空主管部门批准后执行。

第九十八条 公共航空运输企业从事不定期运输,应当经国务院民用航空主管部门批准,并不得影响航班运输的正常经营。

第九十九条 公共航空运输企业应当依照国务院制定的公共航空运输安全保卫规定,制定安全保卫方案,并报国务院民用航空主管部门备案。

第一百条 公共航空运输企业不得运输法律、行政法规规定的禁运物品。

公共航空运输企业未经国务院民用航空主管部门批准,不得运输作战军火、作战物资。

禁止旅客随身携带法律、行政法规规定的禁运物品乘坐民用航空器。

第一百零一条 公共航空运输企业运输危险品,应当遵守国家有关规定。

禁止以非危险品品名托运危险品。

禁止旅客随身携带危险品乘坐民用航空器。除因执行公务并按照国家规定经过批准外,禁止旅客携带枪支、管制刀具乘坐民用航空器。禁止违反国务院民用航空主管部门的规定将危险品作为行李托运。

危险品品名由国务院民用航空主管部门规定并公布。

第一百零二条　公共航空运输企业不得运输拒绝接受安全检查的旅客,不得违反国家规定运输未经安全检查的行李。

公共航空运输企业必须按照国务院民用航空主管部门的规定,对承运的货物进行安全检查或者采取其他保证安全的措施。

第一百零三条　公共航空运输企业从事国际航空运输的民用航空器及其所载人员、行李、货物应当接受边防、海关、检疫等主管部门的检查;但是,检查时应当避免不必要的延误。

第一百零四条　公共航空运输企业应当依照有关法律、行政法规的规定优先运输邮件。

第一百零五条　公共航空运输企业应当投保地面第三人责任险。

（四）第九章　公共航空运输

第一百零六条　本章适用于公共航空运输企业使用民用航空器经营的旅客、行李或者货物的运输,包括公共航空运输企业使用民用航空器办理的免费运输。

本章不适用于使用民用航空器办理的邮件运输。

对多式联运方式的运输,本章规定适用于其中的航空运输部分。

第一百零七条　本法所称国内航空运输,是指根据当事人订立的航空运输合同,运输的出发地点、约定的经停地点和目的地点均在中华人民共和国境内的运输。

本法所称国际航空运输,是指根据当事人订立的航空运输合同,无论运输有无间断或者有无转运,运输的出发地点、目的地点或者约定的经停地点之一不在中华人民共和国境内的运输。

第一百零八条　航空运输合同各方认为几个连续的航空运输承运人办理的运输是一项单一业务活动的,无论其形式是以一个合同订立或者数个合同订立,应当视为一项不可分割的运输。

第一百零九条　承运人运送旅客,应当出具客票。旅客乘坐民用航空器,应当交验有效客票。

第一百一十条　客票应当包括的内容由国务院民用航空主管部门规定,至少应当包括以下内容:

（1）出发地点和目的地点;

（2）出发地点和目的地点均在中华人民共和国境内,而在境外有一个或者数个约定的经停地点的,至少注明一个经停地点;

（3）旅客航程的最终目的地点、出发地点或者约定的经停地点之一不在中华人民共和国境内,依照所适用的国际航空运输公约的规定,应当在客票上声明此项运输适用该公约的,客票上应当载有该项声明。

第一百一十一条　客票是航空旅客运输合同订立和运输合同条件的初步证据。

旅客未能出示客票、客票不符合规定或者客票遗失,不影响运输合同的存在或者有效。

在国内航空运输中,承运人同意旅客不经其出票而乘坐民用航空器的,承运人无权援用本法第一百二十八条有关赔偿责任限制的规定。

在国际航空运输中,承运人同意旅客不经其出票而乘坐民用航空器的,或者客票上未依照本法第一百一十条第3项的规定声明的,承运人无权援用本法第一百二十九条有关赔偿责任限制的规定。

第一百一十二条　承运人载运托运行李时,行李票可以包含在客票之内或者与客票相结合。除本法第一百一十条的规定外,行李票还应当包括下列内容:

(1) 托运行李的件数和重量;

(2) 需要声明托运行李在目的地点交付时的利益的,注明声明金额。

行李票是行李托运和运输合同条件的初步证据。

旅客未能出示行李票、行李票不符合规定或者行李票遗失,不影响运输合同的存在或者有效。

在国内航空运输中,承运人载运托运行李而不出具行李票的,承运人无权援用本法第一百二十八条有关赔偿责任限制的规定。

在国际航空运输中,承运人载运托运行李而不出具行李票的,或者行李票上未依照本法第一百一十条第3项的规定声明的,承运人无权援用本法第一百二十九条有关赔偿责任限制的规定。

第一百一十三条　承运人有权要求托运人填写航空货运单,托运人有权要求承运人接受该航空货运单。托运人未能出示航空货运单、航空货运单不符合规定或者航空货运单遗失,不影响运输合同的存在或者有效。

第一百一十四条　托运人应当填写航空货运单正本一式三份,连同货物交给承运人。

航空货运单第一份注明"交承运人",由托运人签字、盖章;第二份注明"交收货人",由托运人和承运人签字、盖章;第三份由承运人在接受货物后签字、盖章,交给托运人。

承运人根据托运人的请求填写航空货运单的,在没有相反证据的情况下,应当视为代托运人填写。

第一百一十五条　航空货运单应当包括的内容由国务院民用航空主管部门规定,至少应当包括以下内容:

(1) 出发地点和目的地点;

(2) 出发地点和目的地点均在中华人民共和国境内,而在境外有一个或者数个约定的经停地点的,至少注明一个经停地点;

(3) 货物运输的最终目的地点、出发地点或者约定的经停地点之一不在中华人民共和国境内,依照所适用的国际航空运输公约的规定,应当在货运单上声明此项运输适用该公约的,货运单上应当载有该项声明。

第一百一十六条　在国内航空运输中,承运人同意未经填具航空货运单而载运货物的,承运人无权援用本法第一百二十八条有关赔偿责任限制的规定。

在国际航空运输中,承运人同意未经填具航空货运单而载运货物的,或者航空货运单上未依照本法第一百一十五条第3项的规定声明的,承运人无权援用本法第一百二十九条有关赔偿责任限制的规定。

第一百一十七条　托运人应当对航空货运单上所填关于货物的说明和声明的正确性负责。

因航空货运单上所填的说明和声明不符合规定、不正确或者不完全,给承运人或者承运人对之负责的其他人造成损失的,托运人应当承担赔偿责任。

第一百一十八条　航空货运单是航空货物运输合同订立和运输条件以及承运人接受货物的初步证据。

航空货运单上关于货物的重量、尺寸、包装和包装件数的说明具有初步证据的效力。除经过承运人和托运人当面查对并在航空货运单上注明经过查对或者书写关于货物的外表情况的说明外,航空货运单上关于货物的数量、体积和情况的说明不能构成不利于承运人的证据。

第一百一十九条　托运人在履行航空货物运输合同规定的义务的条件下,有权在出发地机场或者目的地机场将货物提回,或者在途中经停时中止运输,或者在目的地点或者途中要求将货物交给非航空货运单上指定的收货人,或者要求将货物运回出发地机场;但是,托运人不得因行使此种权利而使承运人或者其他托运人遭受损失,并应当偿付由此产生的费用。

托运人的指示不能执行的,承运人应当立即通知托运人。

承运人按照托运人的指示处理货物,没有要求托运人出示其所收执的航空货运单,给该航空货运单的合法持有人造成损失的,承运人应当承担责任,但是不妨碍承运人向托运人追偿。

收货人的权利依照本法第一百二十条规定开始时,托运人的权利即告终止;但是,收货人拒绝接受航空货运单或者货物,或者承运人无法同收货人联系的,托运人恢复其对货物的处置权。

第一百二十条　除本法第一百一十九条所列情形外,收货人于货物到达目的地点,并在缴付应付款项和履行航空货运单上所列运输条件后,有权要求承运人移交航空货运单并交付货物。

除另有约定外,承运人应当在货物到达后立即通知收货人。

承运人承认货物已经遗失,或者货物在应当到达之日起七日后仍未到达的,收货人有权向承运人行使航空货物运输合同所赋予的权利。

第一百二十一条　托运人和收货人在履行航空货物运输合同规定的义务的条件下,无论为本人或者他人的利益,可以以本人的名义分别行使本法第一百一十九条和第一百二十条所赋予的权利。

第一百二十二条 本法第一百一十九条、第一百二十条和第一百二十一条的规定,不影响托运人同收货人之间的相互关系,也不影响从托运人或者收货人获得权利的第三人之间的关系。

任何与本法第一百一十九条、第一百二十条和第一百二十一条规定不同的合同条款,应当在航空货运单上载明。

第一百二十三条 托运人应当提供必需的资料和文件,以便在货物交付收货人前完成法律、行政法规规定的有关手续;因没有此种资料、文件,或者此种资料、文件不充足或者不符合规定造成的损失,除由于承运人或者其受雇人、代理人的过错造成的外,托运人应当对承运人承担责任。

除法律、行政法规另有规定外,承运人没有对前款规定的资料或者文件进行检查的义务。

第一百二十四条 因发生在民用航空器上或者在旅客上、下民用航空器过程中的事件,造成旅客人身伤亡的,承运人应当承担责任;但是,旅客的人身伤亡完全是由于旅客本人的健康状况造成的,承运人不承担责任。

第一百二十五条 因发生在民用航空器上或者在旅客上、下民用航空器过程中的事件,造成旅客随身携带物品毁灭、遗失或者损坏的,承运人应当承担责任。因发生在航空运输期间的事件,造成旅客的托运行李毁灭、遗失或者损坏的,承运人应当承担责任。

旅客随身携带物品或者托运行李的毁灭、遗失或者损坏完全是由于行李本身的自然属性、质量或者缺陷造成的,承运人不承担责任。

本章所称行李,包括托运行李和旅客随身携带的物品。

因发生在航空运输期间的事件,造成货物毁灭、遗失或者损坏的,承运人应当承担责任;但是,承运人证明货物的毁灭、遗失或者损坏完全是由于下列原因之一造成的,不承担责任:

(1) 货物本身的自然属性、质量或者缺陷;
(2) 承运人或者其受雇人、代理人以外的人包装货物的,货物包装不良;
(3) 战争或者武装冲突;
(4) 政府有关部门实施的与货物入境、出境或者过境有关的行为。

本条所称航空运输期间,是指在机场内、民用航空器上或者机场外降落的任何地点,托运行李、货物处于承运人掌管之下的全部期间。

航空运输期间,不包括机场外的任何陆路运输、海上运输、内河运输过程;但是,此种陆路运输、海上运输、内河运输是为了履行航空运输合同而装载、交付或者转运,在没有相反证据的情况下,所发生的损失视为在航空运输期间发生的损失。

第一百二十六条 旅客、行李或者货物在航空运输中因延误造成的损失,承运人应当承担责任;但是,承运人证明本人或者其受雇人、代理人为了避免损失的发生,已经采取一切必要措施或者不可能采取此种措施的,不承担责任。

第一百二十七条 在旅客、行李运输中,经承运人证明,损失是由索赔人的过错造成或者促成的,应当根据造成或者促成此种损失的过错的程度,相应免除或者减轻承运人的责任。旅客以外的其他人就旅客死亡或者受伤提出赔偿请求时,经承运人证明,死亡或者受伤是旅客本人的过错造成或者促成的,同样应当根据造成或者促成此种损失的过错的程度,相应免除或者减轻承运人的责任。

在货物运输中,经承运人证明,损失是由索赔人或者代行权利人的过错造成或者促成的,应当根据造成或者促成此种损失的过错的程度,相应免除或者减轻承运人的责任。

第一百二十八条 国内航空运输承运人的赔偿责任限额由国务院民用航空主管部门制定,报国务院批准后公布执行。

旅客或者托运人在交运托运行李或者货物时,特别声明在目的地点交付时的利益,并在必要时支付附加费的,除承运人证明旅客或者托运人声明的金额高于托运行李或者货物在目的地点交付时的实际利益外,承运人应当在声明金额范围内承担责任;本法第一百二十九条的其他规定,除赔偿责任限额外,适用于国内航空运输。

第一百二十九条 国际航空运输承运人的赔偿责任限额按照下列规定执行:

(1) 对每名旅客的赔偿责任限额为 16600 计算单位;但是,旅客可以同承运人书面约定高于本项规定的赔偿责任限额。

(2) 对托运行李或者货物的赔偿责任限额,每千克为 17 计算单位。旅客或者托运人在交运托运行李或者货物时,特别声明在目的地点交付时的利益,并在必要时支付附加费的,除承运人证明旅客或者托运人声明的金额高于托运行李或者货物在目的地点交付时的实际利益外,承运人应当在声明金额范围内承担责任。

托运行李或者货物的一部分或者托运行李、货物中的任何物件毁灭、遗失、损坏或者延误的,用以确定承运人赔偿责任限额的重量,仅为该一包件或者数包件的总重量;但是,因托运行李或者货物的一部分或者托运行李、货物中的任何物件的毁灭、遗失、损坏或者延误,影响同一份行李票或者同一份航空货运单所列其他包件的价值的,确定承运人的赔偿责任限额时,此种包件的总重量也应当考虑在内。

(3) 对每名旅客随身携带的物品的赔偿责任限额为 332 计算单位。

第一百三十条 任何旨在免除本法规定的承运人责任或者降低本法规定的赔偿责任限额的条款,均属无效;但是,此种条款的无效,不影响整个航空运输合同的效力。

第一百三十一条 有关航空运输中发生的损失的诉讼,不论其根据如何,只能依照本法规定的条件和赔偿责任限额提出,但是不妨碍谁有权提起诉讼以及他们各自的权利。

第一百三十二条 经证明,航空运输中的损失是由于承运人或者其受雇人、代理人的故意或者明知可能造成损失而轻率地作为或者不作为造成的,承运人无权援用本法第一百二十八条、第一百二十九条有关赔偿责任限制的规定;证明承运人的受雇人、代理人有此种作为或者不作为的,还应当证明该受雇人、代理人是在受雇、代理范围内行事。

第一百三十三条 就航空运输中的损失向承运人的受雇人、代理人提起诉讼时,该受雇人、代理人证明他是在受雇、代理范围内行事的,有权援用本法第一百二十八条、第一百二十九条有关赔偿责任限制的规定。

在前款规定情形下,承运人及其受雇人、代理人的赔偿总额不得超过法定的赔偿责任限额。

经证明,航空运输中的损失是由于承运人的受雇人、代理人的故意或者明知可能造成损失而轻率地作为或者不作为造成的,不适用本条第一款和第二款的规定。

第一百三十四条 旅客或者收货人收受托运行李或者货物而未提出异议,为托运行李或者货物已经完好交付并与运输凭证相符的初步证据。

托运行李或者货物发生损失的,旅客或者收货人应当在发现损失后向承运人提出异议。托运行李发生损失的,至迟应当自收到托运行李之日起七日内提出;货物发生损失的,至迟应当自收到货物之日起十四日内提出。托运行李或者货物发生延误的,至迟应当自托运行李或者货物交付旅客或者收货人处置之日起二十一日内提出。

任何异议均应当在前款规定的期间内写在运输凭证上或者另以书面提出。

除承运人有欺诈行为外,旅客或者收货人未在本条第二款规定的期间内提出异议的,不能向承运人提出索赔诉讼。

第一百三十五条 航空运输的诉讼时效期间为二年,自民用航空器到达目的地点、应当到达目的地点或者运输终止之日起计算。

第一百三十六条 由几个航空承运人办理的连续运输,接受旅客、行李或者货物的每一个承运人应当受本法规定的约束,并就其根据合同办理的运输区段作为运输合同的订约一方。

对前款规定的连续运输,除合同明文约定第一承运人应当对全程运输承担责任外,旅客或者其继承人只能对发生事故或者延误的运输区段的承运人提起诉讼。

托运行李或者货物的毁灭、遗失、损坏或者延误,旅客或者托运人有权对第一承运人提起诉讼,旅客或者收货人有权对最后承运人提起诉讼,旅客、托运人和收货人均可以对发生毁灭、遗失、损坏或者延误的运输区段的承运人提起诉讼。上述承运人应当对旅客、托运人或者收货人承担连带责任。

第一百三十七条 本节所称缔约承运人,是指以本人名义与旅客或者托运人,或者与旅客或者托运人的代理人,订立本章调整的航空运输合同的人。

本节所称实际承运人,是指根据缔约承运人的授权,履行前款全部或者部分运输的人,不是指本章规定的连续承运人;在没有相反证明时,此种授权被认为是存在的。

第一百三十八条 除本节另有规定外,缔约承运人和实际承运人都应当受本章规定的约束。缔约承运人应当对合同约定的全部运输负责。实际承运人应当对其履行的运输负责。

第一百三十九条　实际承运人的作为和不作为,实际承运人的受雇人、代理人在受雇、代理范围内的作为和不作为,关系到实际承运人履行的运输的,应当视为缔约承运人的作为和不作为。

缔约承运人的作为和不作为,缔约承运人的受雇人、代理人在受雇、代理范围内的作为和不作为,关系到实际承运人履行的运输的,应当视为实际承运人的作为和不作为;但是,实际承运人承担的责任不因此种作为或者不作为而超过法定的赔偿责任限额。

任何有关缔约承运人承担本章未规定的义务或者放弃本章赋予的权利的特别协议,或者任何有关依照本法第一百二十八条、第一百二十九条规定所作的在目的地点交付时利益的特别声明,除经实际承运人同意外,均不得影响实际承运人。

第一百四十条　依照本章规定提出的索赔或者发出的指示,无论是向缔约承运人还是向实际承运人提出或者发出的,具有同等效力;但是,本法第一百一十九条规定的指示,只在向缔约承运人发出时,方有效。

第一百四十一条　实际承运人的受雇人、代理人或者缔约承运人的受雇人、代理人,证明他是在受雇、代理范围内行事的,就实际承运人履行的运输而言,有权援用本法第一百二十八条、第一百二十九条有关赔偿责任限制的规定,但是依照本法规定不得援用赔偿责任限制规定的除外。

第一百四十二条　对于实际承运人履行的运输,实际承运人、缔约承运人以及他们的在受雇、代理范围内行事的受雇人、代理人的赔偿总额不得超过依照本法得以从缔约承运人或者实际承运人获得赔偿的最高数额;但是,其中任何人都不承担超过对他适用的赔偿责任限额。

第一百四十三条　对实际承运人履行的运输提起的诉讼,可以分别对实际承运人或者缔约承运人提起,也可以同时对实际承运人和缔约承运人提起;被提起诉讼的承运人有权要求另一承运人参加应诉。

第一百四十四条　除本法第一百四十三条规定外,本节规定不影响实际承运人和缔约承运人之间的权利、义务。

第二节　《中华人民共和国安全生产法》相关知识

《中华人民共和国安全生产法》于2002年6月29日第九届全国人民代表大会常务委员会第二十八次会议通过,自2002年11月1日起施行。

一、《中华人民共和国安全生产法》目录

第一章　总则
第二章　生产经营单位的安全生产保障
第三章　从业人员的权利和义务

第四章　安全生产的监督管理
第五章　生产安全事故的应急救援与调查处理
第六章　法律责任
第七章　附则

二、民航运输领域相关章节

（一）第一章　总则

第一条　为了加强安全生产监督管理，防止和减少生产安全事故，保障人民群众生命和财产安全，促进经济发展，制定本法。

第二条　在中华人民共和国领域内从事生产经营活动的单位（以下统称生产经营单位）的安全生产，适用本法；有关法律、行政法规对消防安全和道路交通安全、铁路交通安全、水上交通安全、民用航空安全另有规定的，适用其规定。

第三条　安全生产管理，坚持安全第一、预防为主的方针。

第四条　生产经营单位必须遵守本法和其他有关安全生产的法律、法规，加强安全生产管理，建立、健全安全生产责任制度，完善安全生产条件，确保安全生产。

第五条　生产经营单位的主要负责人对本单位的安全生产工作全面负责。

第六条　生产经营单位的从业人员有依法获得安全生产保障的权利，并应当依法履行安全生产方面的义务。

第七条　工会依法组织职工参加本单位安全生产工作的民主管理和民主监督，维护职工在安全生产方面的合法权益。

第八条　国务院和地方各级人民政府应当加强对安全生产工作的领导，支持、督促各有关部门依法履行安全生产监督管理职责。

县级以上人民政府对安全生产监督管理中存在的重大问题应当及时予以协调、解决。

第九条　国务院负责安全生产监督管理的部门依照本法，对全国安全生产工作实施综合监督管理；县级以上地方各级人民政府负责安全生产监督管理的部门依照本法，对本行政区域内安全生产工作实施综合监督管理。

国务院有关部门依照本法和其他有关法律、行政法规的规定，在各自的职责范围内对有关的安全生产工作实施监督管理；县级以上地方各级人民政府有关部门依照本法和其他有关法律、法规的规定，在各自的职责范围内对有关的安全生产工作实施监督管理。

第十条　国务院有关部门应当按照保障安全生产的要求，依法及时制定有关的国家标准或者行业标准，并根据科技进步和经济发展适时修订。

生产经营单位必须执行依法制定的保障安全生产的国家标准或者行业标准。

第十一条　各级人民政府及其有关部门应当采取多种形式，加强对有关安全生产的法律、法规和安全生产知识的宣传，提高职工的安全生产意识。

第十二条　依法设立的为安全生产提供技术服务的中介机构,依照法律、行政法规和执业准则,接受生产经营单位的委托为其安全生产工作提供技术服务。

第十三条　国家实行生产安全事故责任追究制度,依照本法和有关法律、法规的规定,追究生产安全事故责任人员的法律责任。

第十四条　国家鼓励和支持安全生产科学技术研究和安全生产先进技术的推广应用,提高安全生产水平。

第十五条　国家对在改善安全生产条件、防止生产安全事故、参加抢险救护等方面取得显著成绩的单位和个人,给予奖励。

(二) 第三章　从业人员的权利和义务

第四十四条　生产经营单位与从业人员订立的劳动合同,应当载明有关保障从业人员劳动安全、防止职业危害的事项,以及依法为从业人员办理工伤社会保险的事项。

生产经营单位不得以任何形式与从业人员订立协议,免除或者减轻其对从业人员因生产安全事故伤亡依法应承担的责任。

第四十五条　生产经营单位的从业人员有权了解其作业场所和工作岗位存在的危险因素、防范措施及事故应急措施,有权对本单位的安全生产工作提出建议。

第四十六条　从业人员有权对本单位安全生产工作中存在的问题提出批评、检举、控告;有权拒绝违章指挥和强令冒险作业。

生产经营单位不得因从业人员对本单位安全生产工作提出批评、检举、控告或者拒绝违章指挥、强令冒险作业而降低其工资、福利等待遇或者解除与其订立的劳动合同。

第四十七条　从业人员发现直接危及人身安全的紧急情况时,有权停止作业或者在采取可能的应急措施后撤离作业场所。

生产经营单位不得因从业人员在前款紧急情况下停止作业或者采取紧急撤离措施而降低其工资、福利等待遇或者解除与其订立的劳动合同。

第四十八条　因生产安全事故受到损害的从业人员,除依法享有工伤社会保险外,依照有关民事法律尚有获得赔偿的权利的,有权向本单位提出赔偿要求。

第四十九条　从业人员在作业过程中,应当严格遵守本单位的安全生产规章制度和操作规程,服从管理,正确佩戴和使用劳动防护用品。

第五十条　从业人员应当接受安全生产教育和培训,掌握本职工作所需的安全生产知识,提高安全生产技能,增强事故预防和应急处理能力。

第五十一条　从业人员发现事故隐患或者其他不安全因素,应当立即向现场安全生产管理人员或者本单位负责人报告;接到报告的人员应当及时予以处理。

第五十二条　工会有权对建设项目的安全设施与主体工程同时设计、同时施工、同时投入生产和使用进行监督,提出意见。

工会对生产经营单位违反安全生产法律、法规,侵犯从业人员合法权益的行为,有权要求纠正;发现生产经营单位违章指挥、强令冒险作业或者发现事故隐患时,有权提出解决的建议,生产经营单位应当及时研究答复;发现危及从业人员生命安全的情况时,有权向生产经营单位建议组织从业人员撤离危险场所,生产经营单位必须立即作出处理。

工会有权依法参加事故调查,向有关部门提出处理意见,并要求追究有关人员的责任。

第三节 《中华人民共和国消费者权益保护法》相关知识

《中华人民共和国消费者权益保护法》于1993年10月31日第八届全国人民代表大会常务委员会第四次会议通过,自1994年1月1日起施行。

一、《中华人民共和国消费者权益保护法》目录

第一章　总则
第二章　消费者的权利
第三章　经营者的义务
第四章　国家对消费者合法权益的保护
第五章　消费者组织
第六章　争议的解决
第七章　法律责任
第八章　附则

二、民航运输领域相关章节

(一) 第一章　总则

第一条　为保护消费者的合法权益,维护社会经济秩序,促进社会主义市场经济健康发展,制定本法。

第二条　消费者为生活消费需要购买、使用商品或者接受服务,其权益受本法保护;本法未作规定的,受其他有关法律、法规保护。

第三条　经营者为消费者提供其生产、销售的商品或者提供服务,应当遵守本法;本法未作规定的,应当遵守其他有关 法律、法规。

第四条　经营者与消费者进行交易,应当遵循自愿、平等、公平、诚实信用的原则。

第五条　国家保护消费者的合法权益不受侵害。国家采取措施,保障消费者依法行使权利,维护消费者的合法权益。

第六条　保护消费者的合法权益是全社会的共同责任。国家鼓励、支持一切组织和个人对损害消费者合法权益的行为进行社会监督。大众传播媒介应当做好维护

消费者合法权益的宣传,对损害消费者合法权益的行为进行舆论监督。

(二) 第二章　消费者的权利

第七条　消费者在购买、使用商品和接受服务时享有人身、财产安全不受损害的权利。消费者有权要求经营者提供的商品和服务,符合保障人身、财产安全的要求。

第八条　消费者享有知悉其购买、使用的商品或者接受的服务的真实情况的权利。消费者有权根据商品或者服务的不同情况,要求经营者提供商品的价格、产地、生产者、用途、性能、规格、等级、主要成分、生产日期、有效期限、检验合格证明、使用方法说明书、售后服务,或者服务的内容、规格、费用等有关情况。

第九条　消费者享有自主选择商品或者服务的权利。消费者有权自主选择提供商品或者服务的经营者,自主选择商品品种或者服务方式,自主决定购买或者不购买任何一种商品、接受或者不接受任何一项服务。消费者在自主选择商品或者服务时,有权进行比较、鉴别和挑选。

第十条　消费者享有公平交易的权利。消费者在购买商品或者接受服务时,有权获得质量保障、价格合理、计量正确等公平交易条件,有权拒绝经营者的强制交易行为。

第十一条　消费者因购买、使用商品或者接受服务受到人身、财产损害的,享有依法获得赔偿的权利。

第十二条　消费者享有依法成立维护自身合法权益的社会团体的权利。

第十三条　消费者享有获得有关消费和消费者权益保护方面的知识的权利。消费者应当努力掌握所需商品或者服务的知识和使用技能,正确使用商品,提高自我保护意识。

第十四条　消费者在购买、使用商品和接受服务时,享有其人格尊严、民族风俗习惯得到尊重的权利。

第十五条　消费者享有对商品和服务以及保护消费者权利工作进行监督的权利。消费者有权检举、控告侵害消费者权益的行为和国家机关及其工作人员在保护消费者权益工作中的违法失职行为,有权对保护消费者权益工作提出批评、建议。

(三) 第三章　国家对消费者合法权益的保护

第二十六条　国家制定有关消费者权益的法律、法规和政策时,应当听取消费者的意见和要求。

第二十七条　各级人民政府应当加强领导,组织、协调、督促有关行政部门做好保护消费者合法权益的工作。各级人民政府应当加强监督,预防危害消费者人身、财产安全行为的发生,及时制止危害消费者人身、财产安全的行为。

第二十八条　各级人民政府工商行政管理部门和其他有关行政部门应当仿照法律、法规的规定,在各自的职责范围内,采取措施,保护消费者的合法权益。有关行政部门应当听取消费者及其社会团体对经营者交易行为、商品和服务质量问题的意见,及时调查处理。

第二十九条 有关国家机关应当依照法律、法规的规定,惩处经营者在提供商品和服务中侵害消费者合法权益的违法犯罪行为。

第三十条 人民法院应当采取措施,方便消费者提起诉讼。对符合《中华人民共和国民事诉讼法》起诉条件的消费者权益争议,必须受理,及时审理。

（四）第六章 争议的解决

第三十四条 消费者和经营者发生消费者权益争议的,可以通过下列途径解决:
（1）与经营者协商和解;
（2）请求消费者协会调解;
（3）向有关行政部门申诉;
（4）根据与经营者达成的仲裁协议提请仲裁机构仲裁;
（5）向人民法院提起诉讼。

第三十五条 消费者在购买、使用商品时,其合法权益受到损害的,可以向销售者要求赔偿。销售者赔偿后,属于生产者的责任或者属于向销售者提供商品的其他销售者的责任的,销售者有权向生产者或者其他销售者追偿。消费者或者其他受害人因商品缺陷造成人身、财产损害的,可以向销售者要求赔偿,也可以向生产者要求赔偿。属于生产者责任的,销售者赔偿后,有权向生产者追偿。属于销售者责任的,生产者赔偿后,有权向销售者追偿。消费者在接受服务时,其合法权益受到损害的,可以向服务者要求赔偿。

第三十六条 消费者在购买、使用商品或者接受服务时,其合法权益受到损害,因原企业分立、合并的,可以向变更后承受其权利义务的企业要求赔偿。

第三十七条 使用他人营业执照的违法经营者提供商品或者服务,损害消费者合法权益,消费者可以向其要求赔偿,也可以向营业执照的持有人要求赔偿。

第三十八条 消费者在展销会、租赁柜台购买商品或者接受服务,其合法权益受到损害的,可以向销售者或者服务者要求赔偿。展销会结束或者柜台租赁期满后,也可以向展销会的举办者、柜台的出租者要求赔偿。展销会的举办者、柜台的出租者赔偿后,有权向销售者或者服务者追偿。

第三十九条 消费者因经营者利用虚假广告提供商品或者服务,其合法权益受到损害的,可以向经营者要求赔偿。广告的经营者发布虚假广告的,消费者可以请求行政主管部门予以惩处。广告的经营者不能提供经营者的真实名称、地址的,应当承担赔偿责任。

第四节 《中华人民共和国民用航空安全保卫条例》相关知识

《中华人民共和国民用航空安全保卫条例》为了防止对民用航空活动的非法干扰,维护民用航空秩序,保障民用航空安全,制定的条例。于1996年7月6日中华人民共和国国务院令第201号发布并于发布之日起实施。

一、《中华人民共和国民用航空安全保卫条例》目录

第一章　总则
第二章　民用机场的安全保卫
第三章　民用航空营运的安全保卫
第四章　安全检查
第五章　罚则
第六章　附则

二、民航运输领域相关章节

（一）第一章　总则

第一条　为了防止对民用航空活动的非法干扰，维护民用航空秩序，保障民用航空安全，制定本条例。

第二条　本条例适用于在中华人民共和国领域内的一切民用航空活动以及与民用航空活动有关的单位和个人。

在中华人民共和国领域外从事民用航空活动的具有中华人民共和国国籍的民用航空器适用本条例；但是，中华人民共和国缔结或者参加的国际条约另有规定的除外。

第三条　民用航空安全保卫工作实行统一管理、分工负责的原则。

民用航空公安机关（以下简称民航公安机关）负责对民用航空安全保卫工作实施统一管理、检查和监督。

第四条　有关地方人民政府与民用航空单位应当密切配合，共同维护民用航空安全。

第五条　旅客、货物托运人和收货人以及其他进入机场的人员，应当遵守民用航空安全管理的法律、法规和规章。

第六条　民用机场经营人和民用航空器经营人应当履行下列职责：
（1）制定本单位民用航空安全保卫方案，并报国务院民用航空主管部门备案；
（2）严格实行有关民用航空安全保卫的措施；
（3）定期进行民用航空安全保卫训练，及时消除危及民用航空安全的隐患。

与中华人民共和国通航的外国民用航空企业，应当向国务院民用航空主管部门报送民用航空安全保卫方案。

第七条　公民有权向民航公安机关举报预谋劫持、破坏民用航空器或者其他危害民用航空安全的行为。

第八条　对维护民用航空安全做出突出贡献的单位或者个人，由有关人民政府或者国务院民用航空主管部门给予奖励。

（二）第二章　民用机场的安全保卫

第九条　民用机场（包括军民合用机场中的民用部分，下同）的新建、改建或者扩建，应当符合国务院民用航空主管部门关于民用机场安全保卫设施建设的规定。

第十条　民用机场开放使用，应当具备下列安全保卫条件：
（1）设有机场控制区并配备专职警卫人员；
（2）设有符合标准的防护围栏和巡逻通道；
（3）设有安全保卫机构并配备相应的人员和装备；
（4）设有安全检查机构并配备与机场运输量相适应的人员和检查设备；
（5）设有专职消防组织并按照机场消防等级配备人员和设备；
（6）订有应急处置方案并配备必要的应急援救设备。

第十一条　机场控制区应当根据安全保卫的需要，划定为候机隔离区、行李分拣装卸区、航空器活动区和维修区、货物存放区等，并分别设置安全防护设施和明显标志。

第十二条　机场控制区应当有严密的安全保卫措施，实行封闭式分区管理。具体管理办法由国务院民用航空主管部门制定。

第十三条　人员与车辆进入机场控制区，必须佩带机场控制区通行证并接受警卫人员的检查。

机场控制区通行证，由民航公安机关按照国务院民用航空主管部门的有关规定制发和管理。

第十四条　在航空器活动区和维修区内的人员、车辆必须按照规定路线行进，车辆、设备必须在指定位置停放，一切人员、车辆必须避让航空器。

第十五条　停放在机场的民用航空器必须有专人警卫；各有关部门及其工作人员必须严格执行航空器警卫交接制度。

第十六条　机场内禁止下列行为：
（1）攀（钻）越、损毁机场防护围栏及其他安全防护设施；
（2）在机场控制区内狩猎、放牧、晾晒谷物、教练驾驶车辆；
（3）无机场控制区通行证进入机场控制区；
（4）随意穿越航空器跑道、滑行道；
（5）强行登、占航空器；
（6）谎报险情，制造混乱；
（7）扰乱机场秩序的其他行为。

（三）第三章　民用航空营运的安全保卫

第十七条　承运人及其代理人出售客票，必须符合国务院民用航空主管部门的有关规定；对不符合规定的，不得售予客票。

第十八条　承运人办理承运手续时，必须核对乘机人和行李。

第十九条　旅客登机时，承运人必须核对旅客人数。

对已经办理登机手续而未登机的旅客的行李,不得装入或者留在航空器内。旅客在航空器飞行中途中止旅行时,必须将其行李卸下。

第二十条 承运人对承运的行李、货物,在地面存储和运输期间,必须有专人监管。

第二十一条 配制、装载供应品的单位对装入航空器的供应品,必须保证其安全性。

第二十二条 航空器在飞行中的安全保卫工作由机长统一负责。航空安全员在机长领导下,承担安全保卫的具体工作。

机长、航空安全员和机组其他成员,应当严格履行职责,保护民用航空器及其所载人员和财产的安全。

第二十三条 机长在执行职务时,可以行使下列权力:

(1)在航空器起飞前,发现有关方面对航空器未采取本条例规定的安全措施的,拒绝起飞;

(2)在航空器飞行中,对扰乱航空器内秩序,干扰机组人员正常工作而不听劝阻的人,采取必要的管束措施;

(3)在航空器飞行中,对劫持、破坏航空器或者其他危及安全的行为,采取必要的措施;

(4)在航空器飞行中遇到特殊情况时,对航空器的处置作最后决定。

第二十四条 禁止下列扰乱民用航空营运秩序和行为:

(1)倒卖购票证件、客票和航空运输企业的有效订座凭证;

(2)冒用他人身份证件购票、登机;

(3)利用客票交运或者捎带非旅客本人的行李物品;

(4)将未经安全检查或者采取其他安全措施的物品装入航空器。

第二十五条 航空器内禁止下列行为:

(1)在禁烟区吸烟;

(2)抢占座位、行李舱(架);

(3)打架、酗酒、寻衅滋事;

(4)盗窃、故意损坏或者擅自移动救生物品和设备;

(5)危及飞行安全和扰乱航空器内秩序的其他行为。

(四)第四章 安全检查

第二十六条 乘坐民用航空器的旅客和其他人员及其携带的行李物品,必须接受安全检查;但是,国务院规定免检的除外。

拒绝接受安全检查的,不准登机,损失自行承担。

第二十七条 安全检查人员应当查验旅客客票、身份证件和登机牌,使用仪器或者手工对旅客及其行李物品进行安全检查,必要时可以从严检查。已经安全检查的旅客应当在候机隔离区等待登机。

第二十八条　进入候机隔离区的工作人员（包括机组人员）及其携带的物品，应当接受安全检查。接送旅客的人员和其他人员不得进入候机隔离区。

第二十九条　外交邮袋免予安全检查。外交信使及其随身携带的其他物品应当接受安全检查；但是，中华人民共和国缔结或者参加的国际条约另有规定的除外。

第三十条　空运的货物必须经过安全检查或者对其采取的其他安全措施。货物托运人不得伪报品名托运或者在货物中夹带危物品。

第三十一条　航空邮件必须经过安全检查。发现可疑邮件时，安全检查部门应当会同邮政部门开包查验处理。

第三十二条　除国务院另有规定的外，乘坐民用航空器的，禁止随身携带或者交运下列物品：

（1）枪支、弹药、军械、警械；

（2）管制刀具；

（3）易燃、易爆、有毒、腐蚀性、放射性物品；

（4）国家规定的其他禁运物品。

第三十三条　除本条例第三十二条规定的物品外，其他可以用于危害航空安全的物品，旅客不得随身携带，但是可以作为行李交运或者按照国务院民用航空主管部门有关规定由机组人员带到目的地后交还。对含有易燃物质的生活用品实行限量携带。限量携带的物品及其数量，由国务院民用航空主管部门规定。

（五）第五章　罚则

第三十四条　违反本条例第十四条的规定或者有本条例第十六条、第二十四条第一项和第二项、第二十五条所列行为的，由民航公安机关依照《中华人民共和国治安管理处罚法》有关规定予以处罚。

第三十五条　违反本条例的有关规定，由民航公安机关按照下列规定予以处罚：

（1）有本条例第二十四条第四项所列行为的，可处以警告或者3000元以下的罚款；

（2）有本条例第二十四条第三项所列行为的，可以处以警告、没收非法所得或者5000元以下罚款；

（3）违反本条例第三十条第二款、第三十二条的规定，尚未构成犯罪的，可以处以5000元以下罚款、没收或者扣留非法携带的物品；

第三十六条　违反本条例的规定，有下列情形之一的，民用航空主管部门可以对有关单位处以警告、停业整顿或者5万元以下的罚款；民航公安机关可以对直接责任人员处以警告或者500元以下的罚款：

（1）违反本条例第十五条的规定，造成航空器失控的；

（2）违反本条例第十七条的规定，出售客票的；

（3）违反本条例第十八条的规定，承运人办理承运手续时，不核对乘机人和行李的；

(4) 违反本条例第十九条的规定的；

(5) 违反本条例第二十条、第二十一条、第三十条第一项、第三十一条的规定,对收运、装入航空器的物品不采取安全措施的。

第三十七条 违反本条例的有关规定,构成犯罪的,依法追究刑事责任。

第三十八条 违反本条例规定的,除依照本章的规定以处罚外,给单位或者个人造成财产损失的,应当依法承担赔偿责任。

(六) 第六章 附则

第三十九条 本条例下列用语的含义：

"机场控制区",是指根据安全需要在机场内划定的进出受到限制的区域。

"候机隔离区",是指根据安全需要在候机楼(室)内划定的供已经安全检查的出港旅客等待登机的区域及登机通道、摆渡车。

"航空器活动区",是指机场内用于航空器起飞、着陆以及与此有关的地面活动区域,包括跑道、滑行道、联络道、客机坪。

第四十条 本条例自发布之日起施行。

第五节 《民用机场管理条例》相关知识

《民用机场管理条例》于 2009 年 4 月 1 日国务院第 55 次常务会议通过,自 2009 年 7 月 1 日起施行。

一、《民用机场管理条例》目录

第一章 总则
第二章 民用机场的建设和使用
第三章 民用机场安全和运营管理
第四章 民用机场安全环境保护
第五章 法律责任
第六章 附则

二、民航运输领域相关章节

(一) 第一章 总则

第一条 为了规范民用机场的建设与管理,积极、稳步推进民用机场发展,保障民用机场安全和有序运营,维护有关当事人的合法权益,依据《中华人民共和国民用航空法》,制定本条例。

第二条 本条例适用于中华人民共和国境内民用机场的规划、建设、使用、管理及其相关活动。民用机场分为运输机场和通用机场。

第三条 民用机场是公共基础设施。各级人民政府应当采取必要的措施,鼓励、支持民用机场发展,提高民用机场的管理水平。

第四条 国务院民用航空主管部门依法对全国民用机场实施行业监督管理。地区民用航空管理机构依法对辖区内民用机场实施行业监督管理。有关地方人民政府依法对民用机场实施监督管理。

第五条 全国民用机场布局规划应当根据国民经济和社会发展需求以及国防要求编制,并与综合交通发展规划、土地利用总体规划、城乡规划相衔接,严格控制建设用地规模,节约集约用地,保护生态环境。

(二) 第二章 民用机场的建设和使用

第六条 新建运输机场的场址应当符合国务院民用航空主管部门规定的条件。运输机场所在地有关地方人民政府应当将运输机场场址纳入土地利用总体规划和城乡规划统筹安排,并对场址实施保护。

第七条 运输机场的新建、改建和扩建应当依照国家有关规定办理建设项目审批、核准手续。

第八条 运输机场总体规划由运输机场建设项目法人编制,并经国务院民用航空主管部门或者地区民用航空管理机构(以下统称民用航空管理部门)批准后方可实施。

飞行区指标为4E以上(含4E)的运输机场的总体规划,由国务院民用航空主管部门批准;飞行区指标为4D以下(含4D)的运输机场的总体规划,由所在地地区民用航空管理机构批准。民用航空管理部门审批运输机场总体规划,应当征求运输机场所在地有关地方人民政府意见。运输机场建设项目法人编制运输机场总体规划,应当征求有关军事机关意见。

第九条 运输机场所在地有关地方人民政府应当将运输机场总体规划纳入城乡规划,并根据运输机场的运营和发展需要,对运输机场周边地区的土地利用和建设实行规划控制。

第十条 运输机场内的建设项目应当符合运输机场总体规划。任何单位和个人不得在运输机场内擅自新建、改建、扩建建筑物或者构筑物。

第十一条 运输机场新建、改建和扩建项目的安全设施应当与主体工程同时设计、同时施工、同时验收、同时投入使用。安全设施投资应当纳入建设项目概算。

第十二条 运输机场内的供水、供电、供气、通信、道路等基础设施由机场建设项目法人负责建设;运输机场外的供水、供电、供气、通信、道路等基础设施由运输机场所在地地方人民政府统一规划,统筹建设。

第十三条 运输机场专业工程的设计应当符合国家有关标准,并经民用航空管理部门批准。飞行区指标为4E以上(含4E)的运输机场专业工程的设计,由国务院民用航空主管部门批准;飞行区指标为4D以下(含4D)的运输机场专业工程的设计,由运输机场所在地地区民用航空管理机构批准。

运输机场专业工程经民用航空管理部门验收合格后,方可投入使用。

运输机场专业工程目录由国务院民用航空主管部门会同国务院建设主管部门制

定并公布。

第十四条 通用机场的规划、建设按照国家有关规定执行。

第十五条 运输机场的安全和运营管理由依法组建的或者受委托的具有法人资格的机构(以下简称机场管理机构)负责。

第十六条 运输机场投入使用应当具备下列条件：
(1) 有健全的安全运营管理体系、组织机构和管理制度；
(2) 有与其运营业务相适应的飞行区、航站区、工作区以及空中交通服务、航行情报、通信导航监视、气象等相关设施、设备和人员；
(3) 使用空域、飞行程序和运行标准已经批准；
(4) 符合国家规定的民用航空安全保卫条件；
(5) 有处理突发事件的应急预案及相应的设施、设备。

第十七条 运输机场投入使用的，机场管理机构应当向国务院民用航空主管部门提出申请，并附送符合本条例第十六条规定条件的相关材料。国务院民用航空主管部门应当自受理申请之日起45个工作日内审查完毕，作出准予许可或者不予许可的决定。准予许可的，颁发运输机场使用许可证；不予许可的，应当书面通知申请人并说明理由。

第十八条 通用机场投入使用应当具备下列条件：
(1) 有与运营业务相适应的飞行场地；
(2) 有保证飞行安全的空中交通服务、通信导航监视等设施和设备；
(3) 有健全的安全管理制度、符合国家规定的民用航空安全保卫条件以及处理突发事件的应急预案；
(4) 配备必要的管理人员和专业技术人员。

第十九条 通用机场投入使用的，通用机场的管理者应当向通用机场所在地地区民用航空管理机构提出申请，并附送符合本条例第十八条规定条件的相关材料。

地区民用航空管理机构应当自受理申请之日起30个工作日内审查完毕，作出准予许可或者不予许可的决定。准予许可的，颁发通用机场使用许可证；不予许可的，应当书面通知申请人并说明理由。

第二十条 运输机场作为国际机场使用的，应当按照国家有关规定设立口岸查验机构，配备相应的人员、场地和设施，并经国务院有关部门验收合格。

国际机场的开放使用，由国务院民用航空主管部门对外公告；国际机场资料由国务院民用航空主管部门统一对外提供。

第二十一条 机场管理机构应当按照运输机场使用许可证规定的范围开放使用运输机场，不得擅自关闭。

运输机场因故不能保障民用航空器运行安全，需要临时关闭的，机场管理机构应当及时通知有关空中交通管理部门并及时向社会公告。空中交通管理部门应当按照相关规定发布航行通告。

机场管理机构拟关闭运输机场的,应当提前45日报颁发运输机场使用许可证的机关,经批准后方可关闭,并向社会公告。

第二十二条 运输机场的命名或者更名应当符合国家有关法律、行政法规的规定。

第二十三条 运输机场废弃或者改作他用的,机场管理机构应当按照国家有关规定办理报批手续,并及时向社会公告。

(三) 第三章 民用机场安全和运营管理

第二十四条 民用航空管理部门、有关地方人民政府应当加强对运输机场安全运营工作的领导,督促机场管理机构依法履行安全管理职责,协调、解决运输机场安全运营中的问题。

第二十五条 民用航空管理部门、有关地方人民政府应当按照国家规定制定运输机场突发事件的应急预案。

第二十六条 机场管理机构应当根据运输机场突发事件应急预案组织运输机场应急救援的演练和人员培训。

机场管理机构、航空运输企业以及其他驻场单位应当配备必要的应急救援设备和器材,并加强日常管理。

第二十七条 机场管理机构应当依照国家有关法律、法规和技术标准的规定,保证运输机场持续符合安全运营要求。运输机场不符合安全运营要求的,机场管理机构应当按照国家有关规定及时改正。

第二十八条 机场管理机构对运输机场的安全运营实施统一协调管理,负责建立健全机场安全运营责任制,组织制定机场安全运营规章制度,保障机场安全投入的有效实施,督促检查安全运营工作,及时消除安全事故隐患,依法报告生产安全事故。

航空运输企业及其他驻场单位应当按照各自的职责,共同保障运输机场的安全运营并承担相应的责任;发生影响运输机场安全运营情况的,应当立即报告机场管理机构。

第二十九条 机场管理机构、航空运输企业以及其他驻场单位应当定期对从业人员进行必要的安全运营培训,保证从业人员具备相关的知识和技能。

第三十条 民用机场专用设备应当符合国家规定的标准和相关技术规范,并经国务院民用航空主管部门认定的机构检验合格后,方可用于民用机场。

民用航空管理部门应当加强对民用机场专用设备的监督检查。

民用机场专用设备目录由国务院民用航空主管部门制定并公布。

第三十一条 在运输机场开放使用的情况下,不得在飞行区及与飞行区临近的航站区内进行施工。确需施工的,应当取得运输机场所在地地区民用航空管理机构的批准。

第三十二条 发生突发事件,运输机场所在地有关地方人民政府、民用航空管理部门、空中交通管理部门、机场管理机构等单位应当按照应急预案的要求及时、有效地开展应急救援。

第三十三条　机场管理机构统一协调、管理运输机场的生产运营，维护运输机场的正常秩序，为航空运输企业及其他驻场单位、旅客和货主提供公平、公正、便捷的服务。

机场管理机构与航空运输企业及其他驻场单位应当签订书面协议，明确各方在生产运营、机场管理过程中以及发生航班延误等情况时的权利和义务。

第三十四条　机场管理机构应当组织航空运输企业及其他驻场单位制定服务规范并向社会公布。

第三十五条　机场管理机构应当按照国家规定的标准配备候机、餐饮、停车、医疗急救等设施、设备，并提供相应的服务。

第三十六条　机场管理机构应当与航空运输企业、空中交通管理部门等单位建立信息共享机制，相互提供必要的生产运营信息，及时为旅客和货主提供准确的信息。

第三十七条　机场管理机构、航空运输企业以及其他驻场单位应当采取有效措施加强协调和配合，共同保证航班正常运行。

航班发生延误，机场管理机构应当及时协调航空运输企业及其他有关驻场单位共同做好旅客和货主服务，及时通告相关信息。航空运输企业及其代理人应当按照有关规定和服务承诺为旅客和货主提供相应的服务。

第三十八条　机场范围内的零售、餐饮、航空地面服务等经营性业务采取有偿转让经营权的方式经营的，机场管理机构应当按照国务院民用航空主管部门的规定与取得经营权的企业签订协议，明确服务标准、收费水平、安全规范和责任等事项。

对于采取有偿转让经营权的方式经营的业务，机场管理机构及其关联企业不得参与经营。

第三十九条　机场管理机构应当向民用航空管理部门报送运输机场规划、建设和生产运营的有关资料，接受民用航空管理部门的监督检查。

第四十条　民用航空管理部门和机场管理机构应当建立投诉受理制度，公布投诉受理单位和投诉方式。对于旅客和货主的投诉，民用航空管理部门或者机场管理机构应当自受理之日起10个工作日内作出书面答复。

第四十一条　在民用机场内从事航空燃油供应业务的企业，应当具备下列条件：

（1）取得成品油经营许可和危险化学品经营许可；

（2）有符合国家有关标准、与经营业务规模相适应的航空燃油供应设施、设备；

（3）有健全的航空燃油供应安全管理制度、油品检测和监控体系；

（4）有满足业务经营需要的专业技术和管理人员。

第四十二条　申请在民用机场内从事航空燃油供应业务的企业，应当向民用机场所在地地区民用航空管理机构提出申请，并附送符合本条例第四十一条规定条件的相关材料。

地区民用航空管理机构应当自受理申请之日起30个工作日内，作出准予许可或者不予许可的决定。准予许可的,颁发民用机场航空燃油供应安全运营许可证;不予许可的,应当书面通知申请人并说明理由。

第四十三条　航空燃油供应企业供应的航空燃油应当符合航空燃油适航标准。

第四十四条　民用机场航空燃油供应设施应当公平地提供给航空燃油供应企业使用。

第四十五条　运输机场航空燃油供应企业停止运输机场航空燃油供应业务的,应当提前90日告知运输机场所在地地区民用航空管理机构、机场管理机构和相关航空运输企业。

（四）第四章　民用机场安全环境保护

第四十六条　民用机场所在地地区民用航空管理机构和有关地方人民政府,应当按照国家有关规定划定民用机场净空保护区域,并向社会公布。

第四十七条　县级以上地方人民政府审批民用机场净空保护区域内的建设项目,应当书面征求民用机场所在地地区民用航空管理机构的意见。

第四十八条　在民用机场净空保护区域内设置22万伏以上(含22万伏)的高压输电塔的,应当按照国务院民用航空主管部门的有关规定设置障碍灯或者标志,保持其正常状态,并向民用机场所在地地区民用航空管理机构、空中交通管理部门和机场管理机构提供有关资料。

第四十九条　禁止在民用机场净空保护区域内从事下列活动:

（1）排放大量烟雾、粉尘、火焰、废气等影响飞行安全的物质;

（2）修建靶场、强烈爆炸物仓库等影响飞行安全的建筑物或者其他设施;

（3）设置影响民用机场目视助航设施使用或者飞行员视线的灯光、标志或者物体;

（4）种植影响飞行安全或者影响民用机场助航设施使用的植物;

（5）放飞影响飞行安全的鸟类,升放无人驾驶的自由气球、系留气球和其他升空物体;

（6）焚烧产生大量烟雾的农作物秸秆、垃圾等物质,或者燃放烟花、焰火;

（7）在民用机场围界外5米范围内,搭建建筑物、种植树木,或者从事挖掘、堆积物体等影响民用机场运营安全的活动;

（8）国务院民用航空主管部门规定的其他影响民用机场净空保护的行为。

第五十条　在民用机场净空保护区域外从事本条例第四十九条所列活动的,不得影响民用机场净空保护。

第五十一条　禁止在距离航路两侧边界各30公里以内的地带修建对空射击的靶场和其他可能影响飞行安全的设施。

第五十二条　民用航空管理部门和机场管理机构应当加强对民用机场净空状况的核查。发现影响民用机场净空保护的情况,应当立即制止,并书面报告民用机场所在地县级以上地方人民政府。接到报告的县级以上地方人民政府应当及时采取有效措施,消除对飞行安全的影响。

第五十三条　民用机场所在地地方无线电管理机构应当会同地区民用航空管理机构按照国家无线电管理的有关规定和标准确定民用机场电磁环境保护区域,并向社会公布。

民用机场电磁环境保护区域包括设置在民用机场总体规划区域内的民用航空无线电台(站)电磁环境保护区域和民用机场飞行区电磁环境保护区域。

第五十四条　设置、使用地面民用航空无线电台(站),应当经民用航空管理部门审核后,按照国家无线电管理有关规定办理审批手续,领取无线电台执照。

第五十五条　在民用机场电磁环境保护区域内设置、使用非民用航空无线电台(站)的,无线电管理机构应当在征求民用机场所在地地区民用航空管理机构意见后,按照国家无线电管理的有关规定审批。

第五十六条　禁止在民用航空无线电台(站)电磁环境保护区域内,从事下列影响民用机场电磁环境的活动：

(1) 修建架空高压输电线、架空金属线、铁路、公路、电力排灌站；

(2) 存放金属堆积物；

(3) 种植高大植物；

(4) 从事掘土、采砂、采石等改变地形地貌的活动；

(5) 国务院民用航空主管部门规定的其他影响民用机场电磁环境的行为。

第五十七条　任何单位或者个人使用的无线电台(站)和其他仪器、装置,不得对民用航空无线电专用频率的正常使用产生干扰。

第五十八条　民用航空无线电专用频率受到干扰时,机场管理机构和民用航空管理部门应当立即采取排查措施,及时消除；无法消除的,应当通报民用机场所在地地方无线电管理机构。接到通报的无线电管理机构应当采取措施,依法查处。

第五十九条　在民用机场起降的民用航空器应当符合国家有关航空器噪声和涡轮发动机排出物的适航标准。

第六十条　机场管理机构应当会同航空运输企业、空中交通管理部门等有关单位,采取技术手段和管理措施控制民用航空器噪声对运输机场周边地区的影响。

第六十一条　民用机场所在地有关地方人民政府制定民用机场周边地区的土地利用总体规划和城乡规划,应当充分考虑民用航空器噪声对民用机场周边地区的影响,符合国家有关声环境质量标准。

机场管理机构应当将民用航空器噪声对运输机场周边地区产生影响的情况,报告有关地方人民政府国土资源、规划建设、环境保护等主管部门。

第六十二条　民用机场所在地有关地方人民政府应当在民用机场周边地区划定限制建设噪声敏感建筑物的区域并实施控制。确需在该区域内建设噪声敏感建筑物的,建设单位应当采取措施减轻或者避免民用航空器运行时对其产生的噪声影响。

民用机场所在地有关地方人民政府应当会同地区民用航空管理机构协调解决在

民用机场起降的民用航空器噪声影响引发的相关问题。

（五）第五章　法律责任

第六十三条　违反本条例的规定，有下列情形之一的，由民用航空管理部门责令改正，处10万元以上50万元以下的罚款：

（1）在运输机场内进行不符合运输机场总体规划的建设活动；

（2）擅自实施未经批准的运输机场专业工程的设计，或者将未经验收合格的运输机场专业工程投入使用；

（3）在运输机场开放使用的情况下，未经批准在飞行区及与飞行区临近的航站区内进行施工。

第六十四条　违反本条例的规定，机场管理机构未按照运输机场使用许可证规定的范围使用运输机场的，由运输机场所在地地区民用航空管理机构责令改正，处20万元以上100万元以下的罚款。

第六十五条　违反本条例的规定，机场管理机构未经批准擅自关闭运输机场的，由运输机场所在地地区民用航空管理机构责令改正，处10万元以上50万元以下的罚款。

第六十六条　违反本条例的规定，机场管理机构因故不能保障民用航空器飞行安全，临时关闭运输机场，未及时通知有关空中交通管理部门并及时向社会公告，或者经批准关闭运输机场后未及时向社会公告的，由运输机场所在地地区民用航空管理机构责令改正，处2万元以上10万元以下的罚款。

第六十七条　违反本条例的规定，机场管理机构未按照应急预案的要求进行应急救援演练或者未配备必要的应急救援设备和器材的，由地区民用航空管理机构责令改正，处1万元以上5万元以下的罚款。

第六十八条　违反本条例的规定，运输机场投入使用后不符合安全运营要求，机场管理机构拒不改正，或者经改正仍不符合安全运营要求的，由民用航空管理部门作出限制使用的决定；情节严重的，吊销运输机场使用许可证。

第六十九条　机场管理机构未依照本条例的规定履行管理职责，造成运输机场地面事故、民用航空器飞行事故或者严重事故征候的，民用航空管理部门应当责令改正，处20万元以上100万元以下的罚款。

第七十条　违反本条例的规定，机场管理机构在运输机场内使用不符合国家规定标准和相关技术规范的民用机场专用设备的，由运输机场所在地地区民用航空管理机构责令停止使用，处10万元以上50万元以下的罚款。

第七十一条　违反本条例的规定，发生突发事件，机场管理机构、空中交通管理部门等单位未按照应急预案的要求及时、有效开展应急救援的，由地区民用航空管理机构责令改正，处10万元以上50万元以下的罚款。

第七十二条　违反本条例的规定，未取得民用机场航空燃油供应安全运营许可证，在民用机场内从事航空燃油供应业务的，由民用机场所在地地区民用航空管理机构责令改正，处20万元以上100万元以下的罚款；有违法所得的，没收违法所得。

第七十三条 违反本条例的规定,航空燃油供应企业供应的航空燃油不符合航空燃油适航标准的,由民用机场所在地地区民用航空管理机构责令改正,处 20 万元以上 100 万元以下的罚款;情节严重的,吊销民用机场航空燃油供应安全运营许可证。

第七十四条 违反本条例的规定,运输机场航空燃油供应企业停止运输机场航空燃油供应业务,未提前 90 日告知地区民用航空管理机构、机场管理机构和相关航空运输企业的,由运输机场所在地地区民用航空管理机构处 5 万元以上 25 万元以下的罚款。

第七十五条 违反本条例的规定,有下列情形之一的,由地区民用航空管理机构责令改正,处 2 万元以上 10 万元以下的罚款:

(1)机场管理机构不按照国家规定的标准配备候机、餐饮、停车、医疗急救等设施、设备,并提供相应的服务;

(2)航班发生延误时,机场管理机构、航空运输企业以及其他驻场单位不按照有关规定和服务承诺为旅客和货主提供相应的服务。

第七十六条 违反本条例的规定,机场管理机构及其关联企业参与经营采取有偿转让经营权的方式经营业务的,由地区民用航空管理机构责令改正,处 10 万元以上 50 万元以下的罚款;有违法所得的,没收违法所得。

第七十七条 违反本条例的规定,机场管理机构未向民用航空管理部门报送运输机场规划、建设和生产运营的有关资料的,由民用航空管理部门责令改正;拒不改正的,处 1 万元以上 5 万元以下的罚款。

第七十八条 违反本条例的规定,在民用机场净空保护区域内设置 22 万伏以上(含 22 万伏)的高压输电塔,未依照国务院民用航空主管部门的有关规定设置障碍灯或者标志的,由民用机场所在地地区民用航空管理机构责令改正,处 10 万元以上 50 万元以下的罚款。

第七十九条 违反本条例的规定,有下列情形之一的,由民用机场所在地县级以上地方人民政府责令改正;情节严重的,处 2 万元以上 10 万元以下的罚款:

(1)排放大量烟雾、粉尘、火焰、废气等影响飞行安全的物质;

(2)修建靶场、强烈爆炸物仓库等影响飞行安全的建筑物或者其他设施;

(3)设置影响民用机场目视助航设施使用或者飞行员视线的灯光、标志或者物体;

(4)种植影响飞行安全或者影响民用机场助航设施使用的植物;

(5)放飞影响飞行安全的鸟类、升放无人驾驶的自由气球、系留气球和其他升空物体;

(6)焚烧产生大量烟雾的农作物秸秆、垃圾等物质,或者燃放烟花、焰火;

(7)在民用机场围界外 5 米范围内,搭建建筑物、种植树木,或者从事挖掘、堆积物体等影响民用机场运营安全的活动;

(8) 国务院民用航空主管部门规定的其他影响民用机场净空保护的行为。

第八十条 违反本条例的规定,使用的无线电台(站)或者其他仪器、装置,对民用航空无线电专用频率的正常使用产生干扰的,由民用机场所在地无线电管理机构责令改正;情节严重的,处2万元以上10万元以下的罚款。

第八十一条 违反本条例的规定,在民用航空无线电台(站)电磁环境保护区域内从事下列活动的,由民用机场所在地县级以上地方人民政府责令改正;情节严重的,处2万元以上10万元以下的罚款:

(1) 修建架空高压输电线、架空金属线、铁路、公路、电力排灌站;
(2) 存放金属堆积物;
(3) 从事掘土、采砂、采石等改变地形地貌的活动;
(4) 国务院民用航空主管部门规定的其他影响民用机场电磁环境保护的行为。

第八十二条 违反本条例的规定,在民用机场起降的民用航空器不符合国家有关航空器噪声和涡轮发动机排出物的适航标准的,由民用航空管理部门责令相关航空运输企业改正,可以处10万元以下的罚款;拒不改正的,处10万元以上50万元以下的罚款。

第八十三条 国家工作人员违反本条例的规定,有下列情形之一的,由有关部门依法给予处分:

(1) 不依照规定实施行政许可;
(2) 不依法履行监督检查职责;
(3) 不依法实施行政强制措施或者行政处罚;
(4) 滥用职权、玩忽职守的其他行为。

(六) 第六章 附则

第八十四条 本条例所称运输机场是指为从事旅客、货物运输等公共航空运输活动的民用航空器提供起飞、降落等服务的机场。

本条例所称通用机场是指为从事工业、农业、林业、渔业和建筑业的作业飞行,以及医疗卫生、抢险救灾、气象探测、海洋监测、科学实验、教育训练、文化体育等飞行活动的民用航空器提供起飞、降落等服务的机场。

第八十五条 本条例所称飞行区指标为4D的运输机场是指可供基准飞行场地长度大于1800米、翼展在36米至52米之间、主起落架外轮外侧边间距在9米至14米之间的民用航空器起飞、降落的机场。

本条例所称飞行区指标为4E的运输机场是指可供基准飞行场地长度大于1800米、翼展在52米至65米之间、主起落架外轮外侧边间距在9米至14米之间的民用航空器起飞、降落的机场。

第八十六条 军民合用机场民用部分的管理除遵守本条例的有关规定外,还应当遵守国务院、中央军事委员会的有关规定。

学习单元十二
民航运输基础知识综合训练

学习目标

学会用民航运输基础知识解决问题的能力。

学习内容

民航运输基础知识练习题。

三个目标

第一节 民用航空概况综合训练

一、民航客运员国家职业标准概述练习题

1. 人力资源和社会保障部批准于(　　)起实施《民航客运员国家职业技能标准》。
   A 2008年4月19日　　　　　　　　B 2010年4月19日
   C 2008年8月1日　　　　　　　　D 2010年8月1日

2. 下列不属于民航客运员职业功能范畴的是(　　)。
   A 乘机登记　　B 旅客服务　　C 行李服务　　D 航班控制

3. 下列不属于民航客运员职业能力特征的是(　　)。
   A 无身体残疾　　　　　　　　B 无色盲色弱
   C 身高和外貌要求　　　　　　D 事物分析能力

4. 2013年中国民航完成运输总周转量为(　　)亿吨公里。
   A 671.72　　B 571.72　　C 639.19　　D 539.19

5. 下列不属于民航客运员职业守则要求的是(　　)。
   A 保证安全、优质服务　　　　B 安全运营、优质服务
   C 团结友爱、协作配合　　　　D 钻研业务、提高技能

6. 不属于世界三大宗教的是(　　)。
   A 佛教　　B 伊斯兰教　　C 天主教　　D 基督教

7. 下列不属于乘机登记准备工作内容的是( )。
A 能进入离港系统   B 能在离港系统中初始化航班
C 能检查客票的有效性   D 能查看座位利用情况

8. 航班最短停留时间的英文简称是( )。
A TIM   B MCT   C MCO   D ZTS

9. 下列不属于登机服务工作内容的是( )。
A 能识别登机口超大行李   B 能填写登机业务文件
C 能为机组办理出境手续   D 能处理候机楼无人认领物品

10. 下列不属于航班配载工作内容及技能要求的是( )。
A 航班预配数据采集   B 航班监控
C 安全演练   D 航班配载结算

二、民航货运员国家职业标准概述练习题

1. 人力资源和社会保障部批准于( )起实施《民航货运员国家职业技能标准》。
A 2008年4月19日   B 2008年8月1日
C 2010年4月19日   D 2010年8月1日

2. 下列不属于民航货运员职业功能范畴的是( )。
A 货物运输   B 货物运输操作
C 航班控制   D 货物运输管理

3. 下列不属于民航货运员职业能力特征的是( )。
A 无身体残疾   B 手指、手臂灵活
C 具有空间感   D 具有形体知觉

4. 2013年中国民航完成货邮运输周转量为( )亿吨公里。
A 561   B 170.29   C 406.7   D 671.72

5. 下列不属于民航货运员职业守则要求的是( )。
A 保证安全、优质服务   B 安全运营、优质服务
C 爱岗敬业、忠于职守   D 钻研业务、提高技能

6. 不属于货运流程的是( )。
A 货物收运流程   B 货物进港流程
C 货物装卸流程   D 货物出港流程

7. 下列不属于普通货物收运工作内容的是( )。
A 能检查托运人的有效身份证件
B 能检查货物包装是否符合要求
C 能填制国内货运单
D 能计算货物航空运费

8. 下列不属于危险品运输应急处置范畴的是（　　）。
A 能处置危险品包装不符事件　　　B 能处置危险品破损事件
C 能处置危险品着火事件　　　　　D 能处置危险品泄漏事件
9. 下列不属于货物出港工作内容的是（　　）。
A 舱位管理　　　　　　　　　　　B 文件处理
C 货物运输变更处理货物交付
10. 下列不属于货物交付工作内容及技能要求的是（　　）。
A 能发送到达货物通知　　　　　　B 能计算货物保管费
C 能核对并分拣货物　　　　　　　D 能判断并处理无法交付货物

三、民航售票员国家职业标准概述练习题

1. 人力资源和社会保障部批准于（　　）起实施《民航售票员国家职业技能标准》。
A 2009 年 4 月 19 日　　　　　　B 2010 年 4 月 19 日
C 2009 年 8 月 9 日　　　　　　　D 2010 年 8 月 9 日
2. 下列不属于民航售票员职业功能范畴的是（　　）。
A 民航市场销售　　　　　　　　　B 民航座位管理
C 客票售后服务　　　　　　　　　D 民航客票销售
3. 下列不属于民航售票员职业能力特征的是（　　）。
A 身高和外貌要求　　　　　　　　B 市场营销能力
C 较强的语言表达能力　　　　　　D 手指、手臂灵活
4. 2013 年中国民航完成旅客周转量为（　　）亿人公里。
A 671.72　　　B 990　　　C 501.43　　　D 35397
5. 下列不属于民航售票员职业守则要求的是（　　）。
A 保证安全、优质服务　　　　　　B 团结友爱、协作配合
C 遵纪守法、诚实守信　　　　　　D 钻研业务、提高技能
6. 下列不属于客运销售基础知识范畴的是（　　）。
A 国内、国际航班号的编排知识　　B 民航机型概况
C 中国的国内、国际航线网络　　　D 航空运输业务分工
7. 下列不属于客票填开工作内容的是（　　）。
A 能确定国内航程运价
B 能填开国内航班客票
C 能建立航班订座出票组
D 能使用航空旅客运价查询国际运价
8. 飞行中断舱单的英文简称是（　　）。
A TIM　　　B FIM　　　C MCO　　　D FZC

9. 下列不属于特殊服务工作内容及技能要求的是(　　)。
A 特殊服务信息申报　　　　B 客票遗失处理
C 预付票款通知处理　　　　D 客票自愿变更

10. 下列不属于特殊旅客服务申请文件的是(　　)。
A《重要旅客服务申请书》
B《特殊旅客(轮椅)乘机申请书》
C《导盲犬运输申请书》
D《旅客客机上用氧申请书》

第二节　民航航空概况综合训练

一、民航运输概况练习题

1. 下列不属于交通运输特征的是(　　)。
A 产品是运输对象的空间位移
B 运输改变劳动对象的属性或形体
C 交通运输的生产和消费同时进行
D 交通运输具有网络型特征

2. 下列不属于五大交通运输方式范畴的是(　　)。
A 水路运输　　B 管道运输　　C 航空运输　　D 航天运输

3. 下列哪种运输方式具有速度快、运量大、可靠性强、投资大、运营成本高、可达性差、较低运费等特征(　　)。
A 铁路运输　　B 水路运输　　C 航空运输　　D 管道运输

4. 下列哪种运输方式具有速度快、机动性强、投资少、运量小、运营成本高等特征(　　)。
A 铁路运输　　B 水路运输　　C 航空运输　　D 公路运输

5. 下列哪一部门是我国政府管理和协调民用航空运输业务的职能部门(　　)。
A 国际运输协会　　　　　B 国家交通部
C 中国民用航空局　　　　D 中国航空运输协会

6. 下列不属于中国民用航空局职责范畴的是(　　)。
A 编制民航行业中长期发展规划
B 航空客货销售行业管理
C 监督管理机场建设和安全运行
D 制定民用航空飞行标准及管理规章制度

7. 中国航空运输协会的英文简称是(　　)。

A CAAC　　　　　　B IATA　　　　　　C CATA　　　　　　D ZHYX

8. 下列不属于中国航空运输协会发起成立单位的是（　　）。

A 中国航空集团公司　　　　　　B 山东航空集团公司

C 中国民用航空学院　　　　　　D 四川航空股份公司

9. 下列不属于中国航空运输协会主要职能的是（　　）。

A 研究国际国内民航市场发展形势

B 传播国际国内航空运输企业先进文化

C 协调会员单位之间各方面的关系

D 编制民航运输中长期发展规划

10. 我国航空销售代理人资格审查及对其进行监督管理的机构是（　　）。

A 中国航空运输协会　　　　　　B 中国航空销售代理人协会

C 中国民用航空局　　　　　　　D 国际航空运输协会

二、我国主要航空公司及保障公司概况练习题

1. 下列不属于根据航空公司主营业务划分类别的是（　　）。

A 客运航空公司　　　　　　　　B 通用航空公司

C 包机航空公司　　　　　　　　D 货运航空公司

2. 下列不属于航空公司经营特征的是（　　）。

A 资本集中、技术集中

B 航空公司之间联系紧密、相互依存

C 航空公司通过合并来扩大规模

D 高投入、高风险、高产出

3. 下列不属于航空公司基本业务职能的是（　　）。

A 市场运营　　　　　　　　　　B 机务维修

C 飞行与航务　　　　　　　　　D 飞机和航材采购

4. 中国国际航空股份有限公司的两字代码和数字代号分别是（　　）。

A CA 999　　　B CZ 784　　　C CA 990　　　D HU 999

5. 我国唯一的载旗航空公司是（　　）。

A 中国南方航空　　　　　　　　B 中国国家航空

C 中国国际航空　　　　　　　　D 中国和谐航空

6. 中国南方航空股份有限公司的两字代码和数字代号分别是（　　）。

A CA 999　　　B CZ 784　　　C MU 781　　　D HU 880

7. 我国运输飞机最多、国内航线网络最发达、年客运量最大的航空公司是（　　）。

A 中国南方航空　　　　　　　　B 中国国家航空

C 中国国际航空　　　　　　　　D 中国东方航空

8. 中国东方航空股份有限公司的两字代码和数字代号分别是（　　）。

A CA 999　　　　B CZ 784　　　　C MU 781　　　　D HU 880

9. 面向航空公司、机场、机票销售代理等提供信息技术和商务服务的保障集团是(　　)。

A 中国航空互联网集团公司　　　　B 中国移动通讯集团公司
C 中国民航科技服务集团公司　　　D 中国民航信息集团公司

10. 下列不属于中国航空油料集团公司主营业务范畴的是(　　)。

A 航空油品加注　　　　　　　　　B 航空油品冶炼
C 航空油品销售　　　　　　　　　D 航空油品检测

三、国际民用航空运输管理机构概况及民航发展史练习题

1. 下列不属于国际民用航空组织主要职责的是(　　)。
A 制定国际航空运输公布直达运价
B 制定国际民用航空运输活动的行为规范
C 协调各国间国际民用航空运输的业务关系
D 保障并实现国际民用航空运输的航行安全和有序发展

2. 国际民用航空组织的英文简称是(　　)。
A IATA　　　　B ICAC　　　　C ICAO　　　　D IATO

3. 国际民用航空公约正式生效的日期是(　　)。
A 1944 年 4 月 4 日　　　　　　B 1947 年 12 月 7 日
C 1944 年 12 月 7 日　　　　　　D 1947 年 4 月 4 日

4. 下列不属于国际民用航空组织机构框架的是(　　)。
A 大会　　　　B 委员会　　　　C 秘书处　　　　D 理事会

5. 国际民用航空组织的常设行政机构是(　　)。
A 大会　　　　B 委员会　　　　C 秘书处　　　　D 理事会

6. 国际航空运输协会的英文简称是(　　)。
A IATA　　　　B UFTAA　　　　C ICAO　　　　D CATA

7. 国际航空运输协会总部设在(　　)。
A 美国芝加哥　　　　　　　　　　B 加拿大蒙特利尔
C 法国巴黎　　　　　　　　　　　D 瑞士日内瓦

8. 下列不属于国际航空运输协会组织机构框架的是(　　)。
A 全体会议　　　B 专门委员会　　C 分支机构　　　D 理事会

9. 下列不属于国际航空运输协会基本职能的是(　　)。
A 航空公司间的财务结算
B 统一国家航空运输的规则
C 协调各国间国际民用航空运输的业务关系
D 协调国际航空客货运价

299

10. 人类历史上第一次完成重于空气动力飞行的时间是（　　）。
A 1901 年 2 月 27 日　　　　　　　　B 1903 年 12 月 17 日
C 1910 年 11 月 7 日　　　　　　　　D 1911 年 2 月 22 日

第三节　民航运输地理知识综合训练

一、中国地理知识简介练习题

1. 中国幅员辽阔，横跨（　　）个时区。
   A 四　　　　　B 六　　　　　C 五　　　　　D 七
2. 中国气候类型复杂多样，下列不属于中国气候类型的是（　　）。
   A 亚寒带气候　　　　　　　　　　B 极低海洋气候
   C 山地气候　　　　　　　　　　　D 亚热带气候
3. 从国际航线的分布特点来看，下列不属于航线最密集区域的是（　　）。
   A 北美　　　　　B 欧洲　　　　　C 东亚　　　　　D 中东
4. 目前，中国最繁忙的航线是（　　）。
   A 北京广州航线　　　　　　　　　B 北京上海航线
   C 上海广州航线　　　　　　　　　D 北京成都航线
5. 下列不属于我国最繁忙的三大航空港城市的是（　　）。
   A 广州　　　　　B 北京　　　　　C 深圳　　　　　D 上海
6. 2014 年我国的知名文化古迹被正式列入世界文化遗产名录是（　　）。
   A 大运河、丝绸之路　　　　　　　B 莫高窟、黄山
   C 长城、故宫　　　　　　　　　　D 兵马俑、丝绸之路
7. 下列不属于民航华北地区管理局管辖的省份是（　　）。
   A 河北省　　　　B 内蒙古自治区　　C 山西省　　　　D 山东省
8. 下列属于民航华东地区管理局管辖地区的地貌特征的是（　　）。
   A 以湖泊、平原为主　　　　　　　B 以丘陵、平原、山地为主
   C 以丘陵、平原、盆地为主　　　　D 以高原、盆地、丘陵为主
9. （　　）管辖的区域地处亚欧大陆核心地带，是我国通往中亚的重要门户，具有极为重要的战略意义。
   A 民航中南地区管理局　　　　　　B 民航乌鲁木齐管理局
   C 民航西北地区管理局　　　　　　D 民航西南地区管理局
10. 下列不属于民航中南地区管理局管辖的省份是（　　）。
    A 广西　　　　　B 河南　　　　　C 湖北　　　　　D 安徽

二、世界地理知识简介练习题

1. （　　）不是位于东半球。

A 北美洲　　　　B 欧洲　　　　　C 非洲　　　　　D 亚洲

2. 世界上最大的岛屿是（　　）。

A 百慕大群岛　　　　　　　　B 格陵兰岛

C 马达加斯加岛　　　　　　　D 大不列颠岛

3. 安第斯山脉位于（　　）。

A 大洋洲　　　　B 欧洲　　　　　C 北美洲　　　　D 南美洲

4. 目前,全球最繁忙的航线是（　　）。

A 东南亚航线　　　　　　　　B 北大西洋航线

C 美国欧洲航线　　　　　　　D 北太平洋航线

5. （　　）的范围是东起太平洋向西延伸到俄罗斯的乌拉尔山、土耳其的博斯普鲁斯海峡和埃及的苏伊士运河,南起赤道附近的太平洋群岛北至西伯利亚乃至北极圈。

A 非洲　　　　　B 大洋洲　　　　C 欧洲　　　　　D 亚洲

6. 泰姬陵是下列哪个国家的名胜古迹（　　）。

A 泰国　　　　　B 中国　　　　　C 印度　　　　　D 尼泊尔

7. （　　）不属于地理上的欧洲范围。

A 冰岛　　　　　B 马耳他岛　　　C 大不列颠岛　　D 毛里求斯岛

8. 下列不属于人类文化活动范畴的是（　　）。

A 宗教信仰　　　B 特色饮食　　　C 语言文字　　　D 社会组织

9. 下列不属于世界三大人种的是（　　）。

A 蒙古利亚人种　　　　　　　B 欧罗巴人种

C 印第安人种　　　　　　　　D 尼格罗人种

10. 世界人口于（　　）突破70亿人。

A 2012年12月21日　　　　　　B 2012年9月17日

C 2010年7月17日　　　　　　 D 2011年10月30日

三、影响飞行的地理知识练习题

1. 地球自转一周所用的时间是（　　）。

A 24小时　　　　　　　　　　B 23小时56分钟4秒

C 23小时58分钟　　　　　　　D 24小时2分钟

2. 当飞机由东至西飞跃国际日期变更线时,日期（　　）。

A 增加半天　　　B 增加一天　　　C 减少一天　　　D 不发生变化

3. 下列不属于大气分层的名称是（　　）。

A 散逸层　　　　B 中间层　　　　C 平流层　　　　D 乱流层

4. 民航飞机主要活动的圈层是（　　）。

A 乱流层和平流层　　　　　　B 对流层和平流层

C 平流层和中间层　　　　　　　　D 散逸层

5. 下列不属于严重影响飞行的恶劣天气的是(　　)。
   A 低能见度　　B 低空风切变　　C 地面大风　　D 中到大雨

6. 下列哪一因素不会引起机场的低能见度(　　)。
   A 低云　　　　B 吹雪　　　　　C 大风　　　　D 雾霾

7. 下列(　　)不属于影响航行的特殊天气和现象。
   A 多云　　　　B 山地气流　　　C 雷暴　　　　D 高空急流

8. 下列不是本初子午线所在时区的简称的是(　　)。
   A 零时区　　　B 格林尼治时区　C 中央时区　　D 中时区

9. 按照国际惯例,航班时刻表上的飞机起降时间为(　　)。
   A 标准时间　　　　　　　　　　　B 格林尼治时间
   C 法定时间　　　　　　　　　　　D 民航飞行标准时间

10. 已知法国巴黎位于东一区,美国纽约位于西五区,当巴黎时间为 13:45 时,请问纽约时间是(　　)。
    A 09:45　　　B 19:45　　　　C 17:45　　　　D 07:45

第四节　民航运输知识简介综合训练

一、民航运输综合知识练习题

1. (　　)是指按照民航当局批准的民航运输飞机班期时刻表、使用指定的航空器、沿着规定的航线在指定的始发站、经停站、目的站停靠的客货行邮的经营性运输飞行。
   A 航班　　　　B 航线　　　　　C 航路　　　　D 航程

2. 按照经营的时间航空可以分为(　　)。
   A 去程航班和回程航班　　　　　　B 定期航班和不定期航班
   C 国际、国内和地区航班　　　　　D 单程航班和来回程航班

3. 我国的班期时刻分为(　　)。
   A 上半年班期时刻表和下半年班期时刻表
   B 定期班期时刻表和不定期班期时刻表
   C 春夏班期时刻表和秋冬班期时刻表
   D 夏秋班期时刻表和冬春班期时刻表

4. 下列不属于全球三大航空联盟的是(　　)。
   A 寰宇一家　　B 天合联盟　　　C 优飞联盟　　D 星空联盟

5. 寰宇一家航空联盟成立于 1998 年,其中不属于创始成员的航空公司是(　　)。

A 澳洲航空　　　B 英国航空　　　C 国泰航空　　　D 日本航空

6. 下列哪一家中国航空公司没有加入天合联盟(　　)。

A 南方航空　　　B 深圳航空　　　C 上海航空　　　D 厦门航空

7. 某一航空公司的指定航班号码被用于另一个航空公司所运用的航班上的做法是(　　)。

A 航班联营　　　B 协议航班　　　C 代码共享　　　D 航班共享

8. 下列不属于代码共享对航空运输业影响的是(　　)。

A 共享伙伴经济效益改善　　　B 代码共享增强竞争
C 非共享航空公司利益受损　　　D 代码共享阻碍自由竞争

9. 截至2014年底,波音公司和空客公司已投入商业运营的最新机型分别是(　　)。

A B747、A330　　　B B777、A350
C B737、A320　　　D B787、A380

10. 下列哪种机型属于四发宽体远程客机(　　)。

A B777　　　B B787　　　C A380　　　D A330

二、民航旅客运输知识练习题

1. 下列不属于值机业务具体工作内容的是(　　)。

A 办理行李托运　　　B 告知重要信息
C 统计登机旅客人数　　　D 高端旅客服务

2. 下列不属于民航旅客运输业务工作过程的是(　　)。

A 民航票务　　　B VIP 服务　　　C 行李运输　　　D 衍生服务

3. 随着电子客票的出现,值机业务也与时俱进,以下不属于值机业务新模式的是(　　)。

A 机场自助终端值机　　　B 航空公司官网自助值机
C 手机自助值机　　　D 高端旅客专属值机

4. (　　)是旅客在航空旅行中为了穿着、使用、舒适或方便而携带的物品和其他个人财物。

A 货物　　　B 包裹　　　C 行李　　　D 旅行用品

5. 下列哪一物品不属于非托运行李(　　)。

A 贵重金属　　　B 个人电子设备
C 商业文件　　　D 旅游纪念品

三、民航货物运输知识练习题

1. 下列不属于民航货物运输特点的是(　　)。

A 货物损坏率低　　　B 运输速度快

C 有效节省仓储成本　　　　　　　　D 适合体积小重量大的货物

2. 宽体飞机载运货物的每件货物限制条件是（　　）。

A 重量不超过 50KG、体检不超过 40×50×100

B 重量不超过 80KG、体检不超过 40×60×100

C 重量不超过 250KG、体检不超过 100×100×140

D 重量不超过 280KG、体检不超过 100×120×140

3. 下列不属于民航特种货物运输范畴的是（　　）。

A 骨灰及灵柩　　　　　　　　　　B 贵重物品

C 鲜活易腐货物　　　　　　　　　D 钓鱼用具

4. 下列不属于活体动物托运规定的是（　　）。

A 填写《活体动物托运证明》

B 贴好标记和标贴

C 需要中转运输时需货主安排喂食

D 货主需出具活体动物健康证明

5. 国际航空运输协会制定的《危险物品规则》将危险品分为（　　）。

A 七大类二十一小项　　　　　　　B 九大类二十小项

C 五大类十五小项　　　　　　　　D 十大类二十二小项

四、民航客票销售知识练习题

1. （　　）是旅客和航空公司之间签署的运输契约，是承运人和旅客订立的航空运输合同条件的初步证据。

A 行李牌　　　B 客票　　　C 登机牌　　　D 购票单

2. 下列不符合客票使用规定的项目是（　　）。

A 旅客应该在客票有效期内使用客票

B 客票为记名式，不得转让

C 不定期客票除了旅客姓名确定外其他都可不定

D 销售代理人不得在境外使用国内客票销售

3. 可以具备销售广州—上海—首尔航线客票的代理人需要具备的资质是（　　）。

A 二类和三类企业　　　　　　　　B 三类企业即可

C 一类企业和二类企业　　　　　　D 一类企业即可

4. 下列（　　）服务不属于"一站式"差旅服务需求。

A 酒店预订　　　B 护照办理　　　C 旅游分销　　　D 邮轮旅游

5. 下列哪家公司采用的不是在线销售代理分销模式（　　）。

A 同程网　　　B 51BOOK　　　C 携程旅行网　　　D 艺龙商旅网

第五节　民航服务心理学知识综合训练

一、民航服务心理学概述练习题

1. 民航服务心理学的研究对象不包括(　　)。
A 民航旅客消费心理　　　　　　B 民航旅客犯罪心理
C 民航货主消费心理　　　　　　D 民航服务人员心理

2. 下列不属于民航服务心理学研究一般原则的是(　　)。
A 实践性原则　　　　　　　　　B 相关性原则
C 互动性原则　　　　　　　　　D 客观性原则

3. 下列不属于民航服务心理学研究方法的是(　　)。
A 谈话法　　B 观察法　　　　C 调查法　　　D 测验法

4. 下列(　　)不属于测试法应用范畴。
A 机械能力测试　B 思维测试　　C 能力测试　　D 人格测试

5. 下列不属于民航服务心理学的研究任务的是(　　)。
A 帮助航空公司提高经营效益
B 满足广大旅客对民航运输的要求
C 达到旅客期待的服务标准
D 丰富和完善心理学研究体系

二、民航运输工作所需的心理学常识练习题

1. (　　)是指企业全体员工在与一切企业利益相关的人或组织的交往中所体现的为其提供热情、周到、主动的服务的欲望和意识。
A 主人翁精神　　B 行动自觉　　C 服务意识　　D 服务思维

2. 下列不属于当代优秀民航服务人员必须具备的基本要求的是(　　)。
A 良好的外在形象　　　　　　　B 过硬的心理素质
C 深厚的文化素养　　　　　　　D 积极的服务意识

3. 下列不属于民航服务中旅客共性需要的是(　　)。
A 饮食的需要　　B 视觉的需要　　C 便捷的需要　　D 情感的需要

4. 下列(　　)不属于马斯洛需求层次理论模型范畴。
A 自我实现需求　　　　　　　　B 爱与被爱需求
C 生理需求　　　　　　　　　　D 尊重需求

5. (　　)具有明显的胆汁质气质特征,工作富有朝气,动作敏捷,善于随机应变,工作带有明显的周期性。
A 活泼型人　　B 沉默型人　　　C 急躁型人　　D 冷静型人

第六节 世界三大宗教知识综合训练

一、佛教知识介绍练习题

1. 佛教大约起源于公元前6世纪—公元前5世纪的古代（　　）。
   A 中国　　　　B 泰国　　　　C 印度　　　　D 不丹
2. 按照地域划分，我国主要流传的佛教分为三类，其中不属于的是（　　）。
   A 汉传佛教　　B 南传佛教　　C 藏传佛教　　D 印传佛教
3. 下列不属于佛教饮食戒的是（　　）。
   A 过午不食　　B 过午少食　　C 不食荤腥　　D 不喝酒、不吸烟
4. 下列（　　）不属于与佛教徒交际的行为禁忌。
   A 衣履要整洁　　　　　　　　B 轻步进入僧人寮房
   C 不能高声喧哗　　　　　　　D 严禁将荤腥带入寺院
5. 不属于我国佛教四大名山的是（　　）。
   A 山西五台山　B 四川峨眉山　C 河南嵩山　　D 安徽九华山

二、基督教知识介绍练习题

1. 下列不属于现今基督教主要派别的是（　　）。
   A 天主教　　　B 罗马教　　　C 东正教　　　D 新教
2. 下列不属于基督教礼节仪式范畴的是（　　）。
   A 坚振　　　　B 祈祷　　　　C 许愿　　　　D 圣洗
3. 下列不属于基督徒禁忌的是（　　）
   A 13和星期五　　　　　　　　B 从事星象学活动
   C 使用动物的血制品　　　　　D 信奉宇宙独一主宰
4. 下列不属于基督教十大最壮美教堂的是（　　）。
   A 圣家赎罪堂　B 圣彼得教堂　C 巴黎圣母院　D 梵蒂冈教堂
5. 在基督教中，每年春分月圆后的第一个星期天是（　　）。
   A 耶稣受难日　B 复活节　　　C 圣诞节　　　D 万圣节

三、伊斯兰教知识介绍练习题

1. 伊斯兰教兴起于7世纪，由（　　）创立并在阿拉伯半岛传播开来。
   A 穆罕默德　　B 哈里发　　　C 安拉　　　　D 艾买提
2. 下列不属于伊斯兰教崇尚的三种颜色的是（　　）。
   A 黑色　　　　B 白色　　　　C 红色　　　　D 绿色
3. 不属于伊斯兰教信徒饮食禁忌的是（　　）
   A 自死物　　　B 猪肉　　C 非安拉之名宰杀的动物　D 清真鸡肉

4. 下列不属于伊斯兰教三大圣地的是（　　）。
   A 耶路撒冷　　　B 麦纳麦　　　　C 麦加　　　　D 麦地那
5. 伊斯兰教历10月1日为（　　）。
   A 阿术拉节　　　B 圣纪节　　　　C 宰牲节　　　D 开斋节

第七节　民航礼仪基础知识综合训练

一、行为举止练习题

1. （　　）是指人的形貌外表，包括人的容貌、身材、姿态和风度。
   A 仪表　　　　　B 仪容　　　　　C 仪态　　　　D 气质
2. （　　）是指人的外观、外貌，其中着重指人的容貌。
   A 仪表　　　　　B 仪容　　　　　C 仪态　　　　D 气质
3. （　　）是指人的姿势，举止和动作。
   A 仪表　　　　　B 仪容　　　　　C 仪态　　　　D 气质
4. 下列（　　）不属于注重仪态美化的四个标准。
   A 仪态文明　　　B 仪态美观　　　C 仪态敬人　　D 仪态优雅
5. 下列不符合民航运输工作人员举止要求的是（　　）。
   A 不准携带与工作无关的物品上岗
   B 带病坚持工作是积极的表现
   C 不在旅客面前大声喧哗
   D 不能事不关己高高挂起

二、礼仪服务练习题

1. 下列哪一项不是服务人员与服务对象的正确关系（　　）。
   A 礼貌而非卑躬　　　　　　　　B 助人而非索取
   C 诚恳而非谄媚　　　　　　　　D 服务而非雇佣
2. （　　）代表个人，甚至被视为是个人的另一张"身份证"。
   A 工作牌　　　　B 签名　　　　　C 证件照　　　D 名片
3. 下列不属于乘坐电梯时的禁忌的是（　　）。
   A 让旅客先乘电梯　　　　　　　B 乘坐电梯时男士可以戴墨镜或帽子
   C 让女士先出入电梯　　　　　　D 按电梯键时轻按即可
4. 下列（　　）不属于电话礼仪的三个观念。
   A 以客为尊　　　B 将心比心　　　C 判断与应变　D 吐字清晰
5. 下列不属于拥抱礼流行的国家是（　　）。
   A 俄罗斯　　　　B 东南亚　　　　C 中东地区　　D 南美洲

三、服务文明用语和服务谈话技巧练习题

1. 下列不是服务用语要求的是(　　)。
   A 清晰　　　　　B 洪亮　　　　　C 简明　　　　　D 通俗
2. 在民航服务人员与旅客交往中,要求不能使用的说话方式是(　　)。
   A 商量式　　　　B 解释式　　　　C 否定式　　　　D 询问式
3. 下列不属于服务窗口型行业服务忌语的是(　　)。
   A 有完没完　　　B 稍等　　　　　C 走开　　　　　D 不知道
4. 下列(　　)不属于谈话时应注意的五个要素。
   A 谈话要巧妙　　　　　　　　　　B 谈话要礼节
   C 谈话要和气　　　　　　　　　　D 谈话要直白
5. (　　)是通过转换句式,以贴切领会旅客所说内容的方法。
   A 替补法　　　　B 意合法　　　　C 破译法　　　　D 换位思考法

第八节　民航安全知识综合训练

1. 下列不是航空安全三大特征的是(　　)。
   A 航空安全是可控的　　　　　　　B 航空安全是可评价的
   C 航空安全是可提前发现的　　　　D 航空安全是相对的
2. 根据国际民用航空组织通常的做法,航空安全具体分为六种类型,其中不属于该范畴的是(　　)。
   A 航空地面安全　　　　　　　　　B 机场场区安全
   C 搜寻和救援　　　　　　　　　　D 空防安全
3. 国际上通常使用(　　)指标作为界定飞行安全状态的标准。
   A 亿客公里死亡率　　　　　　　　B 百万飞行小时事故率
   C 亿飞行公司事故率　　　　　　　D 年航空公司事故死亡人数
4. 国际民用航空组织的数据表明,认为非法干扰航空器的犯罪分子类型占比最高的是(　　)。
   A 刑事犯犯罪者　　　　　　　　　B 政治目的诉求者
   C 精神病患者　　　　　　　　　　D 其他原因
5. 下列不属于国际民用航空组织对现代航空安全管理的主要内容要求的是(　　)。
   A 基于风险管理的过程配置资源
   B 培养积极的安全文化
   C 针对不同人员的安全培训
   D 持续评估安全管理的有效性

附表一　常见民航飞机信息汇总表

机型代码	配置座位数	制 造 商	飞机型号
AB3	181~317	空中客车公司	A300 客机
AB4	211~317	空中客车公司	A300-B2/B4/C4 客机
AB6	207~317	空中客车公司	A300-600 客机
AN4	40~50	安东诺夫设计集团	安-24 客机
AN6	50~N/A	安东诺夫设计集团	安-26/30/32 客机
ARJ	98~105	中国商飞	ARJ21-900 客机
ATP	64~68	英国宇航公司	ATP 客机
CRJ	50~90	庞巴迪宇航集团	CRJ-100/200/700/900 客机
DC3	18~30	原麦道公司	DC-3 客机
DC6	52~80	原麦道公司	DC-6B 客机
DC8	125~250	原麦道公司	DC-8 客机
DC9	60~139	原麦道公司	DC-9 客机
D1C	229~357	原麦道公司	DC-10-30/40 客机
D1M	195~235	原麦道公司	DC-10 客货混装机
D10	229~374	原麦道公司	DC-10 客机
D11	237~374	原麦道公司	DC-10-10/15 客机
D8F	50~73	原麦道公司	DC-8 50-73 货机
D8M	118~N/A	原麦道公司	DC-8 客货混装机
D9S	84~139	原麦道公司	DC-9-30/40/50 客机
D91	60~90	原麦道公司	DC-9-10 客机
D92	75~90	原麦道公司	DC-9-20 客机
D93	84~115	原麦道公司	DC-9-30 客机
D94	100~128	原麦道公司	DC-9-40 客机
D96	107~139	原麦道公司	DC-9-50 客机
EMJ	70~110	巴西航空工业公司	EMB170/190/195 客机
EM2	26~35	巴西航空工业公司	EMB120 巴西利亚客机
EQV			各种机型
ERD	44~50	巴西航空工业公司	RJ140 客机
ERJ	37~50	巴西航空工业公司	ERJ135/140/145 客机
ILW	132~195	伊柳辛设计集团	IL-86 客机
IL8	235~350	伊柳辛设计集团	IL-18 客机
MD9	11~32	原麦道公司	MD90 探险者客机
M11	112~172	原麦道公司	MD-11 客机
M80	125~165	原麦道公司	MD-80 客机

（续）

机型代码	配置座位数	制　造　商	飞机型号
M81	132～165	原麦道公司	MD-81客机
M82	131～165	原麦道公司	MD-82客机
M83	109～134	原麦道公司	MD-83客机
M87	112～142	原麦道公司	MD-87客机
M88	150～187	原麦道公司	MD-88客机
M90	114	原麦道公司	MD-90客机
SHB	18～19	肖特公司	贝尔法斯特客机
SH3	30～36	肖特公司	330（SD3-30）客机
TU3	143～180	图波列夫设计集团	TU-134客机
TU5	164～210	图波列夫设计集团	TU-154客机
Y20	69～74	图波列夫设计集团	TU-204-214
YK2	20～40	雅可列夫设计局	YAK-42客机
YK4	17	雅可列夫设计局	YAK-40客机
YN2	48	哈尔滨飞机制造厂	运12客机
YN7	38～64	西安飞机工业公司	运7、MA60客机
YS1	85～109	纳姆公司	YS-11客机
14F	75～88	英国宇航公司	146货机
141	88～94	英国宇航公司	146-100客机
142	93～112	英国宇航公司	146-200客机
143	75～112	英国宇航公司	146-300客机
146	167～246	英国宇航公司	146客机
310	169～246	空中客车公司	310客机
312	167～222	空中客车公司	A310-200客机
313	107～117	空中客车公司	A310-300客机
318	112～134	空中客车公司	A318客机
319	107～220	空中客车公司	A319客机
32S	123～180	空中客车公司	A318/A319/A320/A321客机
320	174～220	空中客车公司	A320客机
321	256～412	空中客车公司	A321客机
330	256～412	空中客车公司	A330客机
332	256～412	空中客车公司	A330-200客机
333	228～420	空中客车公司	A330-300客机
340	228～335	空中客车公司	A340客机
342	253～420	空中客车公司	A340-200客机
343	313～359	空中客车公司	A340-300客机
345	380～419	空中客车公司	A340-500客机

(续)

机型代码	配置座位数	制 造 商	飞机型号
346	380	空中客车公司	A340-600 客机
380	550~800	空中客车公司	A380-800 客机
70M	150~160	波音公司	B707 客货混装机
703	130~219	波音公司	B707-320/320B/320C/330B 客机
707	106~123	波音公司	B707/720B 客机
717	126~164	波音公司	B707-200 客机
72M	126~189	波音公司	B727-100 客货混装机
72S	92~119	波音公司	B727-200/200 客机
721	145~167	波音公司	B727-100 客机
722	92~189	波音公司	B727-200 客机
727	109~148	波音公司	B727-100/200/200 客机
73G	162~189	波音公司	B737-700 客机
73H	69~79	波音公司	B737-800 带小翼客机
73M	100~130	波音公司	B737-200 客货混装机
73S	126~149	波音公司	B737-200/200 改良系列
731	106~189	波音公司	B737-100 客机
732	102~145	波音公司	B737-200 客机
733	144~171	波音公司	B737-300 客机
734	104~171	波音公司	B737-400 客机
735	110~119	波音公司	B737-500 客机
736	104~189	波音公司	B737-600 客机
737	162~189	波音公司	B737-700 客机
738	17~189	波音公司	B737-800 客机
739	270~N/A	波音公司	B737-900 客机
74C	250~304	波音公司	B747-200 客货混装机
74D	287~420	波音公司	B747-300 客货混装机
74E	287~420	波音公司	B747-400 客货混装机
74L	238~400	波音公司	B747SP 客机
74M	374~563	波音公司	B747-200/300-400 客货混装机
741	351~493	波音公司	B747-100 客机
742	375~428	波音公司	B747-200 客机
743	362~569	波音公司	B747-300 客机
744	244~569	波音公司	B747-400 客机
747	351~569	波音公司	B747 客机
752	192~239	波音公司	B757-200 客机
753	243~289	波音公司	B757-300 客机

(续)

机型代码	配置座位数	制造商	飞机型号
757	192~289	波音公司	B757-200/300 客机
762	181~255	波音公司	B767-200/200ER 客机
763	225~269	波音公司	B767-300/300ER 客机
764	161~290	波音公司	B767-400 客机
767	181~290	波音公司	B767-200/300 客机
772	281~440	波音公司	B777-200 客机
773	281~440	波音公司	B777-300 客机
777	281~440	波音公司	B777-200/300 客机
787	210~330	波音公司	B787-3/8/9/10 客机

附表二 国内主要城市/机场三字代码

代码	城市全称	所在省份
AAT	阿勒泰	新疆
AKA	安康	陕西
AKU	阿克苏	新疆
AQG	安庆	安徽
BAV	包头	内蒙古
BHY	北海	广西
BPX	昌都	西藏
BSD	保山	云南
CAN	广州	广东
CGD	常德	湖南
CGO	郑州	河南
CGQ	长春	吉林
CHG	朝阳	辽宁
CHW	酒泉	甘肃
CIF	赤峰	内蒙古
CIH	长治	山西
CKG	重庆	重庆
CNI	长海	辽宁
CSX	长沙	湖南
CTU	成都	四川
CZX	常州	江苏
DAT	大同	山西

（续）

代　　码	城　市　全　称	所　在　省　份
DAX	达县	四川
DDG	丹东	吉林
DGM	东莞	广东
DLC	大连	辽宁
DLU	大理	云南
DNH	敦煌	甘肃
DOY	东营	山东
DYG	大庸	湖南
DYG	张家界	湖南
ENH	恩施	湖北
ENY	延安	陕西
FOC	福州	福建
FUG	阜阳	安徽
FUO	佛山	广东
GHN	广汉	四川
GOQ	格尔木	青海
GYS	广元	四川
HAK	海口	海南
HEK	黑河	黑龙江
HET	呼和浩特	内蒙古
HFE	合肥	安徽
HGH	杭州	浙江
HLD	海拉尔	内蒙古
HLH	乌兰浩特	内蒙古
HMI	哈密	新疆
HNY	衡阳	湖南
HRB	哈尔滨	黑龙江
HSC	韶关	广东
HSN	舟山	浙江
HTN	和田	新疆
HYN	黄岩	浙江
HZG	汉中	陕西
INC	银川	宁夏
IQM	且末	新疆
IQN	庆阳	甘肃
JDZ	景德镇	江西

(续)

代　码	城市全称	所在省份
JGN	嘉峪关	甘肃
JGS	井冈山	江西
JHG	西双版纳（景洪）	云南
JIL	吉林	吉林
JIU	九江	江西
JJN	晋江	福建
JMU	佳木斯	黑龙江
JNZ	锦州	辽宁
JUZ	衢州	浙江
JZH	九寨沟	四川
KCA	库车	新疆
KHG	喀什	新疆
KHN	南昌	江西
KMG	昆明	云南
KNC	吉安	江西
KOW	赣州	江西
KRL	库尔勒	新疆
KRY	克拉玛依	新疆
KWE	贵阳	贵州
KWL	桂林	广西
LHW	兰州	甘肃
LJG	丽江	云南
LLF	永州	湖南
LUM	芒市	云南
LUZ	庐山	江西
LXA	拉萨	西藏
LYA	洛阳	河南
LYG	连云港	江苏
LYI	临沂	山东
LZH	柳州	广西
LZO	泸州	四川
LZY	林芝	西藏
MDG	牡丹江	黑龙江
MIG	绵阳	四川
MXZ	梅州	广东
NAO	南充	四川

(续)

代　　码	城　市　全　称	所　在　省　份
NAY	北京南苑机场	北京
NDG	齐齐哈尔	黑龙江
NGB	宁波	浙江
NKG	南京	江苏
NLT	那拉提	新疆
NNG	南宁	广西
NNY	南阳	河南
NTG	南通	江苏
NZH	满洲里	黑龙江
PEK	北京首都机场	北京
PVG	上海浦东机场	上海
SHA	上海虹桥机场	上海
SHE	沈阳	辽宁
SHF	山海关	河北
SHP	秦皇岛	河北
SHS	沙市	湖北
SIA	西安	陕西
SJW	石家庄	河北
SWA	汕头	广东
SYM	思茅	云南
SYX	三亚	海南
SZV	苏州	江苏
SZX	深圳	广东
TAO	青岛	山东
TCG	塔城	新疆
TEN	铜仁	贵州
TGO	通辽	内蒙古
TNA	济南	山东
TSN	天津	天津
TXN	黄山	安徽
TYN	太原	山西
URC	乌鲁木齐	新疆
UYN	榆林	陕西
WEF	潍坊	山东
WEH	威海	山东
WNH	文山	云南

(续)

代 码	城市全称	所在省份
WNZ	温州	浙江
WUH	武汉	湖北
WUS	武夷山	福建
WUX	无锡	江苏
WUZ	梧州	广西
WXN	万县	重庆
XEN	兴城	辽宁
XFN	襄樊	湖北
XIC	西昌	四川
XIL	锡林浩特	内蒙古
XMN	厦门	福建
XNN	西宁	青海
XNT	邢台	河北
XUZ	徐州	江苏
YBP	宜宾	四川
YIH	宜昌	湖北
YIN	伊宁	新疆
YIW	义乌	浙江
YNJ	延吉	吉林
YNT	烟台	山东
YNZ	盐城	江苏
YUA	元谋	云南
YUC	运城	山西
ZAT	昭通	云南
ZHA	湛江	广东
ZUH	珠海	广东
ZYI	遵义	贵州

参 考 文 献

[1] 綦琦. 民航国内国际客票销售[M]. 北京:国防工业出版社,2014.
[2] 綦琦. 值机业务与行李运输实务[M]. 北京:国防工业出版社,2012.
[3] 马广岭. 民航旅客运输[M]. 北京:国防工业出版社,2011.
[4] 王娟娟. 民航国内客票销售[M]. 北京:中国民航出版社,2006.
[5] 万青. 航空运输地理[M]. 北京:中国民航出版社,2006.
[6] 向莉 周科慧. 民航服务心理学[M]. 北京:国防工业出版社,2010.
[7] 王春. 民航货物运输[M]. 北京:国防工业出版社,2011.
[8] 黄永宁 张晓明. 民航概论[M]. 北京:旅游教育出版社,2009.
[9] 张晓明. 民航旅客运输[M]. 北京:旅游教育出版社,2007.
[10] 国家职业技能标准(民航客运员)[M]. 北京:中国劳动社会保障部出版社,2010.
[11] 国家职业技能标准(民航货运员)[M]. 北京:中国劳动社会保障部出版社,2010.
[12] 国家职业技能标准(民航售票员)[M]. 北京:中国劳动社会保障部出版社,2010.
[13] 生产经营企业事故应急救援管理指南[M]. 北京:化学工业出版社,2008.
[14] 孙佳. 民航安全管理与应急处置[M]. 北京:中国民航出版社,2012.
[15] 周长春. 航空安全管理[M]. 成都:西南交通大学出版社,2011.
[16] 刘魁立 张旭. 少数民族节日[M]. 北京:中国社会出版社,2008.
[17] 少数民族风俗与禁忌[M]. 北京:民族出版社,2007.
[18] 刘得一. 民航概论(修订版)[M]. 北京:中国民航出版社,2005.